制度是
最好的老板
流程是
最好的管理

赵涛 孙健◎主编

立信会计 出版社
LIXIN ACCOUNTING PUBLISHING HOUSE

图书在版编目（CIP）数据

制度是最好的老板　流程是最好的管理 / 赵涛，孙
健主编. -- 上海:立信会计出版社, 2015.6
　　（去梯言）
ISBN 978-7-5429-4578-5

Ⅰ.①制⋯ Ⅱ.①赵⋯ ②孙⋯ Ⅲ.①企业管理制度
—通俗读物 Ⅳ.①F272.9-49

中国版本图书馆CIP数据核字（2015）第055769号

策划编辑　蔡伟莉
责任编辑　陈　旻
封面设计　久品轩

制度是最好的老板　流程是最好的管理

出版发行	立信会计出版社			
地　　址	上海市中山西路2230号	邮政编码	200235	
电　　话	（021）64411389	传　　真	（021）64411325	
网　　址	www.lixinaph.com	电子邮箱	lxaph@sh163.net	
网上书店	www.shlx.net	电　　话	（021）64411071	
经　　销	各地新华书店			

印　　刷	廊坊市华北石油华星印务有限公司		
开　　本	787毫米×1092毫米	1/16	
印　　张	23.25	插　　页	1
字　　数	468千字		
版　　次	2015年6月第1版		
印　　次	2018年1月第5次		
书　　号	ISBN 978-7-5429-4578-5/F		
定　　价	49.00元		

前言

很多读者尤其是企业管理人员都会对企业如何进行规范化管理等一系列问题感兴趣并给予关注，从中期望能够获得更为细致和系统的企业规范化管理指导，以便能够将"用制度管人、按流程执行"的管理理念具体落实到工作实务中。

这一管理理念具体表现如下：

制度是最好的老板，用制度管人。

在中国经济新常态下，很多企业面临着严峻挑战，这就要求企业管理者将制度化、规范化作为重要的发展战略。企业只有建立规范化的制度，才能与国际顺利接轨，提高企业核心竞争力，在竞争中立于不败之地。反之，如果企业没有规范化的工作制度，没有将日常管理中的每个细节通过制度得以落实，结果就会导致管理上的表面化。

实践证明，全球知名大企业都普遍存在着一个共同的特点，即用制度管人。规范化的制度是企业必不可少的管理手段，是任何企业得以良好运转的基础。因为企业是由各类团队成员组成的一个组织，企业必须营造出有利于企业理念和价值观形成的制度和规范，并依此约束和整合人的行为，这有助于企业共同利益的实现。

企业的管理模式要与企业的管理制度相匹配。用制度管人，能够大大提高工作效率，减少或降低人为因素所致的失误。

流程是最好的管理，按流程执行。

如今，众多企业内部容易出现工作效率低下、秩序混乱等问题，但这并非是因制度建设不当所致，而是在于企业内部缺乏一套严谨有序的规范化工作流程和执行标准。也就是说，不仅要制度规范化，还要流程规范化。如果企业管理没有一套行之有效的流程和标准，就会陷入企业内部无序、混乱的状态。

生活中，我们常见到以下现象：在接力赛跑中，要想一举冲刺夺魁，就要做好运动员之间的衔接和配合工作。一个运动员准确递棒，另一个运动员提前起跑，准确接棒，接棒时不用回头看，直奔终点，动作利落，一气呵成。如果接棒运动员回头找棒时，发现递棒的运动员跑偏了，或者递棒到位，但接棒运动员没有提前起跑、加速，这样都会影响成绩和名次。更遗憾的是，如果一不小心没有接住接力棒，还得加上捡棒动作和延误时间，结果必定会远远落后于人。

接力赛给予我们重要的启示：能夺魁的队伍成员并非个个都是强将，但是如果成员彼此默契配合，发挥团队战斗力，那么力量就会异常强大。因此，速度并不是最重要的，关键的因素是团队合作力。

在企业中，工作流程的作用就如同接力赛。只有保证各流程之间的环节衔接紧密，运转流畅，整个企业的发展才能顺利实施。"流程就是业务的接力跑"，说得正是这个道理。

工作流程的各个环节的运转，就像各部门各岗位之间进行的接力赛，要使工作流程顺利进行，提高业务运作效率，最重要的是做好部门间、岗位间的协同工作，必要时还要做好跨部门、跨岗位的工作。

工作流程的管理规范化，促使企业员工实现了从"如何做"到"如何高效地做"的转化，大大提高了工作效率，增强了部门之间的合作和协调能力。工作流程的管理规范化，最根本的目的是从整体上提高企业的运营效率。工作流程一致，执行方案标准，各部门之间分工合作，就不怕达不到优异绩效。

《制度是最好的老板，流程是最好的管理》沿袭了"用制度管人，按流程执行"的理论精髓，在此基础上做出更加深入细致地分析，所有的管理制度和工作流程旨在解决企业管理整体规范和执行细节问题，实现企业管理的制度化、流程化、规范化和标准化。这是成功企业的秘密所在。

本书从企业管理者的角度出发，内容覆盖企业管理的方方面面，聚焦企业管理的关键要素，同时借鉴国际企业通用的管理制度和流程方案，详细论述了企业管理中的工作标准化、流程化、工具化。一些涉及具体工作的相关理论、执行方法令企业管理者受益匪浅，相关的工作流程设计、实用工具表格等具有直观性、可操作性的特点，便于企业管理者参考和借鉴。

由于企业管理制度和工作流程并非一成不变，而是随着企业不断地发展和壮大而逐渐更新和升级，企业可以根据自己的需求和发展情况选择适合的管理制度和工作流程，并对一些制度、流程、表格等范本进行修改，使之更加完善和合理化。在实践过程中，经过不断改进和创新，让企业管理更加高效、方便和快捷。

目录

上篇　老板打天下，制度定江山

下　篇　没有规范流程，管理一切为零

第九章　人员培训方案　/222

第十章　薪酬与福利管理　/256

♂ 上 篇

老板打天下，制度定江山

打江山容易，守江山难。守江山的关键在于治理，治理的关键在于制度。

一个企业的成长，需要绝对的领袖，更需要合理的制度，好制度比好领袖更能让人印象深刻，更能让企业恒久发展。从这个意义上说，老板、领袖是打天下的"王者"，制度是定天下、定江山的"王者"，是真正的老板，管理者的能力远远不如制度有威力。而想让一个打天下的统帅变成定江山的"王者"，关键在于创新制度，坚持用制度管理公司，让一切管理行为变得系统而规范。

甥剋麻箔藝擇挈剋麻劝争

基业长青——优秀的制度创造优秀的公司

作为20世纪管理史上最成功的畅销书之一，《基业长青》创造过良好的销售纪录。这部由詹姆斯·柯林斯、杰里·伯勒斯联手打造的著作，被《今日美国》称为"继《追求卓越》之后最引人注目的企业研究力作"。

在管理实践中，许多企业的老板遗憾地发现，除非你的公司已经做到了100年以上，否则如果你完全按照书中的原则行事，很可能遭到迎头重创。因此，对于一些中小企业管理者来说，在研读此书的同时，很有必要针对自己的现实情况对书中宣扬的企业行为模式加以批判分析，最终使其为我所用。

《基业长青》认为，成功公司未必一定拥有一个能力超强、魅力非凡的领导人。它真正需要的是能够建立起一个自我发展、创新的团队，同时能深谋远虑，使企业能不断进步的领导者。

简而言之，作者认为领导者成败的关键在于能否"建立起一种长而持久的制度"。还认为，对于成功公司来说，赚钱只是一组目标中的一个，而且不见得是最重要的目标。在现实中，追求多元目标的公司，往往能够比纯粹以营利为目的的公司赚更多的钱。

这种追求多元目标，平衡理想与现实之间关系的"务实理想主义"思路，对于小公司也是十分必要的。但是为了生存，企业必须将追求利润作为首要目标。

如果企业希望长期生存，就必须考虑如何合理地分配资源，为自己规划健康的生存状态。不过这一点却很少有公司能够真正做到。

以一家分销商的日常工作为例，企业所面临的困难，使得他极度关注利润。首先，销售的毛利日益菲薄，二级代理和客户拖欠款的周期越来越长，而供货商催款的通知天天不断，同时一些正在运行的项目收款也很不顺利，还需要从可怜的利润中留出一些钱来以备万一。在这种情况下，他还要拿出一部分现金来应付日常开销，维系各种关系。如果他有上级，还需要做一些假账来充点业绩门面，当然也要给总部回一些货款，以配合上层战略的需要。

《基业长青》认为，每个伟大的公司拥有的价值观并不相同，真正重要的也不在于此，而在于这些价值观的内容是否得到遵守。本书的作者说："关键不在于说一说而已，而要真正地在实践中做到这一切（核心价值观）。"

对于企业来说，核心的价值观念并不是一开始就有的，公司要经过一个摸索的过程，才能最终确定哪些观念可以成为自己企业的精神箴言。如果企业能够缩短这一过程，公司就可能更快地走向成熟。如果不能迅速确定公司的价值观念，那么尽快确定公司的"性格"，可能会给管理者带来更大的收益。

很多企业的"性格"带有其老板的鲜明痕迹，久而久之，企业里员工的行为模式和判断标准，几乎与其老板一般无二。于是形成了许多不成文的"潜规则"。这些"潜规则"在很大程度上就是公司实际运行过程中的价值观念。

例如，一家民营企业，由于老板本人带有浓厚的政治家情结，于是整个公司在企业文化和价值观念方面都带有鲜明的政治色彩。具体表现为：重视对老板本人的研究；重视对党和国家以及地方政府政策方针的研究（该企业给自己的定位也是"政府导向型"企业）；重视企业内部的职位和晋升，并且以此为最高奋斗目标；员工普遍具有政治敏锐性，又红又专，既重视工作业绩，又具备高强的处理各种复杂关系的能力；核心员工具有很高的忠诚度，用该公司一位中层干部的话说："能做到中层干部位置上的人，都是三起三落，经受过无数次考验的人。"

综上所述，企业如果没有成熟的价值观，也一定要有符合自己"性格"的实用"潜规则"。

《基业长青》认为，事实上，成功公司并不像想象中那样谨小慎微，它们往往敢于打破常规，实施胆大包天的计划。例如，波音公司在1965年研制波音747巨无霸喷气式客机的计划；"福特"在1907年提出让汽车大众化的计划；索尼在1952年研制世界上第一台袖珍收音机的计划；沃尔玛在1990年制定的每年每平方英尺销售额增加60计划；还有就是IBM号称"50亿美元的豪赌"的"360计划"。这些计划在推出时无一不被外人看作是精神失常的表现。但是，恰恰是这些计划成就了这些公司的伟大。

中国人一向推崇"胆大心细"的英雄，对于企业运作来说，这个标准同样适用。对于小企业来说，由于掌握信息的能力有限，这一点就显得更加重要，尽可能多地了解有效信息，对于降低风险将会起到关键作用。

几年前有一家区域的渠道公司成功地囤积了一批IBM的某款服务器，而后高价售出，赚取了很高的利润。该公司老板回忆，在囤货之前，他将北京地区的货源情况以及该区域近期一些重要项目的供货情况摸了一个"门儿清"，知道IBM哪一款服务器在短期之内不会再有货，而本地区的两个大项目已经交货在即，只要控制好时间，就可能通过提前进货赚上一笔。不过，由于这一单订货动用的资金很大，同时还需要考虑厂商的调价变数，因此，他在实施过程中非常谨慎，几乎将业务过程中每一个环节都了解了一遍，才最后作出订货决定。

在细致准备的基础上，小公司应当推出振奋人心的优秀制度，制订优秀的制度需要超常的努力和一点点运气才能完成，并且要具有持续刺激公司进步的能力；它的目标必须符合企业的核心理念。此外，行事谨慎并不意味着丧失敏锐，小公司必须比别人更快地发现和把握机会，更快、更灵敏，否则就不可能赢得先机。

"修路"理论与制度建设

著名管理咨询专家刘光起先生说："管理就是管出道理，道理就是规则规范。"这里所讲的规则规范，指的就是管理中的各项规章制度。中国传统文化中"没有规矩不成方圆"的思想，也阐释了规章制度的基础性作用。

约翰和亨利到一家公司联系业务。这家公司的办公室在一幢豪华写字楼里，落地玻璃门窗，非常气派。可是，由于玻璃过于透明，许多来访的客人因不留意，头往往会撞在高大明亮的玻璃大门上。不到一刻钟，竟然有两位客人在同一个地方头撞在玻璃上。

亨利忍不住笑了，对约翰说："这些人也真是的。走起路来，这么大的玻璃居然看不见。眼睛长到哪里去了？"

约翰并不赞同亨利的说法，他说："真正愚蠢的不是撞玻璃门的客人，而是设计者。如果不同的人在同一个地方犯错误，那就证明这个地方确实存在缺陷。应该考虑怎么修正缺陷，而不是嘲笑那些犯错误的人。"

于是亨利向该家公司的经理提了意见，在这扇门上贴上一根横标志线，从此再没有来访客人撞到玻璃门了。

这个故事涉及"修路"理论，即当一个人在同一个地方出现两次以上同样的差错，或者两个以上不同的人在同一个地方出现同一差错，那一定不是人有问题，而是这条让他们出差错的"路"有问题。此时，人作为问题的领导，最重要的工作不是管人——要求他不要重犯错误，而是修"路"。

管理进步最快的方法之一就是：每次完善一点点，每天进步一点点，每个人每一次都能因不断修"路"而进步一点点。这里所讲的"路"就是制度和规范，"修路"就是指制度建设。

"修路"理论告诉我们，管理工作最重要的不是直接去管人，而是去制定让人各行其职的制度——修筑让人各行其道的路。

制度面前人人平等

《三国演义》里有一个"曹操割发代首"的故事：

为保护农民的利益，曹操传令三军：经过麦田时，不得践踏庄稼，否则一律斩首。这一天，曹操正带领军队出征张绣，一只斑鸠突然飞过，曹操的坐骑受惊蹿入麦田，踏坏一大片麦子。曹操要求行军主簿对自己军法处置，主簿十分为难。曹操却说："我自己下达的禁令，现在自己违反了，如果不处罚，怎能服众呢？"当即抽出佩剑要自刎，左右随从急忙解救。这时谋士郭嘉急引《春秋》"法不加于尊"为其开脱。此时曹操说："既《春秋》有'法不加于尊'之义，吾姑免死。"但还是拿起剑割下自己一束头发，掷在地上对部下说："割发权代首！"叫手下将头发传示三军。将士们看后，更加敬畏自己的统帅，没有出现不遵守命令的现象。

在制定和执行制度的时候要始终坚持制度面前人人平等的原则，特别是在执行制度时要一视同仁，谁都必须遵守，尤其是企业的管理者必须率先贯彻执行。如果在制定和执行制度的时候，忽略了公平公正这项基本原则，那么企业的管理制度将成为一纸空文，成为粉饰自己的"花瓶"。

1. 制度要全面细致

"制度面前人人平等"，就是要保证企业在制度执行上的公正性与严格性。但是，如果制度本身制定得过于严格、苛刻，不近人情，在执行中往往就会暴露出很多问题，并严重影响员工的士气和工作积极性。因此，在制度的制定过程中，要充分考虑到员工的心理承受力，使制度本身保持适度的弹性。这是人本管理中最关键的问题。那么如何才能体现出制度中的人性化关怀呢？在制度面前人人平等，是严格而不是苛刻。如今已不仅仅是策略的时代，还是策略执行的时代。我们希望通过发掘执行力的基因，帮助这些管理者认识问题产生的根源，形成一种正确的管理思维方式。

2. 制度需要保证执行

制度建立后，关键在于执行。被严格执行的制度才有生命力。但在执行制度的过程中，总会有一些人只看到了规章制度对自身的约束性，而没有看到规章制度对员工的保护性。他们利用种种手段，想方设法逃避制度，或者根本视制度为无物，我行我素。更为严重的是，在违反制度的同时，因为违纪者的职位，或者与其他相关人员的关系，使得违纪的行为不仅难以制止，而且难以得到应有的处罚。

制度面前人人平等。企业内不允许有不受制度约束的特殊人、关系人。如要在企业内超越工作关系，超越规章制度办事，只能让其选择离开。我们经常可以看到这样的情况：企业的管理者有很好的悟性，一些好的规章制度制定得非常科学严密，但在执行过程中却像是一拳打在棉花上，不能落地生根。执行力不是一个表象问题，要达到"提高执行力"的目标，我们首先要找出执行体系中的关键要素——那些起到特别作用的要素，制定相应的法则，才能保证执行力的健康发展。

3. 导入竞争机制，实现优胜劣汰

当局者迷，旁观者清。在繁忙的企业日常运营中，公司管理者往往无法从具体事务中脱身而出，缺乏全局观念，考虑问题都是从自身位置出发，容易就事论事，而无法跳

出问题看问题。他们并没有意识到，最好的制度早就隐藏在他们的工作中，创造竞争，就是创造财富。因此，站在企业整体发展的角度看问题就会发现，需要解决的问题并不复杂。就像人体自身的免疫细胞一样，竞争机制的导入必将实现更高层次上的平等。

4. 有责任一同分担

作为管理者，对平等的理解理应比别人更深刻一些，因为从来都是只有妄自尊大的李自成，没有高傲的蔷薇花。

当员工之间发生利益冲突时，问题常常很难得到解决。要打破这种僵局，就要坚持制度面前人人平等的原则，只有如此，才能解决不同层级间的冲突。在解决内部矛盾时，所应奉行的原则只有一条：平等地对待各方，仔细地权衡各方的利益，并与当事各方一起寻找一个大家都能接受的解决方案。当责任随同分工分给了企业中的每个人时，每个人都要开始他的责任之旅。有责任一起分担，不光是员工之间，更是中层主管甚至高层主管都应该认识到的问题。谁出了问题就找谁，管理者自己也一样。

值得关注的是，企业执行力差的原因，很大程度上在于员工不能正确执行公司的制度，一方面是因为员工缺乏正确的意识，另一方面则是员工缺乏足够的专业技能。因此，管理者总是希望让员工接受大量的培训，通过培训来改变认识、提高专业技能，从而强化执行力。其实，这是一个误区，他们将注意的焦点过于集中在员工身上，采用的也是"治标不治本"的手段。这种问题的出现，与管理者自身的态度也有密切的关系。因此，谁出了问题就找谁，这是人人平等原则的精要。

对企业来说，一套完备的规章制度是必不可少的。但制度建立后的执行还需要我们付出更大的努力，更多地坚持去维护、去完善。"制度面前人人平等"的原则谁都懂，但很少有人能够真正将其落实到自己的行为当中！执行一次两次不难，难的是长期坚持执行。"把简单的事坚持做好就是不简单，把平凡的事坚持做好就是不平凡。"因为我们所有的人都有一个成功的梦想。

制度是一种要求大家共同遵守的办事规程或行动准则。对于企业来讲，制度其实就是告诉员工正确做事的方法。因此，制度的第一属性就是全体成员的"共同遵守"。只有有了共同遵守，制度才在现实上有了意义。制度的落实离不开团队成员的协同合作和共同努力。

曾经有个工厂经营不下去了，被一家外企收购。此时，工厂的员工们既有一种求生的渴望，又有一种对前途的担心：一方面员工害怕企业裁员，自己要面对下岗的困境；另一方面，员工希望新的老板能使企业起死回生，让大家能够获得工作和生活的稳定。新上任的老板并没有进行什么新的改革，只是找出原厂制定的规章制度，让所有员工学习并且切实落实。几个月过去了，工厂开始扭亏，一年过后开始赢利。

这一案例告诉我们，没有大家的合作与协同，制度只是一纸空文，无法得到很好的落实；只有大家一起努力，一起遵守，制度才有意义，团队和企业才能获得发展。

曾挽救过世界著名企业IBM的经理人郭士纳在谈管理经验时曾讲过一句话，"员工只做你要检查的事情，而不是你期望的"。这句话告诉我们团队领导要带头落实制度。

维护制度的权威性必须从我做起。德国作家歌德曾经说过："在限制中才能显出能手，只有法律才能给我们自由。"在作为企业之法的各项规章制度面前，每一名管理者必须审视自己手中的权力，每一名员工必须比照自己的言行，每一名操作者必须检讨自己的每一次操作流程。

制度贵在落实，而落实则离不开团队成员的精诚合作。

制度的惯性

惯性指的是企业具有保持自身发展范式稳定的内在要求，是企业自身所具有的一种性质，表明企业对变革具有一定的抵制作用，变革的发生有惰性特征。由于它的存在，企业的发展遵循这样一种规律，即在感受不到压力、威胁、危机或挫折等"外部力量"时，保持原有的发展路径与运行模式不变。

戴尔从小就思考：为什么不尽可能省掉一些看起来天经地义的中间环节，直接一步到位呢？这并不是痴人说梦，凭借着这个念头加上自身的奋斗，戴尔在年仅18岁时就创造了神话般的电脑直销奇迹，并创立了一种划时代的经营模式！

在我们身边，有很多管理环节——它们只是由于惯性作祟才持续存在，并非不可缺少。如果细细推敲，省掉一些环节，机关、企业照旧运转得有条不紊。

一位年轻有为的炮兵军官上任伊始，到下属部队视察操练情况。他在几个部队发现了相同的情况：在操练中，总有一名士兵自始至终站在大炮的炮管下面，纹丝不动。军官不解，究其原因，回答：操练条例就是这样要求的。军官回去后反复查阅军事文献，终于发现，长期以来，炮兵的操练条例仍因循非机械化时代的规则。站在炮管下士兵的任务是负责拉住马的缰绳（在那个时代，大炮是由马车运载到前线的），便于在大炮发射后调整由于后坐力产生的距离偏差，减少再次瞄准所需要的时间。现在大炮的自动化和机械化程度很高，已经不再需要这样一个角色了，但操练条例没有及时地调整，因此出现了"不拉马的士兵"。军官的发现使他本人获得了国防部的嘉奖。

当一个组织所处的外部环境发生较大变化时，就会导致工作流程和方法随之而变，岗位设置与工作思路就应该跟上，否则"不拉马的士兵"就会层出不穷，从而使组织走向瘫痪。合格的管理者必须能将所管员工的本职工作、责任及考核范围界定清楚。"能者多劳"的本质就是懒人对能人的剥削。

制度是让人遵守的

《韩非子》中讲过这样一个故事。

在赵国有个叫董阏于的人新到一地为官。当官的走马上任，都是先对管辖区域作个视察。

有一天，他走在石邑山中发现一个数百米深的深渊，站立其边，它的陡峭程度令人头昏腿软，不敢下望。于是他问当地乡民："可曾有人下去过？"乡民答："没有。"又问："莽夫、傻子、疯子可有人下去过？"乡民答："没有。"又问："牛、马、猪、狗可下去过？"乡民答："没有。"

这位新官顿悟一理：依法治理，就是要让法谁见谁怕。则法可行矣！

"制度法规要让人怕，政策讲话要让人爱"，这两句话是管理上的要律，道理很简单，制度法规是让人遵守的，而政策讲话是要引导和指导方向、让人相信的。

这是发生在第二次世界大战中期的一个真实故事。在战争中扮演了重要角色的美国空军，为了降落伞的安全性问题与降落伞制造商发生了一起纠纷。当时降落伞的安全性能不够，合格率较低。厂商采取了种种措施，使合格率提升到99.9%，但军方要求产品的合格率必须达到100%。厂商认为这是天方夜谭，他们一再强调，任何产品也不可能达到100%合格，除非奇迹出现。99.9%的合格率已经相当优秀了，没有必要再改进。

99.9%的合格率乍看很不错，但对于军方来说，这就意味着每一千个伞兵中，会有一个人的降落伞不合格，他就可能因此在跳伞中送命。后来军方改变了检查产品质量的方法，决定从厂商上周交货的降落伞中随机挑出一个，让厂商负责人装备上身后，亲自从飞机上跳下。这个方法实施后，奇迹出现了：不合格率立刻变成了零。

原本认为不可能的事，制度一改，奇迹就发生了。关心自己的利益是人的本性，怎样让制度顺应这种本性，以此激发人的工作热情，是制度设计者需要深思的问题。

让制度无时不在

每天早上，当你走进明亮的办公室，一天的工作就开始了。

新的一天，是忙碌还是盲目？你的心情此刻是阴霾还是阳光？

透过办公室的巨大玻璃窗，看到你的员工是按部就班，还是急躁抓狂？

什么能让你的管理轻松而且有效？

答案只有一个，那就是制度化管理。制度化管理是当今世界最为流行、最为有效的一种管理方式。要高效实施制度化管理，必须遵循以下基本原则。

1. 制度化管理的功能必须体现普遍性原则

在空间上，要覆盖全方位，做到事事都有制度管，保证不漏事；在时间上，要覆盖全过程，做到时时都有制度管，保证不漏时；在人员上，要覆盖全员，做到人人都有制度管，保证不漏人。这就是说，任何事、任何时、任何人都必须在制度的制约之下，而不能超越于制度之外。否则，就谈不上制度化管理。

2. 制度使你的经营大不相同

分析那些优秀企业的成功经验，他们之所以优秀是因为他们具有比别人更完善的并得到了切实执行的制度。

（1）好的制度有助于建立正常的生产经营秩序。企业是一个多元素、多层次、多系列、多结构的复杂的综合体。要把这个综合体里的每一个成员的智慧和力量充分发挥并最优化地组织起来，高质高效地完成经营生产任务，就必须要有一整套管理制度，使企业的一切工作和所有员工有章可循。实践也证明，凡是这样做的企业，其各项工作就能按规则制度有序地运转。

（2）好的制度有助于调动员工的工作积极性。对于企业来说，只有在它的每一位员工的积极性、主动性和创造性都得到了充分发挥，并形成一种集体合力时，这个企业才能搞得好。当企业建立起符合市场规律，符合现代管理原理，并能充分体现社会主义道德观念和行为规范的管理制度时，就会使全体员工知道：应该做什么，不应该做什么；应该怎样做，不应该怎样做；以及明确自己的主要职责，所担负的职责对整个企业工作具有什么意义和作用。

这样，就能把企业全体员工的工作积极性充分地调动起来，成为推动企业生产经营工作不断前进的巨大动力。

（3）好的制度应体现管理者时时刻刻的关心。《伊索寓言》里有一个"北风与南风"的故事："北风和南风比威力，看谁能把行人身上的大衣脱掉。北风首先来了一阵冷风，凛冽刺骨，结果行人把大衣裹得紧紧的。南风则徐徐吹动，顿时风和日丽。行人因为觉得春意上身，始而解开纽扣，继而脱掉大衣。最终，南风获得了胜利。"

温暖胜于严寒，管理者在管理中，在制定、执行制度时，要学会运用"南风"法则，就是要尊重和关心下属，以下属为本，多点人情味，使下属真正感觉到管理者给予的温暖，从而去掉包袱，激发工作的积极性。

（4）好的制度让消费者得到放心的优质服务。企业要建立现代企业制度，最重要的是要处理好企业与消费者的关系，因为消费者构成市场的核心。企业离开了市场和消费者就失去了发展的根基。

张瑞敏说过一句话，"创新创造有价值的订单"。张瑞敏讲创新的目的和意义在于为企业创造有价值的订单，他认为企业必须时刻把客户摆在第一位，这个客户不是一般的客户，而是有价值的订单客户。

消费者是市场的核心，我们只有找到消费者才算是找到了市场，不仅要找消费者还要找有价值的订单，这就是管理的精髓。最有效的管理就是化繁为简，把复杂的问题简单化。市场和客户的情况变化是非常复杂的，但是你可以用一种非常简单的方法来对付它。即用制度将消费者的利益置于企业经营的第一位，用制度将为消费者提供全优服务落实到企业的各项活动中。

（5）好的制度可以培养员工真正的忠诚。在大多数企业都有一种不成文的规矩，即禁止内部员工谈恋爱。其实，这种做法是不合法也不可取的。棒打鸳鸯只能导致军心涣散，让员工对组织感到寒心。获得如此待遇的员工即便留下，也会身在曹营心在汉。

工程师田中为日立公司工作近12年了，对他来说，公司就是他的家，因为甚至连他美满的婚姻都是公司给予的。原来，日立公司内设了一个专门为职员架设鹊桥的婚姻介绍所。日立公司人力资源站的管理人员说：这样做还能起到稳定员工、增强企业凝聚力的作用。

日立鹊桥总部设在东京日立保险公司大厦八楼。年轻的田中刚进公司，便在同事的鼓励下，把学历、爱好、家庭背景、身高、体重等资料输入了鹊桥电脑网络。在日立公司，当员工递上求偶申请书后，他（她）便有权调阅电脑档案，申请者可以仔细地翻阅这些档案，直到找到满意的对象为止。一旦他（她）被选中，联系人会将挑选方的一切资料寄给被选方。被选方如果同意见面，公司就安排双方约会。约会后双方都必须向联系人报告对对方的看法。终于有一天，同在日立公司当接线员的富泽惠子从电脑上"走"下来，走进了田中的生活。不到一年，他们便结婚了，婚礼是由公司月下老操办的。

有了家庭的温暖，员工自然就能一心一意扑在工作上，由于这个家是公司促成的，员工对公司就不仅是感恩了，而且是油然而生一种鱼水之情。这样的管理成效是一般意义的奖金、晋升所无法替代的。

3. 让制度时时刻刻在身边

作为企业的管理者，你应该如何对待身边的制度呢？

（1）让制度成为团队生活的重要部分。完善的制度通常都充分考虑所有员工的需求，根据员工的素质、能力和承受力制定，通过规范员工的行为，为企业实现管理的目的服务，同时又能最大限度地照顾员工的利益，充分地实现企业与员工的共同发展。

在企业管理实践中，管理教育与管理实施是同步进行的。企业要持续不间断地对员工进行管理教育，在日常工作中要有目的、有计划地向全体员工灌输企业的发展目标、企业的管理制度以及企业文化，特别要重视管理者的示范效应。这样长期坚持下来，企业的管理思想、管理制度就会渐渐地对员工产生潜移默化的影响，并且会在员工的头脑中生根发芽，变成员工自己的思想，从而达到员工"自我管理"的目的。而且企业制度管理的实施要持久，要持之以恒，管理与考核并举，奖惩激励制度要完善。

在实际工作中，管理实施的过程是最容易出现偏差的。稍有不慎，执行管理的人员就会在执行的尺度上出现把握不准的情况。在工作中，我们常常会遇到有人违反了管理制度，但由于事情不大，或碍于面子，或提醒或教育，却不按照管理制度进行处理。久而久之，管理制度慢慢地变成了形式化的废纸。到这个时候，就算你明白过来，已于事无补。所以我们在制度管理中，特别提倡制度管理的"火炭效应"，以达到防患于未然的目的。

（2）重视制度才能事事严格要求。一根小小的柱子，一截细细的链子，拴得住一头千斤重的大象。这不荒谬吗？可这荒谬的场景在印度和泰国随处可见。那些驯象人，在大象还是幼象的时候，就用一条铁链将它拴在水泥柱或钢柱上，无论小象怎么挣扎都无法挣脱。小象渐渐地习惯了不挣扎，直到长成了大象，即使可以轻而易举地挣脱链子时，也不挣扎。

有一个驯虎人，本来他也像驯象人一样成功。他让小虎从小吃素，直到小虎长大。老虎不知肉味，自然不会伤人。驯虎人的致命错误就在于他摔了跤之后让老虎舔净了他流在地上的血。结果，老虎一"舔"不可收拾，终于将驯虎人吃了。

小象是被链子拴住，而大象则是被习惯拴住。虎曾经被习惯拴住，而驯虎人则死于习惯（他已经习惯于他的老虎不吃人）。习惯几乎可以拴住一切，只是不能拴住偶然，比如那只偶然尝了鲜血的老虎。

因此，即使制度已经内化为员工生活的一部分，但是我们仍然不能放松警惕。要时时处处按制度办事，维护制度的尊严，才不致让某些人或某些现象凌驾于制度之上，让制度最终成为装饰的"花瓶"。

完善的制度通常都充分考虑所有员工的需求，根据员工的素质、能力和承受力制定，通过规范员工的行为，为企业实现管理的目的服务，同时又能最大限度地照顾员工的利益，充分地实现企业与员工的共同发展。

第一章

岗位设计和用岗位职责管人

一、岗位设计的五大原则

岗位设计也就是工作设计，即在完成组织机构设计的基础上，把单位的总任务合理分解、排序，形成员工的责任和任务，将这些责任和任务经过分类、整理、规范为一定的岗位，以利于整个组织能够顺利有效地运转。根据组织需要，规定某个岗位的责任、任务、权力以及在组织中与其他岗位关系的过程。岗位设计有五大原则。

(一)分工原则

分工原则是组织设计的第一个原则，分工的思想源于亚当·斯密的劳动分工，它是指并非让一个人完成全部的工作，而是将工作划分为若干步骤，由一个人单独完成其中的某一个步骤，也就是说，个人专门从事某一部分的活动而不是全部活动。经典的分工原则认为，劳动分工是增加生产率的一个不尽的源泉，分工越细，专业化水平越高，责任越明确，效率也越高。

(二)职权原则

职权对等原则是指职责与权力必须相等。在进行岗位设计时，既要明确规定每一管理层次和各个部门的职责范围，又要赋予完成其职责所必需的管理权限。职责与职权必须协调一致，要履行一定的职责，就应该有相应的职权，这就是职权原则的要求。只有职责，没有职权或权限太小，则其职责承担者的积极性、主动性必然会受到束缚，实际上也不可能承担起应有的责任；相反，只有职权而无任何职责，或职责程度小于职权，将会导致滥用权力和"瞎指挥"，产生官僚主义等。因此，在实际的岗位设计中应尽量避免这两种倾向。科学的岗位设计应该是将职务、职责和职权形成规范，定出章程，使无论什么人，只要担任这项工作就得有所遵从。

(三)统一指挥的原则

统一指挥原则是指在企业厂长(经理)负责制下，企业里的每个岗位都要有人指挥并对其负责，企业里的每个人都应知道谁负责和有哪些人应该对自己负责，每一个人都只能接受一个上级的指挥并对其负责。这样，上下级之间层次清楚，上级下达路线明确，指挥和执行不易发生混乱。实行统一指挥原则，上下级之间联系单一，彼此之间较易熟悉对方的情况，有利于提高工作效率。同时，由于严格地实行"一元化"领导，能够有效地避免"政出多门"所造成的混乱局面，以及大家都负责但实际大家都不负责的现象。但是，这一原则在执行过程中也存在缺点，譬如，容易造成企业内部各部门或各生产单位之间缺乏横向联系和企业领导的盲目武断的问题。对此，需要从两个方面加以弥补，一是企业在统一指挥原则下，上级对下属授权，允许下属在工作上进行必要的横向直接联系，下属将其行动的结果及时报告各方上级。这样不但不会削弱统一指挥原则，而且有助于这一原则的贯彻实施。当然，上级向下级授权必须适度或合理，要做到合理授权。因为授权过小，一方面上级事必躬亲，缠身于琐碎事务，影响了领导职能的发挥，另一方面又束缚了下级的手脚，不利于工作的开展。但若授权过大，则容易出现因下属阳奉阴违而使该部门或整个企业失控的局面，轻则会影响企业的正常生产经营活动，重则会使该部门乃至整个企业亏损或破产。二是为了避免上级领导的瞎指挥和下级在执行任务过程中的阳奉阴违，必须使上下级从利益上都对企业总目标负责，上级对企业总目标的实现负有责任，下级为实现企业的总目标必须做好本职工作，谁完不成任务谁负责。统一指挥原则的实施，还可以通过诸如经济的、行政的、思想工作的方法加以保证。

(四)合理的管理幅度原则

合理的管理幅度原则是指在企业内部的各级管理层次上，一个指挥、监督或管理人员能够领导人员的最多数。如果一个人领导或监督的人员过多，会因为不能有效地管理而降低领导质量和降低被管理人员的工作效率；若领导或监督的人员过少，又会因浪费领导才能而浪费人才。那么，一个领导、监督和管理人员的管理幅度究竟应有多大?有人做过调查，认为一个管理人员管辖人数的幅度可以在1～24人之间。一个管理人员的管理幅度受管理机构的层次高低、面对问题的种类、管理人员的才能和上级领导授权程度等的影响。譬如，管理机构层次越高，管理的幅度应该相对较小，一个企业的经理直接领导人员要比一个车间主任管理的人员要少得多，因为比较复杂的重大问题往往集中在高层，因此，高层领导人直接领导的人员不宜过多，而基层多属日常事务，则基层领导人可以多领导一些人员。

(五)部门划分原则

部门划分原则实质上是分工原则的继续，该原则称组织中的活动应当经过专业化分工而组合到部门去。部门的建立通常可依据所开展工作的职能、所提供的产品或服务、所设定的目标顾客、所覆盖的地理区域或者将投入转换为产出所使用的过程等。部门是构成科层组织的基本单位，部门的划分方法应反映最有利于实现组织目标的要求。

然而，问题是部门化的组织中常常会出现各部门追求部门自身的利益而看不到全局利益的情况，这尤以按职能划分部门为甚，没有一项职能(部门)对最终结果负全部责任，每一职能领域的成员相互隔离，很少了解其他职能的人在干些什么，不同职能之间利益和视野的不同会导致职能之间不断地发生冲突，各自极力强调自己的重要性。由于各部门不对最终结果负全部责任，因而在发生错误的时候往往难以找到真正的责任者。正如夏弗所强调认为的，组织部门划分得清清楚楚，正是最好的推诿过错的方法，凡是这方面的老手大概都知道，绩效不良几乎完全可以推到制度上去，可以推到别的部门上去，或是推到非我能控制的因素上去。

不仅如此，组织设计在划分部门时往往强调采用统一的划分标准，以使企业各基层组织活动有一致的规范，便于管理。其实，部门划分的目的并不是为了建立一种各层次都平衡，而且又以一致性和等同基础为特征的僵硬的结构，只要有利于实现企业的目标，适当地采用多种标准来设立部门机构也应该是允许的。同时，采用跨传统部门界限的团队组织，将使原来僵化的部门划分得到补充。

二、岗位设计的基本方法

确定了要分析的工作，并收集完背景资料后，就要收集与工作活动和职责有关的资料。收集工作资料的人员包括人事专家、工作者和工作者的上司。人事专家的工作是观察并分析各项工作，然后编写岗位说明书和岗位规范；工作者及上司要回答岗位分析问卷，然后再认可岗位分析人员得到的资料。在开展岗位分析时，收集岗位分析信息的方法有很多种，但是人力资源管理人员需要注意的是，各种方法都有自己的优缺点，没有一种收集信息方法能够提供非常完整的信息。因此，应该综合运用这些收集方法。下面介绍几种常用的岗位分析方法。

(一)观察法

观察法是岗位分析人员在工作现场运用感觉器官或其他工具，观察特定对象的实际工作动作和工作方式，并以文字或图表、图像等形式记录下来，来收集工作信息的方法。

观察法适用于体力工作者和事务性工作者，如搬运员、操作员、文秘等职位。

由于不同的观察对象的工作周期和工作突发性有所不同，所以观察法具体可分为直接观察法、阶段观察法和工作表演法。

1. 直接观察法。

岗位分析人员直接对员工工作的全过程进行观察。直接观察法适用于工作周期很短的岗位。比如保洁员，他的工作基本上是以一天为一个周期，岗位分析人员可以一整天跟随着保洁员进行直接工作观察。

2. 阶段观察法。

有些员工的工作具有较长的周期性，为了能完整地观察到员工的所有工作，必须分阶段进行观察。比如行政文员，需要在每年年终时筹备企业总结表彰大会。岗位分析人员就必须在年终时再对该岗位进行观察。有时由于各阶段跨度太长，岗位分析工作无法拖延很长时间，这时采用"工作表演法"更为合适。

3. 工作表演法。

对于工作周期很长和突发性事件较多的工作比较适合。比如保安工作，除了有正常的工作程序以外，还有很多突发事件需要处理，如盘问可疑人员等，岗位分析人员可以让保安人员表演盘问的过程，来进行该项工作的观察。在使用观察法时，岗位分析人员应事先准备好观察表格，以便随时进行记录。条件好的企业，可以使用摄像机等设备，将员工的工作内容记录下来，以便进行分析。另外，要注意的是，有些观察的工作行为要有代表性，并且尽量不要引起被观察者的注意，更不能干扰被观察者的工作。

(二)访谈法

访谈法也称采访法，它是通过岗位分析人员与员工面对面的谈话来收集岗位信息资料的方法，可以是一对一访谈或集体访谈。在访谈之前，岗位分析人员应该准备好面谈问题提纲，一般在面谈时能够按照预定的计划进行。面谈法对岗位分析人员的语言表达能力和逻辑思维能力有较高的要求。岗位分析人员要能够控制住谈话的局面，既要防止谈话跑题，又要使谈话对象能够无所顾忌地侃侃而谈。岗位分析人员要及时准确地做好谈话记录，并且避免使谈话对象对记录产生顾忌。面谈法适合于脑力职务者，如开发人员、设计人员、高层管理人员等。

(三)问卷调查法

岗位分析人员首先要拟定一套切实可行、内容丰富的问卷，然后由员工进行填写，来获取工作信息的方法。问卷法适用于脑力工作者、管理工作者或工作不确定因素很大的员工，比如软件设计人员、行政经理等。调查问卷经过特别设计，调查问卷的内容要简明、扼要，不能过于复杂、烦琐。任职人员独立填写问卷前，最好就填写要领进行必要的辅导。问卷法比观察法更便于统计和分析。要注意的是，调查问卷的设计直接关系着问卷调查的成败，所以，问卷一定要设计得完整、科学、合理。

通常，问卷的内容是由工作分析人员编制的问题或陈述，这些问题和陈述涉及实际的行为和心理素质，要求被调查者对这些行为和心理素质在他们工作中的重要性(经常性)按给定的方法作答。一般而言，答案应具备三个层次：

（1）各种特殊品质的需要性：必须具备；需具备；不需具备。

（2）各种特殊品质在某种工作中应用的时间次数：常常应用到的；有时应用到的；从未应用到的。

（3）各种特殊品质如果加以训练可否收到效果：可大为进步；稍可进步；未必得到进步。

问卷法可以分成岗位定向和人员定向两种。岗位定向问卷比较强调工作本身的条件和结果；人员定向问卷则集中于了解工作人员的工作行为。

问卷法可以面面俱到，收集尽可能多的工作信息；可以收集到准确、规范含义清晰的工作信息；可以随时安排调查。但是，问卷问题事先已经设定，调查难以深入；工作信息的采集受问卷设计水平的影响较大；对任职人员知识水平的要求较高。一般是以问卷法为主，以访谈法和观察法为辅，开展工作调查。

(四)参与法

参与法也称岗位实践法。顾名思义，就是岗位分析人员直接参与到员工的工作中去，扮演员工的工作角色，体会其中的工作信息。参与法适用于专业性不是很强的岗位。参与法与观察法、问卷法相比较，获得的信息更加准确。需要注意的是，岗位分析人员需要真正地参与到工作中去，去体会工作，而不是仅仅模仿一些工作行为。

参与法可以克服一些有经验的员工并不总是很了解自己完成任务的方式等缺点。岗位分析人员通过实践掌握第一手资料，可以补充了解一些观察不到的内容。参与法的缺点也很明显，对于现代企业的很多高度专业化的工作，岗位分析人员往往不易参与其中。同时，这种方法适用于短期内可以掌握的工作，对那些需要大量训练方法能胜任或有害的工作不适用。

(五)典型事件法

如果员工太多，或者职位工作内容过于繁杂，应该挑选具有代表性的员工和典型的时间进行观察，从而提高岗位分析的效率。典型事件法的优点是直接描述任职者在工作中的具体活动，因此可以揭示工作的动态性质；其缺点是收集归纳典型事例并进行分类需要耗费大量时间。此外，由于描述的是典型事例，因此很难对通常的工作行为形成总体概念，而后者才是岗位分析的主要目的。

(六)工作日志法

工作日志法是由员工本人自行进行的一种岗位分析方法，可以用于缺乏技术要求和规律性工作的岗位，如管理岗位和事务性岗位。事先应该由岗位分析人员设计好详细的工作日志单，让员工按照要求及时填写岗位内容，从而收集工作信息。需注意的是，工作日志应该随时填写，比如以10分钟、15分钟为一个周期，而不应该在下班前一次性填写，这样是为了保证填写内容的真实性和有效性。工作日志法最大的问题可能是工作日志内容的真实性问题。

在一般情况下，对同一岗位的工作，要进行10天以上的连续记录，才能在一定程度上把握该岗位工作的内容。

工作日志法的示例，如表1-1所示。

表1-1　办公室秘书的工作日志

编号	工作活动名称	工作活动的程序和方法	权限	结果	时间消耗	备注
1	复印、打印文件	审阅内容——审核领导签字——登记	执行	90页	60分钟	
2	开介绍信	审核领导签字——开信盖章——登记	执行	2份	30分钟	
3	起草文件	领会领导意图——撰写——修改	须报审	1份	90分钟	
4	送文件	送达——收件人签收	委托负责	5份	25分钟	
5	一般信件处理	分拣——处理——归档或转发	全权负责	10封	35分钟	

(七)资料分析法

如果岗位分析人员手头有大量的岗位分析资料，比如类似的企业已经做过相应的岗位分析，比较适合采用本办法。资料包括现有岗位规范或责任制文书，员工关键事件的记录、工作日记等。这种办法最适合于新创办的企业。

岗位规范说明或相关责任制文书，可以获得很多岗位分析的信息，避免不少重复劳动，应该充分加以利用。在收集信息时，要审慎分析这些书面资料的适用性、客观性和时效性。

关键事件记录是要求工作执行者对其在一定时间内能观察到，并对工作的有效性和无效性造成显著影响的事件所做的记录。对关键事件记录进行收集分析，类似个案研究中的案例收集。从关键事件记录中可以获取的信息有导致该事件发生的背景、原因，员工有效的或多余的行为，关键行为的后果以及员工控制上述后果的能力等。

工作日记是由员工按照格式和要求，定期汇总的工作记录。认真记录的工作日记可提供大量的信息，如员工实际工作内容、权利、责任、人际关系及工作负荷、工作效率等。

资料分析是一种间接分析方法。对第二手资料进行分析时，需要耗费大量时间从中甄别主观性因素和无效信息，然后进行分类汇总，以获取有用信息。

(八)专家讨论法

专家讨论法是指请一些相关领域的专家或者经验丰富的员工进行讨论，来进行岗位分析的一种方法。这种方法适合于发展变化较快或职位职责还未定型的企业。由于企业没有现成的观察样本，所以只能借助专家的经验来规划未来希望看到的岗位状态。

(九)秩序分析法

秩序分析法主要用于非管理工作的描述，是一种以工作为中心的岗位分析方法。岗位分析方法之一就是时间研究。时间研究的目的在于对工作中每项任务确定一个标准的完成时间，将工作中所有任务的完成时间相加得到工作完成所需要的总时间。这个时间可作为确定工资和奖金、新老产品成本的依据，可作为生产线和工作小组均衡生产的依据。但由于标准工作时间的确定受到员工个人及工作自身特性等多方面的影响，很难做到准确无误。因此，往往需要测量员工的"真实的努力程度"与"需要的努力程度"。

工作样板是工作标准时间确定的有效方法。该方法首先将工作中的活动进行分类，岗位分析专家再对在职者完成各类活动的时间进行平均化，所得到的完成各类活动的平均时间即可作为标准工作时间。

上述这些岗位分析方法既可单独使用，也可结合使用。由于每个方法都有自身的优点和缺点，所以每个企业应该根据本企业的具体情况进行选择。最终的目的是一致的：为了尽可能地得到详尽、真实的岗位信息。

三、岗位说明书内容

岗位说明书的基本内容主要由以下几个方面构成。

(一)基本资料

1.岗位名称。

2.直接上级职位。

3.所属部门。

4.工资等级。

5.所辖人员。

6.定员人数。

7.工作性质。

同时,应列出岗位分析人员姓名、人数和岗位分析结果的批准人栏目。

(二)工作描述

1.工作概要。

用简练的语言说明工作的性质、中心任务和责任。

2.工作活动内容。

工作活动内容包括:

(1)逐项说明工作活动内容。

(2)说明各活动内容占工作时间的百分比。

(3)各活动内容的权限。

(4)各活动内容的执行依据。

(5)其他。

3.工作职责。

逐项列出任职者的工作职责。

4.工作结果。

说明任职者执行工作应产生的结果,以定量化为好。

5.工作关系。

工作关系描述包括:

(1)说明此工作受谁监督。

(2)说明此工作监督谁。

(3)说明此工作可晋升的职位,可转换的职位,以及可升迁至此的职位。

(4)与哪些职位发生关系。

6.工作人员运用设备说明。

工作人员运用设备说明包括：

(1)说明工作人员主要运用的设备名称。

(2)说明工作人员运用信息资料的形式。

(三)任职资格说明

1.所需最低学历。

2.需要培训的时间和科目。

3.从事本职工作和其他相关工作的年限和经验。

4.一般能力。

如计划、协调、实施、组织、控制、领导、冲突管理、公共关系、信息管理等能力及需求强度等。

5.兴趣爱好。

即顺利履行工作职责所需的某种兴趣、爱好及需求强度。

(1)个性特征。如情绪稳定性、责任心、外向、内向、支配性、主动性等性格特点。

(2)职位所需的性别、年龄特征。

(3)体能需求。即：①工作姿势。如站、坐、跑、蹲、走动、躺等姿势以及各姿势的比重。②对视觉、听觉、嗅觉有何特殊要求。③精神紧张程度。④体力消耗大小。

(四)工作环境

1.工作场所。

在室内、室外，还是其他特殊场所。

2.工作环境的危险。

说明危险性存在的可能性，对人员伤害的具体部位、发生的频率，以及危险性原因等。

3.职业病。

即从事本工作可能患的职业病及轻重程度。

4.说明工作时间特征。

如正常工作时间、加班时间等。

5.说明工作的均衡性。

即工作是否存在忙闲不均的现象及经常性程度。

6.工作环境的舒适程度。

即是否在高温、高湿、寒冷、粉尘、有异味、噪声等工作环境中工作，工作环境使人是否愉快。

四、编写岗位说明书技巧

(一)岗位说明书编制的注意事项

1.岗位说明书的内容可依据岗位分析的目的加以调整，内容可简可繁。

2.岗位说明书可以用表格形式表示，也可以采用叙述型。

3.岗位说明书中，如有需个人填写的部分，应运用规范用语，字迹要清晰。

4.使用浅显易懂的文字，用语要明确，不要模棱两可。

5.岗位说明书应运用统一的格式书写。

6.岗位说明书的编写最好由组织高层主管、典型任职者、人力资源部门代表、岗位分析人员共同组成工作小组或委员会，协同工作，共同完成。

(二)岗位说明书的编写步骤

岗位说明书的编写是一项工程较大的基础管理工作，初次编写岗位说明书的企业，必须成立一个由公司主要领导担任组长的项目小组，进行统一规划与协调。起草过程一般包含下列程序：

岗位任职人接受岗位分析—项目小组进行起草—岗位任职人初审—岗位任职人上级复审—项目小组进行会审(如是中层以上岗位)—公司签发执行。

(三)岗位说明书范例

表1-2是某公司人力资源部经理的岗位说明书。

表1-2 某公司人力资源部经理岗位描述

岗位名称：公司人力资源部经理 所属部门：人力资源部 直接上级岗位：公司行政副总经理 岗位代码：XL-HR-008 工作地点：公司总部 工作目的：负责本公司人力资源管理工作 工作要求：工作细致、服务意识强
工作责任 编写、执行公司人力资源规划。 招聘。制定招聘程序，组织社会招聘和学校招聘，安排面试、综合素质测试。 培训。组织员工岗前培训、协助办理培训进修手续。 绩效考评。制定考评政策、考评文件管理、考评沟通、不合格员工辞退。 激励与报酬。制定薪酬/晋升政策、组织加薪/晋升评审。 福利。制定福利政策、办理社会保险福利。 人力资源管理关系。办理员工各种人力资源管理关系转移,办理职称评定手续。 与员工进行积极沟通，了解员工工作、生活情况。

工作条件与环境 80%以上的时间在室内工作，不受气候影响；工作场地温度与湿度适中，无噪音，无有害气体，无生命及其他伤害危险。
衡量标准 工作报告的完整性。 公司其他员工对人力资源部工作的反馈意见。
工作难点 如何更好地为员工服务。
工作禁忌 服务意识差、行动缓慢。
职业发展道路 公司行政副总经理任职资格 工作经验：3年以上管理类工作经验。 专业背景要求：曾从事人力资源管理工作2年以上。 学历要求：本科以上。 年龄要求：35岁以上。 个人素质：积极热情、善于与人交往、待人公平、公正。

五、总经理(总裁)岗位职责描述书

1.主持公司的经营管理工作，组织实施董事会决议。

2.组织制订公司年度经营计划，经董事长办公会议批准后负责组织实施。

3.拟订公司内部管理机构设置方案。

4.拟订公司基本管理制度和制定公司的具体规章制度。

5.主持公司经营班子日常各项经营管理工作。

6.全面执行和检查落实董事长办公会议所做出的有关经营班子的各项工作决定。

7.负责召集主持总经理办公会议，检查、督促和协调各部门的工作进展。

8.提请聘任或者解聘公司各部门经理。

9.签署日常行政、业务文件。

10.负责处理公司重大突发事件。

11.负责对各部门经理工作布置、指导、检查监督、评价和考核管理工作。

12.行使公司章程和董事会授予的其他职权。

六、副总经理岗位职责描述书

1.副总经理是总经理的高级助手，协助总经理工作。

2.负责分管公司特定范围的管理职能，在分管职能上有较大自主决策权。

3.参加公司常务办公会议，发表工作意见和行使表决权。

4.在总经理缺席时，受委托代行总经理职务。

5.常务副总经理协助总经理协调全面工作。

6.总经理临时授权的其他工作任务。

七、总经理助理岗位职责描述书

1.总经理助理为总经理助手，辅助总经理工作。

2.主要在总经理授权下完成交办的日常或专项任务。

3.对临时授权任务具有相应的权利和责任，而在该任务完成后相应的权利和责任自动消失。

4.参加公司办公会议，发表意见和行使表决权。

八、财务总监岗位职责描述书

1.在董事会和总经理的领导下，总管公司会计、报表、预算工作。

2.负责制订公司利润计划、资本投资、财务规划、销售前景、开支预算或成本标准。

3.制定和管理税收政策方案及程序。

4.建立健全公司内部核算的组织、指导和数据管理体系，以及核算和财务管理的规章制度。

5.组织公司有关部门开展经济活动分析，组织编制公司财务计划、成本计划，努力降低成本、增收节支、提高效益。

6.监督公司遵守国家财经法令、纪律，以及董事会决议。

九、总工程师岗位职责描述书

1.在总经理的领导下，主管公司技术工作。

2.负责公司产品设计、新产品试制、技术改造、生产工艺、生产质量和研发等。

3.负责贯彻执行国家科技法规和政策，建立健全相应的管理制度。

4.对下属企业、部门的技术管理机构进行指导。

5.对公司的主要技术项目的技术档案管理机构进行直接领导和指挥。

6.公司的主要技术项目和技术文件须经总工程师的审查和签署方可生效。

十、总经济师岗位职责描述书

1.在总经理的领导下,主管公司技术工作。

2.负责为公司制定经营决策,组织市场调查和市场预测,提供有关资料或提出初步方案。

3.协助总经理制订公司长期、中期、近期的生产经营计划。

4.负责领导计划、劳动和销售等职能部门工作。

5.对生产、技术、销售和财务等业务管理进行协调,以共同实现公司经营目标。

十一、行政部部长岗位职责描述书

1.负责发挥行政部(总经办)的参谋、协调和综合管理职能，直接处理尚未分清职能的公司事务。

2.负责行政会议和例会的组织工作，参加或列席会议并做会议记录，视情况整理出会议纪要或办理下文事宜。对会议讨论的重大问题，组织调研并提出报告。

3.根据总经理指示，编排工作活动日程表，做好重大活动的组织和接待工作。

4.负责抓好公司重要文稿的起草工作，包括月、季、半年、年度工作计划和总结报告。根据工作计划和目标责任指标，定期组织检查落实情况，及时向公司领导和其他部门反馈信息。

5.及时处理重要来往文电信函的审阅、分送，督促检查领导批示、审核和修改以公司名义签发的有关文件，抓好文书归档和用印管理工作。

6.协助各部门制定部门、岗位职责和各类规章的实施细则，配合公司协调各部门和下属企业的工作关系。

7.严格控制行政办公经费的支出，加强办公财产和车辆的管理。

8.负责指导、管理、监督行政部其他人员的业务工作，改善工作质量和服务态度，做好下属人员的绩效考核和奖励惩罚工作。

9.完成总经理临时交办的工作。

十二、法律顾问岗位职责描述书

1.协助公司领导正确执行国家法律、法规，对公司重大经营决策活动提供法律意见。

2.参与起草、审核公司重要的规章制度，对公司规章制度及其条款的合法性负责。

3.审核公司各种技术、经济、服务合同，参加重大合同的起草、谈判工作，协助财务部门管理合同，监督合同履约。

4.参与公司的兼并、收购、分立、破产、反兼并、投资、租赁、资产转让及招标、投标等重要经济活动，提出法律意见，处理有关法律事务。

5.主持或协助办理公司工商登记、变更、商标注册、专利申请、技术发明创造、技术贸易等有关法律事务，为公司知识产权保护提出法律建议。

6.开展与公司生产经营有关的法律咨询，整理汇编公司业务需要的各种法律、法规和规章等。

7.配合公司有关部门对员工进行法制宣传教育，在公司内普及法律知识，增强员工法制观念。

8.负责与公司外聘律师(事务所)的选择、联络及相关工作。

9.参加或列席公司召开的某些会议，就所议内容提供法律意见；负责审查内部各项指示、决定、决议、计划的规范性和合法性；为公司内劳动争议、民事调解提供法律帮助。

10.接受公司法定代表委托，代理公司参加诉讼和非诉讼活动，帮助公司运用法律手段解决经济纠纷，维护公司的合法权益。

11.参加和配合与公司有关的财务、税收、环保、劳动用工、安全生产、合同管理等执法检查，为公司提供法律意见；参与重大事故和危机处置活动，协助有关部门进行善后处理。

12.在所审核的经济合同、拟订的法律文书和出具的法律意见书上签字，对上述业务以及办理的其他法律事务的合法性负责。

13.完成领导临时交办的其他法律任务。

十三、内务岗位职责描述书

1.负责公司办公设备的管理，计算机、传真机、长途电话、复印机的具体使用和登记，名片印制等工作。

2.负责低值易耗办公用品的发放、使用登记和离职时的缴回。

3.负责各类办公用品、固定资产的保养、维修，仓库保管，每月清点，年终盘存统计，做到入库有验收、出库有手续，保证账实相符。

4.按标准定额，做好添购办公用品、器具的计划编制和申购手续工作，做到既不脱档又不长期积存。

5.负责考勤登记和就餐人数统计。

6.负责来宾具体接待、日程和参观内容的安排，以及食宿地点、车辆安排和车船机票代购等事宜。

7.协助安排公司每天的派车用车计划、确保公司公务用车需要。

8.负责公司办公场所清洁卫生和室内外绿化、盆景状况的检查监督，保证舒适良好的工作氛围。

9.完成行政部长临时交办的其他任务。

十四、外勤岗位职责描述书

1.负责各类办公用品、器具与设备、劳防用品、车用材料和节日礼品及实物福利品的采购工作。

2.根据批准的采购计划，按时按量购进货品，要求货比三家、降低成本、秉公办事、不谋私利。

3.负责公司信纸、信封、名片、业务礼品和企业形象所需印刷的定制工作，确保质量和时间要求。

4.对购进物品保存质保书、保修单，对使用中的问题负责，并及时与厂商联系解决。

5.对购进物品做好移交验收工作，提供合法齐全的原始发票及附有的技术说明书。

6.主办或协办向有关政府部门的项目申报、年检、申领各类证照，完成批文手续及出境手续等事宜。

7.具体办理来宾食宿安排、购票和迎送事宜，以及公司重大活动和联谊活动的后勤总务保障。

8.必要时充任临时驾驶员完成紧急用车任务。

9.完成行政部部长临时交办的其他任务。

十五、计算机工程师岗位职责描述书

1.在部长领导下，按照公司计算机管理制度有关规定，负责拟定公司具体计算机管理实施细则，在上级批准后组织执行。

2.负责管理公司的中心机房，制定统一的计算机使用操作程序和规范。

3.主持或协助、指导综合或专业性信息系统的总体设计、功能划分、软件开发、运行、验收全过程的监督、管理工作。

4.能够开发中小型管理软件，追踪计算机科技动态，提出软硬件升级换代的建议方案，在批准后组织实施。

5.负责保障现有公司计算机运行能满足业务要求。

6.负责制定公司计算机与国际互联网连通、网址注册、网页设计和制作、网上信息广告发布，以及员工上网管理监控等方案。

7.负责对公司全体员工进行计算机知识和操作技能的培训，提高公司计算机应用水平和普及面。

8.负责各计算机资料的管理，包括登记、分类、存贮、备份、转录，不得泄露公司机密，不得擅自修改、拷贝或让无关人员阅读。

9.密切关注计算机病毒发展动态，提出切实可行的预防措施，谨防外带磁盘和网络上的病毒侵袭。

10.协助有关人员做好计算机易耗品领用登记、保管和使用工作，提出采购建议。

11.做好计算机机房的清洁管理工作，确保良好的运行环境和上机者身心健康。

12.完成信息部部长临时交办的其他任务。

十六、计算机打字员岗位职责描述书

1.负责公司计算机公文资料的登记、分类、备份、保存和整理，严格执行保密规定，不得随意传播公文信息。

2.未经许可，不得将公司资料擅自删除、修改、复制，不得未经授权或超权限查阅计算机文件资料。

3.在行政主管安排下，按时、按质、按量打印完成各种打字任务，做到打字文本规范、美观，控制错字率，及时安排文件责任人终校，并负责所需份数的复印和装帧。

4.负责所用计算机及相关办公设备的维护、保养，计算机易耗品的领用、登记和保管工作。

5.建立和执行计算机机房管理规定，做好室内的清洁工作，保持适宜的计算机工作环境。

6.完成行政部部长临时交办的其他任务。

十七、资料员岗位职责描述书

1.在部长的领导下，按照公司信息管理制度的有关规定，负责拟定具体管理实施细则和公司实用信息分类编码体系，在上级批准后组织执行。

2.负责对每日收到的图书资料、报刊进行分类、登录、上架。

3.负责图书资料保管、借阅、催还、整理、修补、合订装帧和淘汰处理。

4.负责按领导和部门委托要求定题剪报、文摘、建档、上网查询等信息收集、汇编工作。

5.负责国外新技术资料的翻译、涉外来往信函的拟稿互译工作，或参与外商业务洽谈的翻译工作。

6.协助部长做好部门内务工作，完成信息部部长临时交办的其他任务。

十八、驾驶员岗位职责描述书

1.认真完成公司的派车任务要求，服从派车调度人员指挥。

2.坚持行车安全检查，每次行车前检查车辆，发现问题及时排除，确保车辆正常运行。

3.安全驾驶，正确执行驾驶操作规程，听从交通管理人员的指挥，行车时集中精力驾驶，严禁酒后开车，不开"英雄车""赌气车"。

4.每次出车回来后，如实填写行车记录，向派车主管简要汇报出车情况。

5.车辆用毕后，车辆停泊在指定位置，锁好方向盘、门窗等。

6.做好车辆的维护、保养工作，保持车辆常年整洁和车况良好。

7.认真填写车辆档案，对车辆事故、违章、损坏等异常情况及时汇报，写好情况书面报告。对车辆运行里程和耗油情况进行统计分析，提出降低成本的合理化建议。

8.驾驶员确保良好的休息、足够的睡眠，以充沛的精力和体力保证安全行车。

9.驾驶员应有敬业精神，熟悉交通法规、路况和车辆性能，不断提高自己的技术水平和积累行车经验。

10.驾驶员要衣着整洁、礼貌待人、热情服务，不藐视公司其他普通员工。

11.单独为公司领导出车时，兼有驾驶员和警卫员、服务员职责。

12.出车送达时，未经乘车人允许不得离开车辆，应听从乘车人的安排。

13.驾驶员在工作中不该听的不听，不该看的不看，不该说的不说，不散播消息，保守机密，守口如瓶。

14.完成行政部部长临时交办的其他任务。

十九、前台岗位职责描述书

1.负责对进入公司办公场所的所有不定期客人的招呼、接待、登记、导引，对无关人员、上门推销和无理取闹者，应挡在外或协助保安人员处理。

2.负责公司邮件的收取、分发工作。

3.负责公司电话总机的接线工作。对来往电话驳接准确及时、声音清晰、态度和蔼，恰当使用礼貌用语；对未能联络上的记录在案并及时转告；对紧急电话设法接通，未通者速报行政部领导处理。

4.定期维护、保养电话机，并保持前台环境清洁、安静。

5.协助打字员、文秘兼做部分计算机打字、复印等行政工作。

6.完成行政部部长临时交办的其他任务。

二十、员工食堂主管岗位职责描述书

1.在部长的领导下，负责员工食堂的日常管理工作。

2.负责每日就餐人数的统计(估计)及准备相应主食、蔬菜等物料，检查和维持就餐秩序。

3.负责检查食堂卫生、用餐器具消毒情况，确保用餐安全，不发生食物中毒事故，并控制卫生消毒用品、洁具的耗用。

4.合理安排员工倒班，做好每餐后的卫生清扫和定期大扫除工作。

5.及时安排并完成行政部临时下达的客饭或领导宴请任务。

6.主办或协助每日主副食料或其他物品的采购。

7.负责下属人员的业务监督指导，做好绩效考核工作。

8.完成行政部部长临时交办的其他任务。

二十一、员工食堂服务员岗位职责描述书

1.提供员工就餐过程中的(被分配的)服务工作。

2.及时回收、清洗用后的餐具，清理餐桌，清扫地面，确保用餐器具、场地的需要。

3.协助维持就餐秩序，营造良好就餐环境。

4.负责本工作区内所有用品、物品清洁工作，使之摆放有序，食物与清洁卫生用品须分开存放。

5.完成责任区的卫生清扫，并符合有关清洁标准。

6.爱护和节约粮食、副食品和易耗品，节约用水、用电、用煤(气)。

7.协助做好淘米及拣、洗、切菜等前期准备工作。

8.完成食堂主管临时交办的其他任务。

二十二、财务部部长岗位职责描述书

1.在分管副总经理的领导下，负责主持本部的全面工作，组织并督促部门人员全面完成本部职责范围内的各项工作任务。

2.贯彻落实本部岗位责任制和工作标准，密切与生产、营销、计划等部门的工作联系，加强与有关部门的协作配合工作。

3.负责组织《会计法》及地方政府有关财务工作法律法规的贯彻落实。

4.负责组织公司财务管理制度、会计成本核算规程、成本管理会计监督及其有关的财务专项管理制度的拟定、修改、补充和实施。

5.组织领导编制公司财务计划、审查财务计划。拟订资金筹措和使用方案，全面平

衡资金，开辟财源，加速资金周转，提高资金使用效率。

6.组织领导本部门按上级规定和要求编制财务决算工作。

7.负责组织公司的成本管理工作。进行成本预测、控制、核算、分析和考核，降低消耗、节约费用，提高赢利水平，确保公司利润指标的完成。

8.负责建立和完善公司财务稽核、审计内部控制制度，监督其执行情况。

9.审查公司经营计划及各项经济合同，并认真监督其执行，参与公司技术、经营以及产品开发、基本建设、技术改造和其他项目的经济效益的审议。

10.参与审查产品价格、工资、奖金及其涉及财务收支的各种方案。

11.组织考核、分析公司经营成果，提出可行的建议和措施。

12.负责财会人员的业务培训。规划会计机构、会计专业职务的设置和会计人员的配备，组织会计人员培训和考核，坚持会计人员依法行使职权。

13.负责向公司总经理、主管副总汇报财务状况和经营成果。定期或不定期汇报各项财务收支和盈亏情况，以便领导及时进行决策。

14.有权向主管领导提议下属人选，并对其工作考核评价。

15.完成公司领导交办的其他工作任务。

二十三、主管会计岗位职责描述书

1.根据国家财务会计法规和行业会计规定，结合公司特点，负责拟定公司会计核算的有关工作细则和具体规定，报经领导批准后组织实施。

2.参与拟订财务计划，审核、分析、监督预算和财务计划的执行情况。

3.在部长的领导下，准确、及时地做好账务和结算工作，正确进行会计核算，填制和审核会计凭证，登记明细账和总账，对款项和有价证券的收付，财物的收发、增减和使用，资产基金增减和经费收支进行核算。

4.正确计算收入、费用、成本，正确计算和处理财务成果，具体负责编制公司月度、年度会计报表、年度会计决算及附注说明和利润分配核算工作。

5.负责公司固定资产的财务管理，按月正确计提固定资产折旧，定期或不定期地组织清产核资工作。

6.负责公司税金的计算、申报和解缴工作，协助有关部门开展财务审计和年检。

7.负责会计监督。根据规定的成本、费用开支范围和标准，审核原始凭证的合法性、合理性和真实性，审核费用发生的审批手续是否符合公司规定。

8.负责社会集团购买力的审查和报批工作。

9.及时做好会计凭证、账册、报表等财会资料的收集、汇编、归档等会计档案管理工作。

10.主动进行财会资讯分析和评价，向领导提供及时、可靠的财务信息和有关工作建议。

11.协助部长做好部门内务工作，完成财务部部长临时交办的其他任务。

二十四、成本会计岗位职责描述书

1.在部长的领导下，按照国家财会法规、公司财会制度和成本管理有关规定，负责拟定公司各处成本核算实施细则，由上级批准后组织执行。

2.主动会同有关人员对公司重大项目、产品等进行成本预算、编制项目成本计划，提供有关的成本资料。

3.当公司推行全面成本核算管理和内部银行等制度时，协助有关主管制定总体方案和实施办法，确定各类成本定额、标准，并协助各部门和下属企业的推广培训。

4.不断监督、调查各部门执行成本计划情况，并就出现的问题及时上报。

5.学习、掌握先进的成本管理和成本核算方法及计算机操作，提出降低成本的控制措施和建议。

6.做好相关成本资料的整理、归档和数据库建立、查询、更新工作。

7.完成财务部部长临时交办的其他任务。

二十五、核算会计岗位职责描述书

1.在部长的领导下，按照公司财会制度和核算管理有关规定，负责公司各种核算和其他业务的记账工作。

2.根据会计制度规定，设置科目明细账和使用对应的账簿，认真、准确地登录各类明细账，要求做到账目清楚、数字正确、登记及时、账证相符，发现问题及时更正。

3.及时了解、审核公司原材料、设备、产品的进出情况，并建立明细账和明细核算，了解经济合同履约情况，催促经办人员及时办理结算和出入库手续，进行应收应付款项的清算。

4.负责依税法规定做好印花税贴花工作及相应的缴纳记录。

5.负责固定资产的会计明细核算工作，建立固定资产辅助明细账，及时办理记账登记手续。

6.负责公司的各项债权、债务的清理结算工作。

7.正确进行会计核算电脑化处理，提高会计核算工作的速度和准确性。

8.协助主办会计等做好会计原始凭证、账册、报表等会计档案的整理、归档工作，就职责范围内的问题提出工作建议。

9.完成财务部部长临时交办的其他任务。

二十六、出纳员岗位职责描述书

1.在部长的领导下，按照国家财会法规、公司财会制度的有关规定，认真办理提取和保管现金，完成收付手续和银行结算业务。

2.根据审核无误的手续，办理银行存款、取款和转账结算业务；登记银行存款日记账；及时根据银行存款对收单，在月末做出相应调整，做到银行对账单相符。

3.登记现金和银行存款日记账，做到日清月结，保证账证相符、账款相符、账账相符，发现差错及时查清更正。

4.认真审查临时借支的用途、金额和批准手续，严格执行市(县)内采购领用支票的手续，控制使用限额和报销期限。

5.正确编制现金、银行的记账凭证，及时传递给财务登账。

6.配合对应收款的清算工作。

7.严格审核报销单据、发票等原始凭证，按照费用报销的有关规定，办理现金收支付业务，做到合法准确、手续完备、单证齐全。

8.核算人事部提供的薪金发放名册，按时发放公司员工的工资、奖金。

9.负责及时、准确解缴各种社会统筹保险、公积金等基金的工作。

10.负责妥善保管现金、有价证券、有关印章、空白支票和收据，做好有关单据、账册、报表等会计资料的整理、归档工作。

11.负责掌管公司财务保险柜。

12.完成财务部长临时交办的其他工作。

二十七、审计员岗位职责描述书

1.在部长的领导下，按照国家审计法规、公司财会审计制度的有关规定，负责拟定公司具体审计实施细则，在上级批准后组织执行。

2.监督公司各部门及下属单位对各项财经规章制度的执行。

3.控制、考核、纠正下属单位偏离公司整体财务目标计划的行为。

4.负责或会同其他部门查处公司内滥用职权、有章不循、违反财务制度、贪污挪用财物、泄密、贿赂等行为和经济犯罪的情况。

5.协助政府审计部门和会计师事务所对公司的独立审计活动。

6.定期或不定期地进行必要的专项审计、专案审计和财务收支审计。

7.负责或参与对公司重大经营活动、重大项目、重大经济合同的审计工作。

8.负责对所有涉及的审计事项，编写内部审计报告，提出处理意见和建议。

9.负责做好有关审计资料的原始调查的收集、整理、建档工作，按规定保守秘密和保护当事人的合法权益。

二十八、人事部部长岗位职责描述书

1.协助总经理决定公司劳动人事政策，负责、研究贯彻执行公司劳动人事诸方面的方针、政策、指令、决议。

2.就公司重大人事任免事项提供参考意见，负责拟订机构设置或重组方案、定编定员方案的上报。

3.负责拟订每年的工资、奖金、福利等人力资源费用预算和报酬分配方案，上报公司批准后按计划执行。

4.负责审核员工录用、晋升、调配、下岗、辞退、退休、培训、考绩、惩罚意见，并提交总经理决定。

5.负责审核户口调动、职称评定、出国审查、住房分配等重大事项的方案，并提交总经理决定。

6.负责编订和修改公司各项劳动、人事、劳保、安全、保险的标准、定额和工作计划，并及时监督、检查其执行情况。

7.负责指导、管理、监督人事部下属人员的业务工作，改善工作质量和服务态度，做好下属人员的绩效考核和奖励惩罚事项。

8.与党组织部门合并办公时，负责党员组织管理。协助党委(党总支)做好组织工作。

9.完成总经理临时交办的其他工作。

二十九、人事主管岗位职责描述书

1.在部长的领导下负责公司人事工作,起草有关人事工作管理的初步意见。

2.负责按用人标准配备齐全各类人才,人尽其才,合理调配员工到最适当的岗位上,做好人才挖掘、引进工作。

3.负责保存员工的人事档案,做好各类人力资源状况的统计、分析、预测、调整、查询和人才库建立等工作。

4.具体负责办理招聘,劳动合同签订或续签,以及职务任免、调配、解聘、离退休的申请报批手续。

5.具体负责员工户籍调动、职称评定、住房分配预案测算等管理工作及办理其申请报批手续。

6.负责落实劳动安全保护,参与公司劳动安全、工伤事故的调查、善后处理和补偿。

7.负责年终先进单位、个人的评选评比、授予荣誉称号的具体工作。

8.完成人事部部长临时交办的其他任务。

三十、劳动工资员岗位职责描述书

1.根据公司批准的报酬分配方案,负责审定各类员工的薪资标准和奖金发放标准。

2.负责定期或不定期的全公司工资调整工作,以及因试用、转正、转岗、升降职、退休和奖励带来的个别员工工资变动。

3.负责员工考勤、调休、请假、加班管理与统计,按考核规定具体审定各部门员工月工资、季度、年度奖金和津贴的发放。

4.根据国家有关法规和政策,审定劳保、医疗、养老、失业和福利等项目和支出水平,为各有关人员办理相应的手续。

5.细化劳动工资管理规章,加强检查和监督,对违反劳动纪律人员按规定给予教育、批评或处罚。

6.建立工资台账,负责及时、准确地编制劳动工资方面的统计报表,提出有关的统计分析报告和改革建议。

7.核发工作证、工号牌卡和劳保防护用品。

8.配合有关部门和方面做好医疗保健、结婚、计划生育、人口统计、社区选举和劳动争议等具体工作。

9.完成人事部部长临时交办的其他任务。

三十一、培训主管岗位职责描述书

1.在部长的领导下,负责公司人力资源培训与教育工作。

2.负责编写公司人力资源培训教育发展规划，拟订年度工作和预算计划，在领导批准后组织实施。

3.指导各部门和下属企业制订多层次的培训教育计划，并协助其实施。

4.负责组织公司内的新员工岗位培训、各类知识班、研讨班、讲座等活动，对参加人员进行考核。

5.负责合理安排培训资源，对公司培训师进行合理分工，并适时聘用外部培训师，检查讲师培训质量和教学效果。

6.组织收集、筛选、编写、翻译、审校各类培训教材和资料。

7.负责教育仪器设备的保养、维修，以及审查新器材的选型、采购。

8.安排和管理外派培训员工，审核公司员工业余学习费用报销申请。

9.负责收集国内外企业培训信息资料，追踪其动态，分析总结现有培训政策效果，提出改进咨询意见。

10.完成人事部长临时交办的其他任务。

三十二、企划部部长岗位职责描述书

1.负责组织编写公司中长期发展规划和年度经营计划,拟定年度主要技术经济财务指标,指导各部门和下属企业制订相应的年度工作计划和年内分期工作目标。

2.负责公司经营业务的宏观管理，及时把握经营动态，遇到重大问题及时向领导汇报。

3.负责公司经营管理大纲、目标的制定，主持与下属单位进行目标责任书的洽谈、签订、考核、奖惩工作。

4.负责公司各类投资项目的前期准备,可行性论证,评估和预审,提供初审意见供总经理和投资决策会议参考。

5.参与公司重大项目的对外谈判和组织对重大决策论证与策划。

6.负责对下属企业的经营管理、业务指导和配合服务工作。

7.负责收集信息资料,加以分析预测,追踪国家和地区的相关法律、法规和政策动态，负责对公司经营管理重大问题进行调研,提出咨询意见。

8.负责指导、管理、监督计划经营部下属人员的业务工作,改善工作质量和服务态度,做好下属人员的绩效考核和奖励惩罚工作。

9.完成总经理临时交办的其他工作。

三十三、计划统计员岗位职责描述书

1.负责组织编制公司生产经营计划。

2.负责督促、检查、分析、考核计划的编制和执行情况。

3.组织开展经济活动分析，根据反映的信息提出建议，拟定整改措施。

4.负责统计报表的编制与上报工作，开展统计分析。

5.负责健全公司各项统计原始记录、统计台账和内部统计报表，定期编制综合指标统计资料。

6.负责保管计划统计资料，定期归档。

7.完成企划部部长交办的其他工作。

三十四、经营企划专员岗位职责描述书

1.在公司领导和部长的指导下,根据企业内外环境条件和发展战略,提出企业经营思路和策略的多个方案,供领导比较优选。

2.主持和参与市场调研,情报收集,分析与预测,不断主动提出经营发展的建议和设想,指出发展方向。

3.密切关注法律和体制环境的重大变化,以前瞻性的眼光提出相应对策。

4.重点参与公司重大经营决策和投资项目的论证、总体规划、方案策划、协调实施过程。

5.收集国内外主要竞争对手的商业资讯,解剖其案例,分析其优势,并与公司横向比较后提出竞争建议。

6.汇总公司咨询专家的建议和员工的合理化意见,对其进行筛选和评估,组织成系统化的经营改进方案和专题报告。

7.深入公司内部调研诊断,找出经营中存在的问题和弊病,提出改进方案,并追踪其效果。协助其他部门制定或审查营销、广告、宣传、公关、企业文化、购并、招聘、危机处置、诉讼等方面的策划。

8.完成计划发展部部长临时交办的其他任务。

三十五、项目经理岗位职责描述书

1.在公司领导和部长的指导下,负责对公司立项项目实行全过程管理。

2.严格按国家建设程序和公司项目管理办法,控制项目质量,发现问题及时纠正或上报处理。

3.为公司重大决策项目、新产品技术项目的开发研制专题提供背景材料或咨询意见。

4.负责项目资料的收集、整理、建档、保存。

5.因项目经理个人失误和人为虚假论证造成的损失负连带责任。

6.完成计划发展部部长临时交办的其他任务。

三十六、采购部部长岗位职责描述书

1.主持采购部全面工作，提出物资采购计划，报总经理批准后组织实施，确保各项采购任务完成。

2.调查研究各部门物资需求及消耗情况，熟悉各种物资的供应渠道和市场变化情况，供需心中有数。指导并监督下属开展业务，不断提高业务技能，确保公司物资的正常采购量。

3.审核年度各部呈报的采购计划、统筹策划和确定采购内容。减少不必要的开支，以有效的资金保证最大的物资供应。

4.要熟悉和掌握公司所需各类物资的名称、型号、规格、单价、用途和产地。检查购进物资是否符合质量要求，对公司的物资采购和质量要求负有领导责任。

5.监督参与大批量商品订货的业务洽谈，检查合同的执行和落实情况。

6.按计划完成各类物资的采购任务，并在预算内尽量减少开支。

7.认真监督检查各采购员的采购进程及价格控制。

8.在部门经理例会上，定期汇报采购落实结果。

9.每月初将上月的全部采购任务完成及未完成情况逐项列出报表，呈总经理及财务部经理，以便于上级领导掌握全公司的采购项目。

10.督导采购人员在从事采购业务活动中，要遵纪守法，讲信誉，不索贿，不受贿，与供货单位建立良好的关系，在平等互利的原则下开展业务往来。

11.负责部属人员的思想、业务培训，开展职业道德、外事纪律、法制观念的教育，使所有员工适应市场经济的快速发展。

12.完成总经理临时交办的其他工作。

三十七、物料主管岗位职责描述书

1.在部长的领导下,根据生产或工程进展,具体编制各种年度、季度、月度的采购供应计划和用款计划,在批准后协助落实执行。

2.根据审核批准的每月原辅材料供应清单和用款计划,与财务部及时协调,确保采购用款。定期了解原辅材料库存情况,以及生产和销售情况;适时提出或修改下期采购计划,避免进料积压或进料短缺的现象。

3.负责采购物资原始发票、收料凭证、质检证明及付款结算单据等整理登记入账工作,进行统计和核查,发现问题及时上报。

4.及时与采购员、保管员核对到达、在途物料的价格、数量、总价,不断清理应付、应退和预付款项目、每月结清进、出、存明细账,做好统计报表。

5.具体了解、收集生产资料市场的供求状况、价格走向及消耗定额等信息,考察公司物料损耗水平,提出改进采购建议。

6.督促和配合保管员定期对物料仓库盘点清查,发现账、物、卡不符时,找出原因予以调账或上报处理。

7.具体进行采购物资的资料、账册、报表的收集、整理和归档工作,及时编制相关的统计报表,以及利用计算机管理采购物资的工作。

8.完成采购部部长临时交办的其他任务。

三十八、采购主管岗位职责描述书

1.认真贯彻执行公司采购管理规定和实施细则,努力提高自身采购业务水平。

2.按时按量按质完成采购供应计划指标,积极开拓货源市场,货(价)比三家,选择物美价廉的物资材料,完成下达的降低采购成本的责任指标。

3.负责与客户签订采购合同,督促合同正常如期地履行,并催讨所欠、退货或索赔款项。

4.严把采购质量关,选择样品供领导审核定样,对购进物料均须附有质保书或当场(委托)检验。协助有关部门妥善解决使用过程中出现的问题。

5.负责办理物料验收、运输入库、清点交接等手续。

6.收集一线商品供货信息,对公司采购策略、产品原料结构调整改进,对新产品开发提出参考意见。

7.填写有关采购表格,提交采购分析和总结报告。

8.做到以公司利益为重,不索取回扣,馈赠钱物上缴公司,遵守国家法律,不构成经济犯罪。

9.完成采购部部长临时交办的其他任务。

三十九、采购员岗位职责描述书

1.了解各部门物资需求及各种物资的市场供应情况，掌握财务部及采购部对各种物资采购成本及采购资金控制要求，熟悉各种物资采购计划。

2.各部门急用的物品要优先采购，要做到按计划采购，认真核实各部的申购计划，根据仓库存货情况，定出采购计划，对定型、常用物资按库存规定及时办理，与仓管员经常沟通，防止物资积压，做好物资使用的周期性计划工作。

3.采购物品应做到价廉物美、择优录取。时鲜、季节性物资如部门尚未提出申购计划，应及时提供样板、信息供经营部门参考选用。

4.采购物资应严格把好质量关，对不符合质量要求的要坚决拒收，根据销售动向和市场信息，积极争取订购货源，根据"畅销多进、滞销不进"的原则，保证货源充足。

5.认真贯彻执行合同法，严格审核合同款项，订购业务必须上报经理或主管级研究后，方可实施。

6.经常到柜台和仓库了解商品销售情况，以销订购。积极组织适销对路的货源，防止盲目进货。尽量避免积压商品，提高资金周转率。经常与仓库保持联系，了解库存情况，对库存商品要做到"了如指掌"，有计划、有步骤地安排好日常工作。

7.努力学习业务知识，提高业务水平，接待来访业务要热情有礼，外出采购时要注意维护公司的礼仪、利益和声誉，不谋私利。

8.严格遵守财务制度、遵纪守法、不索贿、不受贿，在平等互利的前提下开展业务活动。购进物资要尽量做到单据(发票)随货同行，交仓管员验收，报账手续要及时，不得随意拖账挂账。

9.服从采购部部长临时分工安排。

四十、营销部部长岗位职责描述书

1.在分管副总经理的领导下，负责主持本部的全面工作，组织并督促部门人员全面完成本部职责范围内的各项工作任务。

2.贯彻落实本部岗位责任制和工作标准，密切与生产、人事、计划、财务、质量等部门的工作联系，加强与有关部门的协作配合工作。

3.组织制定产品销售、入库、出库、库存保管制度。明确销售工作标准，建立健全销售管理网络，认真做好协调、指导、调度、检查、考核工作。

4.负责组织编制年、季、月度销售计划，适时合理地签订供货合同，确保销售计划指标完成，节约销售费用，及时回笼资金，加速公司资金周转。

5.加强仓库管理基础工作。认真办理产品出入库手续，定期进行清仓盘点工作，做好在库产品的安全消防工作。

6.负责编制销售统计报表。做好销售统计核算基础管理工作，建立和规范各种原始记录、统计台账、报表的核算程序，汇总填报年、季、月度销售统计报表，及时写出销售统计分析报告，为公司领导决策服务。

7.负责驻外分公司、营销网点销售调度及运输工作。及时汇总编制产品需求量计划，合理平衡产品供货，做好对外销售点联络工作，组织产品的运输、调配，完善发运过程的交接手续。

8.负责抓好市场调查、分析和预测工作。做好市场信息的搜集、整理和反馈，掌握市场动态，积极适时、合理有效地开辟新的经销网点，努力拓展业务渠道，不断扩大公司产品的市场占有率。

9.负责做好优质服务、售后服务工作。加强对营业人员的教育，走访用户，及时处理用户投诉，提高企业信誉。

10.负责抓好营销人员的考核、考评与管理教育工作。关心营销人员的生活及思想动态，做好耐心细致的思想教育工作，杜绝经济犯罪事件的发生。

11.有权向主管领导提议下属科长、经理人选，对其工作考核评价。

12.按时完成公司领导交办的其他工作任务。

四十一、营销主管岗位职责描述书

1.在部长的指导下,编制各种销售计划、目标责任和考核指标,并协助落实。

2.重点负责相关的市场调研与分析预测工作,负责与委托的调研机构保持正常联络,提出市场研究报告供领导参考。

3.重点负责公司产品或服务的广告业务,负责与委托的广告公司、发布媒体保持正常联络,提交广告方案供领导选择,并评估广告效果,提出改进建议。

4.不断追踪国内外先进的营销理念和营销技巧,收集和剖析案例并与公司比较,对公司营销战略和策略进行调整,提出有价值的建议,在获得肯定后,负责编制实施方案。

5.负责对推销员的业务培训、绩效考核和督促,在市场态势突变时对推销人员和地区进行重新分配。

6.负责对公司商标和品牌的管理,主持或会同其他部门处理假冒商品问题。

7.负责对超标的重大工程项目评估和夺标的具体方案策划,争取最大中标的可能。

8.完成营销部部长临时交办的其他任务。

四十二、地区销售经理岗位职责描述书

1.根据部长制定的营销方针,全面、具体地负责管理指定地区的营销工作。

2.掌握所辖地区的市场动态和发展趋势,并根据市场变化规律,提出具体的区域营销计划方案,以及个体营销工作流程和细则。

3.扩大所辖地区的销售网络,熟悉该地区的市场特点、营销特点,与该地区的主要经销商、客户建立长期稳定的合作关系。

4.重点负责所辖地区的市场调研与分析预测工作,以及公司产品或服务的广告业务;负责与相关的调研机构、广告公司、发布媒体保持正常联络;评估市场调研、广告效果,提出改进建议或研究报告供领导参考。

5.负责对地区销售机构的行政管理和下属推销员的业务培训、绩效考核和督促,并根据市场变化对推销人员和营销资源进行动态优化分配。

6.负责主持或会同其他部门对所辖地区处理假冒商品问题。

7.负责协调公司整体营销方针与所辖地区营销特点的矛盾冲突,灵活运用公司营销和价格政策。

8.完成营销部部长临时交办的其他任务。

四十三、销售业务员岗位职责描述书

1.认真贯彻执行公司销售管理规定和实施细则,努力提高自身推销业务水平。

2.积极完成规定或承诺的销售量指标,为客户提供主动、热情、满意、周到的服务。

3.负责与客户签订销售合同,督促合同正常如期履行,并催讨所欠应收销售款项。

4.对客户在销售和使用过程中出现的问题、须办理的手续,帮助或联系有关部门或单位妥善解决。

5.收集一线营销信息和用户意见,对公司营销策略、广告、售后服务、产品改进、新产品开发等提出参考意见。

6.填写有关销售表格,提交销售分析和总结报告。

7.做到以公司利益为重,不索取回扣,馈赠钱物上交公司,遵守国家法律,杜绝经济犯罪。

8.完成营销部部长临时交办的其他任务。

四十四、销售助理岗位职责描述书

1.负责公司销售合同及其他营销文件资料的管理、归类、整理、建档和保管工作。

2.负责各类销售指标的月度、季度、年度统计报表和报告的制作、编写,并随时答复领导对销售动态情况的质询。

3.负责收集、整理、归纳市场行情、价格,以及新产品、替代品、客源等信息资料,提出分析报告,为部门业务人员、领导决策提供参考。

4.协助销售人员做好上门客户的接待和电话来访工作;在销售人员缺席时,及时转告客户信息,妥善处理。

5.负责客户、顾客的投诉记录,协助有关部门妥善处理。

6.协助部长做好部内内务、各种部内会议的记录等工作。

7.逐步推广使用电脑信息系统处理营销资料,妥善保管电脑资料,不泄露销售秘密。

8.完成营销部部长临时交办的其他工作任务。

四十五、办公室主任岗位职责描述书

1.在总经理的领导下,负责主持本室的全面工作,组织并督促全室人员全面完成本室职责范围内的各项工作任务。

2.贯彻落实本室岗位责任制和工作标准,密切各部门工作关系,加强协作配合,做好衔接协调工作。

3.组织汇总公司年度综合性资料、草拟公司年度总结、工作计划和其他综合性文稿,及时撰写总经理的发言稿和其他以公司名义发言的文稿审核工作,严格按行文程序办理,保证文稿质量。

4.组织收集和了解各部门的工作动态，协助总经理及公司领导协调各部门之间有关的业务工作，掌握公司主要活动情况，为公司领导决策提供意见和建议，负责编写公司年度大事记。

5.负责召集公司办公会议，检查督促办公会议和公司领导布置的主要工作任务的贯彻落实情况。

6.负责监督公司印章的使用。

7.参与公司发展规划、年度经营计划的编制和公司重大决策事项的讨论。

8.负责组织公司通用管理标准及规章制度的拟定、修改和编写工作，协助参与专用管理标准及管理制度的拟定讲座和修改工作。

9.负责组织公司投资项目的洽谈、调研、立项、报批、工程投标、开工、竣工、预决算等有关基建项目管理工作，及时组织编制项目计划和项目进度统计报表，认真做好项目的监督管理工作。

10.负责组织物资的供应计划，组织物品的供应、采购工作，做好物品进、出、存统计核算工作。

11.负责组织全公司员工大会工作，开展年度总结评比和表彰工作。

12.负责做好公司来宾的接待安排，统一负责对上级主管部门的联系、有关的法律咨询等工作。

13.有权向直属领导提议下属人选，并对其工作考核评价。

14.完成公司领导交办的其他工作任务。

四十六、信息部部长岗位职责描述书

1.经总经理授权负责统管公司信息工作，建立统一的信息管理方针政策。

2.负责抓好信息规章制度和细则制定、信息系统规划和年度工作计划等工作，制定标准化、规范化的信息处理流程，经领导批准后监督执行。

3.负责为重大决策事项提供信息支撑和专项研究报告。

4.协调跨部门信息工作，确保公司信息系统整体功能的发挥，对重大问题上报公司领导裁决。

5.负责部门和全公司信息投资预算方案、信息设备采购方案的确定，在批准后组织实施。

6.主持公司信息系统总体设计方案、系统集成、选型、设备采购的确立和谈判工作。

7.密切关注国际国内信息产业动向和趋势，评估重大信息技术的影响，为公司引进先进信息技术提出意见和建议。

8.负责审查部门编辑的各种信息动态简报、分析预测报告。

9.负责指导、管理、监督信息部下属人员的业务工作，改善工作质量和服务态度，做好下属人员的绩效考核和奖励惩罚。

10.完成总经理临时交办的其他工作任务。

四十七、信息主管岗位职责描述书

1.在部长的领导下，按照公司信息管理制度的有关规定，负责拟定公司具体信息管理实施细则，在上级批准后组织执行。

2.主动或受命为公司重大决策提供背景材料，接受各部门长期或临时性的咨询服务。

3.负责编辑定期或不定期的公司信息刊物，提出专题分析预测报告。

4.参与综合或专业性信息系统的总体设计、功能划分、软件开发、运行、验收全过程的监督、管理工作。

5.负责图书资料的筛选，提出采购计划，管理公司的资料室。

6.就与国际互联网联网和上网事宜，与营销部门、公关部门、行政部门等沟通和协调，达成一致方案。

7.完成信息部部长临时交办的其他任务。

四十八、公关部部长岗位职责描述书

1.负责公司对内、对外的公共关系工作，负责制订年度公关活动计划和支出预算方案，在批准后组织执行。

2.协助行政部做好重大活动的组织、协调和接待工作。

3.参与公司重大事件紧急处置和善后处理活动。

4.经总经理正式任命，作为公司发言人。

5.负责做好公司形象的新闻宣传，以及相关公关资料、图片、录音、录像、题词等收集、整理、记载存档工作。

6.负责审阅所有对外发布的稿件，配合其他部门参与公关的有关活动。

7.负责或协助开发导入CIS、创建名牌、建立企业文化等活动。

8.负责指导、管理、监督公关部下属人员的业务工作，改善工作质量和服务态度，做好下属人员的绩效考核和奖励惩罚等工作。

四十九、公关员岗位职责描述书

1.在部长的领导下，按照公司公关管理制度的有关规定，负责拟定具体公关管理实施细则，在上级批准后组织执行。

2.参与、主持或策划各项公关活动，提出公关方案预算，及时评价其效果。

3.负责起草公关宣传材料，制作公关宣传品。

4.配合其他部门做好来宾迎送、接待、陪同、参观、讲解、摄像工作。

5.积极与新闻媒体、社会公众、各界人士、客户、政府机关、协会等保持广泛接触，通过各种联谊活动，扩大公司知名度。

6.收集各类公关良策和典型案例，深入剖析和横向比较，对公司公关提出建议和策划方案。

7.注意收集影响本公司形象、声誉、关系的因素和事件的信息，分析其后果，及时向部长提出对策建议。

8.负责组织对公司全体员工公关意识和交往礼仪进行培训。

9.具体做好公关资料、图片、录音、录像、题词等收集、整理、记载存档等工作。

10.完成公关部部长临时交办的其他任务。

五十、工会主席岗位职责描述书

1.负责公司工会管理工作，主持工会办公室日常事务。

2.负责编写工会工作规划、重要文件、报告、文章和起草、定稿工作。

3.指导开展与工会相关的调查、问卷和课题研究，及时掌握工会会员思想动态，并及时向党组织和行政领导汇报或提出建议。

4.协助党组织和行政领导围绕每一时期中心任务开展工作；组织发动与本职相关的劳动竞赛和小革新活动；协助做好员工的政治思想工作，开展对员工的宣传教育活动，培养更多的"四有"员工，增强企业的凝聚力。

5.审批年度工会活动方案，及每次活动的计划与预算。主持重要的、重大的或综合性工会活动。

6.主管公司工会的机构设置、会费收缴与使用、印章管理、收发文件、档案保管与统计、年度总结与奖罚等事务审核、监督工作。

7.协助公司党委和上级团组织配备好公司工会领导班子，主持基层工会干部的任免，对基层工会进行检查、监督、考核和培训。

8.设立接待日，听取会员的意见、建议，及时反映基层问题，处理会员或员工的投诉，维护员工的合法权益。

9.组织开展员工文化、娱乐、体育活动，做好职工及其家庭的生、老、病、死、贫、灾的慰问和善后处理工作。

10.负责指导、管理、监督工会机关专职人员的业务工作，改善工作质量，做好下属人员的绩效考核和奖励惩罚工作。

五十一、工会干事岗位职责描述书

1.热爱工会工作，认真贯彻执行《工会法》，树立全心全意为教职工服务的思想，勤勤恳恳、任劳任怨做好工作。

2.协助工会主席、副主席做好工会日常工作，处理好工会文件的发放，做好工会会议记录，保管好工会的用品及会员档案。

3.善于与各工会小组、工会联合组的沟通，及时反馈群众的意见和建议，与广大教职工交朋友，熟悉工会各项业务工作。

4.愿意为离退人员服务，协助工会主席落实好老干部的有关政策，做离退休人员的贴心人。

5.配合有关部门做好离退休人员各种补贴和福利发放工作。

6.完成领导临时交办的各项具体工作。

五十二、安保部部长岗位职责描述书

1.负责公司安全保卫消防工作，负责制订年度安保计划和支出预算方案，在批准后组织执行。

2.负责领导(可能成立的)消防队、经警队、门卫室。

3.经总经理授权，成为公司安全消防代理责任人。

4.负责组织开展经常性、多样化安全教育活动，定期或不定期地进行消防检查、安全生产管理检查或其他专项检查。

5.主持公司重大安全、保卫活动，参与公司紧急事件的处置工作。

6.及时与政府公安、消防机关进行沟通和联络，协助其处理与公司有关的治安、灾害事故。

7.负责加强安保人员政治、纪律、业务和反应能力的教育与培训。

8.负责保安器械、设备的妥善保管、批准领用并监督其合法使用。

9.负责相关安保资料等收集、整理、存档工作。

10.就改善公司安保工作和装备设施，向公司提出意见和建议。

11.负责指导、管理、监督安保部下属人员的业务工作，改善工作质量和服务态度，做好下属人员的绩效考核和奖励惩罚等工作。

12.完成总经理临时交办的其他工作任务。

五十三、安保主管岗位职责描述书

1.在安保部部长的领导下，负责本班保安人员所管辖责任区安全工作。

2.带领本班保安人员，根据制定的各岗位责任制，严格认真地搞好安全保卫工作。

3.根据责任制中的项目和要求，严格进行检查，督促本班保安人员落实岗位责任制。

4.根据责任需要和部门主管的指示，有权调动本班的保安人员，加强某区段的安全保卫工作。

5.做好本职工作，以身作则，起模范带头作用。

6.做好部门领导与基层保安人员协调工作，及时将保安人员反映的各种信息向上级汇报，为上级部门领导提供工作建议。同时，及时传达、落实上级的指示精神和工作安排。

7.要有法律知识和法律观念，熟悉保安业务，了解公司的规章制度，掌握管区内治安保卫工作的规律、特点，严格管理，做好安全保卫工作。

8.认真做好本班保安人员的考勤工作，如实记载工作中遇到、处理的各种情况，每天向主管部门汇报一次。

9.负责对本班保安人员的考核工作，对保安工作表现的好坏，有权进行表扬和批评。

10.完成安保部部长临时交办的其他任务。

五十四、监视员、保安员岗位职责描述书

1.24小时严密监视保安对象的各种情况，发现可疑或不安全迹象，及时通知值班保安就地处理，通过对讲机向办公室报告，并随时汇报变动情况，直至查到问题处理完毕。

2.发现监视设备故障要立即通知值班保安加强防范，并立即设法修复。

3.要记录当班的监视情况，严格执行交接班制度。

4.提前做好上岗准备，按时接班，着装严整。

5.做好交接班手续工作，无遗漏、无差错、哨位设施无损坏、无丢失，执勤登记准确及时，内容清楚，如实记录和反映情况。

6.保持室内卫生整洁，交接班以后，上一班打扫卫生后才能离岗。

7.严禁无关人员进入，不准带亲戚朋友在工作场所聊天、嬉笑、打闹。

8.上班时精神集中，不准擅自离岗，不做与工作无关的事。

9.完成安保主管临时交办的其他任务。

五十五、消防员岗位职责描述书

1.认真学习有关消防知识，掌握各种器材的操作技术及使用方法。

2.积极认真做好防火宣传教育活动，提高责任区内全员防火意识。

3.做好消防器材、设备检查工作，保证设备处于完好状况，一旦发生火警即可投入使用。

4.检查电器、电线、电缆、煤气管道有无霉坏、锈坏、氧化、堵塞情况，防止因短路或爆炸引起火灾。

5.制止任何违反消防安全的行为。

6.一旦发生火警，不论是上班还是下班，必须全力以赴投入抢救工作，不得临阵逃避。

7.发生火警事故时，不要惊慌，应采取下列应急措施：

(1)迅速报告有关部门、消防大队，拨打火警电话：119。

(2)组织人员抢救险情，力争把火扑灭，并注意查找起火原因。

(3)组织有关人员撤离危险地区，并做好妥善安排。

(4)做好现场安全保卫工作，严防坏人趁火打劫和搞破坏活动。

(5)协助有关部门查原因、查损失并做好善后工作。

(6)完成安保主管临时交办的其他任务。

五十六、大门门卫岗位职责描述书

1.着装、佩戴齐全，按规定上岗交接班。

2.执勤中不准擅自离岗，不准嬉笑打闹，不准看书报杂志、吃东西、睡觉或进行其他与执勤职责无关的事。

3.执勤要讲文明、讲礼貌，不刁难辱骂群众，处理问题要讲原则、讲方法，态度要和蔼，不急不躁。

4.认真检查出入车辆，指挥车辆按规定线路行驶，停放要指定位置，不准乱停乱放，确保通道畅通无阻，避免造成交通堵塞。

5.严格控制外来车辆及闲杂人员、小商贩进入管区；外来车辆进入管区，一律实行收费制度；按规定的标准收取，不准乱收费。

6.认真履行值班登记制度。值班中发生、处理的各种情况在登记簿上进行详细登记，交接班时移交清楚，责任明确。

7.执勤中玩忽职守，对工作不负责，造成一定损失的，要追究当班保安员的责任。

8.积极配合其他班组的保安员，做好安全防范工作，把好辖区大门。

9.完成安保主管临时交办的其他任务。

五十七、公司保安员岗位职责描述书

1.维持公司办公场所内外区域的正常工作秩序。

2.维护公司内部治安秩序，消除隐患于萌芽状态，防患于未然。

3.加强对重点部位的治安防范，加强防盗工作，及时发现可疑人和事，妥善处理。

4.监督员工遵守安全守则和其他规则。

5.加强防火活动，及时发现火灾苗头，并消除之。

6.对违反治安条例的行为，查清事实，搜集证据向公司或公安机关报告。

7.配合领导做好下班后值班工作，检查公司办公场所留宿情况。

8.支持、协助门卫履行职责。

9.妥善保管配发的安保器械，不得丢失和擅自使用。

10.正确记录值班日志和案件笔录，及时提出专案报告。

11.保安人员应做到：

(1)服务领导，听从指挥。加强组织纪律性，遇事勤请示、报告。

(2)坚守岗位、恪尽职守，不脱岗睡岗、不闲聊。

(3)明辨是非，保持警惕，遇到复杂问题，多思多想，对周边情况仔细观察。

(4)遵守制度，文明服务。注意工作方法，着装整洁、态度和气。

(5)坚持原则，机智灵活，做到遇到情况反应快，解决问题快。

(6)不得超越法律私设公堂、打骂、搜身、体罚、拘留，不能触犯个人隐私权。

12.完成安保部部长临时交办的其他任务。

五十八、巡逻保安员岗位职责描述书

1.实行24小时（分为三或四个班）监视和巡察，防止不安全事件的发生。

2.对于形迹可疑的人进行证件检查，必要时检查其所带物品。

3.对于带出辖区或在辖区内装卸的较大物品，要检查单位证明、本人证件，并和单位联系核实，予以登记。

4.制止在辖区内的打架斗殴。

5.检查和制止在辖区内饲养家禽家畜，对于宠物要进行登记；如果其叫声干扰居民生活，应加以干涉、制止。

6.制止在辖区内大声喧哗，影响他人工作休息，尤其是夜间遇此情形，保安人员要上前制止。

7.接到报警，要立即向总值班室汇报，并立刻前去现场处理，同时和值班室联系。

8.看管好所负责范围内的车辆，防止撬盗车事件发生。

9.指挥并监视好所负责范围内行驶的车辆，防止交通事故的发生。

10.监视所管辖区域，及时消灭火灾隐患。

11.回答访客的咨询，必要时为其导向。

12.完成安保主管临时交办的其他任务。

五十九、确定人员编制的程序

确定人员编制的过程实际上就是部门的工作划分和岗位配备，基本原则是确保每个定编人员均能分配到足够的工作量，以岗定人，不要以人定岗，如图1-1所示。

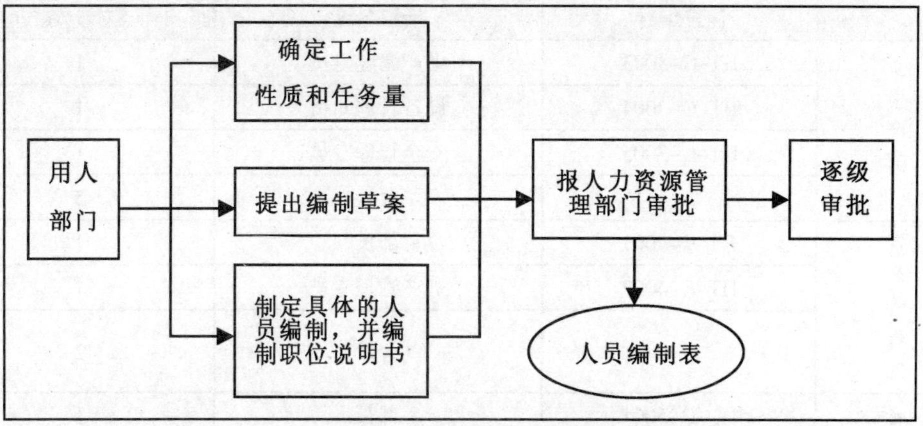

图1-1 人员编制程序图

某科技集团有限公司岗位设置总表，如表1-3所示。

表1-3 某科技集团有限公司岗位设置总表

部 门	岗位编号	岗位名称	职位人数(人)
公司总部	HT-G-Ⅰ	董事长	1
	HT-G-Ⅱ	总裁	1
	HT-G-Ⅲ	运营总监	1
	HT-G-Ⅳ	市场总监	1
	HT-G-Ⅴ	财务总监	1
	HT-G-Ⅵ	行政总监	1
	HT-G-Ⅶ	技术总监	董事长不计，合计：6
总裁办	HT-G-1001	主任	1
	HT-G-1002	秘书	1
	HT-G-1003	司机	1
		合计	3
企业管理部	HT-G-2001	部长	1
	HT-G-2002	企划专员	1
	HT-G-2003	企管专员	1
	HT-G-2004	网络专员	1
	HT-G-2005	法律专员	1
		合计	5
生产部	HT-G-3001	部长	1
	HT-G-3002	计划统计专员	1

（续表）

部　门	岗位编号	岗位名称	职位人数(人)
生产部	HT-G-3003	生产调度专员	1
	HT-G-3004	设备管理专员	1
	HT-G-3005	安全管理专员	1
		合计	5
资产管理部	HT-G-4001	部长	1
	HT-G-4002	资产管理专员	1
		合计	2
技术发展部	HT-G-5001	部长	1
	HT-G-5002	技术管理专员	1
	HT-G-5003	技术研发工程师	3
		合计	5
质量管理部	HT-G-6001	部长	1
	HT-G-6002	质控工程师	1
	HT-G-6003	认证工程师	1
	HT-G-6004	质检工程师	1
		合计	4
财务部	HT-G-7001	部长	1
	HT-G-7002	资金管理专员	1
	HT-G-7003	成本管理专员	1
	HT-G-7004	会计师	1
	HT-G-7005	出纳员	1
		合计	5
审计部	HT-G-8001	部长	1
	HT-G-8002	审计师	1
		合计	2
融投资管理部	HT-G-9001	部长	1
	HT-G-9002	融投资管理专员	1
		合计	2
人力资源部	HT-G-10001	部长	1

（续表）

部　门	岗位编号	岗位名称	职位人数(人)
人力资源部	HT-G-10002	人事培训专员	1
	HT-G-10003	薪酬福利专员	1
		合计	3
		职能部门总计（不含董事长）	42

注：规范化管理中，文件前面都有一个英文字母。例如岗位设置用 G，G 后面的数字表示一个部门，假如公司有 11 个部门，分别用 G-1、G-2 等表示，分别表示企管部、生产部等。如果是第一个部门的第一个岗位就叫 1001，第二个是 1002 等。这样编的好处是：实现计算机化、信息化管理的时候比较方便。

资料来源：尹隆森：《企业组织结构设计与部门职能划分》。

第二章

人事考核与绩效管理

一、人事考核与准备工作

人事考核就是组织的各级管理者通过某种手段对其下层的工作完成情况进行定量与定性评价的过程。完成这个评价的过程不仅仅在于说明各级员工的工作完成情况，更重要的是在于通过这些评价去指导员工有计划地改进工作，以达到组织发展的要求。

(一)制定工作要求

这部分的工作就是针对每个岗位和职务编写职务说明书，编写职务说明书是考核工作的依据，是进行考核工作的必要前提。

(二)绩效标准的确定

所谓绩效标准，是指员工完成工作要达到的状况。一般来说，绩效标准应该具有以下特点。

1.标准是基于工作而不是基于工作者，即对事不对人。

2.标准是通过努力可以达到的。

3.标准为人所知。

4.标准是经多方讨论确定下来的。

5.标准要尽可能具体且可以衡量。

6.标准要以书面形式印刷出来。

7.标准要有实际限制。

8.标准可以改变，并且要根据情况变化，及时更新。

(三)考核工作注意事项

1.考核工作要和组织的工作特点相结合。

2.考核过程中要充分地沟通。

3.考核要做到被考核人心悦诚服，不能以权势压人，要注意和思想工作相配合。

4.主考者要接受培训，具备相应的评估考核技能。

5.管理控制要适度，考核本身就是一项强制性的工作，而非自愿的工作。适当的控制必不可少。

二、人事考核种类及工作程序

人事考核主要包括日常考勤、绩效考核、任职资格考核等几方面，每一种考核都有它特定的作用和目的，只有综合运用这几种考核方式，才能得到完善、公正、真实的考核结果。

(一)日常考勤

员工日常考勤是员工工作考核的基础，首先各部门使用签到簿对本部门员工日常出勤情况进行考核，其次根据部门考勤情况制作员工出勤月报表，报人事部门作为奖惩和薪金发放的依据。

(二)员工任职资格考核与评价

员工任职资格的考核首先由个人填写员工自我评价表（见表2-7），由部门主管审核，填写评价考核意见，然后提交人事部门审批，公司主管批示，作为人事调整的依据。员工任职资格考核工作程序，如图2-1所示。

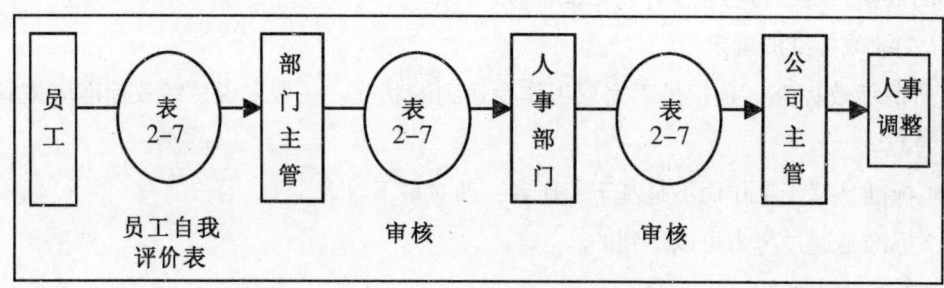

图2-1　员工任职资格考核工作程序

(三)工作绩效考核

工作绩效考核主要是对员工的日常工作成绩和成果进行考核评价，以此作为确定员工薪资、提供升迁和改进现有工作绩效的重要依据。员工绩效考核工作程序，如图2-2所示。

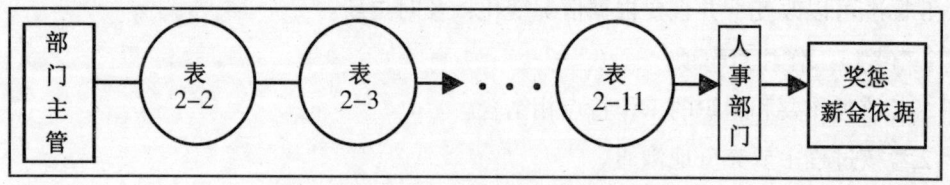

图2-2　员工绩效考核工作程序

三、绩效管理的内容

绩效管理是人力资源工作的核心组成部分，绩效管理是一项对绩效实现过程中所有要素进行管理的工作，它通过员工在与管理者之间达成关于目标、标准和所需能力的协议，在双方相互理解的基础上组织、群体和个人取得较好工作结果的一种管理过程。从而我们可以理解绩效管理是管理者用来确保员工的工作活动和工作产出与组织的目标保持一致的手段及过程。

绩效管理可以提高工作绩效，实现公司目标。在达成公司目标的同时，促进企业与员工共同发展。建立强势绩效文化，构建良好育人、选人、用人的机制。

绩效管理主要包括四个环节：绩效计划、绩效辅导、绩效评价、绩效结果的运用。

(一)绩效计划

绩效计划是一个设定目标的过程，目的在于将公司战略与每位员工的行动结合起来，确保员工的工作目标与公司的战略目标保持一致，这样就可以最大限度地保证公司目标的实现。

绩效计划主要是通过层层分解目标，将公司的经营目标分解到二级部门，然后由二级部门分解到分厂、车间，再由分厂分解至作业区、班组和个人，每个员工都形成一个实现目标的绩效整体。

(二)绩效辅导

绩效辅导阶段在整个绩效管理过程中处于中间环节，这个过程的好坏直接影响绩效管理的成败。具体来讲，绩效辅导阶段的主要工作就是持续不断地绩效沟通、收集数据形成考核依据。

辅导的目的在于改善和增强管理者与下属之间的关系，创造融洽、和谐的工作氛围，同时通过绩效辅导，指出被辅导者工作上的不足和长处，上下级一起想办法改进不足，提高工作绩效，从而能够更加出色地完成工作。

(三)绩效评价

绩效评价是绩效管理中最受人关注的环节，在这里将会对所有的员工分出优、良、中、差，应该指出的是，评价结果不是目的，其目的在于让所有员工都清楚，优秀的绩效应该怎么去做才能够达到，通过这样的方式方法，人人都可以成为优异绩效的创造者。

有效的绩效评价依靠两方面的因素：一是评价制度要合理；二是评价人要有评估技巧，并能保证绩效面谈的准确性，而后者尤为重要。通过绩效面谈，上下级一起分析绩效表现好坏的原因，提出明年的改进方法。

(四)绩效结果的运用

评价结果可以和员工的当期奖励挂钩，如果员工持续表现优异，那么可以纳入岗位晋升和薪资调整的范围；如果对照岗位胜任素质模型，发现员工在岗位上缺乏某些胜任素质，那么可以进行有针对性的培训和轮岗。

这四个环节环环相扣、相辅相成，构成完整的管理体系。如果我们的工作全部是绩效评价，而没有计划、持续的沟通和辅导、数据的收集和分析，那么，我们就是在浪费时间。因为绩效管理不仅仅是绩效评价，更重要的，它也是一个解决问题的机会。所以上述四个环节，在绩效管理中缺一不可。

四、绩效考核的过程

绩效考核在绩效管理中是一个重要的管理过程，是企业通过合理的考核手段对员工的工作态度、工作能力、工作业绩做出考核，绩效考核承担着对人的管理、督导、指导、教育、激励和约束功能。它是联系其他一切人力资源管理制度的依据，我们将具体介绍。

(一)确定考核内容

为了使绩效考核更具有可靠性和可操作性，应该在对职位的工作内容进行分析的基础上，根据企业的管理特点和实际情况，对考核内容进行分类。比如将考核内容划分为关键工作考核、平常工作考核和工作态度考核三个方面。

1. 关键工作。

关键工作是指在考核期间被考核人列举1~3项最关键的即可，如对于开发人员可以是考核期的开发任务，销售人员可以是考核期的销售业绩。关键工作考核具有目标管理考核的性质。对于没有关键工作的员工(如清洁工)则不进行关键工作的考核。

2. 平常工作。

平常工作的考核条款一般以职位职责的内容为准，如果职位职责内容过杂，可以仅选取重要项目考核。它具有考核工作过程的性质。

3. 工作态度。

工作态度的考核可选取对工作能够产生影响的个人态度，如协作精神、工作热情、礼貌程度等等。对于不同职位的考核有不同的侧重。

(二)制定考核标准

制定考核标准通常有编写考核题目和制定考核标准两个步骤。

1. 编写考核题目。

在编写考核题目时，要注意以下几个问题：首先，题目内容要客观明确，语句要通顺流畅、简单明了，不会产生歧义；其次，每个题目都要有准确的定位，题目与题目之间不要有交叉内容，同时也不应该有遗漏；最后，题目数量不宜过多。

2. 制定考核标准。

考核标准就是对员工绩效进行考核的标准和尺度。对员工进行绩效考核，需要依据一定标准对每一指标进行衡量，因此需要绩效考核标准。考核标准对于一定时期员工的努力方向和积极性有重要影响，应慎重对待。

在编制考核标准时应遵循以下几项原则：

(1)准确定量：标准能用数量表示时应尽可能使用数量。

(2)内容要先进合理：考核标准要反映企业的科学技术水平，不至于使员工的每项指标都达到满分，但也不能太苛刻使员工的考核分数都较低。

(3)考核标准要有针对性：即要针对不同的职位及承担该职位被考核者的特点制定不同的考核标准。

(4)文字简洁、通俗：在考核标准中，应尽量使用常用的大众化语言和词汇，表达力求简明扼要。

(三)选择考核方法

对于不同的员工，考核内容、考核方法都是不同的，可采用多种形式进行考核。这可以从多方面来衡量一个人，可以有效减少考核误差，提高考核的准确度。下文将对几种常用考核方法进行详解。

五、评级量表法

评级量表法是考核中采用最普遍的一种方法，是由考核者根据量表，对员工每一个考核项目做出评价和记分，常用5点量表。评级量表法示例，如表2-1所示。

表2-1 评级量表法示例

考核内容	考核项目	说　明	评　定
基本能力	知识	是否充分具备现任职位所要求的基础知识和实际业务知识	A　B　C　D　E 10　8　6　4　2
业务能力	理解力		
	判断力		
	表达力		
工作态度	交涉力		
	纪律性		
	协作性		
	积极性 责任感		
评定标准 A：非常优秀，理想状态 B：优秀，满足要求 C：基本满足要求 D：略有不足 E：不满足要求		分数换算 A：64分以上 B：48～63分 C：47分以下	合计分数
评　语			
考评人签字			

六、个体排序法

个体排序法又称排队法，是指把员工按从好到坏的顺序进行排列。例如:对某公司财务部的员工进行考核。首先，把财务部员工的名单罗列出来，总共10个人。其次，从罗列出来的名单中找出最差的员工A，就在他的姓名旁边写上"10"。再次，剩余的9个人的名单中找出最好的员工F，在姓名旁边写上"1"。最后，从剩余8个人的名单中找出最好的员工G，记上"9"。这样不断反复，直到全部姓名都打上数字，这时员工的优劣顺序就排出来了，如表2-2所示。

表2-2　个体排序法范例

部门：	财务部	员工人数：	10人
姓名	序号	姓名	序号
A	10	F	1
B	7	G	9
C	4	H	3
D	8	I	5
E	6	G	2

七、配对比较法

把每一位员工与其他员工一一配对，分别进行比较。每一次比较时，给表现好的员工记"+"，另一个员工就记"-"，所有员工都比较完后，计算每个人"+"的个数，依此对员工工作表现做出评价，如表2-3所示。

表2-3　配对比较法范例

对比人姓名	A	B	C	E	E	"+"的个数
A		-	-	+	+	2
B	+		+	+	+	4
C	+			+	+	3
D	-	-	-		-	0
E	-	-	-	+		1

八、人物比较法

考核之前先选出一位员工，以他的各方面表现为标准，对其他员工进行考核。

九、普洛夫斯特法

这是由美国人普洛夫斯特创立的一种考核方法。这种考核方法的实质，管理学界有一普遍的说法，就是"考核者只需掌握被考核者的事实即可"。具体操作步骤为：

第一步，制定对照参评表，根据被考核者的工作事实进行逐项核定，如表2-4所示。

表2-4 普洛夫斯特对照参评表

记号栏			事 实	记号栏			事 实
1次评估	2次评估	3次评估		1次评估	2次评估	3次评估	
			急慢				虽然正确却过分慎重
			动作迟缓				对于自己的工作十分熟练
			敏捷而主动				大概可以依赖
			年纪大了而负荷不了工作				大概不可以依赖
			身材矮小有缺陷				一般来说值得依赖
			漠不关心，索然无味				五官尚且端正
			饶舌				五官并不重要
			无礼，言语粗鲁				不必要的动作太多浪费时间
			自大				有协调性
			没有不必要的动作，而不浪费时间				非协调性
			讨厌忠告及批评				声音、态度十分明确
			容易与他人反目				人际关系良好

第二步，在相应的空格中打"√"。假如某一项与被考核者情况不符，就空过去，不影响考核结果。

第三步，对照"计分表"计算分值，如表2-5所示。

表2-5　普洛夫斯特评价法的计分示例

分数	事实	分数	事实
−2	怠慢	1	有协调性
−1/2	动作迟缓	−1	非协调性
1	敏捷而主动	−1	讨厌忠告及批评
−1	年纪大了而负荷不了工作	−1	健忘
−1/2	身材矮小有缺陷	−1	疏忽的事情多
−1	身材笨重而有缺陷	−1	错误多
−1	漠不关心，索然无味	0	大致正确
−1	饶舌	−1/2	从来没有错误

第四步，根据"换算表"换算评价等级。评价等级共为10等，即A，B+，B，C+，C，C−，D+，D−，E+，E−。评价等级的决定如下：例如核定"+"项目数为3，"+"值为4分，"−"分值为10分，"+""−"相抵总分为−6分，根据"普洛夫斯特评价法计分示例表"第4栏左边一侧的栏目，可找到"−10−(−5)"栏所对应的"评价等级"为E，E就是被考核者的评价等级，如表2-6所示。

表2-6　普洛夫斯特评价法计分示例表

E−	E	D−	D	C−	C	C+	B	B+	A
−12 以下	−11− (−7)	−6− (−3)	−2− (−1)	0					
−12 以下	−11− (−6)	−5− (−3)	−2 −0	1−2	3				
−11 以下	−10− (−6)	−5− (−2)	(−1) −1	2−3	4				
−11 以下	−10− (−5)	−4− (−1)	0−2	3−4	5				
−10 以下	−9− (−4)	−3− (−1)	0−2	3−4	5−7	8			
−9 以下	−8− (−4)	−3 −0	1−3	4−5	6−7	8−10			
−9 以下	−8− (−3)	−2 −0	1−3	4−5	6−8	9−11	12		
−8 以下	−7− (−3)	−2 −1	2−4	5−6	7−9	10−11	12−14		
−8 以下	−7− (−2)	−1 −2	3−5	6−7	8−9	10−12	13−14	15	

（续表）

E–	E	D–	D	C–	C	C+	B	B+	A
–7以下	–6–(–1)	0–2	3–5	6–7	8–10	11–12	13–15	16	17以上
–6以下	–5–(–1)	0–3	4–6	7–8	9–10	11–13	14–15	16–17	18以上
…	…								

十、关键事件记录评价法

关键事件记录评价法是由美国学者Flanagan和Baras共同创立的，就是通过观察，记录下有关工作成败的关键性事实，依此对员工进行考核。例如"体质条件""身体协调性""算术运算能力""了解和维护机器设备的情况""生产率""与他人相处的能力""协作性""工作积极性""理解力"等等。然后，要求工厂的一线领班干部，根据下列要求对各自部下的最近工作行为的关键事实进行描述。

（1）事实发生前的背景。

（2）事实发生时的情况。

（3）事实行为的有效或无效事实。

（4）事实后果受员工个人控制的程度。

如一位领班对一个部下员工的"协作性"是这样记录的：

有效行为：虽然今天不是杰克加班，但他还是主动留下加班到深夜，协助其他同事完成了一份计划书，使公司在第二天能顺利地与客户签订合同。

无效行为：总经理今天来视察，杰克为了表现自己，当众指出约翰和查理的错误，致使同事之间关系紧张。

十一、平衡记分卡方法

平衡记分卡将组织的战略目标和员工的需要整合在一起，这种方法要求经理们不仅要关注描述过去情况的经济指标，而且要注意组织的战略方向。平衡积分卡上的信息将企业的战略目标传达给员工并激励员工的发展和变化。该方法有助于确定企业为员工设计的薪酬组合的成功率，有助于使员工更好地理解企业的战略框架。

1.四种视角

（1）财务(如现金流、投资收益率)。

（2）内部流程角度(如单位效率、准时发货)。

（3）企业学习与发展角度(如项目开发、革新)。

（4）客户视角(如客户调查、焦点群体、市场份额)

2.平衡记分卡的基本思想

平衡记分卡在传统的财务考核指标的基础上，还兼顾了其他三个重要方面的绩效反映，平衡记分卡的基本框架，如图2-3所示。

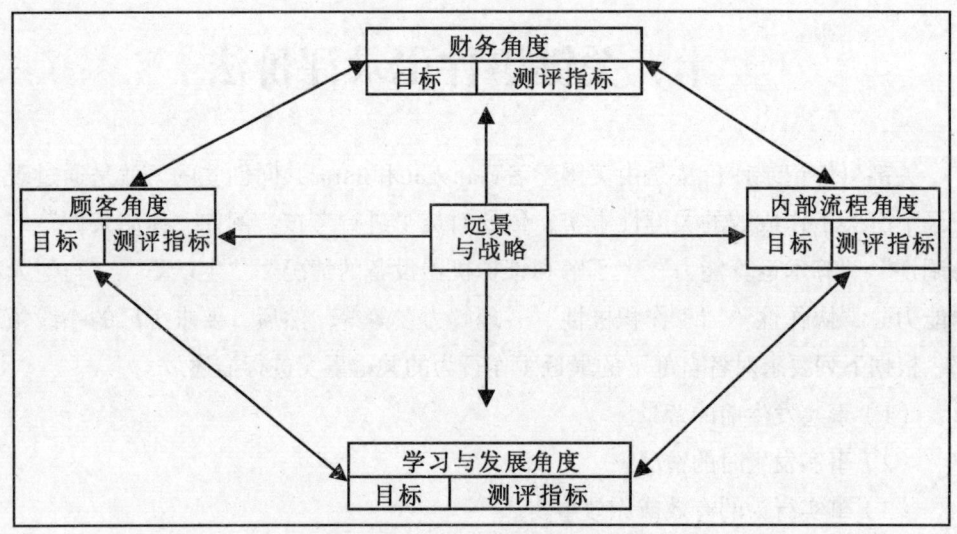

图2-3　平衡记分卡的基本思想

（1）顾客角度——顾客如何看我们？企业为了获得长远的财务利益，就必须创造出顾客满意的产品和服务。平衡记分卡给出了基本的绩效考核指标要求，即：企业在客户服务方面期望达到绩效而必须完成的各项目标，主要包括市场份额、客户保有率、客户获得率、客户满意等。这是针对各项目标的逐层细分，选定具体的考核指标，形成具体的绩效考核量表。

（2）内部流程角度——我们必须擅长什么？这是平衡记分法突破传统绩效考核的显著特征之一。传统绩效考核虽然加入了生产提前期、产品质量回报率等考核，但是往往停留在单一部门绩效上，仅靠改造这些指标，只能有助于组织生存，而不能形成组织独特的竞争优势。平衡记分法从满足投资者和客户需要的角度出发，从价值链上针对内部的业务流程进行分析，提出了四种绩效属性：质量导向的考核、基于时间的考核、柔性导向考核和成本指标考核。

（3）学习与发展角度——我们能否继续提高并创造价值？这个方面的观点为其他领域的绩效突破提供手段。平衡记分卡实施的目的和特点之一就是避免短期行为，强调未来投资的重要性，同时并不局限传统的设备改造升级，更注重员工系统和业务流程的投资。注重分析满足需求的能力和现有能力的差距，把注意力集中在内部技能和能力上，这些差距将通过员工培训、技术改造、产品服务加以弥补。相关指标包括新产品开发循环期、新产品销售比率、流程改进效率等等。

（4）财务角度——我们怎样满足企业的所有者？作为市场主体，企业必须以盈利作为生存和发展的基础。企业各个方面的改善只是实现目标的手段，而不是目标本身。企业所有的改善都应该最终归于财务目标的达成。

（5）引入平衡记分卡的基本程序：以平衡记分卡为基础建立企业的绩效考核体系，一般需要经由以下四个基本程序。这四个程序既可单独，也可共同为把长期的战略目标与短期的行动联系起来发挥作用，如图2-4所示。

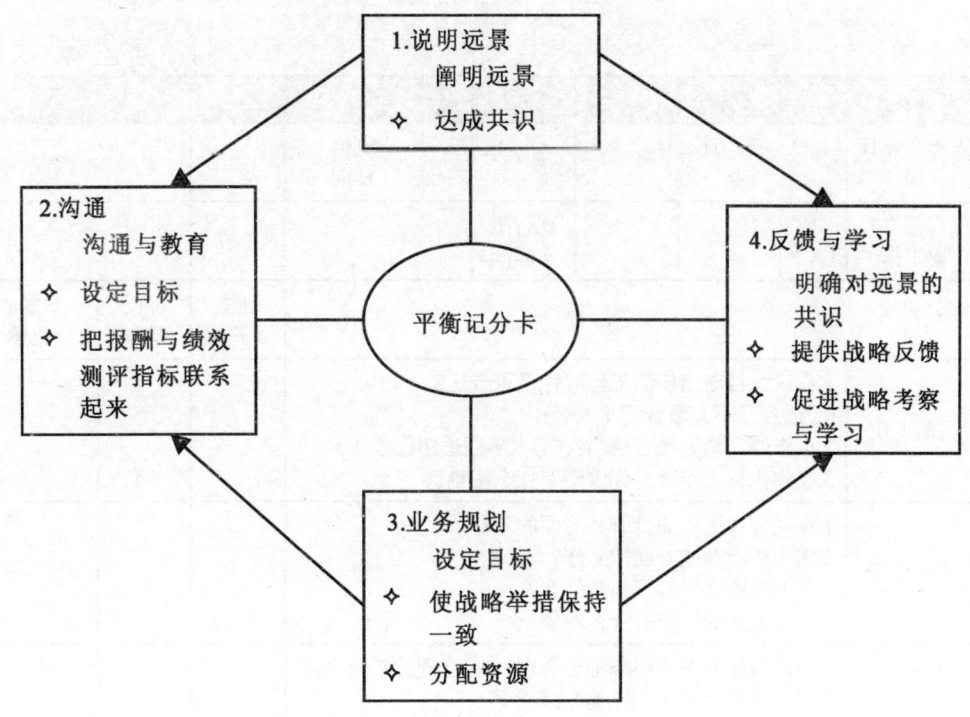

图2-4 平衡记分卡的基本程序

第一个程序是说明远景，它有助于经理们就组织的使命和战略达成共识。

第二个程序是沟通，它使各级经理能在组织中就战略要求进行上下沟通，并把它与各部门及个人的目标联系起来。平衡记分卡使经理能够确保组织中的各个层级都能理解长期战略，而且使部门及个人目标与之保持一致。

第三个程序是业务规划，它使公司能够实现业务计划与财务计划的一体化。当经理们利用为平衡记分卡所制定的目标作为分配资源和确定优先顺序的依据时，他们就会只采用那些能推动自己实现长期目标的新措施，并注意加以协调。

第四个程序是反馈与学习，它赋予公司一项称之为战略性学习的能力。现有的反馈和考察程序都注意公司及其各部门、员工是否达到了预算中的财务目标。而当管理体系以平衡记分卡为核心时，公司就能从另外三个角度(顾客、内部流程以及学习与发展)来监督短期结果，并根据最近的业绩考核战略。因此，平衡记分卡使公司能够修改和调整战略以随时反映学习所得。

十二、员工自我评价表

表2-7　员工自我评价表

申报日期：　　年　月　日

姓名		职称		部门			学历		
入本企业日期	年　月　日 共　年			职位		出生日期			
现任主要工作				现行工作时间			工资		
项目						理由及建议	部门批示	总经理批示	
目前工作	1.你认为目前担任的工作对你是否合适？ (□适合□不太适合□不适合) 2.工作的"量"是否恰当？(□太多□适中□很少) 3.在你执行工作时，你曾感到什么困难？								
工作希望	1.你认为你比较适合哪些方面的工作？ 2.你不适合哪些方面的工作？ 3.其中最适合你的工作是什么？ 4.你对现在的工作有什么希望？								
薪资及职位	1.你认为你的工作报酬是否合理？(□合理□不合理) 2.职位是否合理？(□合理□不合理) 3.职称是否合理？(□合理□不合理) 4.理由何在？ 5.你的希望？								
教育训练	1.本年度你是否参加公司内部举办的训练？ (□是参加□未参加) 2.曾参加什么训练？ 3.你希望接受什么项目的训练？ 4.你对本企业训练的意见如何？								
工作分配	1.你认为你的部门当中工作分配是否合理？ (□合理□不合理) 2.什么地方亟待改进？								
工作目标	1.你的工作目标是什么？ 2.这个目标你已做到什么程度？								

（续表）

姓名		职称		部门		学历	
特殊贡献	1.你认为本年度对公司较特殊贡献的工作是什么？ 2.你做到什么程度？						
工作构想	在你担任的工作中，你有什么更好的构想？ 请具体说明：						
其他	1.请代为安排和面谈。 2.本人希望或建议。						

十三、普通员工绩效考核表

表2-8　普通员工绩效考核表

姓名：　　　　部门：　　　　岗位：　　　　考评日期：

评价因素	对评价期间工作成绩的评价要点	评价尺度				
		优	良	中	可	差
勤务态度	A.严格遵守工作制度，有效利用工作时间。	14	12	10	8	6
	B.对新工作持积极态度。	14	12	10	8	6
	C.忠于职守、坚守岗位。	14	12	10	8	6
	D.以协作精神工作，协助上级，配合同事。	14	12	10	8	6
受命准备	A.正确理解工作内容，制订适当的工作计划。	14	12	10	8	6
	B.不需要上级详细的指示和指导。	14	12	10	8	6
	C.及时与同事及协作者取得联系，使工作顺利进行。	14	12	10	8	6
	D.迅速、适当地处理工作中的失败及临时追加任务。	14	12	10	8	6
业务活动	A.以主人公精神与同事同心协力努力工作。	14	12	10	8	6
	B.正确认识工作目的，正确处理业务。	14	12	10	8	6
	C.积极努力改善工作方法。	14	12	10	8	6
	D.不打乱工作秩序，不妨碍他人工作。	14	12	10	8	6
工作效率	A.工作速度快，不误工期。	14	12	10	8	6
	B.业务处置得当，经常保持良好成绩。	14	12	10	8	6
	C.工作方法合理，时间和经费的使用十分有效。	14	12	10	8	6
	D.工作中没有半途而废，不了了之和造成后遗症的现象。	14	12	10	8	6
成果	A.工作成果达到预期目的或计划要求。	14	12	10	8	6
	B.及时整理工作成果，为以后的工作创造条件。	14	12	10	8	6
	C.工作总结和汇报准确真实。	14	12	10	8	6
	D.工作中熟练程度和技能提高较快。	14	12	10	8	6

（续表）

评价因素	对评价期间工作成绩的评价要点	评价尺度				
		优	良	中	可	差
1. 通过以上各项的评分，该员工的综合得分是：　　　　　　　分 2. 你认为该员工应处于的等级是：(选择其一) [ ] A [ ] B [ ] C [ ] D A.240分以上　　B.240～200分　　C.200～160分　　D.160分以下 3. 考核者意见： 　考核者签字：　　　　　　　　　　日期：　年　月　日						
考评人评语：						
合计总分：				考评人签字：		

十四、管理人员绩效考核表

表2-9　管理人员绩效考核表

姓名：　　　　　部门：　　　　　岗位：　　　　考评日期：

评价因素	对评价期间工作成绩的评价要点	评价尺度				
		优	良	中	可	差
勤务态度	A.把工作放在第一位，努力工作。	14	12	10	8	6
	B.对新工作表现出积极态度。	14	12	10	8	6
	C.忠于职守，严守岗位。	14	12	10	8	6
	D.对部下的过失勇于承担责任。	14	12	10	8	6
业务工作	A.正确理解工作指示和方针，制订适当的实施计划。	14	12	10	8	6
	B.按照部下的能力和个性合理分配工作。	14	12	10	8	6
	C.及时与有关部门进行必要的工作联系。	14	12	10	8	6
	D.在工作中始终保持协作态度，顺利推动工作。	14	12	10	8	6
管理监督	A.在人事关系方面部下没有不满或怨言。	14	12	10	8	6
	B.善于放手让部下去工作，鼓励他们乐于协作的精神。	14	12	10	8	6
	C.十分注意生产现场的安全卫生和整理整顿工作。	14	12	10	8	6
	D.妥善处理工作中的失败和临时追加的工作任务。	14	12	10	8	6
指导协调	A.经常注意保持、提高部下的劳动积极性。	14	12	10	8	6
	B.主动努力改善并提高工作效率。	14	12	10	8	6
	C.积极训练、教育部下，提高他们的技能和素质。	14	12	10	8	6
	D.注意进行目标管理，使工作协调进行。	14	12	10	8	6

（续表）

评价因素	对评价期间工作成绩的评价要点	评价尺度				
		优	良	中	可	差
工作效果	A.正确认识工作意义，努力取得最好成绩。 B.工作方法正确，时间和费用使用得合理有效。 C.工作成绩达到预期目标或计划要求。 D.工作总结汇报准确真实。	14	12	10	8	6
		14	12	10	8	6
		14	12	10	8	6
		14	12	10	8	6

1.通过以上各项的评分，该员工的综合得分是： 分

2.你认为该员工应处于的等级是：(选择其一)［ ］A［ ］B［ ］C［ ］D

A.240分以上；B.240～200分；C.200～160分；D.160分以下

3.考核者意见：

考核者签字： 日期： 年 月 日

注：以下部分为行政人事部及总经理填写。

人事部评定：

1.评语：

2.依据本次考核，特决定该员工：

［ ］转正：在 任 职［ ］升职至 任

［ ］续签劳动合同自 年 月 日至 年 月 日

［ ］降职为：

［ ］提薪/降薪为：

［ ］辞退：

［ ］其他：

经理签字： 日期： 年 月 日

总经理最终核准：

总经理签字： 日期： 年 月 日

十五、中层管理人员年度绩效考核表

表2-10　中层管理人员年度绩效考核表

姓名		职务			评价人		
事业部					考核区间		
考核尺度及分数		优秀(10分)　良好(8分)　一般(6分) 较差(4分)　极差(2分)			评分	本栏平均	权重系数
工作绩效	1.工作完成度	与年度目标或与期望值比较，工作达成与目标或标准之差距，同时应考虑工作客观难度					4
	2.工作品质	仅考虑工作的品质，与期望值比较，工作过程、结果的符合程度(准确性、反复率等)					
	3.工作速度	仅考虑工作的速度，完成工作的迅速性、时效性，有无浪费时间或拖拉现象					
	4.工作量	仅考虑完成工作数量。职责内工作、上级交办工作及自主性工作完成的总量					
工作能力	5.计划性	工作事前计划程度，对工作(内容、时间、数量、程序)安排分配的合理性、有效性					3
	6.协调沟通	与各方面关系协调，化解矛盾，说服他人，以及人际交往的能力					
	7.应变力	应对变化，采取措施或行动的主动性、有效性及工作中对上级的依赖程度					
	8.指导控制力	对本部门或下属的激励、指导、培训情况，对本部门的管理、控制情况					
	9.周全缜密	工作认真细致及深入程度，考虑问题的全面性、遗漏率					
	10.人才培养	对人才的重视程度及对储备人才的培养情况					
	11.职务技能	对担任职务相关知识的掌握、运用，工作熟练程度					
工作态度	12.协作性	人际关系、团队精神及与他人(其他部门)工作配合情况					3
	13.以身作则	表率作用，严格要求自己，遵守制度纪律情况					

（续表）

姓名		职务		评价人	
事业部				考核区间	
工作态度	14.工作态度	工作自觉性、积极性；对工作的投入程度，进取精神、勤奋程度、责任心等			3
	15.执行力	对上级指示、决议、计划的执行程度及执行中对下级检查跟进程度			
	16.品德言行	是否做到廉洁、诚信，是否具有职业道德			
评价得分	A(1~4项平均分)×4+(5~11项平均分)×3+(12~16项平均分)×3= 分				
出勤及奖惩	B出勤：迟到、早退 次×0.5+旷工 天×2+事假 天×0.4+病假 天×0.2= 分				
	C处罚：警告 次×1+小过 次×3+大过 次×9= 分				
总分	A 分-B 分-C 分+D 分= 分				
考核等级	□A.90分以上 □B.70~89分 □C.40~69分 □D.40分以下				
考核者意见					
高二级管理者考核：			高一级管理者考核：		
被评价的管理者签字：					

十六、技术人员能力考核表

表2-11 技术人员能力考核表

	A.特别优秀	B.优秀	C.普通	D.需要努力	E.差
	专业技术高超，能准确执行上级指示，责任感极强	有良好的技术素质和创新能力，能随机应变，人事协调力好	熟练掌握技术，能遵守上级指示，有一定的技术创新力	正确掌握技术有进取心 能随机应变	勉强能完成任务，技术能力一般
满分15分	15分	14~12分	11~9分	8~6分	5分以下
满分10分	10分	9~8分	7~5分	5~4	3分以下
满分5分	5分	4分	3分	2分	1分

（续表）

		A.特别优秀	B.优秀	C.普通	D.需要努力	E.差
工作状况			标准上班日数	日	记载事项	综合意见
			事假	日		
			病假	日		
			缺席	日		
			早退	次		
			迟到	次		
			迟到早退缺席换算	日		
			缺席总计	日		
			实际上班日数总计	日		
对判定奖赏的反映						
对判定加薪的反映			本人对判定：□不满意　□满意调整			
对判定训练的反映						
对判定晋升的反映						

评分标准：

25分以上为"特优"，20～25分为"优秀"，5～20分为"普通"，10～15分为"需要努力"，10分以下为"差"。

十七、经理人员能力考核表

表2-12　经理人员能力考核表

分类		评价内容	满分	1次	2次	3次	4次
工作态度	1	经营计划的立案、实施是否有充分的准备	5				
	2	是否以长期的展望探索公司的未来	15				
	3	是否有以负责人的眼光注意到全体	5				
	4	是否重视经营理念	5				
	5	是否有敏锐的利益感觉	5				
基本能力	6	为了达成目标，是否有站在最前线指挥	15				
	7	是否能节约成本，早日、确实地达成目标	5				
	8	是否重视长期目标的实施	5				
	9	是否能严守期限、达成目标	5				
	10	能随机应变，修改目标值的同时也能达成目标	5				

（续表）

分类		评价内容	满分	1次	2次	3次	4次
业务熟练程度	11	是否能以全公司的立场发言、提议	5				
	12	是否能以长期的观点制定企划	5				
	13	是否能就公司的观点收集情报	10				
	14	是否能与其他部门交流情报	5				
	15	是否积极地与其他部门协调	5				
责任感	16	是否确实把握部属的优、缺点	5				
	17	是否能与其他部门协调	5				
	18	是否人尽其能	10				
	19	是否热心培育后继者	5				
协调性	20	是否仔细地聆听部属的意见	5				
	21	是否注意身体的健康	5				
	22	是否谨慎地使用金钱	10				
	23	是否热心于小组内部意见的沟通	10				
	24	绝不引起异性问题	5				
自我启发	25	不与顾客勾结	5				
	26	对社会及时代的变迁是否敏锐	5				
	27	是否热心于吸取新技术与知识	10				
	28	站在国际的视野上是否能自我革新	5				
	29	为了改善，是否可以抛弃前例	10				
	30	是否不怠于未来的预测	5				
评价分数合计							

十八、销售部门员工考核表

表2-13　销售部门员工考核表

姓名			职务(称)	考核时间					
分类		评价内容		满分	1次	2次	调整	决定	
工作态度	1	细心地完成任务		5					
	2	做事敏捷、效率高		5					
	3	具备商品知识，能应对顾客的需求		5					
	4	不倦怠，且正确地向上级报告		5					

（续表）

姓名		职务(称)	考核时间					
分类		评价内容	满分	1次	2次	调整	决定	
基础能力	5	精通职务内容，具备处理事务的能力	5					
	6	掌握职务上的要点	5					
	7	严守报告、联络、协商的规则	5					
	8	在既定的时间内完成任务	5					
业务熟练程度	9	能掌握工作的进度，并有效地进行	5					
	10	能随机应变	10					
	11	有价值概念，且能创造新的价值	5					
	12	善于与顾客沟通，且说服力强	5					
责任感	13	树立目标，并朝目标前进	5					
	14	有信念，并能坚持	10					
	15	有开拓新业务的信心	10					
	16	预测过失的可能性，并想出预防的对象	5					
协调性	17	做事冷静，绝不感情用事	5					
	18	与他人协调的同时，也朝自己的目标前进	5					
	19	在工作上乐于帮助同事	10					
	20	尽心尽力地服从与自己意见相左的决定	10					
	21	有卓越的沟通与说服能力，且不树敌	10					
自我启发	22	有进取心、决断力	10					
	23	积极地革新、改革	5					
	24	即使是自己分外的事，也能提出提案	10					
	25	热衷于吸收新信息或知识	10					
	26	根据长期规划制订目标或计划并付诸实行	10					
		考核分数合计	180					

评分标准：

180分以上为"优秀"；150分以上为"良好"；120分以上为"中等"；100分以上为"及格"。

未满100分为"不及格"。

十九、行政秘书绩效考核表

表2-14　行政秘书绩效考核表

姓名		职务		考核时间	
本部门业务考核	0.7	得分	其他考核	0.3	得分
公司文件、资料的打印、发放工作	0～0.1		出勤率	0～0.05	
公司资料复印、装订工作	0～0.1				
办公设施的维护和维修	0～0.05		加班率	0～0.05	
报刊的订阅、发放、信件的发放	0～0.05				
车票、饭票的办理	0～0.05		其他部门满意度(看有无投诉)	0～0.1	
办公区卫生的维护	0～0.05				
各种费用的办理及缴纳	0～0.05		财务中心：票据的管理规范费用支出	0～0.05 0～0.05	
合理化建议、工作方法改进	0～0.05				
服务精神、合作精神及责任心	0～0.05				
坚持4小时复命制，工作效率高	0～0.05				
完成上级主管临时交办的工作	0～0.05				
企业文化的认同度	0～0.05				
小计					
合计					
部门主管		财务主管		其他部门	

二十、仓库管理员绩效考核表

表2-15　仓库管理员绩效考核表

姓名		职务		考核时间		
本部门业务考核	0.7	得分	其他考核	0.3	得分	
库房商品安全、防盗、防火	0～0.1		出勤率	0～0.05		
按信用流程发货	0～0.1		出勤率	0～0.05		
库房商品摆放整齐、合理有序	0～0.05		其他部门满意度			
每天下班前提交库存表、数据准确	0～0.1					
服务精神、合作精神	0～0.05		渠道中心	0～0.05		
坚持4小时复命制，工作效率高	0～0.05		商务中心	0～0.05		
库房账目清楚、账物相符	0～0.05		财务中心资产的管理能力	0～0.05 0～0.01		
协助业务部门做好入库工作	0～0.05		合理化建议	0～0.05		
工作有责任心，任劳任怨	0～0.05					
小计						
合计						

二十一、办公室主任绩效考核表

表2-16　办公室主任绩效考核表

姓名	部门	办公室	职务	主管	任职时间		
考评指标	评分标准				权重	资料来源	评分
	远超目标 (81～100)	超过目标 (61～80)	达到目标 (41～60)	低于目标 (21～40)			
计划费用的控制率	低于目标 10%以上	低于目标 5%～10%	介于目标 ±5%之间	超过目标 5%	10%	财务部	

（续表）

姓名	部门	办公室	职务	主管		任职时间	
对固定资产的管理情况	管理完善，设备完好，资产无损失，每季度查1次	管理完善，资产基本无损失，每季度查1次，资产损失金额少于500元	财物分明，每季度查1次，资产损失较少，金额少于1 000元	每季度查看少于1次，财务不清，资产损失严重，金额大于1 000元	10%	分管领导、财务部根据检查结果评分	
采购与领用	及时了解物品的需求，合理采购，节约成本在10%以上，领用记录清晰	采购及时，价格合理，掌握库存，定期核对，节约成本在5%以上	以上采购能满足公司的要求，领用有记录，价格合理	拖延不及时，领用混乱或采购的价格超过正常水平	15%	监察审计部、人力资源部	
大型会议、大型活动	组织有利，效果很好，节约费用在15%以上	组织得力，效果较好，节约费用在10%以上	组织得力，效果较好，费用未超支	组织较混乱，效果差，费用超支	5%	经理室	
对车队的管理	安全驾驶，无事故发生，车况可靠	安全驾驶，无事故发生，车况较可靠，全年有2～3次违章处罚	无事故发生，全年有4～5次违章处罚	有交通事故发生，全年有6次以上违章处罚	5%	财务部	
车辆调度	及时、准确、分配合理	较及时、准确，分配合理	基本准确、分配合理	不准确、分配不合理	5%	经理室	
宣传工作、公关效果	在各类刊物上发表30篇以上	在各类刊物上发表25篇以上	在各类刊物上发表20篇以上	宣传稿件发表不足20篇	15%	人力资源部	
满意度	对各单位工作场所的选址和设备订购的支持度	很强□强□较强□一般□弱□			10%	人力资源部（调查测评）	
	公章管理、文字把关和文件归档管理	非常满意□满意□不满意□			5%	人力资源部（调查测评）	
	服务态度(包括后勤保障)	很好□好□较好□一般□差□			20%	人力资源部（调查测评）	
合计					100%		

二十二、综合能力考核表（下级对上级）

表2-17　综合能力考核表(下级对上级)

评估步骤：

1.下属单独填写此项评估,不需要和任何人进行讨论。

2.如果你不是直接由分公司经理领导,那么你需要评估两位领导：你的直接上级以及当地分公司经理。

3.填写完毕,注明本人姓名和职位,以及被评估人的姓名和职位,独立发送给总部人力资源部。

4.人力资源部汇总的评估分数和评估意见,暂时作为内部审核参考意见,上交总部的首席执行官,不向被评估人进行反馈。

5.如果有必要对被评估人进行反馈,我们会先征求评估人的意见。请在以下的选择中打钩注明你的意愿。

可以记名形式向被评估人反馈此评估表的内容。

可以不记名形式向被评估人反馈此评估表的内容。

绝对不可以向被评估人反馈此评估表的内容。

(人力资源部会将评估人的意见及其结果高度保密)

综合能力5-非常优秀；4-很好；3-合格／称职；2-需要改进；1-不称职

1.员工业绩表现评定分数	
5分-非常优秀 4分-很好 3分-合格,称职 2分-需要改进 1分-不称职	
对上述五种各级别得分情况评审均需做出评语, 对3分以下的评审要提出改进的建议。	
2.专业知识	评定
2.1熟悉工作要求、技能和程序	
2.2熟悉本行业及产品	
2.3熟悉并了解对其工作领域产生影响的政策、实际情况及发展方向	
2.4工作中使用工具的熟练情况及专业知识(例如：器材、电脑软件等)	
2.5了解下属工作及职责	
评语：	

（续表）

3.主动性和创造性评定	评定
3.1为达到工作目标而积极地做出有影响力的尝试	
3.2主动开展工作而非一味被动服从	
3.3从有限的资源中创造出尽可能多的成果	
3.4主动开展工作力求超越预期目标	
3.5将有创造性的思想加以完善	
3.6勇于向传统模式提出挑战并进行有创造性的尝试	
3.7是否善于发现资源、进行完善及富于创造性	
评语：	
4.对客户的关注程度	评定
4.1对内部及外部客户能够坚持关注其期望值及需求	
4.2掌握客户的第一手资料并用于改进自身的产品及服务	
4.3对客户的需求进行积极响应并提出改进办法	
4.4以客户为中心进行交谈并付诸行动	
4.5赢得客户的信任和尊重	
评语：	
5.培养及领导下属的能力	评定
5.1能够建立并保持一个高效的工作集体	
5.2能够与员工沟通并鼓励下属分享信息资源	
5.3能够全面、实时并及时地完成工作评估	
5.4能够经常提供建设性的反馈及指导意见	
5.5能够协助下属确定未来具有挑战性的目标	
5.6能够与下属建立双向沟通	
评语：	
6.判断力及时效性评定	评定
6.1判断准确并能够同时考虑到其他选择及后果	
6.2能够及时并根据工作时间表做出判断	
6.3尽管付诸行动时存在不确定性，但能够针对风险完成工作	
6.4能够针对严重问题提出解决意见	
6.5能够判断潜在的问题及形式	
评语：	

（续表）

7.沟通能力	评定
7.1能够倾听并表达自己对有关信息的认知	
7.2能够征求意见并做出积极的回应	
7.3能够通过书面和口头形式简明扼要地进行正确表达并产生同样的效果	
7.4能够撰写高水平的书面材料并进行演示	
7.5能够确保其书面材料在专业上的可靠性	
7.6能够在有关交谈中引述相关咨讯	
评语：	
8.工作责任心	评定
8.1出席会议发言及遵守时间情况	
8.2可信度和可依赖度	
8.3接受工作任务情况及本人对完成工作的投入程度	
8.4乐于与其他人共事并提供协助	
8.5能够节约并有效控制开支	
8.6能够对其他人起到榜样的作用	
评语：	
9.计划性	评定
9.1能够有效制定自我工作计划并确定资源	
9.2能够准确划定工作和项目的期限及难度	
9.3能够预测问题并制定预案	
评语：	
10.工作质量	评定
10.1对工作中的细节及准确度给予应有的重视	
10.2能够按时高质量地完成工作	
10.3准确完成工作并体现出应有的专业水平	
评语：	
11.团队精神	评定
11.1能够与本组人员一起有效地工作并共同完成本组织工作目标	
11.2能够与上级及下属分享咨询，乐于协助同事解决工作中的问题	
11.3能够以行动表达对他人需求的理解以及成就的赞赏	

11.4能够与他人共享成功的喜悦	
评语：	

评估人对被评估人的综合能力概述

————————————————————

评估人签名：————————

二十三、绩效考核面谈表

表2-18　绩效考核面谈表

部门		职位		姓名	
考核日期	年　　月　　日				
工作成功的方面					
工作中需要改善的地方					
是否需要接受一定的培训					
本人认为自己的工作在本部门和全公司中处于什么状况					
本人认为本部门及全公司工作最好、最差的分别是谁					
对考核有什么意见					
希望从公司得到怎样的帮助					
下一步的工作和绩效的改进方向					
面谈人签名				日期	
备注					

说明：

1.绩效考核面谈表的目的是了解员工对绩效考核的反馈信息，并最终提高员工的业绩；

2.绩效考核面谈应在考核结束后一周内由上级主管安排，并报行政人事部备案。

第三章

考勤制度

一、考勤的目的

对公司而言，做好考勤管理，能产生以下优势：

1. 能使员工的工作效率得到有效发挥。首先，有的缺勤是不可避免的，但很多缺勤是由于小病或者其他不必要的原因造成的。其次，能让出勤良好的员工摆正工作心态，认真做事。因为一个完善的考勤管理系统能给员工提供一个公平一致的工作环境。

2. 能使公司在解决缺勤问题中完善自己。因为有些问题并不完全出在员工身上，所以管理人员必须从自身找到根源并有效解决。这有利于公司制度的贯彻执行；同时，考勤管理还能辐射影响公司内部的其他细节管理，比如加班管理、文件管理等。

3. 能提高员工的凝聚力。因为在对缺勤进行管理时，公司如果能了解缺勤原因并能有效解决，就能增强员工对公司的认同感和归属感；能发挥出员工的工作积极性和主动性。

二、考勤的流程

考勤流程，如图3-1所示。

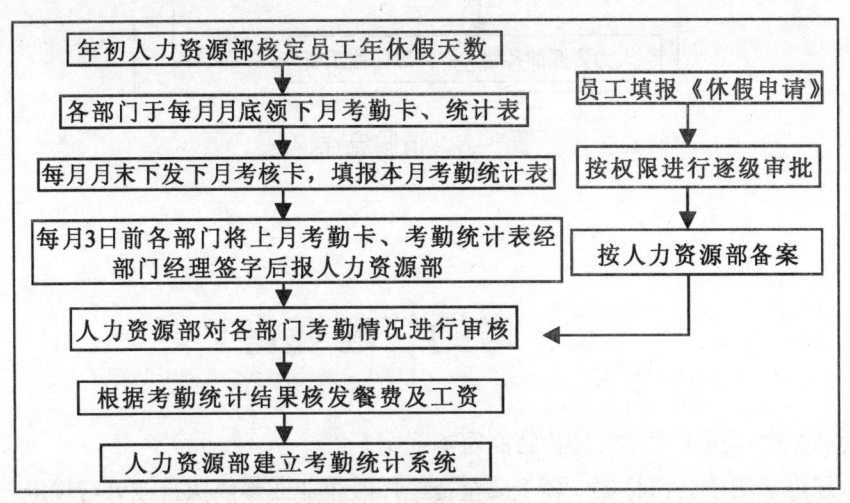

图3-1　考勤流程

加班流程，如图3-2所示。

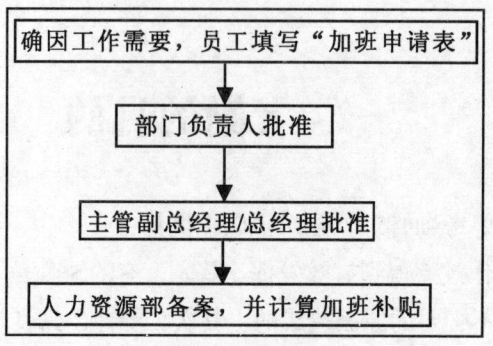

图3-2　加班流程

请假流程，如图3-3所示。

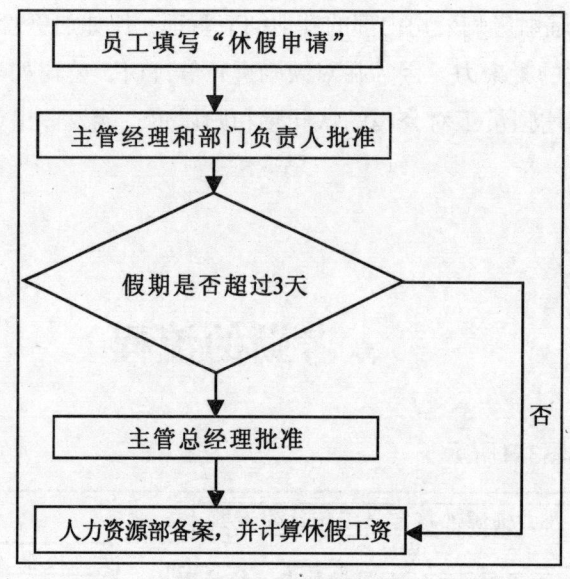

图3-3　请假流程

三、考勤管理规定

1.为加强公司员工考勤管理，特制定本规定。

2.本规定适用于公司总部，各下属全资或控股企业或参照执行或另行规定，各企业自定的考勤管理规定须由总公司规范化管理委员会审核签发。

3.员工正常工作时间为上午8时30分至12时，下午1时30分至5时，每周六、日不上班，因季节变化需调整工作时间时，由总裁办公室另行通知。

4.公司员工一律实行上下班打卡登记制度。

5.所有员工上下班均需亲自打卡，任何人不得代理他人或由他人代理打卡，违犯此条规定者，代理人和被代理人均给予记过一次的处分。

6.公司每天安排人员监督员工上下班打卡，并负责将员工出勤情况报告值班领导，由值班领导报至劳资部，劳资部据此核发全勤奖金及填报员工考核表。

7.所有人员须先到公司打卡报到后，方能外出办理各项业务。特殊情况需经主管领导签卡批准，不办理批准手续者，按迟到或旷工处理。

8.上班时间开始后5分钟至30分钟内到班者，按迟到论处，超过30分钟以上者，按旷工半日论处。提前30分钟以内下班者按早退论处，提前30分钟者按旷工半天论处。

9.员工外出办理业务前须向本部门负责人(或其授权人)申明外出原因及返回公司时间，否则按外出办私事处理。

10.上班时间外出办私事者，一经发现，即扣除当月全勤奖，并给予警告一次的处分。

11.员工一个月内迟到、早退累计达3次者扣发全勤奖50%，达5次者扣发100%全勤奖，并给予一次警告处分。

12.员工无故旷工半日者，扣发当月全勤奖，并给予一次警告处分，每月累计3天旷工者，扣除当月工资，并给予记过一次处分，无故旷工达一个星期以上者，给予除名处分。

13.员工因公出差，须事先填写出差登记表，副经理以下人员由部门经理批准；各部门经理出差由主管领导批准；高层管理人员出差须报经总裁或董事长批准，工作紧急无法向总裁或董事长请假时，须在董事长秘书室备案，到达出差地后应及时与公司取得联系。出差人员应于出差前先办理出差登记手续并交至劳动工资部备案。凡过期或未填写出差登记表者不再补发全勤奖，不予报销出差费用，特殊情况须报总经理审批。

14.当月全勤者，获得全勤奖金200元。

四、员工考勤和休假的规定

为了维持良好的生产秩序，提高劳动生产率，保证通信生产工作的顺利进行；为了使员工保持良好的身体素质和旺盛的精力，努力做好本职工作，并考虑员工与家属团聚的问题，根据国家有关规定，结合公司的实际情况，特制定本规定。

(一)考勤

1.考勤内容

(1)上班时间已到而未到岗者，即为迟到。

(2)未到下班时间而提前离岗者，即为早退。

(3)工作时间未经领导批准离开工作岗位者，即为擅离职守。

(4)迟到、早退或擅离职守超过30分钟，或未经准假而不到班者，均为旷工。

2. 考勤须知

(1)对有迟到、早退、擅离职守现象的员工，应进行教育，属屡教不改的，给予适当的纪律处分。如有造成严重后果的，应追究其责任。

(2)对旷工者，应责成其做出书面检讨，并按下表计扣工资，扣发当月各项奖金。旷工2天以上，每增加1天，加扣年终奖10%。连续旷工15天，或一年内累计旷工超过30天，或旷工虽未达到上述天数，但次数较多，情节严重的，均应做除名处理，参见表3-1。

表3-1 旷工处理办法

旷工天数	0.5天	1天	1.5天	2天	一年累计13天	连续旷工15天	一年累计30天以上
扣工资岗位+技能	25%	50%	75%	100%	扣年终各项奖金	除名	除名

(3)留职察看期间，只发岗位工资及各项补贴。

3. 请假办法

(1)公假。经公司批准脱产参加会议、学习、出差、从事社会活动、工会活动均属公假；经公司指定或批准休养、参观、访问的模范人物或代表，以及因工(公)负伤人员在医疗期间，根据实际情况核给公假。

(2)调遣假。员工异地调动，有家属随迁的，不超过6天，调往边远地区的，不超过14天。员工单人赴调不超过3天，赴调途中所需行程时间，按其实际需要核给，不计算假期。特区内调动一般不超过1天。

如有非经常性事务，需员工本人办理或参加的，如迁居、开家长会等，各单位可考虑到工作安排及员工的需要，酌情处理，不计算假期。

4.因工作需要积累工时工休，一般应在当月补休，如确因工作一时不能安排补休的，经部门经理同意可适当推迟，可保留至当年底，员工调动工作，原则上不能将积累的工休延至新的工作岗位。

5.因工作需要，加班或无法安排休息的人员，须经部门经理批准或人事部核准，以补发加班费的形式予以补偿。补偿办法：(岗位工资＋技能工资)÷25.5天×1.5×加班天数。法定假日加班费按(岗位＋技能)÷25.5×2×加班天数计算。

(二)休假

1.员工休假必须服从组织安排，并按规定逐级审批，报人事部批准，室主任一级由部门经理安排休假，部门经理由总经理安排休假。

2.员工申请休假须一个星期前填写《有薪假期申请表》或《无薪假期申请表》，送交人事部审批。未接到休假通知单，不得擅自休假，否则按旷工处理，因特殊原因本人不能亲自办理的，应提前托人或电话告假，如事前未提出请假，事后补交病假单之类的一律无效。

3.婚假。员工申请结婚，需在本公司办理结婚手续，并以领取结婚证为准，婚假假期3天，晚婚假10天(晚婚条件：女满23周岁，男满25周岁)。如到外地(指配偶工作所在地，不含旅行结婚)结婚的，根据在途往返时间核给路程假。

4.丧假。员工的直系亲属(祖父母、父母、配偶、子女，以及依靠本人供养的弟妹、养父母、岳父母、公婆)死亡，给予假期3天。员工到外地办理丧事，可根据实际路程所需时间，另给路程假。

5.产假、计划生育假：

(1)女工产假按下列标准核给：

· 假期内容假期天数说明；

· 产假90天难产或双胞14天；

· 晚育假15天年满24周岁为晚育；

· 独生子女假35天凭独生子女证给。

(2)临时工产假56天，临时工产假期间发给60%的工资。

(3)产妇如遇实际困难，可请哺乳假至婴儿1周岁，哺乳假工资按本人(岗位＋技能工资)75%发给，并据此比例计发房补，其他补贴照发。

(4)接受节育手术者，经医生证明，分别给予以下假期：

· 放置宫内节育器的，自手术之日起休息3日，手术后7日内不从事重体力劳动；

· 经计划生育部门批准取宫内节育器的，休息2日；

· 输精管结扎的，休息7日，输卵管结扎的，休息21日；

· 怀孕不满3个月人工流产的，休息15天，3个月以上的，休息42天。

· 同时施行两种节育手术的，合并计算假期，如遇特殊情况需增加假期时，由医生确定。

6.病假：

(1)员工因病或非因工(公)负伤，经公司指定的医疗单位证明确定不能坚持工作，可参考医生建议，根据实际情况核给病假。

(2)病假期间的待遇按国家劳动保险条例规定办理(参见表3-2、表3-3)。病假3天内不扣工资，4天以上按(岗位工资＋技能工资)÷30天计扣工资。

(3)长期病休人员，从病休时起，1年内的任何时间累计超过6个月(或153个工作日)，从超过之日起，停发工资，改发疾病救济费，累计办法：每月以24日为截止日期往前推12个月，凡在这12个月内病休累计达6个月(或153个工作日)时，从超过之日起停发工资，改发疾病救济费。

(4)凡领取疾病救济费者，如病愈需要复工时，经医生证明，先行试复工2个月。在试工期，又患病累计休息15天以上者，停止试工，停发(病假)工资，发给疾病救济费。试复工期满，连续工作2个月以上者，若再次患病，休息时间可重新累计计算。

表3-2　病假期间待遇1

连续工龄	不满2年	满2年不满4年	满4年不满6年	满6年不满8年	满8年以上
6个月以内病假工资(岗位工资+技能工资)	60%	70%	80%	90%	100%

表3-3　病假期间待遇2

连续工龄	不满1年	满1年不满3年	满3年以上
连续病假6个月以上、救济费(岗位工资＋技能工资)	40%	50%	80%

7.事假。员工因个人事务，必须亲自处理的，根据工作安排以及本人的实际需要酌情核给。请事假员工按(岗位工资＋技能工资)÷30天计扣工资。

8.探亲假：

(1)员工结婚时，分居两地，又不能在公休假日团聚的，每年可享受一次探望配偶假，假期为30天。

(2)未婚员工探望父母每年一次，假期为20天，如因工作需要，当年无法安排的，可以2年给假一次，假期为45天。

(3)已婚员工探望父母假，每4年一次，假期为20天。

(4)员工有生身父母，又有养父母的，只能探望一方(以供养关系为主)。

(5)大专院校分配来的毕业生，新招合同工人，在实习、试用期间不能享受探亲假，满1年后才能享受探亲假。外单位调进公司的员工要满半年，才能享受探亲假。

(6)员工已离婚或配偶死亡，尚未再婚的，按未婚员工待遇处理。员工配偶、父母均已死亡，又未重新结婚，而且身边没有子女者，如有16岁以下的未成年子女寄养在外地的，按未婚员工探亲假处理。

(7)员工探亲假期不包括路程假，但包括公休假日和法定节假日，路程假根据实际需要核给。

(8)员工探亲休假期间患病时，其病休天数仍作为享受探亲假计算，原规定的休假天数不能顺延。如果员工因患急病、重病、假期期满后不能按期返回的，其延期返回的天数可根据县以上医疗单位的证明，按病假处理。

(9)员工因各种原因在当年与配偶团聚3个月以上的，不再享受一年一次探亲假。

(10)探亲假原则上不能分期使用，确因生产、工作需要分期使用的，经人事部批准，可分期使用，跨年度作废。路程假只给一次，往返路费只报销一次。

9.年假：

(1)休假范围及条件：凡参加工作(不含借调人员、临时工和劳务工)满5年以上的员工均实行休假规定，参见表3-4。

表3-4　休假规定

参加工作时间	满5年 不满10年	满10年 不满20年	满20年 不满30年	满30年 不满40年	满40年 以上
每年休假时间	7天	10天	15天	20天	30天

全国劳动模范、部省级劳动模范，不论参加工作年限的长短，均享受休假两周待遇；有突出贡献的知识分子，经企业领导批准可适当放宽工龄限制。

(2)享受年休假的几项规定：

·按国家有关规定享受探亲假、婚丧假、生育假的员工，不影响享受年休假。

·全脱产学习满1年的员工，不享受当年的年休假；累计学习满半年不满1年的员工，可享受休假，其假期减半。

·病事假累计超过3个月或工伤假超过半年的员工，当年不再享受年休假。旷工2天，当年不再享受年休假。

·受各类警告以上处分的员工，取消1年的休假，受各类察看处分的员工，察看期间不享受年休假；对个别表现不好或完不成生产任务的员工，各部门领导有权取消其年休假待遇，上报人事部备案。

·年休假时间的计算包括公休假日，不包括法定假日。

·凡外单位、外系统调入的人员，从报到之日起，满半年后方可享受年休假。

(三)说明

1.本规定从发布之日起执行，以前有关规定与本规定相抵触的地方，按本规定执行。执行以后如上级有新的规定另行通知。

2.本规定的解释权在公司人事部。

五、员工加班细则

(一)加班手续

1.一般员工加班：

(1)管理部门人员加班一律由科长级主管报请主任级主管指派后填加班单。

(2)生产部门人员加班，先由管理(组)科根据生产工时需要拟定加班部门及人数经生产部门同意后，由领班排班(无管理(组)科者由各科自行决定)报主任级主管核定，并将加班时间内的生产量由领班记载于工作单上。

(3)训练计划内必需的加班，得副总经理核准始能加班。

(4)以上人员的加班费，须于当日下午4时前送交人事单位，以备查核。

2.科长级主管加班：

(1)各部门于假日或夜间加班，其工作紧急而较为重要者，主管人员应亲自前来督导，夜间督导最迟至22时止。

(2)主管加班不必填加班单，只需打卡即可。

(二)加班考核

1.一般员工：

(1)生产部门于加班的次日，由管理(组)科按其加班工时，依生产标准计算其工作是否相符，如有不符现象应通知人事单位照比例扣除其加班工时，至于每日的加班时数，则由所属单位主管填入工卡小计栏内，并予签证。

(2)管理部门其直属主管对其加班情况亦应切实核查，如有敷衍未达预期效果时，可免除其加班薪资加成。

2.科长级主管如有应加班而未加班，致使工作积压延误情形者，由主任级主管专案考核，同样情形达两次者应改调其他职务，并取消其职务加薪。

(三)加班薪资

1.主管：各科主管因已领有职务加薪，故不再另给加班费，但准报车资(有公交车可达者不得报支计程车资)及误餐费。

2.其他人员：不论月薪或日薪人员凡有加班均按下列程序发给加班薪资。

(1)平日加班，每小时给以日给本薪的34%，其计算公式如下：

日薪×〔加班时数×(1.34÷8小时)〕＝加班薪资

(2)公休加班除基本薪资照给外，并按平日加班计算方法加倍给付加班薪资。

(3)新年休假期内，因情形特殊而加班，凡正式员工一律照二款办理。

(四)加班工时计算

1.区分为三班与二班制，其配档如下面。

2.以上三班或二班的工作，如系锅炉、熔炉及机械操作不能停机者，在每餐时间内得酌留一两名员工看守，并应在现场进餐，不得远离工作岗位，违者以擅离岗位论，其进餐的时间可视作连续加班计算。

3.其他工作人员每日均以8小时计算，如需延续加班者，其计算方法应扣除每餐30分钟(夜点亦同)，即等于加班时间，不得借任何理由要求进餐时间为加班时间。

4.凡需日夜班工作者，应由各单位主管每周予以调换一次，务使劳逸均等为原则。

(五)不得报支加班费人员

1.公差外出已支领出差费者。

2.推销人员不论何时何日从事推销，均不得报支加班费。

3.门房、守夜、交通车司机、厨工因工作情形有别，其薪资给予已包括工作时间因素在内以及另有规定，故不得报支加班费。

(六)注意事项

1.加班的操作人员超过3人时，应派领班负责领导，超过15人时应派职员督导。

2.公休假日尽可能避免临时工加班，尤其不得指派临时工单独加班。

3.分派加班，每班连续以不超过12小时，全月不超过46小时为原则。

(七)加班请假

1.操作人员如有特别事故不能加班时，应事先向领班声明(没有具体事实不得故意推诿)，否则一经派定即须按时加班。

2.连续加班阶段，如因病因事不能继续工作时，应向领班或值日值夜人员以请假单请假。

3.公休假日加班，于到班前发生事故不能加班者，应以电话向值日人员请假，次日上班后再交具证明或叙明具体事实，填单补假(注明加班请假字样)，此项请假不予列入考勤。

(八)在加班时间中如因机械故障一时无法修复或其他重大原因不能继续工作时，值日值夜人员可分配其他工作或提前下班

(九)公休假日加班，中午休息时间与平日同

(十)凡加班人员于加班时不按规定工作，有偷懒、睡觉、擅离工作岗位或变相赌博者，经查获后，记过或记大过

(十一)本细则经经理级会议研讨通过并呈总经理核准后实施

六、员工签到卡

表3-5 员工签到卡

月 日 星期( )

顺序	姓名	签到	上班时间	备注	顺序	姓名	签到	上班时间	备注	备注
1					16					
2					17					
3					18					

（续表）

顺序	姓名	签到	上班时间	备注	顺序	姓名	签到	上班时间	备注	备注
4					19					
5					20					
6					21					
7					22					
8					23					
9					24					
10					25					
11					26					
12					27					
13					28					
14					29					
15					30					
行政部统计	请假人员		出差人员			迟到				
	旷工人员		应出勤人数			实出勤人数				
	出差人数		请假人数			出勤率				

七、员工考勤记录表

表3-6　员工考勤记录表

项目	出勤	休假	假别						迟到	早退	旷职	公差
			事假	病假	公假	婚假	丧假					
一	日数	日数	日数	日数	日数	日数	日数	日数	日数	日数	日数	
二												
三												
四												
五												
六												
七												
八												
九												
十												
合计												

表3-7　月度考勤统计表

序号	姓名	出勤天数	假类	天数	迟到早退	出差天数	备注

填写要点：

1.出勤天数依据员工考勤表统计；

2.假类指病假、事假、公假、婚丧假、休假等；

3.迟到早退以次数计；

4.备注主要填写未尽事项。

本表以单页形式使用，由行政助理统计填写。

九、员工加班申请表

表3-8　员工加班申请表

填表时间：　　　年　月　日

部门			姓名	
加班事由				
申请加班时间	从　年　月　日　时起 至　年　月　日　时止		实际加班时间	从　年　月　日　时起 至　年　月　日　时止
部门经理				
财务经理			常务副总经理	

十、员工请假申请表

表3-9 员工请假申请表

部门		职务		姓名	
请假类别 □休假(或假) □公假 □病假 □其他(请说明) □事假					
请假时间 自 年 月 日 时至 年 月 日 时总共请假 天 小时					
主管部门意见					
□准主管签字 □不准(请述明理由)					

职位 日期

十一、加班记录表

表3-10 加班记录表

部门:

日期	事由	加班人	从何时到何时	加班小时	核准人

部门签字: 年 月 日

　　1.使用流程:部门加班人填写加班记录表,加班后由核准人确认,每月统计后部门主管签字人事部门留存。

　　2.使用范围:公司普通员工加班登记。

　　3.使用要点:(1)公司中高级职员超时工作不算作加班;(2)核准人为有权签署加班意见的人;(3)严格控制加班。

　　4.本表在各部门使用,每月统计后送人事部。

第四章

差旅制度

一、差旅制度相关知识准备

(一)出差程序

员工出差依下列程序办理：

1.出差前应填写"出差申请单"。出差期限由派遣负责人视情况需要事前予以核定，并依据程序核实；

2.出差人凭核准的"出差申请单"向会计部暂支相当数额的差旅费，返回后1周内填具"差旅费报告单"，并结清暂支款，未于1周内报销者，财务应于当月工资中先予扣回，等报销时再行核付。

(二)出差审核决定权

出差的审核决定权限如下：

1.国内出差：6日内由部门经理核准，6日以上由主管副总经理核准，部门经理以上人员一律由总经理核准；

2.国外出差一律由总经理核准。

(三)差旅费

差旅费分为交通费、住宿费、膳食费、通讯费、交际费等。

(四)国内出差

1.交通费标准。公司员工乘坐火车、轮船、飞机按照下列标准发给交通费：

(1)乘坐火车及长途汽车，原则上应出具铁路局、公路局或汽车公司的票根，如因故未能取得购票凭证者，由出差人填写凭单。

(2)乘坐轮船应出具轮船公司或旅行社的购票证明单或船票存根。

(3)因紧急公务必须搭乘飞机者应事先报告并凭飞机票根报销旅费。

(4)搭乘公司的交通工具者，不得再报支交通费。

(5)凡因公拍发邮电及特别公务临时雇用车辆等项支出，另列特别费用内按实凭证报支。

(6)因公宴客的费用应出具统一发票为凭。

(7)因公携带的行李运费，应出具正式的运费收据为凭。

2.差旅费支领及报销

(1)员工出差前，凭核准的派遣出差通知单预领差旅费，于出差完毕报支差旅费时扣回。

(2)员工出差销差后3日内应填具"出差旅费报支单"，送请各单位主管核实后递请秘书审核，总经理核准后，出纳人员方得凭以报支。

(3)市内及短程(1日内)出差人员，除按实报支车费外，另可报支误餐费。

· 下午1时以后销差者准报午餐。

· 晚8时以后销差者准加报晚餐。

· 不得再报支加班费。

· 奉令调遣的人员，可以比照以上有关规定报支交通费、膳食费(1天)及行李运费。

· 调遣人员若在公司用餐，则不得报支误餐费。

· 调遣人员若超过1天以上但不能视为出差的，可以由公司酌情予以补贴。

· 出差不得报支加班费，但假日出差酌情予以计薪。

(五)国外出差

1.差旅费标准。公司员工奉派出国，除薪金照领外，并准予报支出差旅费，其标准如下：

(1)凡出国往返于公司指定地点的交通费按实报支，自行观光的交通费自理。

(2)膳、宿、杂费按当时行情，并依国家有关出差规定在报支额度内支付。

(3)派遣在同城市持续驻留30日以上者自第31日起按上列标准八折支付。

2.差旅费支领及报销：

(1)受政府或其他机构聘请(派遣)出国考察或实习的公司员工已在受聘或派遣的机构支领出差旅费者，不得再向公司支领出差旅费。

(2)出差期间因公支出应取得正式收据并按时报销，其无法取得正式收据的零星付款可以以出差人签呈为准。

(3)如因公务原因必须支付的费用而超过日用费规定者可以呈请总经理核发特别津贴。

(六)例外处理

1.下级员工与上级员工一起出差时，下级员工可比照上级员工的标准支付。

2.公司董事、监察人及顾问的出差旅费比照经理级标准支付。

3.膳、宿费的支领标准，因物价的变动，可以由总经理随时通令调整。

4.出差途中除因病或遇意外灾害，或因工作实际需要电话联系，请示批准延时外，不得因私事或借故延长出差时间。否则，除不予报销差旅费外，并依情节轻重论处。

二、出差管理办法

□ 国内部分

第一条　本公司以及所属工厂及营业所的员工因公奉派国内出差办理公务者，依本办法规定发给出差旅费。

第二条　本公司员工乘坐火车、轮船、飞机按表4-1的标准发给交通费。

表4-1　出差交通费标准

职称	火车	轮船	飞机	备注
主管级	软卧	头等	头等	一、代理职称的职员比照高一职等人员的标准支给。 二、练习生、雇员、工友比照三等以下职员的标准支给。
一般职员以下	硬卧	一等	经济	

(一)乘坐火车及长途汽车，原则上应出具铁路局、公路局或汽车公司的购票证明单，如因故未能取得购票证明单者，由出差人出具凭单。

(二)乘坐轮船应出具轮船公司或旅行社的购票证明单或船票存根。

(三)因急要公务必须搭乘飞机者应事先报准并凭飞机票根报支旅费。

(四)搭乘公司的交通工具者，不得再报支交通费。

第三条　员工出差的膳食、住宿、杂费按下列标准核发：

(一)主管级：每日120元。

(二)一般级：每日100元。

第四条　出差期间因公支出的下列费用，准予按实报销，并依下列规定办理：

(一)乘坐计程车原则上应取得汽车公司开具的统一发票，无法取得者由出差人员出具凭单为凭。

(二)电报电话费应出具电信局的收据为凭。

(三)邮费应出具邮局的证明为凭。

(四)因公宴客的费用，应出具统一发票或贴足印花的正式收据为凭。

(五)因公携带的行李运费，应出具正式的运费收据为凭。

第五条　员工出差，应由派遣出差单位的主管填写通知单一式二份，递请核准后，一份送秘书处登记出差日期，一份由出差人凭以预借或报支旅费(按照规定格式逐项填写)。

第六条　员工出差销差后3日内应填具"出差旅费报支单"，送请各单位主管核实后递请秘书处审核，总经理核准后，出纳人员方得凭以报支。

第七条　员工出差前，得凭核准的派遣出差通知单预借旅费，于出差完毕报支旅费时扣回。

第八条　市内及短程(1日内)出差人员，除按实报支车资外，另可授下列标准报支误餐费：

(一)下午1时以后销差者准报午餐。

(二)下午8时以后销差者准加报晚餐。

(三)不得再报支加班费。

第九条　奉令调遣的人员，可以比照以上有关条文报支交通费、膳食费(1天)及行李运费。

第十条　调遣人员若在公司用膳，则不得报支误餐费。

第十一条　调遣人员若超过一天以上但不能视为出差的，可以由公司酌情予以补贴。

□国外部分

第十二条　本公司员工奉派出国人员，除薪金照领外，并准予报支出差旅费，其标准如下：

(一)凡出国往返于公司指定地点的交通费按实报支，自行观光的交通费自理。

(二)膳、宿、杂费按当时行情，并依国税局出差规定在报支额度内支给。

(三)派遣在同城市持续驻留30日以上者自第31日起按上列标准八折支给。

第十三条　受政府或其他机构聘请(派遣)出国考察或实习的本公司人员已在受聘或派遣的机构支领出差旅费者，不得再向本公司支领出差旅费。

第十四条　出差期间因公支出应取得正式收据并按实报销，其无法取得正式收据的零星付款可以以出差人签呈为准。

第十五条　如因公务上的原因必须支付的费用而超过日用费规定者可以呈请总经理核发特别津贴。

第十六条　国外出差旅费报销办法仍比照本办法第五条至第七条规定办理。

□附则

第十七条　下级员工与上级员工一起出差时，下级员工可比照上级员工标准支给。

第十八条　本公司董事、监察人及顾问的出差旅费比照经理级标准支给。

第十九条　膳、宿什费的支领标准，因物价的变动，可以由总经理随时通令调整。

第二十条　本办法经董事会核定后实行，修改时亦同。

三、出差管理规定

第一条　为加强出差费用的管理，特制定本规定。

第二条　员工出差依下列程序办理：

(一)出差前应填写"出差申请单"。出差期限由派遣负责人视情况需要，事前予以核定，并依照程序核实。

(二)出差人凭核准的"出差申请单"向财务部暂支相当数额的差旅费，返回后一周内填具"出差旅费报告单"，并结清暂支款，未于一周内报销者，财务应于当月工资中先予扣回，等报销时再行核付。

第三条　出差的审核决定权限如下：

(一)国内出差：6日内由部门经理核准，6日以上由主管副总经理核准，部门经理以上人员一律由总经理核准。

(二)国外出差：一律由总经理核准。

第四条　出差不得报支加班费，但假日出差酌情予以计薪。

第五条　出差途中除因病或遇意外灾害，或因工作实际需要电话联系，请示批准延时外，不得因私事或借故延长出差时间，否则除不予报销差旅费外，并依情节轻重论处。

第六条　出差旅费分为交通费、住宿费、膳食费、通讯费、交际费等，其标准另定。

第七条　出差费用的报销：

(一)交通费、住宿费按标准报销，超标自付，欠标不补。

(二)膳食费按标准领取。

(三)通讯费以邮局凭证报销。

(四)交际费由领导核定，凭据报销。

四、员工出国办法

(一)凡本公司员工因公经核准出国者，悉依本办法之规定办理之。

(二)因公奉派出国人员，于出国前需先立承诺书(如附件一)，言明按期归国并继续为公司服务，如在返国3年内自动辞职者，愿无条件赔偿出国期间之费用除以3年平均数额之差额，并放弃先诉抗辩权。

(三)出国人员返国后，应于2星期之内书面提呈出国经过及观感心得，必要时，由总经理安排时间，向公司内有关部门人员讲解心得及工作计划方针。

(四)国外出差旅费报支标准如表4-2。

(五)奉派出国人员，出国期间其薪金仍准照领，并可预支核定日数之差旅费。

(六)出国人员应按照规定期限归国，并于返国后10日内交具有关凭证向会计部报销，因故拖延不归或费用开支经审核不准报销者，概由出国人员自行负担。

(七)出国人员在国外之旅行，应以规定之路程为限，规定以外路程之差旅费如经总经理核准者，准予报销。

(八)出国接受技术训练或受国内外厂商机构补助人员，其差旅费如已由有关单位支给者，其支给部分不得再向公司申请，但厂商供给之费用较本办法所订之费用为低时，其差额得由公司补助之。

(九)本办法经经理级会议通过呈总经理核定公布实施，其修改或补充亦同。

附件一

承诺书
年　　月　　日
立承诺书人　　　　　　因公经××股份有限公司派遣出国，谨保证： (一)按期归国返回公司工作。 (二)返国后3年内绝不自动离职，如有违背愿依贵公司所订之办法负责赔偿，连带保证人愿负担一切连带赔偿责任，并放弃先诉抗辩权。 　　　　　　　　　　　　　　　　　　　　　　　　　　　　　　××股份有限公司 立承诺书人： 连带保证人： 地址：　　　　　　　身份证编号：

表4-2　国外出差差旅支给标准

职别	膳宿杂费			因公交际费	交通费
	欧、美、澳 非、中东	日韩 东南亚	中国香港 中国澳门		
董事长 董监事 总经理 副总经理	实支	实支	实支	附据实支	附据实支
顾问、厂长 副厂长 各部室 经理	每日美金 $24	每日美金 $20	每日美金 $16	以核准者为限并凭单据报销	机票以三等客舱为限并凭据报销
一般员工	每日美金 $20	每日美金 $16	每日美金 $14	以核准者为限并凭单据报销	机票以三等客舱为限并凭据报销

说明：(一)因公出国者，其手续由总务部代为办理。

(二)在同一地区内停留30日以上者，自第31日起，膳宿杂费以八折计算。

(三)低职人员随同高职出国者，其费用可酌实情比照高职人员报支。

(四)美金币值如有变动，可视各地区的汇率调整之。

五、员工出差实施细则

(一)本公司员工因公务上之需要，受命出差国内外(包括迁调)悉依照本章之规定办理。

(二)员工出差均依各单位主管之命令或指示，视实际之需要，限定日期呈请总经理核准后行之。

(三)出差员工应于出发前，依式填写所定表格，通知总务组登记，如情形特殊事前不及办理时，亦需尽速补填表格，送交登记。

(四)员工出差可按实报支出差旅费，其最高标准如附表，除特殊情况，经总经理核准者外，其余如有超额报支，一律剔除之。

(五)员工出差前，可按实际需要预借旅费，其预借款额，经由各主管初审，呈请总经理核准后暂付之，出差完毕，向总务组销差后应于3日内呈报核销，如3日后，仍未报支者，会计组应将该员之预借旅费在薪金项下先予扣回，俟报支时，再行核付。

(六)员工在本市及郊区或其他同日可往返之出差按实支给交通费及误餐费。

(七)员工出差在1日以上，其另有不满1日之旅费，无论出发或返回日一律按1/2给付，有乘夜车往返者，不另支宿费。

(八)交通费包括旅程中必须之舟车等费，按实际报支，其他零星用费均在膳杂费内开支，不得另行报支。

(九)凡因公拍发邮电及特别公务，临时雇用人夫、车马等项所支出的必要费用，另列特别费用内可按实凭证报支。

(十)员工出差除中途患病及天然不可抗力之原因，并有确实证明者外不得任意改变起程日期，或延长出差时间，但事后经总经理特准者，得追认之。

(十一)员工出差旅费，应据实提出收据，核发之，但如发现有虚报不实情事，除将所领追回外，并视情节之轻重，酌予惩处。

(十二)员工出差事前事后及旅途中所应填写的一切表格及应办手续另定。

六、年度出差计划表

表4-3　年度出差计划表

部门	时间	出差计划													费用合计
		时间	地点	费用	时间	地点	费用	时间	地点	费用	时间	地点	费用		
	1月														
	2月														
	3月														
	4月														
	5月														

（续表）

部门	时间	出差计划												费用合计
		时间	地点	费用	时间	地点	费用	时间	地点	费用	时间	地点	费用	
	6月													
	7月													
	8月													
	9月													
	10月													
	11月													
	12月													
	费用小计													
	1月													
	2月													
	3月													
	4月													
	5月													
	6月													
	7月													
	8月													
	9月													
	11月													
	12月													
	费用小计													

七、出差申请表

表4-4　出差申请单

出差人员姓名		职务	
同行人员姓名		职别	
出差地点			
出差路线			
出发时间		返回时间	
交通工具			

（续表）

出差人员姓名		职务	
出差事由			
介绍信编号		借款金额	
部门批示			
办公室批示			
人力资源部批示			
以下为回来后填写			
是否已交书面报告		材料是否归档	
实用差旅费		报账时间	
直接上级批示			

八、出差派遣单

表4-5 出差派遣单

出差地点			
出差人员			
出差路线			
出发时间		返回时间	
交通工具			
出差任务			
介绍信编号		借款金额	
办公室批示			
人力资源部批示			
部门批示			
以下为回来后填写			
是否已交书面报告		材料是否归档	
使用差旅费		报账时间	
直接上级批示			

九、出差登记表

表4-6　出差登记表

出差人：

部门：

前往：

事由：

计划出差时间：

返回时间：

联系地址与电话：

您出差时谁接替您的工作：

批准人：

备注：

十、出差资料交接清单

表4-7　出差资料交接清单

资料名称	内容摘要	页数

（续表）

资料名称	内容摘要	页数
交出人	接收人	日期

注：本单一式二份，交、接人各一份。

十一、差旅开支清单

表4-8　差旅开支清单

出差人姓名：　　　　　　部门：　　　　　　年　月　日

费用项目	金额/元	单据张数	无单据情况说明
合计			
承诺	以上费用均属实、并与派遣单(申请单)要求相符。签字：		

派遣部门审核人：　　　　部门经理：　　　　出差人：

十二、出差报告书（非营销人员适用）

表4-9　出差报告书(非营销人员适用)　　　年　　月　　日

长期出差报告
目的
地点
期间
目标
实绩
感想、意见
附件1：费用计算表共页 附件2：资料共页

十三、出差报告书（营销人员适用）

表4-10　出差报告书(营销人员适用)

年　月　日

时间	访问对象		报告事项	订货量及收据号	差旅费及相关证明
	客户名称				
	地址				
	电话				
	目的				
	接洽人				
	客户名称				
	地址				
	电话				
	目的				
	接洽人				
	客户名称				
	地址				
	电话				
	目的				
	接洽人				
	客户名称				
	地址				
	电话				
	目的				
	接洽人				
	客户名称				
	地址				
	电话				
	目的				
	接洽人				
核查					

出差人：直接主管：销售部经理：

第五章

财务制度设计

一、财务工作的基础规范

公司财务工作以建立健全公司内部财务管理制度、规范会计基础工作为内容，保证提供及时、准确、适用的财务信息资料，保护公司财产及资源安全有效，提高公司资产及资源的效益质量。

根据统分结合的原则，公司实行统一管理分级核算的原则，实行职能部门分口管理。做到各职能部门有职、有权、有责。

树立市场经营、增收节支、时间效率观念，以预算管理为基础，合理安排调度资金，控制、考核成本费用和利润的运行，分析差异，掌握公司经营运行情况。

完善内部控制制度，严格财务程序，明确财务责任。加强财务、会计信息资料的分析处理，协助公司领导及有关部门利用财务资料，提高管理水平。

公司设财务部作为公司财务管理的职能机构，全面负责公司会计核算、财务管理工作。

(一)公司财务部的主要职责

1.依法进行会计核算。

2.依法实行会计监督。

3.拟定公司办理会计事务的具体办法。

4.参与拟订经营计划，考核、分析预算和财务计划的执行情况。

5.为公司筹集资金、运用资金，并为利润分配提供方案。

6.办理其他财务事务。

(二)公司财务部职位设置及任职基本条件

1.职位设置：

· 财务部经理。

· 会计主管。

· 会计。

· 出纳员。

2.任职条件：

(1)财务部经理任职条件。

· 具有良好的职业道德，能坚持原则，做到廉洁奉公，并具备一定的组织能力。

· 具有大学本科以上学历，有会计师职称或注册会计师资格，有5年以上公司财务管理工作经验。

· 熟悉财务管理工作，精通公司会计核算，熟知国家的财经法律、法规、规章制度和方针政策。

- 掌握本行业业务管理的有关知识。
- 熟练操作计算机。
- 有良好的对外交际能力。

(2)主管会计岗位基本任职条件。

- 坚持原则，廉洁奉公，具备良好的职业道德。
- 具有本科以上会计专业学历或会计师以上职称，有3年以上会计工作经验。
- 熟悉国家的财经法律、法规、规章制度和方针、政策，掌握本行业业务管理的有关知识。
- 具备一定的组织能力、协调能力、综合分析能力。
- 熟练操作计算机。

(3)会计岗位基本任职条件。

- 具备大专以上学历，助理会计师以上职称，有2年以上会计工作经验。
- 具备必要的专业知识和专业技能。
- 熟悉国家有关法律、法规、规章和国家统一会计制度，遵守职业道德。
- 熟悉会计核算业务，熟练操作计算机。

(4)出纳员岗位基本任职条件。

- 具有良好的职业道德，遵纪守法，认真负责，无工作过失记录。
- 具有中专以上学历，会计员以上证书，1年以上会计出纳工作经验，熟悉出纳业务。
- 服从上级工作安排。

二、财务部门的主要岗位设置

(一)出纳岗位

按国家及有关部门有关法规及公司财务制度规定办理现金收付和银行结算业务，登记现金和银行存款日记账，保管库存现金和各种有价证券，保管有关印章、空白收据发票和空白银行单据(支票等)。

(二)资金管理岗位

负责编制公司资金计划，会同有关部门核定资金使用定额。根据公司资金需求，确定筹款计划并负责具体实施。做好公司资金的调度和筹措，考核资金的使用效果，确保公司资金的安全使用。编制公司资金报表，提供有关资金使用情况。熟悉各种融资渠道及方法，为公司融资提供可行方案。

(三)固定资产核算岗位

会同有关部门拟定固定资产管理与核算的实施办法，参与核定固定资产需用量，参与编制公司固定资产购置、更新改造和修理计划，负责固定资产及其折旧的明细核算。参与固定资产的清查盘点，分析固定资产的使用效果。

(四)存货核算岗位

会同有关部门拟定存货管理与核算的实施办法，负责存货的明细核算及有关往来结算，参与存货的清查盘点，分析存货的储备情况。

(五)工资核算岗位

负责工资、奖金、福利费、保险费等的审核及明细核算，正确提取福利、保险等各项经费，代扣、代缴个人所得税。

(六)成本、费用核算岗位

拟定成本核算办法，编制成本费用计划，完善成本管理基础工作，会同有关部门制定公司成本、费用开支范围与定额，核算产品成本，编制成本报表，进行成本分析。组织有关部门、车间、班组的成本核算。

(七)销售和利润核算岗位

编制公司利润计划。办理销售款项的结算业务，负责销售业务的财务管理，负责销售和利润的预测分析。

(八)应收应付款核算岗位

建立应收应付账款的清算手续制度，办理应收应付款项的结算业务，负责应收应付款项的明细核算。及时清理债权、债务。

(九)总账报表岗位

登记总账，编制有关财务报表，管理会计凭证和账表。综合分析财务状况及经营成果，编写有关财务情况分析说明书。进行财务预测，提供有关生产经营决策和日常管理所需财务资料。

(十)稽核岗位

审查各项财务收支，审查财务成本费用计划，复核会计凭证和账簿、报表。根据公司实际情况，上述岗位可以一人一岗，一人多岗或一岗多人。

三、财务部门组织管理工作事项细化执行

(一)财务与会计机构分设原则

1.区别对待。

各企业性质及内部管理模式等方面的差别，决定了每个企业财务管理机构也不尽

相同。财务与会计机构分设以利于互相监督和制约，及时发现和纠正差错，充分发挥财务管理作用。

2.区分职能。

财务与会计机构分设后，财务的主要职能是筹集资金、编制预算、参与投资决策、参与信用政策、分析与评价财务状况、分配利润及定期汇报工作；会计的主要职能是进行日常经济业务核算、控制预算和执行情况、利用账面核算资料保护资产、提供管理所需要的各种会计信息。

3.适度分离。

财务的基本功能是对财务活动进行决策。会计的基本功能是确认、计量和报告会计信息。

4.保持地位。

财务机构是进行分析决策的部门，而会计部门只能单纯地反映和控制。

5.制度到位。

企业日常财务管理水平和财务工作是通过落实各项财务制度实现的，严密的财务与会计制度不可忽视。

6.注重实效。

在具体设置财务管理机构时，应注重实效，尤其要注意培养、选拔能够胜任这一工作的人员；同时谨防机构臃肿、效率低下。

(二)财务管理模式

1.强有力的集权。

现金管理和预算管理采用强有力的集权模式。

(1)现金管理。资金是企业的血液，资金流转的起点和终点都是现金，其他资产都是资金在流转中的转化形式。因此，必须加强现金预测和筹资管理。

(2)预算管理。企业一般会根据发展规划提出总目标，据以编制企业的长期规划和年度计划，并将各项指标分解。在预算执行过程中，应根据实际情况随时调整偏差，保证预算的完成。

2.集权与分权的适当结合。

投资管理和利润分配管理应采用集权与分权适当的模式。

(1)投资管理。投资规模和投资方向在很大程度上会影响企业的发展方向。

(2)利润分配。对企业而言，所增利润要按一定比例留在企业，以便满足企业的长远发展需要，同时要建立健全对工资、奖金分配的检查和控制制度。

3.广泛彻底的分权。

母子企业财务的几种管理并不排斥子企业的独立核算，而母子企业各自平等独立的法人地位，为财务管理的分权化提供了依据，子企业在母企业审定的决策范围内，自主经营、自负盈亏，对自己的生产、销售、投资、分配等享有法定的经营权。子企业对所生产的产品进行从研究、开发、生产、销售到售后服务一条龙经营。在订立合同、业务购销、资产负债和留存收益的核算上，均体现各个子企业应有的独立核算地位；同时，制单、审查、记账和报表均由子企业按财务会计制度和有关规定办理。

(三)财务部门组织管理工作模板

财务管理机构的设置形式如图5-1所示。

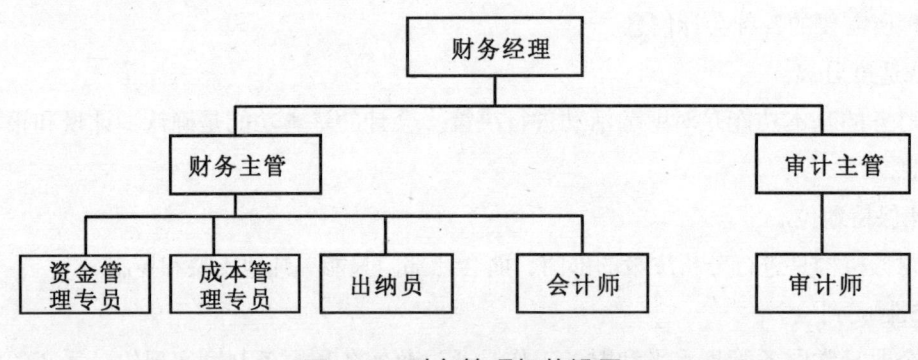

图5-1　财务管理机构设置

四、财务管理制度设计工作事项细化执行

(一)财务管理制度设计的原则

1.合理性原则。

合理性原则指财务制度本身的实施过程和实施结果，不仅要符合国家有关的法律、法规，而且要满足企业财务管理的需要。

2.目标一致性原则。

财务制度设计中，应将公司最高目标、所属各部门的次高目标和基层单位的具体目标结合起来，同时将企业团队目标和个人目标结合起来，并使之协调统一。

3.针对性原则。

针对性原则指财务制度的具体内容，除了应充分体现一般会计规律性的要求外，还必须适应本企业的实际情况和业务特点。

4.统一性原则。

统一性原则指会计制度设计要与《企业会计准则》和《统一会计准则》相统一，以保证会计信息既能满足国家宏观调控和宏观管理的需要，又能反映企业经营的实际情况。

5.稳定性原则。

稳定性原则指财务制度设计必须以科学理论为指导，并经过深入的调查研究、科学的分析论证，其内容符合实际以利于执行。同时财务制度要有稳定性和连续性，在一般情况下不宜随便变动。

(二)财务管理制度设计的内容

表5-1　财务管理制度设计的内容

财务管理制度设计的内容	内容描述
企业财务管理的目标和基础工作规定	企业财务管理的目标是分层次的。其总目标是良好的经济效益和社会效益，即企业价值的最大化；所属子企业是利润最大化；基层工厂是成本最低 财务管理基础工作主要内容有以下四项： 1.关于原始记录的规定。包括产量，质量，工时，设备利用情况，材料消耗，存货的收发、领退、转移，以及各项财产物资毁损等完整原始记录 2.计量、验收制度。企业各项财产物资的进出与消耗，要经过严格的计量、验收 3.定额管理规定。包括原材料、能源等物资消耗定额和工时定额等规定 4.有关财产清查的规定
企业财务管理权限的规定	主要内容是企业财务的分级管理。内部财务管理制度的制定权、修订权、解释权和财务检查监督权在企业总部；所属子企业、分企业财务主管人员的任命权在企业总部；有关财务事项的审批权限在企业总部等
企业筹资管理办法	主要包括资本管理、短期负债管理、长期负债管理等管理办法
企业资产管理办法	包括流动资产管理、无形及递延资产管理、其他资产管理等管理办法
企业对外投资管理办法	主要包括长期投资管理、短期投资管理等管理办法
企业成本管理办法	主要包括生产成本管理、各项期间费用等管理办法
企业销售收入、税金和利润管理办法	主要包括销售收入管理、其他业务收支管理、营业外收支管理、税金管理、税后利润分配管理等管理办法
企业外汇业务管理办法	主要包括外汇结算管理、外汇现汇管理等管理办法
企业资产管理办法	主要包括管理体制、管理目标、基础管理、资产经营、资产收益、资产处理等管理办法
企业产品价格管理办法	主要包括指令性产品价格管理、主要产品工艺协作价格管理、国际转移价格的管理、新产品价格管理等管理办法
企业集团控制及合并集团会计报告的规定	主要包括合并集团会计报告定义、投资者与被投资者的关系、母企业和子企业的定义、合并集团会计报告的目的、母企业对子企业控制的途径的规定(包括子企业必须提供的信息，即每月资产负债表、每月损益表、每月现金流量表、应收账款账龄分类、存活按期分类和子企业的每月财务分析等)、子企业的预算和现金控制

五、财务管理制度设计工作模板

□　总则

第一条　为加强企业财务工作管理，发挥财务在企业经营管理和提高经济效益中的作用，特制定本规定。

第二条　本规定适用于企业、部门和员工在办理财会事务中所遇到的所有情况。

□　财务管理工作

第三条　会计年度自1月1日起至12月31日止。

第四条　会计凭证、会计账簿、会计报表和其他会计资料必须真实、准确、完整，并符合跨机制度的规定。

第五条　财务工作人员在办理会计事项时必须填制或取得原始凭证，并根据审核的原始凭证编制记账凭证。会计、出纳员记账，都必须在记账凭证上签字。

第六条　财务工作人员应当会同总经理办公室专人定期进行财务清查，保证账簿记录与实物、款项相符。

第七条　财务工作人员应根据账簿记录编制会计报表上报总经理，并报送有关部门。会计报表每月由会计编制并上报一次。会计报表须经会计签名或盖章。

第八条　财务工作人员对本企业实行会计监督。

第九条　财务工作人员对不真实、不合法的原始凭证，不予受理；对记载不准确、不完整的原始凭证，予以退回，要求更正、补充。

第十条　财务工作人员发现账簿记录与实物、款项不符时，应及时书面报告财务经理，并请求查明原因，做出处理。

第十一条　财务工作应当建立内部稽核制度，并做好内部审计。

第十二条　出纳人员不得兼管稽核、会计档案保管，以及收入、费用、债权和债务账目的登记工作。

第十三条　财务审计每季度进行一次。审计人员根据审计事项进行审计，并做出审计报告，报送总经理。

第十四条　财务工作人员工作调动或者离职，必须与接管人员办清交接手续。

第十五条　财务工作人员办理交接手续，由总经理办公室主任监交。

□　支票管理

第十六条　支票由出纳员或总经理指定专人保管。领用支票时须有总经理批准签字的《支票领用单》。出纳员或指定专人应将支票按批准金额封头，加盖印章，填写日期、用途，并登记号码。支票领用人要在支票领用簿上签字备查。

第十七条　支票领用人在付款后凭支票存根、发票及本人签字、会计核对(购置物品由保管员签字)、总经理审批、金额填写无误的单据交出纳人员销账。出纳员统一编制凭证号，按规定登记银行账号，原支票领用人在《支票领用单》及登记簿上注销。

第十八条　企业财务人员支付(包括公私借用)每一笔款项，无论金额大小均须总经理签字。总经理外出时应由财务人员设法通知，同意后可先付款，后补签。

□　现金管理

第十九条　企业可以在下列范围内使用现金。

1.员工工资、津贴、奖金。

2.个人劳务报酬。

3.出差人员必须携带的差旅费。

4.结算起点以下的零星支出。

5.总经理批准的其他开支。

第二十条　除第十九条外，财务人员支付个人账款，超过使用现金限额的部分，应当以支票支付；确需全额支付现金的，经会计审核、总经理批准后支付现金。

第二十一条　企业采购固定资产、办公用品、劳保用品、福利用品及其他工作用品时必须采取转账结算方式，不得使用现金。

第二十二条　日常零星开支所需库存现金限额2 000元，超额部分应存入银行。

第二十三条　财务人员支付现金，可以从库存现金限额中支付或从银行存款中提取，不得从现金收入中直接支付(即坐支)。因特殊情况确需坐支的，应事先报总经理批准。

第二十四条　财务人员从银行提取现金，应当填写《现金领用单》，并写明用途和金额，由总经理批准后提取。

第二十五条　企业员工因工作需要借用现金的，须填写《借款单》，经会计审核，交总经理批准签字后方可借用，超过还款期限即转应收款，在当月工资中扣还。

第二十六条　符合本规定第十九条的，凭发票、差旅费单及企业认可的有效报销或领款凭证，经手人签字，会计审核，总经理批准后由出纳支付现金。

第二十七条　发票及报销单经总经理批准、会计审核、经手人签字，核对金额数量无误后，由财务人员填制《记账凭证》。

第二十八条　工资由财务人员依据总经理办公室及各部门每月提供的核发工资资料代理编制《员工工资表》，交总经理签字。财务人员应按时提款，按时发放工资，并填制记账凭证，进行账务处理。

第二十九条　差旅费及各种补助单(包括领款单)由部门经理签字，会计审核时间、天数无误并报送总经理签字，填制《记账凭证》，然后交出纳员付款，办理会计核算手续。

第三十条　出纳人员应当建立、健全现金账目，逐笔记载现金支付。账目应当日清月结，每日结算，使账款相符。

□　会计档案管理

第三十一条　凡是本企业的会计凭证、会计账簿、会计报表、会计文件和其他有保存价值的资料，均应归档。

第三十二条　会计凭证应按月、按序号每月装订成册，表明起止时间(年度、季度、月份及日期)、序号数、单据张数，由会计及有关人员签名盖章(包括制单、审核、记账、主管)，由总经理指定专人归档保存。归档前应加以装订。

第三十三条　会计报表应分月/季/年报，并按时归档，由总经理指定专人保管，并分类填制目录。

第三十四条　会计档案不得携带外出，凡查阅、复制、摘录会计档案，须经总经理批准。

□　处罚办法

第三十五条出现下列情况之一的，对财务人员予以警告处分，并扣发当事人当月月薪。

1.超出规定范围、限额使用现金的，或超出规定的库存现金金额留存现金的。

2.用不符合财务会计制度规定的凭证顶替银行存款或库存现金的。

3.未经批准，擅自挪用或借用他人资金(包括现金)或支付款项的。

4.利用账户替其他单位和个人套取现金的。

5.未经批准坐支，或未按批准的坐支范围和限额坐支现金的。

6.保留账外款项，或将企业款项以财务人员个人储蓄方式存入银行的。

第三十六条出现下列情况之一的，应解聘财务人员。

1.违反财务制度，造成财务工作严重混乱的。

2.拒绝提供或提供虚假的会计凭证、账表、文件资料的。

3.伪造、编造、谎报、毁灭或隐匿会计凭证、会计账簿的。

4.利用职务便利，非法占用、虚报冒领或骗取企业现金的。

5.弄虚作假、营私舞弊、非法谋私、泄露秘密及贪污挪用企业款项的。

6.在工作范围内发生严重失误，或者由于玩忽职守致使企业利益遭受损失的。

7.有其他渎职行为和严重错误，应当予以辞退的。

□ 附则

第三十七条 本制度自发布之日起生效。

六、财务管理调查表

表5-2 财务管理调查表(一)

区分	调查项目	主要检讨事项	记事
会计组织	1.规格	会计组织与经营规模是否配合	
	2.结算体系	分类账及辅助账对总结算的关系	
	3.账簿	辅助账簿与总控制账的关系	
	4.传票	会计单位与其他单位的联络状态	
处理手续	1.速度	结算的迅速程度迟延的原因	
	2.传票的流动	开发、检证、出纳等记账程序及手续如何 传票的流通及内部牵制是否确立	
	3.账簿的样式	会计部门的账簿传票与其他部门的类似及重复情形 传票样式的改善与简化 传票类的样式的标准化	
	1.余额	应付账款与应收账款的差额	
		票据的利用方法是否适当	
	2.存活资产	评价存货的方法是否适当	
		账目上的存量与实际存量的差异如何处理	
		存货是否过多	
	3.固定资产	账簿记录情形	
		账面价格与实际价格的差额	
		资本支出与费用支出的区分是否适当	
	4.准备金	坏账、价格变动、退职金等准备是否提存	
	5.其他	火灾保险等的处理是否适当	

表5-3　财务管理调查表(二)

区分	调查项目	主要检讨事项	记事
会计资料的利用	1.预算	资金表的编制 综合预算的编制 实际绩效及计划的考虑 预算与绩效的比较检讨	
	2.成本计算	成本计算的方式是否适当 标准成本的计算 各部门收支的计算	
会计资料的利用	3.利润计划	固定费用与变动费用的区分是否适当 能量利用率的计算是否适当 各项费用的预测 适应经营条件的变化、损益平衡点的计算及经营目标的制定 能量利用率提高与成本降低的关系	
	4.加工费用	现行加工成本是否过高 现行加工成本与人工成本的比较 加工成本变化的原因	
	5.经营统计	经营统计的重要性的检讨 不同期间的比较 经营统计的有效应用	
税务	1.凭证	外部凭证与内部凭证的整理	
	2.公告	企业决算的公告与调整是否适当	
	3.缴税	缴税计划书与资金计划书的配合 缴税准备金	

七、财务状况变动表

表5-4　财务状况变动表

编制单位:×××企业　　　　年　月　日　　　　单位:　　　(月表)

流动资金来源和运用	行次	金额	流动资金各项目的变动	行次	金额
一、流动资金来源:			一、流动资产本年增加数:		
1.本年净利润	1		1.货币资金	41	
加:不减少流动资金的费用和损失:			2.短期投资	42	
(1)固定资产折旧	2		3.应收票据	43	
(2)无形资产、递延资产及其他资产摊销			4.应收账款净额	44	
(减其他负债转销)	3		5.预付账款	45	

（续表）

流动资金来源和运用	行次	金额	流动资金各项目的变动	行次	金额
(3)固定资产亏(减盘盈)	4		6.应收补贴款	46	
(4)清理固定资产损失(减收益)	5		7.其他应收款	47	
(5)递延税款	6		8.存货	48	
(6)其他不减少流动资金的费用和损失	7		9.待摊费用	49	
			10.一年内到期的长期债券投资	50	
小计	12		11.待处理流动资产净损失	51	
2.其他来源			12.其他流动资产	52	
(1)固定资产清理收入(减清理费用)	13				
(2)增加长期负债	14				
(3)收回长期投资	15		流动资产增加净额	55	
(4)对外投资转出固定资产	16		二、流动负债本年增加数：	56	
(5)对外投资转出无形资产	17				
(6)无偿调出固定资产净损失	18		1.短期借款	57	
(7)资本净增加额	19		2.应付票据	58	
			3.应付账款	59	
小计	22		4.预收账款	60	
流动资金来源合计	23		5.其他应付款	61	
二、流动资金运用：			6.应付工资	62	
1.利润分配			7.应付福利费	63	
(1)提取盈余公积	24		8.未交税金	64	
(用盈余公积补亏"−"表示)			9.未付利润	65	
(2)应付利润	25		10.其他未交款	66	
(3)单项留用的利润	26		11.预提费用	67	
			12.一年内到期的长期负债	68	
小计	32		13.其他流动负债	69	
2.其他运用					
(1)固定资产和在建工程净增加额	33				
(2)增加无形资产、递延资产及其他资产	34				
(3)偿还长期负债	35				
(4)增加长期投资	36				
小计	38				
流动资金运用合计	39		流动负债增加净额	77	
流动资金净增加额	40		流动资金增加净额	78	

八、财务费用表

表5-5　财务费用表

单位：元

	行次	本月数	本期累计数	上年同期数
一、利息支出净额	1			
1.利息支出	2			
(1)国内长期借款利息支出	3			
其中：本分（子）企业并表单位借款利息	4			
股份企业其他并表单位借款利息	5			
企业及所属单位借款利息	6			
其他关联单位借款利息	7			
银行借款利息	8			
其他借款利息	9			
(2)外资长期借款利息支出	10			
(3)应付债券利息	11			
其中：应付本分（子）企业并表单位债券利息	12			
应付股份企业其他关联单位债券利息	13			
应付集团企业及所属单位债券利息	14			
应付其他关联单位债券利息	15			
应付其他债券利息	16			
(4)短期借款利息支出	17			
其中：本分（子）企业并表单位借款利息	18			
股份企业其他所属单位借款利息	19			
集团企业及所属单位借款利息	20			
其他关联单位借款利息	21			
银行借款利息	22			
其他借款利息	23			
利息收入	24			
(1)本分（子）企业并表单位利息收入	25			
(2)股份企业其他并表单位利息收入	26			

（续表）

	行次	本月数	本期累计数	上年同期数
(3)集团财务企业利息收入	27			
(4)其他集团企业及所属单位利息收入	28			
(5)其他关联单位利息收入	29			
(6)其他外部单位利息收入	30			
二、汇兑净损失	31			
1.汇兑损失	32			
2.汇兑收益	33			
三、其他费用	34			
1.银行手续费	35			
2.担保费	36			
3.承诺费	37			
4.现金折扣	38			
5.其他支出	39			
财务费用合计	40			
备注：资本化利息小计	41			
其中：本分（子）企业并表单位借款利息	42			
股份企业其他并表单位借款利息	43			
集团企业及所属单位借款利息	44			
其他关联单位借款利息	45			
银行借款利息	46			
其他借款利息	47			

九、月份财务分析表

表5-6　月份财务分析表

资产项目	上月价值	本月价值	净增加	负债净值	上月金额	本月金额	净增加
现金				应付账款			
银行存款				应付票据			
应收账款				暂收款			
应收票据				其他			
制品库存				小计			

（续表）

资产项目	上月价值	本月价值	净增加	负债净值	上月金额	本月金额	净增加	
在制品价值				借款				
原料库存				股本				
物料库存				本期盈余				
				累积盈余				
其他				合计				
小计				存货类别	原料	物料	在制品	制成品
固定资产				上期结存				
折旧				本期进库				
存出保证金				折让				
暂存款				本期结存				
其他				本期出库				
小计				生产耗用				
合计				其他耗用				

十、财务管理制度设计流程

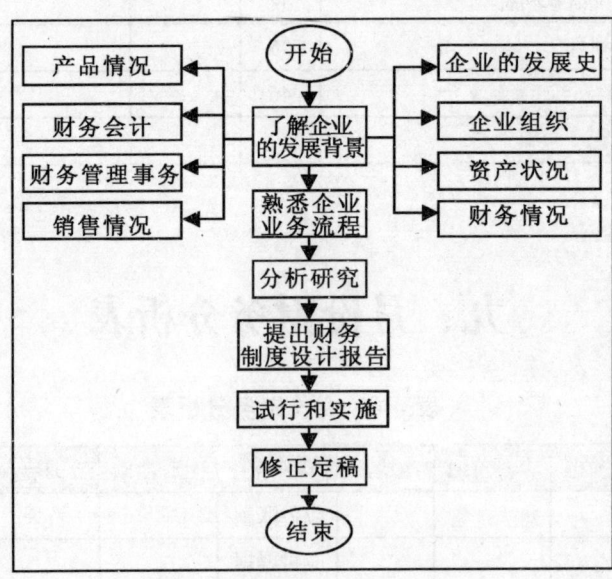

图5-2　财务管理工作流程

十一、筹资管理

(一)筹资管理的内容

筹集资金的渠道是指企业取得资金的来源。筹集资金的方式是指企业取得资金的具体形式。资金从哪里来和如何取得资金既有联系，又有区别。同一渠道的资金可以用不同的方式取得，而统一筹资方式又可适用于不同的筹资渠道。所以，企业管理者必须对各种筹资渠道和筹资方式的特点加以研究，以便确定最理想的资金来源结构。

(二)筹资的渠道

1.政府资金。

政府对企业的投资是国有企业的主要资金来源。

2.借贷资金。

企业借贷资金主要是指企业向各商业银行、非银行金融机构，如信托投资企业、租赁企业、保险企业及民建金融组织借入的资金。

3.企业之间的资金拆借。

4.利用员工资金和民间资金。

5.企业自留资金。

6.国际资本市场。

(三)筹资方式

1.发行股票。

即企业通过发行股票进行筹资，这是企业筹集长期资金的重要方式。

2.发行债券。

即企业通过发行债券进行筹资，这是企业筹集资金的又一重要方式。

3.银行借款。

即企业向银行申请贷款，通过信贷进行筹资。

4.租赁。

租赁是指出租人以收取资金为条件，在契约或合同规定的期限内，将资产出让给承租人使用。有经营性租赁和筹资性租赁两种。

5.联营。

与筹资直接有关的联营，主要是原有企业吸收其他投入资金和若干企业联合出资建立的合资经营企业。

6.商业信用。

商业信用是指商品交易中以延期付款或预收货款进行购销活动而形成的借贷关

系，是企业之间的直接信用关系。

7.企业内部积累。

即企业内部资金的筹资方式，主要是利用企业留存收益即盈余公积金、公益金、未分配的利润等。

十二、筹资管理工作制度

□　总则

第一条　为规范公司经营运作中的筹资行为，降低资本成本，减少筹资风险，以提高资金运作效益，依据相关规范，结合公司具体情况，特制定本制度。

第二条　本制度适用于公司总部、各子公司及各分公司的筹资行为。

第三条　本制度所指的筹资，是指权益资本筹资和债务资本筹资。

权益资本筹资是指由公司所有者投入以及以发行股票方式筹资；债务资本筹资是指公司以负债方式借入并到期偿还的资金，包括短期借款、长期借款、应付债券、长期应付款等方式筹资。

第四条　筹资的原则：

(一)遵守国家法律、法规原则；

(二)统一筹措，分级使用原则；

(三)综合权衡，降低成本原则；

(四)适度负债，防范风险原则。

第五条　资金的筹措、管理、协调和监督工作由公司财务部统一负责。

□　权益资本筹资

第六条　权益资本筹资通过吸收直接投资和发行股票两种筹资方式取得。

(一)吸收直接投资是指公司以协议等形式吸收其他企业和个人投资的筹资方式。

(二)发行股票筹资是指公司以发行股票方式筹集资本的方式。

第七条　公司吸收直接投资程序：

(一)吸收直接投资须经公司股东大会或董事会批准。

(二)与投资者签订投资协议，约定投资金额、所占股份、投资日期以及投资收益与风险的分担等。

(三)财务部负责监督所筹集资金的到位情况和实物资产的评估工作，并请会计师事务所办理验资手续，公司据此向投资者签发出资报告。

(四)财务部在收到投资款后应及时建立股东名册。

(五)财务部负责办理工商变更登记和企业章程修改手续。

第八条　吸收投资不得吸收投资者已设有担保物权及租赁资产的出资。

第九条　筹集的资本金，在生产经营期间内，除投资者依法转让外，不得以任何方式抽走。

第十条　投资者实际缴付的出资额超出其资本金的差额(包括公司发行股票的溢价净收入)以及资本汇率折算差额等计入资本公积金。

第十一条　发行股票筹资程序：

(一)发行股票筹资必须经过股东大会批准并拟订发行新股申请报告。

(二)董事会向有关授权部门申请并经批准。

(三)公布公告招股说明书和财务会计报表及附属明细表，与证券经营机构签订承销协议。定向募集时向新股认购人发出认购公告或通知。

(四)招认股份，交纳股款。

(五)改组董事会、监事会，办理变更登记并向社会公告。

第十二条　公司财务部建立股东名册，其内容包括股东姓名、名称、住所及各股东所持股份、股票编号以及股东取得股票的日期等。

□　债务资本筹资

第十三条　债务资本的筹资工作由公司财务部统一负责。经财务部批准分支机构可以办理短期借款。

第十四条　公司短期借款筹资程序：

(一)根据财务预算和预测，公司财务部应先确定公司短期内所需资金，编制筹资计划表。

(二)按照筹资规模大小，分别由财务部经理、财务总监和总经理审批筹资计划。

(三)财务部负责签订借款合同并监督资金的到位和使用，借款合同内容包括借款人、借款金额、利息率、借款期限、利息及本金的偿还方式以及违约责任等。

(四)双方法人代表或授权人签字。

第十五　条公司短期借款审批权限：

短期借款采取限额审批制，投资限额标准如下(超过限额标准的由公司董事会批准)：

(一)财务部经理审批限额：10万元。

(二)财务总监审批限额：50万元。

(三)总经理审批限额：100万元。

第十六条　在短期借款到位当日，公司财务部应按照借款类别在短期筹资登记簿中登记。

第十七条　公司按照借款计划使用该项资金，不得随意改变资金用途，如有变动须经原审批机构批准。

第十八条　公司财务部及时计提和支付借款利息并实行岗位分离。

第十九条　公司财务部建立资金台账，以详细记录各项资金的筹集、运用和本息归还情况。财务部对于未领取利息单独列示。

第二十条　公司长期债务资本筹资包括长期借款、发行公司债券以及长期应付款等方式。

第二十一条　公司长期借款必须编制长期借款计划使用书，包括项目可行性研究报告、项目批复、公司批准文件、借款金额、用款时间与计划以及还款期限与计划等。

第二十二条　长期借款计划由公司财务部经理、财务总监和总经理依其职权范围进行审批。

第二十三条　公司财务部负责签订长期借款合同，其主要内容包括贷款种类、用途、贷款金额、利息率、贷款期限、利息及本金的偿还方式和资金来源、违约责任等。

第二十四条　条长期借款利息的处理：

(一)筹资期间发生的应计利息计入开办费。

(二)生产期间发生的应计利息计入财务费用。

(三)清算期间发生的应计利息计入清算权益。

(四)购建固定资产或无形资产有关的应计利息，在资产尚未交付使用或者虽已交付使用但尚未办理竣工决算之前，计入购建资产的价值。

第二十五条　公司发行债券筹资程序：

(一)发行债券筹资应先由股东大会做出决议。

(二)向国务院证券管理部门提出申请并提交公司登记证明、公司章程、公司债券募集办法以及资产评估报告和验资报告等。

(三)制定公司债券募集办法，其主要内容包括公司名称、债券总额和票面金额、债券利率、还本付息的期限和方式、债券发行的起止日期、公司净资产、已发行尚未到期的债券总额以及公司债券的承销机构等。

(四)同债券承销机构签订债券承销协议或包销合同。

第二十六条　公司发行的债券应载明公司名称、债券票面金额、利率以及偿还期限等事项，并由董事长签名、公司盖章。

第二十七条　公司债券发行价格可以采用溢价、平价、折价三种方式，公司财务部保证债券溢价和折价采用直线法合理分摊。

第二十八条　公司对发行的债券应置备公司债券存根簿予以登记。

(一)发行记名债券的，公司债券存根簿应记明债券持有人的姓名、名称及住所、债券持有人取得债券的日期及债券编号、债券总额、票面金额、利率、还本付息的期限和方式以及债券的发行日期。

(二)发行无记名债券的，应在公司债券存根簿上登记债券的总额、利率、偿还期限和方式以及发行日期和债券的编号等。

第二十九条　公司财务部在取得债券发行收入的当日，即应将款项存入银行。

第三十条　公司财务部指派专人负责保管债券持有人明细账，并组织定期核对。

第三十一条　公司按照债券契约的规定及时支付债券利息。

第三十二条　公司债券的偿还和购回在董事会的授权下由公司财务部办理。

第三十三条　公司未发行债券必须由专人负责管理。

第三十四条　其他长期负债筹资方式还包括补充贸易引进设备价款和融资租入固定资产应付的租赁费等形成的长期应付款。

第三十五条　由公司财务部统一办理长期应付款。

□　公司筹资风险管理

第三十六条　公司应定期召开财务工作会议，并由财务部对公司的筹资风险进行评价。

公司筹资风险的评价标准则如下：

(一)以公司固定资产投资和流动资金的需要决定筹资的时机、规模和组合。

(二)筹资时应充分考虑公司的偿还能力，全面衡量收益情况和偿还能力，做到量力而行。

(三)对筹集来的资金、资产、技术具有吸收和消化的能力。

(四)筹资的期限要适当。

(五)负债率和还债率要控制在一定范围内。

(六)筹资要考虑税款减免及社会条件的制约。

第三十七条　公司筹资效益的决定性因素是筹资成本，这对于选择评价公司筹资方式有重要意义。公司财务部采用加权平均资本成本最小的筹资组合评价公司资金成本，以确定合理的资本结构。

第三十八条　筹资风险的评价方法采用财务杠杆系数法。财务杠杆系数越大，公司筹资风险也越大。

第三十九条　公司财务部应依据公司经营状况、现金流量等因素合理安排借款的偿还期以及归还借款的资金来源。

□　附则

第四十条本制度由财务部编制，解释权、修改权归财务部。

第四十一条 本制度经公司董事会审核批准后，自公布之日起实施。

十三、投资管理

(一)投资概念

投资是一种经济行为，它是投资主体以获取利润为目的，投入资本并获取增值的行为。投资活动是企业进行生产和再生产的前提条件，因此加强对企业的投资管理是十分重要的。

(二)投资管理制度包括的内容

1.投资的类型。

2.投资的风险。

3.直接投资和间接投资中应注意的事宜。

十四、公司投资管理制度

□ 总则

第一条 为加强公司投资管理，规范公司投资行为，提高资金运作效率，保证资金运营的安全性和收益性，根据外部规范与公司具体情况，特制定本制度。

第二条 本制度适用于公司总部、各子公司及各分公司的投资行为。

第三条 本制度所指投资分对外投资和对内投资两部分。

(一)对外投资指将货币资金以及经济资产评估后的房屋、机器、设备、物资等实物以及专利权、商标权和土地使用权等无形资产作价出资，进行各种形式的投资活动。

(二)对内投资指利用自有资金或从银行贷款进行基本建设、技术更新改造以及购买和建造大型机器、设备等投资活动。

第四条 投资目的。

(一)充分有效地利用闲置资金或其他资产，进行适度的资本扩张，以获取较好的收益，确保资产保值增值。

(二)改善装备水平，增强市场竞争能力，扩大经营规模，培育新的经济增长点。

第五条 投资原则。

(一)遵守国家法律、法规，符合国家产业政策。

(二)符合公司的发展战略。

(三)规模适度，量力而行，不能影响自身主营业务的发展。

□　对外投资

第六条　对外投资按投资期限可分为短期投资和长期投资。

(一)短期投资包括购买股票、企业债券、金融债券或国库券以及特种国债等。

(二)长期投资包括：

1.出资与公司外部企业及其他经济组织成立合资或合作制法人实体。

2.与境外公司、企业和其他经济组织开办合资、合作项目。

3.以参股的形式参与其他法人实体的生产经营。

第七条　投资业务的职务分离。

(一)投资计划编制人员与审批人员分离。

(二)负责证券购入与出售的业务人员与会计记录人员分离。

(三)证券保管人员与会计记录人员分离。

(四)参与投资交易活动的人员与负责有价证券盘点工作的人员分离。

(五)负责利息或股利计算及会计记录的人员与支付利息或股利的人员分离，并尽可能由独立的金融机构代理支付。

第八条　公司短期投资程序。

(一)公司财务部应根据公司资金盈余情况编报资金状况表。

(二)证券资金部分分析人员根据证券市场上各种证券的情况和其他投资对象的盈利能力编报短期投资计划。

(三)公司的财务部经理、财务总监和董事会按短期投资规模大小和投资重要性，分别依照各自的职权审批该项投资计划。

第九条　公司财务部按照短期证券类别、数量、单价、应计利息以及购进日期等项目及时登记该项投资。

第十条　公司应建立严格的证券保管制度，至少由两名以上人员共同控制，不得一人单独接触有价证券，证券的存入和取出须详细记录在证券登记簿内，并由在场的经手人员签名。

第十一条　公司购入的短期有价证券须在购入当日记入公司名下。

第十二条　有价证券的盘点工作应由公司财务部和证券资金部负责组织实施。

(一)证券保管员和会计人员应在每月结束时进行月终盘点，并完成下列程序：

1.盘点前必须将截止到当月最后一天的证券登记入账并计算出结存额。

2.实地清点实物，核对卡片。

3.月终编制"有价证券盘点表"。

(二)财务部根据"有价证券盘点表",认为必要时,可以抽样核对,复核盘点表。

(三)年终时,根据公司盘点指令,组织人员,全面清点,编制"有价证券盘点表",并由公司财务部负责人(或聘请注册会计师)参加监盘。

第十三条　公司财务部应对每一种证券设立明细账加以反映,每月还应编制证券投资和盈亏报表,对于债券应编制折、溢价摊销表。

第十四条　公司财务部应将投资收到的利息、股利及时入账。

第十五条　应由财务部经理、财务总监以及董事会按其职权批准处置公司短期投资。

第十六条　公司对外长期投资按投资项目的性质分为新项目和已有项目增资。

(一)新项目投资是指投资项目经批准立项后,按批准的投资额进行的投资。

(二)已有项目增资是指原有的投资项目根据经营需要,在原批准投资额的基础上增加投资的活动。

第十七条　对外长期投资程序。

(一)财务部协同投资部门确定投资目的并对投资环境进行考察。

(二)对外投资部门在充分调查研究的基础上编制投资意向书。

(三)对外投资部门编制项目投资可行性研究报告并上报财务部和总经理办公室。

(四)财务部协同对外投资部门编制项目合作协议书。

(五)按国家有关规定和本办法规定的程序办理报批手续。

(六)对外投资部门制定有关章程和管理制度。

(七)对外投资部门项目实施运作及其经营管理。

第十八条　对外投资权限。

(一)所有对外长期投资项目,均由总公司批准或由总公司转报董事会批准,各子公司、分公司无对外投资权,但享有投资建议权。

(二)总公司应在受理对外长期投资项目立项申请后1个月内做出投资决策。

第十九条　经批准后的对外长期投资项目,一律不得随意增加投资,如确需增资,必须重报投资意向书和可行性研究报告。

第二十条　对外长期投资兴办合营企业对合营合作方的要求:

(一)要有较好的商业信誉和经济实力。

(二)能够提供合法的资信证明。

(三)根据需要提供完整的财务状况、经营成果等相关资料。

第二十一条　对外长期投资项目必须编制投资意向书。项目投资意向书的主要内容包括:

(一)投资目的。

(二)投资项目的名称。

(三)项目的投资规模和资金来源。

(四)投资项目的经营方式。

(五)投资项目的效益预测。

(六)投资的风险预测(包括汇率风险、市场风险、经营风险、政治风险)。

(七)投资所在地(国家或地区)的市场情况、经济政策。

(八)投资所在地的外汇管理规定及税收法律、法规。

(九)投资合作方的资信情况。

第二十二条 国(境)外投资项目还应提供如下资料:

(一)有关投资所在国(地区)的现行外汇投资的法令、法规,税收规章以及外汇管理规定。

(二)投资所在国(地区)的投资环境分析、合作伙伴的资信状况。

(三)投资外汇资金来源证明及投资回收计划。

(四)本国驻外使馆对项目的审查意见。

(五)本国外汇管理部门要求提供的其他资料。

第二十三条 投资意向书(立项报告)报总公司批准后,对外投资部门应委托专业设计研究机构负责编制可行性研究报告。项目可行性研究报告的主要内容包括:

(一)总论:

1.项目提出的背景,项目投资的必要性及其经济意义。

2.项目投资可行性研究的依据和范围。

(二)市场预测和项目投资规模:

1.国内外市场需求预测。

2.国内现有类似企业的生产经营情况的统计。

3.项目进入市场的生产经营条件及经销渠道。

4.项目进入市场的竞争能力及前景分析。

(三)投资估算及资金筹措:

1.项目的注册资金及其生产经营所需资金。

2.资金的来源渠道、筹集方式及贷款的偿还办法。

3.资金回收期的预测。

4.现金流量计划。

(四)项目的财务分析:

1.项目前期开办费以及建设期间各年的经营性支出。

2.项目运营后各年的收入、成本、利润和税金测算,可利用投资收益率、净现值以及资产收益率等财务指标进行分析。

(五)项目敏感性分析及风险分析。

第二十四条　财务部和对外投资部门应在项目可行性研究报告报总公司批准后，编制项目合作协议书(合同)。项目合作协议书(合同)的主要内容包括：

(一)合作各方的名称、地址及其法定代表人。

(二)合作项目的名称、地址、经济性质、注册资金及其法定代表人。

(三)合作项目的经营范围和经营方式。

(四)合作项目的内部管理形式、管理人员的分配比例、机构设置及实行的财务会计制度。

(五)合作各方的出资数额、出资比例、出资方式及出资期限。

(六)合作各方的利润分成办法和亏损责任分担比例。

(七)合作各方违约时应承担的违约责任以及违约金的计算方法。

(八)协议(合同)的生效条件。

(九)协议(合同)的变更、解除的条件和程序。

(十)出现争议时的解决方式以及选定的仲裁机构及所适用的法律。

(十一)协议(合同)的有效期限。

(十二)合作期满时财产清算办法及债权债务的分担。

(十三)协议各方认为需要制定的其他条款。

项目合作协议书(合同)由总公司法人代表签字生效，或由总公司法人代表授权委托代理人签字生效。

第二十五条　对外长期投资协议签订后，公司协同办理出资、工商和税务登记以及银行开户等工作。

第二十六条　确定对外投资价值及投资收益的原则。

(一)以现金、存款等货币资金方式向其他单位投资的，按照实际支付的金额计价。

(二)以实物、无形资产方式向其他单位投资的，按照评估确认或者合同、协议约定的价值计价。

(三)公司认购的股票，按照实际支付款项计价。实际支付的款项中含有已宣告发放但尚未支付股利的，按照实际支付的款项扣除应收股利后的差额计价。

(四)公司认购的债券，按照实际支付的价款计价。实际支付款项中含有应计利息的，按照扣除应计利息后的差额计价。

(五)溢价或者折价购入的长期债券，其实际支付的款项(扣除应计利息)与债券面值的差额，在债券到期以前，分期计入投资收益。

(六)公司以实物、无形资产向其他单位投资的，其资产重估确认价值与其账面净值的差额计入资本公积金。公司以货币资金、实物、无形资产和股票进行长期投资，对被投资单位没有实际控制权的，应当采用成本法核算，并且不因被投资单位净资产的增加或者减少而变动；拥有实际控制权的，应当采用权益法核算，按照在被投资单位增加或者减少的净资产中所拥有或者分担的数额，作为公司的投资收益或者投资损失，同时增加或者减少公司的长期投资，并且在公司从被投资单位实际分得股利或者利润时，相应增加或减少公司的长期投资。

(七)公司对外投资分得的利润或者股利和利息，计入投资收益，按照国家规定缴纳或者补缴所得税。

(八)公司收回的对外投资与长期投资账户的账面价值的差额，计入投资收益或者投资损失。

第二十七条　对外长期投资的转让与收回。

(一)出现或发生下列情况之一时，公司可以收回对外投资：

1.按照章程规定，该投资项目(企业)经营期满。

2.由于投资项目(企业)经营不善，无法偿还到期债务，依法实施破产。

3.由于发生不可抗力而使项目(企业)无法继续经营。

4.合同规定投资终止的其他情况出现或发生时。

(二)出现或发生下列情况之一时，可以转让对外长期投资。

1.投资项目已经明显有悖于公司经营方向的。

2.投资项目出现连续亏损且扭亏无望没有市场前景的。

3.由于自身经营资金不足急需补充资金时。

4.总公司认为有必要的其他情形。

投资转让应严格按照《公司法》和企业章程有关转让投资的规定办理。

(三)对外长期投资转让应由总公司财务部会同投资业务管理部门提出投资转让书面分析报告，报总公司批准。

(四)对外长期投资收回和转让时，相关责任人员必须尽职尽责，认真做好投资收回和转让中的资产评估等项工作，防止公司资产流失。

第二十八条　公司累计对外投资不得超过公司净资产的50%。

□　对内投资

第二十九条　公司对内投资程序。

(一)编制投资项目可行性研究报告。

(二)编制投资项目初步设计文件。

(三)编制基本建设及技术更新改造年度投资建议计划。

(四)按本制度规定的权限办理报批手续。

第三十条　公司对内投资权限。对内投资采取限额审批制，超过限额标准的由公司董事会批准。

第三十一条　可行性研究报告的编制。

(一)公司项目承办单位要在进行充分的调查研究和必要的勘察工作以及科学实验的基础上，对建设项目建设的必要性、技术的可行性和经济的合理性提出综合研究论证报告。

(二)承担可行性研究工作的单位必须是有资格的工程勘察设计单位或科研单位。

(三)建设项目可行性研究报告的编制办法和内容以及深度按国家有关规定执行。

(四)建设项目可行性研究报告由公司财务部按本办法规定的权限报批。未经批准不得擅自改变建设项目的性质和规模以及标准，如需改变必须报原审批机构审批。

第三十二条　初步设计文件的编制。

(一)公司项目承办单位根据批准的可行性研究报告委托有资格的勘察设计或科研单位进行工程初步设计。

(二)初步设计必须以批准可行性研究报告为依据，不得任意修改、变更建设内容，扩大建设规模或提高建设标准，初步设计概算总投资一般不应突破已批准的可行性研究报告投资控制数。概算总投资如超过已批准的可行性研究报告投资控制数的10%，必须重新报批可行性研究报告。

(三)经批准的初步设计文件，如确需进行设计修改和概算调整，必须由原初步设计文件编制单位提出具体修改及调整意见，经建设单位审查确认后报原批准单位批准。

第三十三条　年度计划和统计。

(一)各分支机构所有新建、续建基本建设及技术更新改造项目，必须编报基本建设及技术更新改造年度投资建议计划。

(二)年度投资建议计划于每年9月底前报总公司审批。总公司于每年1月底前下达当年基本建设及技术更新改造年度投资计划。

(三)凡列入公司基本建设及技术更新改造年度投资计划的投资项目，不需再行办理审批手续，当年新增加的基建及技改项目，必须按规定的投资限额办理报批手续，并增补列入当年投资计划。

(四)编制年度计划，除认真填报有关的计划表外，还要有必要的文字说明，数字要准确，文字要精练。

(五)各分支机构必须严格执行总公司下达的年度投资计划，无权自行调整，如确需调整，必须履行报批手续。

(六)各分支机构必须及时、准确地向总公司报送基本建设及技术更新改造统计报表。

第三十四条　竣工验收。

(一)基本建设和技术改造工程完工后，项目承办单位应及时办理竣工验收手续。一般由公司财务部协同项目承办部门组织竣工验收。

(二)工程竣工验收参照有关国家标准执行。

(三)对于工程竣工资料及验收文件，财务部和项目承办单位应及时归档。

□ 投资管理机构

第三十五条 公司有关归口管理部门或分支机构为项目承办单位，具体负责投资项目的信息收集、项目建议书及可行性研究报告的编制、项目申报立项和实施过程中的监督、协调以及项目竣工后的评价工作。

第三十六条 公司财务部负责投资效益评估、技术经济可行性分析、资金筹措、办理出资手续以及对外投资资产评估结果的确认等。

第三十七条 对专业性较强或较大型投资项目，其前期工作应组成专门项目可行性调研小组来完成。

第三十八条 公司法律顾问和审计部门负责对项目的事前效益审计、协议、合同及章程的法律主审。

第三十九条 公司分支机构的对外投资活动必须报总公司批准后方可进行，各分支机构不得自行办理对外投资。

□ 附则

第四十条 本制度由财务部编制，解释权、修改权归财务部。

第四十一条 本制度经公司董事会讨论决定后，自公布之日起实施。

十五、风险管理

(一)企业风险种类

1.市场风险。

市场变数极多，因市场突变，人为分割，竞争加剧，通货膨胀或紧缩，消费者购买力下降，原料采购供应等而事先未预测到的风险，导致市场份额急剧下降，或出现反倾销，反垄断指控。

2.产品风险。

因企业新产品，服务品种开发不对路，产品有质量和缺陷问题，产品陈旧，或更新换代不及时等导致的风险。

3.经营风险。

由于企业内部管理混乱，股东撤资，资产负债率高，资金流转困难，三角债困扰，资金回笼慢，资产沉淀，造成资不抵债或亏损的困境。

4.投资风险。

各类投资项目论证不力，收益低下亏损，股东间不合作或环境变化导致项目失败。

5.外汇风险。

因外汇汇率波动而使以外币计价的企业资产与负债价值上涨或下降。

6.人事风险。

企业对董事、监事、经理和管理人员任用不当，无充分授权，或精英人才流失，无合格员工，员工大面积(集体)辞职造成损失。

7.体制风险。

企业因选择企业制度，法人治理结构，组织体系，激励机制不当而运作困难或内耗增大，或公司期限届满而面临解散清算。

8.购并风险。

企业的股权发生变化或转移，而引起善意或恶意的收购和企业间的合并。

9.自然灾害风险。

因自然环境恶化，地震、洪水、火灾、台风、暴雨、沙暴、雪暴、天气异变、交通事故、危险品泄漏、环境污染、地质(地基)变动等造成损失。

10.公关危机。

企业因多种原因，如产品质量不合格、劳资纠纷、法律纠纷、重大事故案被公众媒体曝光，而使企业公信力和美誉度急剧下降。

11.政策风险。

因政府法律、法规、政策、管理体制、规划的变动；税率、利率变化或行业专项整治；加入世贸组织，双边或多边贸易摩擦等造成的影响。

12.外交风险。

我国与其他国之间政治、外交关系的恶化，导致正常经贸和技术合作的中断或终止。

(二)风险决策类型

1.保守型，不求大利，谨慎小心。

2.大多数人的风险决策类型：当风险不大时，愿意冒险;当风险增大时，趋向保守。

3.风险中立者。

4.冒险型，谋求大利。

(三)风险处置办法

设计系列组合措施，把企业风险总损失降低到最低程度。

1.回避风险。

对一些风险过大的方案应加以回避。如：

（1）拒绝与不守信用的厂商业务往来。

（2）新产品在试制阶段发现诸多问题而果断停止试制。

2.减少风险。

对风险无法回避的，可以设法减少风险。如：

（1）决策多方案优选和相机替代。

（2）及时与政府部门沟通获取政策信息。

（3）在发展新产品前，充分进行市场调研。

（4）实行设备预防检修制度以减少设备事故。

（5）在金融，证券投资上进行品种、期限、币种多元化组合。

3.接受风险。

（1）量力而行，企业在力所能及的范围内承担风险。

（2）企业用自我保险把风险接受下来，如每月积存一笔基金用于发生事故时抵偿损失。

4.转移风险。

主要措施有：

方案1：套期保值交易。

通过在期货市场套头买卖交易，规避企业重要原材料、外汇价格波动带来的损失。

方案2：转包。

企业把工程和产品零部件的生产制造转包给其他企业，把部分风险分散出去。

方案3：向保险公司投保。

(四)企业保险

1.保险种类。

(1)财产和责任保险：

企业财产险。

汽车保险：责任保险、撞车保险。

火灾保险。

运输保险：海上运输保险、内地运输保险(铁路、公路、航空、内河)

工人意外伤害保险。

第三者(公共)责任保险。

(2)健康保险：大病统筹、医疗保险、妇女生育保险、职业病健康保险。

(3)职工失业保险。

(4)人寿保险：员工基本养老保险、补充性养老保险。

(5)特殊保险：财产征用险。

2.保险策略。

(1)企业应当根据自身财力，权衡应投保的险种和缴纳的保费，侧重总体保费支出和受益金额。

(2)充分了解各个险种情况并精心选择。由于投保主体可能不同，大多数由企业投保，有的需企业、员工共同缴付。

(3)当企业效益较好时，可在财税政策允许范围内，为员工投家庭财产保险和补充性养老保险。

(4)有条件的企业可运用一些定量化的风险决策分析方法和工具，来精算优化保险方案。

十六、资产经营

资产经营是指运用企业全部的资产，从价值形态进行运作，其目标是提高资产质量，迅速膨胀资产总规模，控制更多社会资本，获取资产运作过程的增值效益。

(一)资产经营原则

1.资产经营要与产业经营结合起来。两者关系是：产业经营是资产经营的物质基础。脱离产业经营，产业经营失去依托，成为空中楼阁。资产经营在产业经营基础上进行更高层次的运作。没有资产经营，产业经营只能自我滚动，难以超常规发展。因此，两者相互制约，相互依存，相互促进。

2.目前资产经营要与公司制改造结合起来，有助于增资扩股，扩大资产规模，形成多元化产权关系。

3.与企业区域结构，企业组织结构，国内国际市场相结合。

4.要考虑存量资产盘活，并与增量资产共同运作，优化资产质量。

5.要合理避税，降低近期企业账面利润，转换为扩大资产规模能力。

(二)资产经营的基础条件

1.应有资产的处置权。对国有公司来说，一般要获得国有资产授权经营。

2.要有精于资产经营的高级专门人才。资产经营是综合性、创造性、高智力的商务活动，需要一支富有经验，又有深厚经济、法律、科技理论素养的人才团队。

3.要获得雄厚金融资本的倾力支持。

4.全社会的企业产权清晰。能够从资产持有者手中改变资产边界和转移资产归属。

5.各类相关市场体系完善。要有较发达、完备的资本市场、资金市场、产权交易市场和中介服务机构(如估价师、信息咨询、资产评估、会计审计、法律验证等)。

6.政府建立完善的游戏规则和法律、法规体系。营造统一、公开、公正的市场氛围。

以上是成熟市场经济必须具备的内外部条件。从目前国情看，上述条件远非具备，但不等于说不能搞资产经营。值得指出的是，在目前的体制改革进程中，一些有远见的精明的企业家利用非市场手段或与政府的特殊互惠关系，走出一条快速，低成本的资产经营之路，尤其在现时建立现代企业制度过程中，盘活国有资产存量，借以扩大企业规模，这个领域大有可为。

(三)资产经营方法

资产经营方案：

(1)国有资产的行政划拨。即政府部门将一些国有企业有偿或无偿划拨给企业(集团)，集团可以全权管理这些企业。在取得国有资产经营授权后，集团可成为这些企业的出资人(股东)。一般常见于将弱势企业划给强势企业。

(2)对外投资设立新公司。通过对外投资设立新的企业，当设立的公司是股份有限公司(上市公司)且公司控股时，企业获得一条较优质的对外融资渠道(如配股、发行股票、债券、转券)，企业通过合理手段统一调配上市公司所筹资金。企业对外投资应运用杠杆原理，以小公司资本控制大量社会资本，这时应运用递阶控制企业组织结构。

(3)兼并、收购。它可分为吸引式和控股式兼并。一般是优势企业把劣势企业兼并过来，也可以通过发行垃圾股票达到小鱼吃大鱼的收购。

兼并收购一种是在股票市场对上市公司的兼并收购，另一种是行业成建制的合资性控股收购(如中策现象)。

值得指出的是，从国内外购并案实证统计分析看，大量购并是以失败而告终的。从其中看到：具有规模经济，大批量生产，资本密集型与垂直联合的购并胜算可能较大；劳动密集，技术简单，无须特别售后服务的购并胜算可能较小。

(4)股权部分转让。企业将现有存量资产部门转让，以增资扩股方式吸纳社会、外国资本。

(5)企业分立，破产。对企业先分立，后破产，剔除不良资产后，分立出的良性资产获得新生。当然，新企业须承担部分原有企业债务，或者对一些破产企业收购重组。

(6)企业租赁。即租赁其他企业进行经营，或将下属企业租赁出去。

(7)企业拍卖。即将优质企业(成长期，有名牌)拍卖出去，转让他方，获取增值收益。将劣质或与主导产业无关的一般性企业拍卖，以期获得较好利益。

(8)企业托管。即受托企业与被托管企业的资产所有者进行谈判，受托管理被托管企业，并取得其经营权。托管一般需要受托企业支付抵押金，或以其财产抵押。目前，国企改革中，国企之间托管有可能减免抵押。企业托管常常是过渡办法，条件成熟时转入购并。

(9)企业承包经营。即公司方与其他方签订协议，承包经营一些企业。

(10)产权转债权，逐步投资入股。即先托管、承包、租赁一些企业，其产权变成为公司负债，公司逐步投资置换出资本予所有者，最终兼并这些企业。

(11)企业产权互换。即企业间股权互换，达到拥有对方企业的目的，或直接控制对方企业。

(12)借壳上市。即通过间接控制上市公司母公司或上市公司收购一些企业的办法，达到公司资本证券化的目的。

(13)产权买卖。即公司以产权交易为唯一目的，买进企业，再派遣人员，配置产品、资金、技术、设备、市场，进行结构重组，精心包装；在该企业呈成长，经营状况好转时再予卖出，获取专业重整企业买卖的效益。

(14)无形资产投资运作。即以公司品牌、商誉等作为对外投资的主要工具，共同设立企业或进行特许经营，合作。

(15)贷改投替换。即非银行金融机构对企业的贷款，拨改贷转作股权，对企业入股，建立银企关系和改善资产负债结构。

另外，社会其他企业对银行的负债，不能债权转股权。公司可以选择优质企业和兼并对象，通过向银行购买这部分债权替换出来，再由公司投股方式控股参股企业。

(四)资产经营评述

1.以上资产经营方式各有其特点：

(1)有的操作简单，有的程序复杂。

(2)有的成本低，有的成本高。

(3)有的收益高，有的收益低。

(4)有的政策、市场风险大，有的风险小。

(5)有的是行政性的，有的是过渡性的，有的适合在完全市场经济环境中运用。

2.企业家还能不断创新资产经营方式。

3.各个企业应根据具体情况，企业家经营理念和领导风格灵活地选用。当然，不可能一个企业涉及所有方式。

4.资产经营是最能发挥企业家才能的领域，许多企业各有心得和绝招，运用一些办法，企业在两三年内发展迅速，达到超常规发展。

5.目前，西方国家企业资产经营中兼并收购活动风起云涌，且往往是行业巨头间的强强联合。我国要借鉴西方企业资产经营经验和模式，尤其是中小企业要有被兼并收购的勇气。

第六章

奖惩办法

一、奖惩办法制定的原则

有效、公平的奖惩办法，可以使员工心情舒畅，为员工发挥积极性和创造性提供极有利的环境条件。许多企业、组织之所以无效率、无生气，归根结底是由于它们的员工奖罚制度出了毛病。作为一个管理者，建立自己正确的（即符合企业、组织根本利益的）、明确的（即不是模棱两可、摇摆不定的）价值标准，并通过奖惩手段的具体实施明白无误地表现出来，是管理中的大事。制定奖惩办法有以下几个原则。

（一）公平原则

公平原则即物质利益分配和精神奖励，必须符合贡献与报酬相对的原则，才能使员工心理平衡，有公平感，才能激发员工多做贡献。

（二）易于执行原则

在制定奖惩制度时，尽量避免弹性条款。比如对后果和程度进行描述，最好能够做出细化和量化的规定，以便于实际操作和执行。如因为某种违纪行为给公司带来500元以上经济损失的可以解聘等。这样的尺度和标准明确、直接，易于企业执行。

（三）物质与精神并重原则

奖惩的方式包括物质与精神两个方面，物质方面主要有工资升降、奖金分配、福利分配、职位升降、经济处罚等；精神方面主要有职业定位、评先进、通报表扬、非正式表扬与体现成就感、社会地位等。一个公司的奖惩方式不可能只有一种手段，物质和精神对于员工同等重要。

（四）与时俱进原则

奖惩的尺度应该在不同的时期，制定不同但是却有连贯性与企业特性的方案来执行。

二、奖惩办法的内容

（一）奖惩的种类和方式

1.奖惩的种类

奖励分为：嘉奖；授予荣誉称号；记大功；记小功等。

惩罚分为：警告；记过；记大过；开除等。

2.奖惩的方式

奖励的方式有：通报表扬；奖金；加薪；晋级等。

惩罚的方式有：通报批评；罚金；减薪；降级等。

不同的企业依据自己的自身情况来具体地制定。

（二）奖惩的规则和标准

1.奖惩的规则

什么情况下给予什么样的奖励或惩罚即员工的哪些行为可以记大功、哪些行为记小功、哪些行为要记过。规则要清楚明白，避免模棱两可的语言，使企业便于执行。

2.奖惩的标准

当员工立了功，是采用精神奖励还是物质奖励，还是两者并用。记大功的物质奖励是多少，记小过时的罚金是多少，都要有清晰明确的规则。

三、奖惩管理部门责任

奖惩管理由人力资源总监负总体责任，人力资源部负具体责任，同时其他部门积极配合。

（一）人力资源部奖惩管理的职责

1.奖惩核实职责。

2.兑现奖惩职责。

3.被惩罚员工思想工作开展职责。

4.鼓励宣传职责、奖惩登记与考核职责。

（二）其他部室奖惩管理的职责

1.部门员工遵循规章制度的情况统计职责。

2.奖惩呈报职责。

3.被惩罚员工思想工作开展的职责。

4.奖励宣传的职责。

四、奖惩的流程

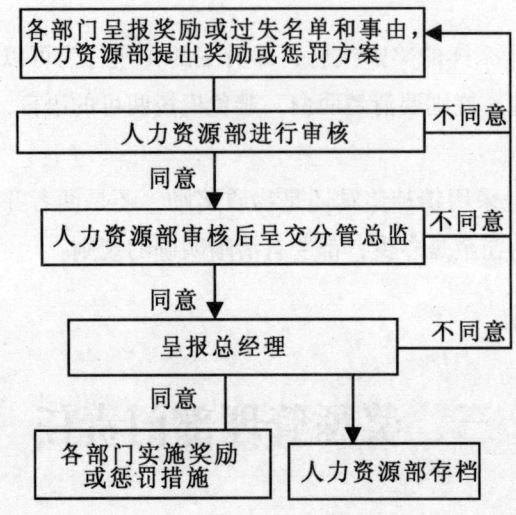

图6-1奖惩的流程

五、奖惩办法示例

某股份有限公司关于员工奖惩的规定

第一条　总则

（一）目的：为加强公司员工遵纪守法的主动性、自觉性、规范员工行为，提高员工素质，维护公司正常生产、经营、管理秩序，保障各项规章制度的贯彻执行，特制定本规定。

（二）适用范围：公司全体员工。

第二条　奖励

（一）奖励范围，有以下表现之一的员工应给予奖励：

1.任务方面取得显著成绩和经济效益的。

2.在技术、产品、专利方面取得重大成果或显著成绩的。

3.对公司提出合理化建议积极、有实效的。

4.保护公司财物，使公司利益免受重大损失的。

5.在公司、社会见义勇为，与各种违法违纪、不良现象斗争有显著成绩的。

6.对突发事件、事故妥善处理者。

7.一贯忠于职守、认真负责、廉洁奉公、事迹突出的。

8.全年出满勤的。

9.为公司带来良好社会声望的。

10.其他应给予奖励事项的。

（二）奖励项目及方式：

1.奖励项目：授荣誉称号；嘉奖；记小功；记大功。

2.奖励方式：奖金；加薪；晋级；其他（由公司另定）。

（三）奖励规则：

1.嘉奖对象：

（1）品行优良、技术超群、工作认真、恪尽职守为公司楷模者。

（2）领导有方、业务推展有相当成效者。

（3）参与、协助事故或事件求援工作者。

（4）遵规守纪，服从领导，公司之敬业楷模。

（5）主动积极为公司工作，提出合理化建议，减少成本开支，节约资源能源的员工。

（6）拾金不昧且价值较高者。

（7）预防机械发生故障或抢修工程使生产不致中断者。

（8）全年从未迟到、早退、请假而且工作勤奋者。

2.记小功对象：

（1）对公司有较大贡献者。

（2）对公司业务有较大发明、革新，成效优秀者。

（3）对危害公司的事件如舞弊、盗窃等，及时制止或检举，避免较大损失，其价值超过平均日给工资100倍者。

（4）利用废料有较大成果者。

（5）开拓公司业务，经营业绩优良者。

（6）本职岗位工作表现优异者。

（7）执行临时紧急、很重要的任务能依限完成者。

3.记大功对象：

（1）对公司有重大贡献者。

（2）对主办业务有重大发明、革新、成效卓越者。

（3）对于舞弊或有危害公司的事件能事先举报或阻止，避免重大损失者。

（4）在恶劣环境下，冒生命危险恪尽职守者。

（5）开拓公司业务，经营业绩（利润、营业额）骄人者。

（6）获得社会重大荣誉者。

（7）研究改善生产设备，有特殊功效者。

（8）对危害公司的事件如舞弊、盗窃等，及时制止或检举，避免较大损失，其价值超过平均日给工资200倍者。

4.授荣誉称号：对公司有突出贡献者，可授予荣誉称号。

（四）奖励标准：

表6-1　奖励标准表

	嘉奖	记小功	记大功	授予荣誉称号
奖金	·300元	·500元	·500元	·1 000元
加薪			·100元/月	
晋级			☆	
其他	☆	☆	☆	☆

注：①代表固定奖励标准，☆代表机动奖励项目；
　　②记大功者，其是否晋级除考虑其受奖的缘由外，还须综合考虑其能力、经验、知识、拟晋级职位的职务要求、编制情况等来决定；
　　③其他：指由公司视具体情况，决定是否再给予受奖励者其他奖励的奖励方式，如有薪假期、培训机会等等；
　　④获得奖励者，各主管在当年的考核方面可适当加分。

（五）奖励程序：

1.员工有符合奖励条件的，由所在部门及时提出申请，报人力资源部。

2.人力资源部审核，签注意见后报公司领导层讨论决定。

3.获奖员工由公司发给奖金与证书，并张榜公布。

4.奖励事宜记入员工档案。

第三条　惩处

（一）惩处种类及方式：

1.惩处项目：警告；记过；记大过；开除。

2.惩处方式：罚金；减薪；降级。

（二）惩处规则：

1.警告对象：

（1）工作时间未经许可擅自离岗外出者。

（2）月份内发生迟到早退次数累计7次者。

（3）不按规定请假、销假者。

（4）委托他人或受托他人出勤打卡或签到者。

（5）遇非常事故，故意回避逃离者。

（6）浪费公司财物，因过失致损坏公物价值超过其日平均工资30倍者。

（7）教育训练无故缺勤者。

（8）在公司内喧哗或发生口角，不服纠正者。

2.记过对象：

（1）因玩忽职守、督导不力或业务疏忽发生差错，而发生较大损失者。

（2）教唆他人，造谣生事者。

（3）工作不力，屡戒不改者。

（4）服务态度恶劣，与客户争吵，影响公司声誉者。

（5）连续3次不参加公司重要活动者。

（6）连续旷工2天或全月累计旷工3天，全年累计6天者。

（7）在工作场所酗酒滋事，影响秩序者。

（8）浪费公司财物，因过失致损坏公物价值超过其日平均工资50倍者。

3.记大过对象：

（1）主管包庇员工舞弊，或弄虚作假者。

（2）因玩忽职守、督导不力或业务疏忽导致重大损失者。

（3）泄露公司机密者。

（4）品行不正，有损风化行为或捏造诬陷同事者。

（5）故意造成重大损失者。

（6）损失或遗失公司重大物品、设备者。

（7）全月旷工累计达4天或全年累计7天者。

（8）在公司内打架，从事不良活动者。

4.开除对象：

（1）记大过2次者。

（2）因触犯法律被劳教、管制、罚金、判刑者。

（3）盗窃财物，挪用公款者。

（4）屡次触犯公司规章制度、严重侵犯公司权益者。

（5）有重大泄密行为，致使公司受重大损失者。

（6）煽动众人不服从规定或怠工者。

（7）在公司内殴人成伤，情节重大者。

（8）利用职权谋私、受贿，以公司名义招摇撞骗者。

（9）连续旷工达3天或全月累计旷工5天、全年旷工达8天者。

（10）对员工暴力威胁、恐吓、妨害团体秩序者。

（11）吸食鸦片或其他毒品者。

（12）伪造、变造或盗用公司印信者。

（13）参加非法组织者。

（14）擅离职守，致使公司蒙受损害者。

（15）其他严重违反《员工行为准则》的行为，给公司造成重大损失或不良影响者。

（三）惩处标准：

表6-2　惩处标准表

方式＼项目	警告	记过	记大过	辞退
罚金	·当月薪资的15%	·当月薪资的15%	·议定	
减薪		·100元/月	·职务降一档，薪资按降职后职务的相应级别发放（已是最低职档按最低级别薪资发放）	
降职				

（四）惩处程序：

1.员工违纪后，由所在部门依据具体违纪事项和本条例提出处理意见，报人力资源部。

2.人力资源部审核后，报公司领导层决议后生效。

3.惩处事宜记入员工档案，并予公告。

第四条　奖惩转换办法

（一）员工之奖励两年期间，以嘉奖3次等于记功1次，记功3次等于记大功1次，即第三次受相同奖励项目时，第三次奖励方式标准为高一级的奖励项目的奖励方式标准。

（二）员工之惩处两年期间，以警告2次等于记过1次，记过2次等于记大过1次，记大过2次应予开除。即第二次受相同惩处项目时，第二次惩处方式标准为高一级的惩处项目的惩处方式标准。

（三）员工奖惩转换，本规定所称嘉奖与警告、记功与记过、记大功与记大过在受奖惩日起一年内可以相互抵消。

（四）员工在受惩处之日起若在一定时间内表现良好的可撤销处罚，删除受惩档案记录，但原则上不恢复原来的薪资与职务，从撤销日起恢复享有加薪及晋升的权利；撤销警告处分的考察期至少为半年，记过处分至少为一年，记大过处分至少为一年半时间。

（五）惩处撤销程序类同惩处程序1、2、3项。

第五条　附则

（一）其他以本公司或员工有利的行为，具有事实证明者，亦可申报奖励。

（二）其他违反本公司各项规章制度，应予惩戒事项者，应分别予以惩处。

六、员工奖惩建议申请表

表6-3 员工奖惩建议申请表

建 议 类 别	奖励	记大功	记小功	嘉奖	授予荣誉称号	其他
	惩罚	记大过	记小过	警告	辞退	其他
被 建 议 人	部门: 职位: 姓名:					
事 实 说 明						
人事部 门意见						
批 示						
复 核 意 见						
主管部 门意见						

七、员工奖惩登记表

表6-4 员工奖惩登记表

员工编号	姓名	奖惩事项及文号		统计	

八、奖惩汇总月报表

表6-5　奖惩汇总月报表

年　　月

部门	姓名	工号	岗位	奖惩事项及序号	结果	
					惩罚	奖励

备注：责任过失和违纪过失的处理结果分为警告、记过、记大过、降职、免职、开除和经济处罚，奖励的具体情况由企业自定。

填表人/日期：　　　　　　　　　　　　　　　　　　　审核人/日期：

九、年度奖惩公告表

表6-6　年度奖惩公告表

年度

姓名	职务	部门	奖惩事由	奖惩办法	备注

（续表）

姓名	职务	部门	奖惩事由	奖惩办法	备注

第七章

人力资源管理制度典范大全

一、人力资源管理规章

□ 总则

第一条 为使本公司员工管理有所遵循，特定本规章。

第二条 范围：

（一）本公司员工管理，除遵照政府有关法令外，悉依本规章办理。

（二）本规章所称员工，系指本公司雇用男女从业人员而言。

□ 雇佣

第三条 本公司各单位如因业务需要，必须增加人员时，应先依新进人员任用事务处理流程规定提出申请，经总经理核准后，由人事单位办理考选事宜。

第四条 新进人员考试或测验及审查合格后，由人事单位办理试用申请表，原则上职员试用3个月，作业员试用40天，期满考核合格者，方得正式雇佣，但成绩优良者，可缩短其试用时间。

第五条 试用人员如有品行不良或服务成绩欠佳或无故旷工者，可随时停止试用，予以解雇，试用不满3日者，不给工资。

第六条 试用人员于报到时，应向人事科缴验下列证件：

（一）全户户口本及公立医院体格检查表。

（二）最后服务单位离职证明。

（三）保证书及最近3个月内半身免冠照片一张。

（四）试用同意保证。

（五）人事资料。

（六）扶养亲属申报表。

（七）其他必要证件（如其他必要的同意书或证件等）。

第七条 凡有下列情况者，不得雇佣：

（一）剥夺公民权尚未复权者。

（二）受有期徒刑宣告或通缉，尚未结案者。

（三）受破产宣告，尚未撤销者。

（四）吸食鸦片或其他代用品者。

（五）亏欠公款受处罚有案者。

（六）患有神经病或传染病者。

（七）品行恶劣，经公私营机关开除者。

（八）体格检查经本公司认定不适合者。

（九）未满15岁者。

第八条　员工一经正式雇用，临时性、短期性、季节性及特定性工作视情况应与本公司签订"定期工作协议契约书"，双方共同遵守。

（一）公司各级从业人员共分八职称。

（二）人员晋升办法另订。

□　保证

第九条　本公司员工应一律办理保证手续。

第十条　填写保证书应注意下列事项：

（一）保证书原则上要求殷实独资或合伙行号（铺保）。

（二）公司保无效。

（三）如个人保，限有不动产方有资格，并应详列不动产明细（含地号）。

（四）行号保证应盖方形印鉴始有效。

第十一条　下列人员不得担任保证人：

（一）服务本公司员工。

（二）本人配偶、直系血亲或同居共财亲属。

第十二条　被保证人有下列情形之一者，保证人应负赔偿及追缴责任，并愿放弃先诉抗辩权：

（一）营私舞弊或其他一切不法行为，致使本公司蒙受损失者。

（二）侵占、挪用公款、公物或损坏公物者。

（三）窃取机密技术资料或财物者。

（四）悬欠账款不清者。

第十三条　保证人如欲中途退保，应以书面通知本公司，待被保证人另觅得保证人，办妥新保证手续后，始得解除保证责任。

第十四条　保证人有下列情形之一者，被保证人应即通知本公司更换保证人，并应于下列事情发生后15天内，另行觅妥连带保证人：

（一）保证人死亡或犯案者。

（二）保证人被宣告破产者。

（三）铺保的工厂、商店宣告倒闭或解散者。

（四）保证人的信用、资产有重大变动，因而无力保证者。

（五）不欲继续保证者。

第十五条　被保人离职3个月后，如无手续不清或亏欠公款等事情，其保证书即发还其本人。

□　**服务**

第十六条　员工应遵守本公司一切规章、通告及公告。

第十七条　员工应遵守下列事项：

（一）尽忠职守，服从领导，不得有阳奉阴违或敷衍塞责的行为。

（二）不得经营与本公司类似及职务上有关的业务，或兼任其他公司的职务。

（三）全体员工务须时常锻炼自己的工作技能，以达到工作上精益求精，期能提高工作效率。

（四）不得泄露业务或职务上机密，或假借职权，贪污舞弊，接受招待或以公司名义在外招摇撞骗。

（五）员工于工作时间内，未经核准不得接见亲友或与来宾参观者谈话，如确因重要事情必须会客时，应经主管人员核准在指定地点，时间不得超过15分钟。

（六）不得携带违禁品、危险品或与生产无关物品进入工作场所。

（七）不得私自携带公物（包括生产资料及影本）出厂。

（八）未经主管或部门负责人的允许，严禁进入变电室、质量管理室、仓库及其他禁入重地；工作时间中不准任意离开岗位，如需离开应向主管人员请准后始得离开。

（九）员工每日应注意保持作业地点及更衣室、宿舍的环境清洁。

（十）员工在作业开始时间不得怠慢拖延，作业时间应全神贯注，严禁看杂志、电视、报纸以及抽烟，以便增进工作效率并预防危险。

（十一）应通力合作，同舟共济，不得吵闹、斗殴、搭讪攀谈或聊天闲谈，或搬弄是非，扰乱秩序。

（十二）全体员工必须了解，唯有努力生产，提高质量，才能获得改善及增加福利，以达到互助合作，劳资两利的目的。

（十三）各级主管及各级单位负责人务须注意本身涵养，领导所属员工，同舟共济，提高工作情绪，使部属精神愉快，在职业上有安全感。

（十四）在工作时间中，除主管及事务人员外，员工不得打接电话，如确为重要事项时，应经主管核准后方得使用。

（十五）按规定时间上、下班，不得无故迟到、早退。

第十八条　员工每日工作时间以8小时为原则，生产单位或业务单位每日作息另行公布实施，但因特殊情况或工作未完成者应自动延长工作时间，每日延长工作时间以不超过4小时；每月延长总时间不超过46小时。

第十九条　经理级（含）以下员工上、下班均应亲自打卡计时，不得托人或受托打卡，否则以双方旷工（职）一日论处。

第二十条　员工如有迟到、早退或旷工等事情，依下列规定处分：

（一）迟到、早退：

1.员工均须按时间上、下班，工作时间开始后3~15分钟以内到班者为迟到。

2.迟到每次扣100元，拨入福利金。

3.工作时间终了前15分钟内下班者为早退。

4.超过15分钟后，始打卡到工者应办理请假手续，但因公外出或请假皆须报备并经主管证明者除外。

5.无故提前15分钟以上下班者以旷工半日论，但因公外出或请假经主管证明者除外。

6.有下班而忘记打卡者，应于次日经单位主管证明才视为不早退论。

（二）旷工：

1.未经请假或假满未经续假而擅自不到职以旷工论处。

2.委托或代人打卡或伪造出勤记录者，一经查明属实，双方均以旷工论处。

3.员工旷工，不发薪资及津贴。

4.无故连续旷工3日或全月累计无故旷工6日或一年旷工达12日者，予以解雇，不发给资遣费。

□　待遇

第二十一条　本公司本着劳资兼顾互助互惠原则，给予员工合理的待遇（其待遇办法另定）。

第二十二条　员工待遇分为：

（一）本薪。视从业人员学识、经历、技能、体格及其工作性质而定（金额另定），从业人员年度薪资调整方法由人事单位拟订，呈总经理核定后调整。

（二）津贴支付项目（各项津贴支付标准另定），如表7-1所示。

表7-1津贴支付项目

	职员	作业员	备注
1	主管津贴	主管津贴	
2	生活津贴	生活津贴	
3	伙食津贴	伙食津贴	
4	交通津贴	交通津贴	
5	工作津贴	工作津贴	
6	加班餐（点心）费		
7			

（续表）

	职员	作业员	备注
8			
9			
10			

（三）奖金支付项目，如表7-2所示。

表7-2　奖金支付项目

	职员	作业员	备注
1	效率奖金	效率奖金	
2	目标奖金	目标奖金	
3	全勤奖金	全勤奖金	职员全勤奖金限生产（工厂）部门使用
4	年终奖金	终奖金年	

第二十三条　员工待遇，分日薪及月薪两种，月薪人员，翌月5日发放一次；日薪人员每月发放两次，当月20日及翌月5日发放本月上半月份及前月下半月份薪金；新进人员自报到日起薪；离职人员自离职之日停薪，并按日计算。

第二十四条　临时性、特定性或计件等工作人员待遇，另按"临时、计件人员薪酬管理办法"办理。

□　休假

第二十五条　员工除星期日休息外，享受法定休假日。

第二十六条　前条休假日薪资及津贴照给，如工作需要加班时，应征得员工同意，并加倍发给薪资，法定假日如逢星期假日其补假与否依政府规定办理。

第二十七条　员工连续工作满一定期限，每年给予特别休假，其日数规定如下：

（一）服务满1年以上未满3年者全年给7天特别休假。

（二）服务满3年以上未满5年者全年给10天特别休假。

（三）服务满5年以上未满10年者全年给14天特别休假。

（四）服务满10年以上者其特别休假每增一年加给一天，但最多以30天为限。

第二十八条　员工特别休假，应自届满规定时间后，由劳资双方以不妨害生产或业务的原则下，事先共同排定休假日期实施，并按请假程序办理。

第二十九条　特别休假因年度终结或契约终止而未休者，其应休未休的天数，雇主应给薪资。

第三十条　员工留职停薪不予特别休假。

□ 请假

第三十一条　员工请假分为八种类型如表7-3所示。

表7-3员工请假类型

假别	给假日期	请假原因	应缴证件	薪资	说明
事假	全年14日内	因事必须本人处理		不给工资	1.请假理由不充分或足以妨碍业务者，主管不得准假或缩短其假期或暂缓准假。 2.事假一次不得超过3日。 3.每次请假至少2小时计算。 4.逾规定日数须签呈经理核准否则视同旷工论。 5.事假应于24小时前办妥手续，否则依"考勤制度规章"办理。 6.住院者，伤病假不得超过1年
病假	全年30日	因病必须治疗及休养	主管证明一次连续2日以上或1个月内分次超过3日以上者须附缴医师诊断书	1.不超过30天之病假给1/2工资，如须有劳保给付者可抵充。2.病假须缴回劳保就医回条	
公假	所需日数	兵役体检、身份调查、教育召集、点阅召集、基地召集及军政机关等1个月以内的调训	缴验有关证件	照给	1.因其他特殊事情申请公假者，应由部科主管斟酌裁决。 2.相关证件可由人事部门代办理就近代点。 3.目的地距原服务处所100公里以上时，往复给半日路程假。 4.目的地距原服务处所200公里以上时，往复给1日路程假，交通不便地区，由部科主管视实际情况酌予延长
工伤假	2年	因执行职务受伤，但以劳保"因执行职务而致受伤"审查准则为依据	单位主管证明劳保指定医院的诊断证明	本薪照发（但应扣减）保险给付	1.超过30天以上须呈总经理核准。 2.所需日数应依医生证明核给，但逾18个月未能销假者得予留职停薪12月或命令退休
婚假	8日	本人结婚	主管证明	照给	需连续一次申请
丧假	8日	父母、养（继）父母、配偶	主管证明	照给	自事发日起至出殡日后第二日止以日为计算单位，可分次申请。其他亲属的丧礼如有必要参加，依工厂法的规定应请事假
	6日	配偶、（祖）父母、（外）祖父母、子女			
	3日	兄弟姊妹			

（续表）

假别	给假日期	请假原因	应缴证件	薪资	说明
产假	8星期	本人分娩	主管证明	年资6个月以上工资照给，未满6个月减半	妊娠3个月以上之流产或死产，给假4星期（但须缴付医师证明）
	1日	配偶分娩		照给	
特别休假	依服务年资给予，其规定以本规则第二十七条　至三十条　之规定办理				
备注	1.计算全年可请事病假日数均由每年元月1日起至12月31日止，中途离职者按月份比例计算。 2.上述各项请假期间，如含例假日应合并计算。				

第三十二条　员工请假，事假应于一日前觅妥职务代理人并填写请假卡，照下列规定办妥后方得离厂，否则以旷工论；但因突发事件或急病不及先行请假者，应利用电话迅速向单位主管报告并于当日由单位主管或其代理人依下列规定代办妥请假手续，否则亦视同旷工论：

（一）请假1天（含）以内时，报请班长转呈副厂长核准。

（二）请假2天（含）以上，报请主管转呈经（副）理或厂（副）长核准。

（三）请假批准后，请假单一律送人事单位留存办理。

第三十三条　请假未满半小时者，以半小时计算，累计满8小时为1日，给假日期的计算均自每年1月1日起至12月31日止，中途到职者，比例扣减。

□　奖惩

第三十四条　员工奖励分下列四种：

（一）嘉奖：每次加发3天奖金，并于年终奖金时一并发放。

（二）记功：每次加发10天奖金，并于年终奖金时一并发放。

（三）大功：每次加发1个月奖金，并于年终奖金时一并发放。

（四）奖金：一次给予若干元奖金。

第三十五条　有下列情形之一者，予以嘉奖：

（一）品行端正，工作努力，能适时完成重大或特殊交办任务者。

（二）拾物不昧（价值300元以上）者。

（三）热心服务，有具体事实者。

（四）有显著的善行佳话，足为公司工厂荣誉者。

（五）忍受极为困难，肮脏难受的工作足为楷模者。

第三十六条　有下列情形之一者，予以记功：

（一）对生产技术或管理制度建议改进，经采纳施行，卓有成效者。

（二）节约物料或对废料利用，卓有成效者。

（三）遇有灾难，勇于负责，处置得当者。

（四）检举违规或损害公司利益者。

（五）发现职守外故障，予以速报或妥为防止损害足为嘉许者。

第三十七条　有下列情形之一者，予以记大功：

（一）遇有意外事件或灾害，奋不顾身，不避危难，因而减少损害者。

（二）维护员工安全，冒险执行任务，确有功绩者。

（三）维护公司或工厂重大利益，避免重大损失者。

（四）有其他重大功绩者。

第三十八条　有下列情形之一者，予以奖金或晋级：

（一）研究发明，对公司确有贡献，并使成本降低，利润增加者。

（二）对公司有特殊贡献，足为全公司同事表率者。

（三）一年内记大功2次者。

（四）服务每满5年，考绩优良，未曾旷工或受记过以上处分者。

第三十九条　员工惩罚分为五种：

（一）警告：每次减发3天奖金，并于年终奖金时一并减发。

（二）记过：每次减发10天奖金，并于年终奖金时一并减发。

（三）大过：每次减发1个月奖金，并于年终奖金时一并减发。

（四）降级：降级使用，相应核减薪资。

（五）开除：予以解雇。

第四十条　有下列特殊情形之一者，予以警告：

（一）未经许可，擅自在厂内推销物品者。

（二）上班时间，躺卧休息，擅离岗位，怠忽工作者。

（三）因个人过失致发生工作错误，情节轻微者。

（四）妨害生产工作或团体秩序，情节轻微者。

（五）不服从主管人员合理指导，情节轻微者。

（六）不按规定穿着服装或佩挂规定标志或穿拖鞋上班者。

（七）不能适时完成重大或特殊交办任务者。

第四十一条　有下列情形之一者，予以记过：

（一）对上级指示或有期限命令，无故未能如期完成，致影响公司权益者。

（二）在工作场所喧哗、嬉戏、吵闹，妨碍他人工作而不听劝告者。

（三）对同仁恶意攻击或诬陷、伪证，制造事端者。

（四）工作中酗酒致影响自己或他人工作者。

（五）未经许可接替先行下班者。

（六）因疏忽致机器设备或物品材料遭受损失或伤及他人者。

（七）未经许可携带外人入厂参观者。

第四十二条　有下列情形之一者，予以记大过：

（一）擅离职守，致公司蒙受重大损失者。

（二）在工作场所或工作中酗酒滋事，影响生产、业务、事务等团体秩序者。

（三）损毁涂改重要文件或公物者。

（四）急忽工作或擅自变更工作方法，使公司蒙受重大损失者。

（五）不服从主管人员合理指导，屡劝不听者。

（六）轮班制员工拒不接受轮班者。

（七）工作时间内，做其他事情，如睡觉、玩弄乐器、下棋、阅读、炊煮等（干部连带处分）。

（八）1个月内旷工达5日者。

（九）机器、车辆、仪器及具有技术性工具，非经常使用人及单位主管同意擅自操作者（如因而损害并负赔偿责任）。

（十）其他重大违规行为者（如违反安全规定措施，情节重大者……）。

第四十三条　有下列情形之一者，予以开除（不发资遣费）：

（一）对同事暴力威胁、恐吓、妨害团体秩序者。

（二）殴打同事，或相互殴打者。

（三）在公司厂区、宿舍内赌博者。

（四）偷窃或侵占同事或公司财物经查证属实者。

（五）无故损毁公司财物，损失重大或第二次损毁涂改重大文件或公物者。

（六）未经许可，兼任其他职务或兼营与本公司同类业务者。

（七）在公司服务期间，受刑事处分者。

（八）一年中记大过满2次功过无法平衡抵消者。

（九）无故连续旷工3日或全月累计旷工6日或1年旷工达12日者。

（十）煽动怠工或罢工者。

（十一）吸食鸦片或其他毒品者。

（十二）散播不利于公司的谣言者或挑拨劳资双方感情者。

（十三）伪造或变造或盗用公司印信者。

（十四）携带刀枪或其他违禁品或危险品入厂（公司）者。

（十五）在工作场所制造私人物件或唤使他人制造私人物件者。

（十六）故意泄露公司技术、营业上的机密致公司蒙受重大损害者。

（十七）利用公司名誉在外招摇撞骗，致公司名誉受损害者。

（十八）明示禁烟区内吸烟者。

（十九）参加非法组织者。

（二十）擅离职守，致生变故使公司蒙受损害者。

（二十一）其他违反法令、法规或本规则规定情节重大者。

第四十四条　员工功过抵消规定：

（一）嘉奖与警告抵消。

（二）记功1次或嘉奖3次，抵消记过1次或警告3次。

（三）记大功1次或记功3次，抵消大过1次或记过3次，员工功过抵消以发生于同一年度内者为限。

□　考核

第四十五条　员工考核分为：

（一）试用考核：员工试用期间（职员3个月，作业员40天）由试用单位主管负责考核，期满考核合格者，填具"试用人员考核表"报经总经理核准及公布后，方得正式雇用。

（二）平时考核：

1.各级主管对于所属员工应就其操行、学识、经验、能力、工作效率、勤惰等，随时做严正的考核，凡有特殊功过者，应随时报请奖惩。

2.人事单位应将员工假勤奖惩随时记录，以为办理年度考核参考。

（三）年度考核：其办法另订。

第四十六条　考核成绩分为优、甲、乙、丙、丁五种。

第四十七条　员工年度考核定每年元月举行，由直属单位主管考核并由考核小组核定。

□　加班

第四十八条　本公司如因生产或业务需要，可于办公时间以外指定员工加班，被指定的员工，除因特殊事情经主管核准者外，不得拒绝，违者以不服从主管人员领导论处。

第四十九条　作业员加班，事先由单位主管代为申请，呈该厂（副）主管核准后方得加班，并须按规定打卡，否则不发给加班费。

第五十条　加班费计算，作业员依平日加班每小时工资加给1/3；节假日加班加给假日工资，但假日工作时间未满8小时，按比例加给工资。

第五十一条　作业员如在加班时间内擅离职守者，除不发给加班费外，就其加班时数予以旷工论处。

第五十二条　员工加班情况，由管理单位按月统计备查。

□　出差

第五十三条　员工出差分"长程出差"与"短程出差"两种，凡当天能往返者，称为"短程出差"；一天以上者，称为"长程出差"。

第五十四条　长程出差及短程出差（其办法另订）。

□　训练

第五十五条　本公司为陶冶员工品德，提高其素质及工作效率，应举办各种教育训练，被指定参加员工，非有特殊原因，不得拒绝参加。

第五十六条　员工训练分为：

（一）职前训练：新进人员应实施职前训练，由人事单位统筹办理，内容为：

1.公司简介及人事管理规则的讲解；

2.业务特性、机器性能、作业规定及工作要求说明；

3.指定资深及专业人员辅导作业。

（二）在职训练：员工应不断研究学习本职技能、相互砥砺；各级主管尤应相机施教，以求精进。

（三）专业训练：视生产或业务需要，遴选优秀干部至各职业训练机构相关班次，接受专业训练，或邀请专家学者来本公司做系列专题演讲，以增进其本职学术技能，利于任务的完成。

□　迁调

第五十七条　本公司基于业务上的需要，可随时调动任一员工职务或服务地点，被调员工应予配合。

第五十八条　各单位主管应就所属人员依其个性、学识、能力，调配适当工作，务使人尽其才，才尽其用。

第五十九条　员工接到调职通知书后，单位主管应于7日内，一般员工应于5日内办妥移交手续，前往新职单位报到。

第六十条　员工调职，如驻地远者，可比照出差规定支给差旅费，其随行直系眷属，可凭乘车证明支给交通费。

第六十一条　调任员工在接任者未到职前，其所遣职务由原直属主管指派适当人员暂行代理。

□　留职停薪

第六十二条　员工有下列情况之一者，应申请留职停薪：

（一）久病不愈，逾30天者；

（二）因特殊事故，呈请核准者。

第六十三条　留职停薪期间以1年为限，但经公司总经理特准者除外。

第六十四条　留职停薪期间年资不计，但服兵役者不在此限。

第六十五条　留职停薪期满后未办理复职者，视为离职。

第六十六条　员工于留职停薪期间擅就他职经查明属实者，予以免职。

□　福利

第六十七条　本公司为安定员工生活，增进员工福利，特设立员工福利委员会（规章另定），办理有关员工福利事宜。

第六十八条　员工婚丧、住院，致赠礼金、奠仪或慰问金，其给予标准另订。

第六十九条　本公司依《劳动法》第二十九条规定，发给员工年终奖金，员工在同一年度内所有功过经抵消后，增减其年终奖金。

□　保险

第七十条　员工一律参加劳工保险，于雇佣时由人事单位办理。

第七十一条　员工参加劳工保险后，除依法享受各项权利及应得的各种给付外，不得再向本公司要求额外赔偿或补助。

□　抚恤

第七十二条　员工因公而致残废或死亡时，依劳工保险条例向劳保局申请给付，始尚未参加劳保者，其津贴及辅助事宜须依劳工保险有关规定予以补偿。

□　退休

第七十三条　员工退休，依劳工基准法工人退休规则及有关规定办理（办法另订）。

□　资遣

第七十四条　员工有下列情况之一时，应予资遣：

（一）停业或转让时；

（二）亏损或业务紧缩时；

（三）暂停工作在1个月以上时；

（四）业务性质变更，有减少员工必要，又无适当工作可安置时；

（五）员工对于所担任工作确不能胜任时。

第七十五条　员工资遣先后顺序：

（一）历年平均考核较低者；

（二）曾受惩戒者较未受惩戒者；

（三）工作效率低者。

第七十六条　员工资遣，通知日期如下：

（一）在公司服务3个月以上未满1年者，于10日前通知；

（二）在公司服务1年以上未满3年者，于20日前通知；

（三）在公司服务3年以上者，于30日前通知。

第七十七条　员工接到前条通知后，为另谋工作可于工作时间请假外出，但每星期不得超过2日工作时间，请假期间工资及津贴照给，如未能依照前条规定通知而即时终止雇用者，依前条规定预告期间工资及津贴照给。如经预告，发给预告期间工资。

第七十八条　员工因受惩罚而开除或自行辞职者，不以资遣论。

第七十九条　员工资遣，依下列规定发给资遣费：

（一）在公司连续服务每满1年者，发给相当于1个月平均工资的资遣费；

（二）在本公司工作年资满3年以上者，每满1年加发相当丁10天本薪的资遣费，但剩余月数，或工作未满1年者，以比例给予，未满1个月者以1个月计。

□　安全与卫生

第八十条　本公司各单位应随时注意工作环境安全与卫生设施，以维护员工身体健康。

第八十一条　员工应遵守公司有关安全及卫生诸规定，以保护公司及个人安全。

二、人力资源管理制度

□　总则

第一条　为规范公司的人事管理，特制定本规定。

第二条　本公司员工的聘用、试用、报到、保证、职务、任免、调迁、解职、服务、交卸、给假、出差、值班、考核、奖惩、待遇、福利、退休、抚恤等事项除国家有关规定外，皆按本规定办理。

第三条　本公司自总经理以下工作人员，均称为本公司员工。

第四条　本公司各级员工，均应遵守本规则各项规定。

□　聘用

第五条　本公司所需员工，一律公开条件，向社会招聘。

第六条　本公司聘用各级员工以学识、品德、能力、经验、体格适合于职务或工作者为原则，但特殊需要时不在此限。

第七条　新进员工的聘用，根据业务需要，由主管人事部门统筹规划，呈报标准。

第八条　本公司各级员工必须具备以下资格，才能聘用：

（一）副总经理以上职位，必须具备大学本科以上学历，熟悉业务、具有5年以上实际工作经验，年龄在35岁以上；

（二）部门经理，必须具备大专以上学历，熟悉业务，具有2年以上工作经验，年龄在25岁以上；

（三）一般员工，高中以上学历，其条件符合职务要求。

第九条　本公司特勤人员（司机、保安、打字员），必须具备下列资格，经考试合格，才能聘用：

（一）司机有汽车驾驶执照，并具有2年以上工作经验；

（二）保安身高1.72m以上，有安全保安知识和工作经验；

（三）打字员擅长中英文打字，有工作经验。

□　试用及报到

第十条　新聘用人员应先试用，试用期为3个月，期满合格者方可录用为正式员工。

第十一条　员工在试用期内品行和能力欠佳不适合工作者，可随时停止使用。

第十二条　员工录用前应办理报到手续，并按规定时间上班。

（一）填写个人履历表；

（二）交登记照片5张；

（三）交身份证复印件1份；

（四）交学历证。

□　保证

第十三条　本公司员工均应觅妥保证人，保证其在本公司服务期间遵守本公司一切规章，新进员工于办妥保证手续后才能报到。前项保证手续及保证人责任均按保证书及保证规约执行。

第十四条　本公司员工保证人（以下简称保证人）以具有下列资格之一，经本公司认为适当者。

（一）团体保资本充实经合法登记有案的工厂或商号；

（二）个人保有正当职业，在社会上有相当信誉及地位的人士。但被保人的配偶或直系亲属或本公司董事、监察人、现职人员均不得作为保证人。

第十五条 本公司员工经管现款、材料、成品等人员，其保证人应为相当的团体保。

第十六条 被保人如有下列各款情形之一者，保证人应负一切赔偿责任，并负责代被保人办理离职手续。

（一）违反本公司一切规章或营私、舞弊、盗窃及其他不法行为致本公司蒙受损害者；

（二）贪污公款挪用公物者；

（三）弃职潜逃者。

第十七条 保证人的职业或住址如有变更时，应由保证人或被保人以书面通知本公司办理更正。

第十八条 本公司员工如因职务变更对原保证人认为不能承担保证责任时，被保人应随时另觅妥保证人。

第十九条 保证人如因故欲退保或因其他事故丧失其保证资格时，应立即以书面通知本公司，由被保人另觅新保证人办妥换保手续，发还原缴保证书后方得解除保证责任。

第二十条 本公司员工的保证人如发现不妥时可随时通知被保人限期换保，在换保期间如有必要可暂停其职务，待换保手续办妥后才准许复职。

第二十一条 本公司对员工的保证人如发现不妥时可随时通知被保人限期换保，在换保期间如有必要可暂停其职务，待换保手续办妥后才准许复职。

□ **职务任免**

第二十二条 各级主管职务的委派分为实授、代理两种。

第二十三条 职务的任免除依章程项目须由董事会核定者外，各单位主管如认为有必要时可填具调派意见表呈总经理核定任免。

第二十四条 职务任免经核定后由人事部门填发人事任（免）令。

第二十五条 职务委派经核定后准支职务加薪，其数额另行决定。

□ **迁调**

第二十六条 本公司基于业务上的需要，可随时调动任一员工的职务或服务地点，被调的员工如借故推诿，概以抗命论处。

第二十七条 各单位主管依其管辖内所属员工的个性、学识和能力，力求人尽其才以达到人与事相互配合，可填具人事异动单呈核派调。

第二十八条 奉调员工接到调任通知后，单位主管人员应于10日内，其他人员应于7日内办妥移交手续就任新职。

前项奉调员工由于所管事物特别繁杂，无法如期办妥移交手续时，可酌予延长，最长以5日为限。

第二十九条　奉调员工可比照出差旅费支给办法报支旅费。其随往的直系眷属得凭乘车证明实支交通费，但以五口为限，搬运家具的运费，可附单据及单位主管证明报支。

第三十条　奉调员工离开原职时应办妥移交手续，才能赴新职单位报到，不能按时办理完移交者呈准延期办理移交手续，否则以移交不清论处。

第三十一条　调任员工在新任者未到职前，其所遗职务可由直属主管暂行代理。

□　解职

第三十二条　本公司员工的解职分为当然解职、退休、辞职、停职、资遣及免职或解雇六种。

第三十三条　本公司员工死亡为当然解职。当然解职得依规定给恤。

第三十四条　本公司员工退休给予退休金，其办法另定。

第三十五条　本公司员工自请辞职者，应于请辞日30天前以书面形式申请核准，在未奉核准前不得离职，擅自离职者以旷工论处。

第三十六条　本公司员工有下列情况之一者可命令停职：

（一）保证人更换期间，所属一级单位主管认为必要停职者；

（二）因病延长假期超过6个月者；

（三）触犯法律嫌疑重大而被羁押或提起公诉者。

第三十七条　命令停职者。遇到下列情况，酌情予以处理：

（一）因换保停职者，自停职日起15天内未办妥换保手续者，予以免职或解雇；

（二）因病命令停职者，自停职日起6个月内未能痊愈申请复职者，资遣或命令退休；

（三）因案命令停职者，经判决为有期徒刑以上者免职或解雇，但终查仅给予处分或判决无罪确定后，可予复职。

第三十八条　本公司员工于停职期间，停发一切薪金，其服务年限以中断计。

第三十九条　本公司因实际业务需要或资遣有关员工，其办法另定。

第四十条　本公司员工离职，除当然解职及命令解职未能办理交接手续者外，均应办理交接手续，经各部门接交人签准后才能离职。

□　服务

第四十一条　本公司各级员工应遵守本公司一切规章及公告。

第四十二条　本公司员工应接受上级主管的指挥与监督，不得违抗，如有意见应于事前述明核办。

第四十三条　本公司员工应尊重公司信誉，凡个人意见涉及本公司方面者，非经许可，不得对外发表，除办理本公司指定任务外，不得擅用本公司名义。

第四十四条　本公司员工不得经营或出资与本公司类似及职务上有关的事业或兼任公司以外的职务，但经董事长核准者不在此限。

第四十五条　本公司员工应尽忠职守，并保守业务上的一切机密。

第四十六条　本公司员工执行职务时，应力求切实，不得畏难规避，互相推诿或无故拖延。

第四十七条　本公司员工处理业务，应有成本观念，对一切公物应加爱护，公物非经许可，不得私自携出。

第四十八条　　本公司员工对外接洽事项，应态度谦和，不得有骄傲满足以损害本公司名誉的行为。

第四十九条　本公司员工应彼此通力合作，同舟共济，不得妄生意见、吵闹、斗殴、搬弄是非或其他扰乱秩序，妨碍风纪情事。

第五十条　本公司员工出勤管理应依员工出勤管理办法的规定办理，员工出勤管理办法另定。

第五十一条　本公司员工因业务需要加班者，应依加班管理办法规定办理，加班管理办法另定。

□　交卸手续

第五十二条　本公司员工交卸分为：

（一）主管人员交卸；

（二）经管人员交卸。

第五十三条　称主管人员者为主管各级单位的人员。称经管人员者为直接经管财物或事务的人员。

第五十四条　主管人员应就下列事项分别造册办理移交：

（一）单位人员名册；

（二）未办及未了事项；

（三）主管财务及事务。

第五十五条　经管人员应就下列事项分别造册办理移交：

（一）所经管的财物事务；

（二）未办及未了事项。

第五十六条　一级单位主管人员交卸时应由公司负责人派员监交，二级单位以下人员交卸时可由该单位主管人员监交。

第五十七条　本公司员工的交接，如发生争执应由监交人述明经过，会同移交人及接收人拟具处理意见呈报上级主管核定。

第五十八条　主管人员移交应于交卸之日将本章第三条　规定的事项移交完毕。

第五十九条　经管人员移交应于交卸日将本章第四条　规定的事项移交完毕。

第六十条　主管人员移交时应由后任会同监交人依移交表册逐项点收清楚，于前任移交后3日内接收完毕检齐移交清册与前任及监交人会签呈报。

第六十一条　经管人员移交时，应由后任会同监交人依移交表册逐项点收清楚，于前任移交后3日内接收完毕，检齐移交清册与前任及监交人会签呈报。

第六十二条　各级人员移交应亲自办理，其因特别原因，经核准可指定负责人代为办理交卸时，所有一切责任仍由原移交人负责。

第六十三条　各级人员过期不移交或移交不清者得责令于10内交卸清楚，其缺少公物或致公司受损失者应负赔偿责任。

□　请假休假管理规定

第六十四条　本公司以下列日期为例假日（若有变更时应预先公布），但因业务需要可指定照常上班需以加班计算。

（一）例假日：

1.元旦；

2.春节；

3.妇女节；

4.劳动节；

5.国庆节。

（二）每星期六、日。

（三）其他经公司决定的休假日。

（四）例假日若适逢星期日，其隔日不予补假。

第六十五条　员工请假分下列七种：

（一）事假：因事必须本身处理者可请事假，每年累计以7天为限。

（二）病假：因病治疗或休养者应具特约医院或公立医院证明申请病假，每年积计以30天为限；住院者，以1年为限，两者合计不得超过1年。

（三）婚假：

1.员工结婚可请婚假8天（包括例假日）；

2.子女结婚可请假2天（包括例假日）；

3.兄弟姐妹结婚可请假1天。

（四）产假：

1.员工生育可请假8星期；小产4星期（均包括例假日）。晚婚假加1个月，办独生子女手续再加3个月；

2.配偶分娩可请假1天。

（五）丧假：

1.父母、配偶丧亡可请丧假8天（包括例假日）；

2.祖父母、兄弟姐妹及子女、岳父母之丧亡可请假6天（包括例假日）；

3.其他直系亲属丧亡可请假1天。

（六）公假因兵役检查或军政各机关的调训，期间不满1个月者或应国家考试或担任各级人民代表出席会议期间在3天以内者，可请公假。

（七）特别假依其服务年资，可分别给予特别假。

第六十六条　前条各款假期内的薪资照常支给。

第六十七条　假期的核准权限如下：

（一）主管级以下人员，假期3天内由主管核准，3天以上由经理（主任）核准；

（二）主管级人员，假期3天内由主管核准，3天以上由协理或副总经理核准；

（三）经理级人员由协理以上主管核准。

第六十八条　本公司员工因执行职务发生的危险导致伤病不能工作者，以公假论，时间以年为限，其假期延至次年时应合并计算，假期中薪资照给。

过期仍未痊愈者可依退休规定命令退休。

第六十九条　请假逾期，应照下列规定办理：

（一）事假愈期按日计扣薪资，1年内事假累计超过30天者免职或解雇；

（二）病假愈期可以未请事假的假期抵消，事假不敷抵消时按日计扣薪资。但患重大疾病需要长期疗养，经总经理特别核准者不在此限。

第七十条　特准病假以半年为限，其假期延至次年时应合并计算。特准病假期间薪资减半发给，逾期者应予命令退休或资遣。

第七十一条　本公司员工请假除因急病不能自行呈核的由同事或家属代为之外，须亲自办理请假手续。未办妥请假手续，不得先行离职，否则以旷工论处。

第七十二条　本公司员工请假期届满行续假或虽行续假尚未核准而不到职者，除确因病或临时发生意外等不可抗力事情外，均以旷工论。

第七十三条　本公司员工旷工在7日以内按日计扣薪资。

第七十四条　请假理由不充分或有妨碍工作时，可酌情不予给假，或缩短假期或令延期请假。

第七十五条　请假者必须将经办事务交代其他员工代理，并于请假单内注明。

第七十六条　计算全年可请假日数，均自每年1月1日起到12月31日止，中途停职者，比例递减。特准病假延至次年销假者，其次年事、病假期比照中途到职人员计算。

第七十七条　本公司员工依本规则所请各假如发现有虚伪情形者，除以旷工论处外，并依情节轻重予以惩处。

第七十八条　在本公司服务1年以上满3年者每年给予特别休假7天。服务3年以上未满5年者每年给予特别休假15天，满10年以上每增满1年加给1天，但至多以30天为限。

第七十九条　特别休假按以下手续办理：

（一）每年初（元月）由各单位在不妨碍工作范围内，自行排特别休假日期。特别休假日期表一式两份，一份留存原单位，一份逐级转呈各部（室）经理（主任）核阅后送人事单位备查；

（二）休特别假时，应按规定办理请假手续（填员工请假记录卡），并觅妥职务代理人，办妥职务交代后才能休假；

（三）基于业务上的需要不能休假时，可比照休假天数的薪资数额改为奖金，若于休假期间，因业务需要奉令销假照常工作而不被休假者，亦行照其未休假天数的薪资额改发奖金。

第八十条　员工在休假之前1年有下列情形之一者，不给予特别假：

（一）事、病假积计逾21天者；

（二）旷工达3天以上者。

□　**值班管理制度**

第八十一条　公司于节假日及每工作时间外应办一切事务，除由主管人员在各自职守内负责外，应另派员工值班处理下列事项：

（一）临时发生事件及各项必要措施；

（二）指挥监督保安人员及值勤工人；

（三）预防灾害、盗窃及其他危机事项；

（四）随时注意清洁卫生、安全措施与公务保密；

（五）公司交办的各项事宜。

第八十二条　本公司员工值班，其时间规定如下：

（一）自星期一至星期五每日下午5时半起至次日上午上班时间止；

（二）例假日、日班、上午8时起至下午5时半止（可随办公时间的变更而变更）。夜班，下午5时半起至次日上午8时止。

第八十三条　员工值班安排表由各部门编排，于上月底公布并通知值班人员按时值班。并应在值日牌，写明值班员工的姓名，悬挂于明显地方。

第八十四条　值班员工应按照规定时间在指定场所连续执行任务，不得中途停歇或随意外出，并须在本公司或工厂内所指定的地方食宿。

第八十五条　值班员工遇有事情发生可先进行处理，事后分别报告。如遇其职权不能处理的，应立即呈报并请示主管领导办理。

第八十六条 值班员工收到电文应分别依下列方式处理：

（一）属于职权范围内的可即时处理；

（二）非职权所及，视其性质立即联系有关部门负责人处理；

（三）密件或限时信件应立即原封保管，于上班时呈送有关领导。

第八十七条 值班员工应将值班时所处理的事项填具值班报告表，于交班时送主管领导转呈核查，报告表另定。

第八十八条 值班员工如遇紧急事件处理得当，使公司减少损失者，公司视其情节给予嘉奖。

第八十九条 值班员工在值班时间内，擅离职守应给予记大过处分，因情节严重造成损失者，从重论处。

第九十条 值班员工因病和其他原因不能值班的，应先行请假或请其他员工代理并呈准。出差时亦同，代理者应负一切责任。

第九十一条 本公司员工值班可领取值班津贴，其标准另定。

□ 考核

第九十二条 公司员工考核分为试用考核、平时考核及年中、年终考核等四种。

（一）试用考核依本公司人事规划规定任聘人员均应试用3个月。试用3个月后应参加试用人员考核，由试用单位主管负责考核。如试用单位认为有必要延长试用时间或改派其他单位试用抑或解雇，应附试用考核表，注明具有事实情节，呈报经理或主任核准。延长试用，不得超过3个月。考核人员应督导被考核人员提具试用期间心得报告。

（二）平时考核：

1.各级主管对于所属员工应就其工作效率、操行、态度、学识随时严正考核，其有特殊功过者，应随时报请奖惩；

2.主管人事人员，对于员工假勤奖惩应统计详载于请假记录簿内，并提供考核的参考。

（三）年中考核。于每年6月底举行，但经决议无必要时可取消年中考核。

（四）年终考核：

1.员工于每年12月底举行总考核一次；

2.考核时，担任初考各单位主管应参考平时考核记录簿及人事记录的假勤记录、填具考核表密送复审。

第九十三条 考核年度为自1月1日起至12月31日止。

第九十四条 有下列情况者不得参加考核：

（一）试用人员；

（二）复职未满3个月或留职停薪者。

第九十五条　前条不得参加考核人员的姓名，免列于考核人员名册内，但应另附不参加考核人员名册报备。

第九十六条　本公司员工年中、年终考核分工作效率、操行、态度、学识、勤惰等项目，并可各分细目，以各细目分数评定（每项每分考核表另完成）。

第九十七条　考核成绩分优、甲、乙、丙等四级。

第九十八条　年中、年终考核分初考、复考及核一。其程序另定。

第九十九条　办理考核人员应严守秘密，不得营私舞弊或遗漏。

第一百条　年中、年终考核时，凡有下列情况之一者，其考核成绩不得列为优等；

（一）所请各假（不包括公假）合计数超过请假办法规定日数者；

（二）旷工日数达2天以上者；

（三）本年度受记过以上处分未经抵消者。

第一百零一条　年终奖金的加发与减发。

（一）本公司员工于考核年度内如有下列情形之一者可加发年终奖金：

1.嘉奖一次加发年终奖金3天；

2.记功一次加发年终奖金10天；

3.记大功一次加发年终奖金1个月；

4.以上各项嘉奖记功次数依次类推，加发年终奖金。

（二）本公司员工于考核年度内有下列情形之一者，减发年终奖金：

1.所请各假（不包括公假）合计数超过规定满1周者，减发20%，满2周者，减发40%，满3周者减发60%；

2.记过一次减发20%；

3.记大过一次减发60%；

4.以上各项请假期限及记达次数依次类推，减发年终奖金。

第一百零二条　任职未满1年者，其年终奖金按其服务月数比例发给。

□　奖惩

第一百零三条　本公司员工的奖励分为奖金、记大功、记功、嘉奖。

（一）员工有下列情形之一者，可酌予奖励或记大功：

1.对主办业务有重大革新，提出具体方案，经实行确有成效者；

2.办理重要业务成绩特优或有特殊功绩者；

3.适时消灭意外事件，或重大变故，使公司免遭严重损害者；

4.在恶劣环境下，冒生命危险恪尽职守者；

5.对于舞弊，或有危害公司权益事情，能事先揭发、制止者；

6.研究改善生产设备，有特殊功效者。

（二）员工有下列情形之一者，可予记功：

1.对于主办业务有重大拓展或改革具有实效者；

2.执行临时紧急任务能依限期完成者；

3.协助第（一）项（1）至（3）款人员达成任务确有贡献者；

4.利用废料有较大成果者。

（三）员工具有下列情形之一者，可予嘉奖：

1.品行优良、技术超群、工作认真、恪尽职守者；

2.领导有方，使业务工作拓展有相当成效者；

3.预防机械发生故障或抢修工程使生产不致中断者；

4.品行端正、遵守规章、服务指导，堪为全体员工楷模者；

5.节省物料，有显著成绩者。

（四）其他对本公司或公众有利益的行为，具有事实证明者，亦得以奖励。

第一百零四条　员工的奖励，以嘉奖三次等于记功一次，记功三次等于记大功一次。

第一百零五条　本公司员工的惩处分为免职或解雇、降级、记大过、记过、警告，分别予以惩处。

（一）员工具有下列情形之一者，应予以免职或解雇处分：

1.假借职权，营私舞弊者；

2.盗窃公司财务，挪用公款，故意毁损公物者；

3.携带违禁品进入工作场所者；

4.在工作场所聚赌或斗殴者；

5.不服从主管的指挥调遣，且有威胁行为者；

6.利用工作时间，擅自在外兼职者；

7.逾期仍移交不清者；

8.泄露公司机密、散布谣言或酿成意外灾害，致公司受重大损失者；

9.品行不端，严重损及公司信誉者；

10.仿效上级主管人员签字，盗用印信者或擅用公司名义者；

11.连续旷工3天或全年旷工达7日以上者；

12.记大过达2次者。

（二）员工有下列情形之一者，予以降级、记大过处分：

1.直属主管对所属人员明知舞弊有据，而予以隐瞒庇护或不为举报者；

2.故意浪费公司财物或办事疏忽使公司受损者；

3.违抗命令，或有威胁侮辱主管的行为，情节较轻者；

4.泄露机密或虚报事实者；

5.品行不端有损公司信誉者；

6.在物料仓库或危险场所违背禁令，或吸烟引火者；

7.在工作场所男女嬉戏，有伤风化行为者；

8.全年旷工达4日以上者。

（三）员工具有下列情形之一者，应予以记过处分：

1.疏忽过失致公物损坏者；

2.未经准许，擅自带外人入厂参观者；

3.工作不力、屡戒不改者；

4.在工作场所酗酒滋事，影响秩序者；

5.在工作场所制造私人物件者；

6.冒替签到或打卡者（本人及顶替者）。

（四）员工具有下列情形之一者，应予以（警告）处分：

1.遇非常事变，故意规避者；

2.在工作场所内喧哗或口角，不服管教者；

3.办事不力，于工作时间内偷闲怠眠者；

4.浪费物料者；

5.办公时间私自外出者；

6.科长级以上人员，月份内迟到、早退次数累计7次（含7次）以上者。

（五）其他违反本公司各项规章，应予告诫事项者，应分别予以惩处。

第一百零六条　员工的惩处，警告3次等于记过1次，记过3次等于记大过1次，累计记大过2次，应予免职或解雇。

表7-4　人事管理工作事项责任划分表

工作事项		责任划分					备注
项目	细项	部门经理	人事部经理	主管领导	总裁	董事长	
机构编制	1.总公司各部室定编	△	△	□	□	◇	
	2.各部室改变编制	△	□	□	□	◇	
聘用	1.编制内试用	△	□	◇	○	○	
	2.编制内转正定级	△	□	□	◇	○	
	3.编制内正式调进	△	□	□	□	◇	
	4.编制外聘用	△	□	□	□	◇	应用申请扩编

（续表）

工作事项		责任划分					备注
项目	细项	部门经理	人事部经理	主管领导	总裁	董事长	
聘用	5.短期员式聘用	△	□	◇	○	○	
调动	1.一般员工公司系统内调动	△	□	□	◇	○	
	2.中高层人员公司系统内调动			□	□	◇	
	3.一般员工调出本公司系统		□	□	◇	○	当事人提出调动申请
	4.中高层人员调出本公司系统		□	□	□	◇	当事人提出调动申请
考核	1.一般员工考核	△	□	◇	○	○	
	2.中层管理人员定期考核		□	□	◇	◇	
	3.高层管理人员		△			◇	
辞退	1.一般员工	△	□	□	◇	○	
	2.中层管理人员		□	□	□	◇	
辞退	3.高层管理人员					◇	
工资调整	1.我资体系修订，调资时间		□	◇	□	◇	
	2.一般员工工资定级	△	□	□	◇	○	
工资调整	3.中层管理人员定级		△	△	□	◇	
	4.高层管理人员定级		□		□	◇	
奖惩	1.记嘉奖、记警告	△	□	◇	○	○	
	2.记功、记过	△	□	□	◇	◇	
	3.升级、降级	△	△	△	□	◇	

符号说明：△拟定 □审核 ◇批准 ○备案

下　篇

没有规范流程，管理一切为零

制度明权责，流程出效益。没有标准流程，执行等于空话！

为什么企业拥有完美的战略，一线执行却没有力量？为什么员工执行力低下，工作拖拉，处于养病状态？为什么总有下属在"坐、等、靠、要"，不能自动自发完成工作？为什么老板总处于"急、忙、累"的糟糕状态？

造物之前先造人，造人必定有流程。一套好流程，可以帮助企业培养人、训练人、改造人，打造一线完美执行力，彻底解放管理者！

挚派稆扞蚌莝共锭圣鸴宝

没有流程就没有执行

无论干什么事，无论在生活、休闲还是工作中，都有一个"先做什么、接着做什么、最后做什么"的先后顺序，这就是我们生活中的流程，只是我们没有用"流程"这个词汇来表达而已。除了"先做什么、接着做什么、最后做什么"的先后顺序外，还经常说某某人能办事，某某企业善于做事，能办事、善于做事是说他们做事情有方法，比别人更有效果，到底有哪些不同呢？可能是先后顺序不同，也可能是做事的内容不同。因此，流程就是做事方法，它不仅包括先后顺序，还包括做事的内容。同时，我们做任何事情都需要资源投入，都需要借助资源的效用，包括资金、信息、精力、人员、技术等，因此，对投入的资源也要善加管理，否则也难以成事。

任何组织或者个人，要想执行到位，就必须重视流程的作用。如果没有制定出可行的流程，执行工作就无法到位。很多工作执行不到位，就是因为不按照流程办事造成的。

中西方企业管理方式和管理文化上的一大差别是：西方企业习惯于按流程办事，我们的不少企业则喜欢临时决策。

微软中国研究开发中心一位部门经理与笔者交谈时举了个例子。有一次，他乘坐的飞机在深圳机场出了故障，乘客被告知这个航班将换一架正从外地赶来的飞机，可此时乘务员已经超时飞行了。怎么处理这个"超时"？深圳方面做不了主，便频频请示北京航空总局，时间被一拖再拖，机场一片混乱。这位在美国工作了10年的经理评价说，"这明显是缺乏办事流程"，乘务员超时飞行是个老问题，在国外，这类事早写到规章制度里了，"一二三四五，照着条文上写的办就是了，不管谁当班都能处理"。我们这里却是"乘客和航空公司都急得团团转"。

其实，用不着在美国待10年，只要与西方企业打几次交道，对他们那种"按流程执行"的做法就会有所体验。这种体验有时还相当强烈，因为对方的某些做法所表现出来的"流程意识"，几乎到了刻板的程度。一个会议日程表，能把从起床到就寝的所有时间段安排得滴水不漏，连早上有"电话叫醒"，10分钟休息在哪儿活动这样的细节都打印在表格上，而且执行起来绝不走样。两年前笔者随大中国区记者团采访Sun公司总部，时间表上写着9点钟开会，当时不少记者还在吃饭，人家已宣布"现在开会"了，一看表，1分钟也没等。有人把这种现象叫做"文本文化"，即把要做的事情一律形成文字，而且写下来就要照着做。

有人会不以为然，认为按照流程的条条框框做，是自找麻烦，把一件简单的事情做复杂了。那么大家有没有想过，这些条条框框是如何来的呢？难道制定流程的人，是为了给大家制造麻烦才这样要求的吗？举一个交通上的例子，交通法规有两个非常明确的规定：严禁超载和疲劳驾驶。这两条规定从何而来？事实上是从历年的重大交通事故调查数据中总结出来的。

即使是已经执行了多年，现在打开电视和报纸，仍然经常看到由此原因导致的交通事故，且不说造成的经济损失，就是人员伤亡，让亲友如何承受？交通法规是因为它事关人命，所以需要人人严格遵守；而工作流程事关工作开展，这是组织的灵魂，所以也需要人人遵守。如果编制的流程在某些地方确实不合理，它也不是一成不变的，而是可以按照适当的程序进行改进的。但是在改进的版本未发布之前，就要按照原有的要求执行，而不能以其需要改进为由不操作，否则不就是有法不依了吗？这叫做尊重流程。

还有人说，流程是把人僵化了，但是实际上不是流程僵化了人，而是人在理解流程时把自己僵化了。理解了流程产生的背景，还要理解流程要求的每一步为什么要这样做，而不是那样做，这就要充分了解流程的目的。

原因就在于我们大部分人，执行观念不强，不尊重流程。即使人人理解了流程的内涵，也不能保障每个人都这样做。

事实上，设定流程的最终目的是为了提高工作效率、提高管理水平，从而节约管理成本。

建立流程有以下几点好处：

（1）使得工作有序进行，不致杂乱。

（2）在工作出现错误时可及时分析出是哪个环节出现了问题。

（3）由于每一个流程中的节点都有相应的责任人，所以很容易就可以找到相应的责任人。

（4）在员工进行流动时，不至于因员工的流动而使得工作进度缓慢。

（5）可实现"傻子工程"，因为有了很详细的流程，所以新员工在入职以后，只要认识汉字，按照流程操作就没有问题了。

成熟的企业需要稳健，而严格科学的运行程序是稳健的基础条件。这几年常有外企换帅的消息，中国惠普的程天纵，微软中国公司的杜家滨、吴士宏都是这一两年离去的，公司照常运转。国内公司如果有高层人员跳槽，就多半会出现"地震"了。实达电脑公司老总叶龙说他们那儿"谁走了都不怕"，敢说这个话，底气也在于实达公司现在是"靠制度立业"。爱德曼国际公关集团中国执行总监何鑫认为，在中国，多数企业都认为成功的关键在于"高质量人才"的培养。但长期的经验却告诉他，有效的管理程序才是取胜的根本保证。如果光靠人，那么有一天他走了，他脑中积累的知识、经验，就会被带走。而靠程序管理就不会有那么大损失。"一个走了，另一个人马上可以接着干。"

　　因此，任何人都不能轻视流程，不按照流程办事。只有遵守流程，才能把工作更好地执行到位。

提高执行力要先优化流程

　　"按流程办事"作为系统封闭的一整套管理制度，它更意味着企业运行的基本环节被控制在一种"秩序"之中。一个被"过来人"重复了千百遍的经验是：企业起家时靠冲劲靠灵气，成熟后靠规范靠制度。说起缘由，最常见的解释是企业规模的变化导致管理模式的变化。创业阶段只有十几个人、七八条枪，老板不过是个班排长的角色，指挥起来得心应手；待发展到成百上千人，攒下成千万上亿元的家私，企业运行的复杂性就超出老板个人的控制力了。这只是一个理。还有一个也许是更重要的理——企业运行由创业时的"非常态"进入了"常态"。对于企业家来说，区分企业运行的这两种状态是非常重要的。处置非常态的事件要靠风险决策，而处置常态事件则可借助于他人或自己以往的经验。这些经验用"文本"固定下来，就成了企业的流程了。

　　但随之问题也出现了，企业内部流程过于烦琐和复杂往往成为高效执行的主要障碍，有时一个文件需要各个部门逐层审批，每个部门处理的时间只需要5分钟，但是在传递过程中耽误的时间却长达五六天，这不仅影响到执行者的耐性和执行结果，还会影响到企业的竞争力。

　　有一个例子很能说明问题。美国的办公设备生产巨头施乐公司一手创造并垄断了自动办公设备产业多年，它曾经发明了许多包括鼠标、图形用户界面、激光打印机在内的最具革命性的技术。对于施乐公司的成就，《财富》杂志曾撰文评价说："施乐914型普通纸复印机是美国有史以来生产的利润最大的产品。"但后来这家历史悠久的老牌企业效益一度下滑，差点被日本复印机制造商所淘汰，施乐公司悲剧产生的重要原因之一就是其庞大的官僚体制使得公司内部业务流程过于繁杂，不能迅速地提供资源使其先进的技术快速转化为现实生产力，从而阻碍了新技术产品的开发，失去了一次次的市场良机。

　　对于施乐公司这种突变，曾经担任过施乐公司顾问、被称为"有史以来对美国营销影响最大的人"杰克·特劳特评价说："施乐的高层认为他们是一家成功的技术公司，很可惜人们只把它看作是一个复印机公司，仅此而已。"可见，烦琐的业务流程可以导致执行效率低下，对企业造成致命性的危害。

　　20世纪的70年代至80年代，美国人把流程问题重视了起来。当时美国的企业遭到了日本企业的狙击，竞争力逐渐下降。美国人就开始研究美国企业落后于日本企业的原因，结果发现本国企业的生产效率并不比日本低，技术上也不比日本企业差，产品质量上也相差无几，最后美国人发现导致两国企业出现差距的根源在于双方的业务流程不同。日本企业业务流程较为简明，这大大缩短了将一项技术变成产品、把产品推向市场的时间。美国人在认识到这一差距之后，才真正开始重视流程问题，为了保持流程的连续性，企业开始打破部门之间阻碍流程运转的界限，消除不同部门各自为政的现象，简化业务流程。

反观中国的企业，大多没有竞争力，执行力偏低，在很大程度上与业务流程的繁杂有关，业务流程繁杂问题得不到解决，投入再多的硬件和人力，执行力也无法得到提升。尤其对于规模迅速膨胀的大中型企业而言，由于业务量大而且内容复杂，部门也多，队伍庞大，分布广泛，同样的流程一天要重复十几次、几十次，这个环节慢一些，那个环节漏一点，到最后一个环节的时候，问题就会像"雪崩"一样，变成巨幅震荡。流程问题会影响工作效率，尽管员工天天加班，手忙脚乱，也是错误百出，企业的各项计划常常落空，甚至还会出现资产上的损失。一般来说，越是大型企业越容易出现流程烦琐的问题。

随着企业的成长和业务复杂性的增加，企业面临着规模化发展、跨区域运营、快速响应市场竞争和需求等挑战。这些挑战客观上要求企业进行跨部门、跨职能化协调发展，从而对企业的内部流程管理与优化提出了迫切的要求。在这个背景下，如果企业还陷在"管理体系孤岛"中，那么它的灵活反应和业务提升都将要面对严峻的考验。

优化流程可根据企业的实际情况采取以下三种方式：垂直工作整合、水平工作整合和工作次序最佳化。

首先说垂直工作整合。它是指给予员工充分的信任，适当地给予下属员工自愿自主处理事情的权力，不必凡事都要层层汇报、层层审批而影响到问题解决的效率。这样，可以锻炼员工的现场执行力，使其创造性地开展工作。

其次说水平工作整合。它是指将企业分散的资源加以集中，或者将分散在不同部门间的相关工作整合成一个完整的工作交由一个部门或一个人负责，这样可以减少人员之间或部门之间沟通的时间，还可以明确工作的责任人，提高员工的责任感，避免出了问题之后互踢皮球的扯皮现象。

最后是工作次序最佳化。它是指做任何事情都是有先后顺序的，但ABC与BAC的效果肯定有所不同。这就需要利用工作步骤的调整，达到流程次序最佳化，提高效率节省成本的目的。

总之，优化流程的一个重要理念就是业务判断理性化、知识化，一般业务常规化，甚至自动化、傻瓜化，从而减少执行层人员的要求，提升执行的效率。

执行到位要重视人员流程

某公司把流程梳理好了，也通过流程软件进行了固化，但却感觉不到效率的明显提升。人员都照旧那么多，工作也都照旧那么多。后来，公司进入营业旺季，分销商老是抱怨该公司的发货速度十分慢，也不知道该公司内部的原因在哪里。流程部发现原来在发货审批的过程中有一个环节老是出现被退回的情况，通过软件的分析发现，这一节点的审批表有一半都被重新打回去，原来一天可以批200左右的单子，但是因为有一半被打回去了，如今只能做100多了。调查结果是该部门按照领导要求重新对发货进行了分类，但是制定的表单只是在原来的表单上面改动了一个字段，而没有进行具体的说明，许多销售人员根本没有注意到这一细节的转变，都是随意填写，导致申请常常被打回，不得不重新走流程。

再进一步分析，发现有个部门一天应该审核600左右的单子，但是实际上只有不到200的单子，分摊下来基本上只有原工作量的1/3。一边是人员忙不过来，也是抱怨连连，另一方面却是一些人在偷懒。

营业规则发生了转变，不一定会导致流程发生转变，但是会导致流程的表单发生转变，同时也会导致流程的执行人员发生转变。流程梳理完了之后，固化在体系中并不意味着流程要僵化在体系中。流程在运行过程中，需要经常地对流程的节点工作量进行分析，判定流程是否合理，流程的表单和文档是否需要调整，最后实现营业的稳固运行和人力资源的合理配置。

在组织的所有系统和流程中，人员流程无疑是最为重要和关键的。如果一个组织不具备一种科学和完善的人员流程体系，将永远不可能充分发挥其潜力。抓好人员流程要从以下几方面做起：

首先，要挑选有执行力的员工。一般具有执行力的人的主要特点是：自动、自发，注意细节，为人诚信、负责，善于分析、判断和应变，乐于学习，具有创意，对工作有韧性，人际关系（团队精神）良好，有强烈的求胜欲望。领导要具备挑选人才的能力，挑选与培养优秀骨干的任务不能授权他人。

其次，领导者要信任员工。领导者要信任下属的道德品质，不束缚他们的手脚，让他们创造性地开展工作。既要委以重任，又要授予权力，令其能承担责任，忠于职守。当他们在工作中出了问题时，用人者勇于承担责任，帮助他们总结经验，给予有力的支持。同时，要认可下属的工作态度，明白下属的工作方法，理解下属的内在需求，信赖下属的工作责任感。

再次，要注重开发组织成员的价值。如果用冰山来比喻人的价值，那么，每个人都有沉在水面下尚未被开发的巨大潜在价值，而漂浮在水面上的就是展现出来的各种能力。领导者应善于进行现有人员价值的开发，有效地提高员工的工作绩效，提高组织的创新能力，造就良好的组织文化氛围。

最后要注意人员流程要与战略流程、业务流程相连接。人员的选用、配备与战略的制定和执行，与运营计划的目标连接起来，保证三者协调发展。尽量防止人员流失，构建人才储备库，对现有人才进行评估，判断他们该进行哪些培训，以便能承担更重大的责任，并适应组织的长久发展。

按流程执行也要讲方法

企业的生存与执行到不到位有着直接的关系，而在执行的过程中，我们也要根据工作的流程、工作的轻重缓急和正确的步骤来执行。

首先，我们要遵循工作流程。一旦接到任务，脑子里应该时时刻刻存有工作，要遵循"目标—计划—执行到位—评估"的流程来进行执行。所谓目标，是指明确地了解工作的目的何在，到何时做到何种程度，将可达到所设定的目标。计划是指想方法，以更有效的做法促使目标如期实现。

执行时需要注意的事项有：依据计划来正确、迅速地去执行；严格遵守完成日期；不能照预定进度去做而不得不变更计划时，一定要向上司报告并接受其建议，千万不可独断专行；做到一半发生疑问时，一定要与上司商量。

至于评估，则须考虑以下几点：如果进行得不顺利，其原因何在？如果进行得很顺利，为何那么顺利？再确认一下其成功的原因。

如果这两方面都做好了，就不至于无法掌控工作的整体性和全盘性。尤其是组织的工作，必有其纵向、横向的流程，每位员工脑子里必须时时存在着目的、背景，与其他事情的关联性等概念。

其次，我们要分清工作的轻重缓急。执行工作时，一定要考虑优先顺序，先做最重要的事，然后才做比较急迫的工作，万万不可先做自己认为好做或自己喜爱做的事，如此，可能会将重要的事耽搁，造成真正应该执行的事情没有执行到位。

那么该如何确定工作的优先顺序呢？一般来说，可以依据工作期限、重要程度以及性质来判断。站在公司的立场而言，一般都要求员工在交货期之前必须完成工作，所以，在做事之前，应该制定一个严密且可行的流程才对。

作为制度的执行者，做事一定要坚持一个大原则，就是"今日事，今日毕"，决不可拖到第二天。如果每天都无法将今日的事做完，就会累积一大堆工作，结果可能因此而赶不上交货期。

假使突然接获临时插进来的工作，最好跟上司或其他同事商量，请教他们该如何处理，避免出差错。不过，也不可什么事都去请教他们，最好是自己先做个考量后再去请教别人。

最后，我们要按照正确的步骤做事。一名员工在执行某一工作时，最好依以下步骤来进行，以获得事半功倍之效。

（1）接受工作指示或命令。一般员工做某一工作时，会接到上司的工作指示。这时候，不能只听上司所交代的，还要明确地掌握住工作目的才行，所以，员工要深思的事情有：工作目标是什么？为什么必须达到这个目标？何时达到？如何做会更好？

（2）收集有关的资料、情报。即收集与工作的计划、执行等相关的文件、资料、情报，而且对于情报的选择，要有判断。

（3）考量工作的步骤与方法。愈是需要花长时间工作的事情，愈需要依照工作的步骤与流程来做，这样才比较有效率。

（4）决定工作的步骤与方法。不妨从所拟定的几个方案中挑选较合理的，决定时应该考虑到"更早、更好、更轻松、更便宜"这几项因素，再做筛选。

（5）制定行事表。

（6）实施时须留意。确实依照所计划的步骤和方法去做；很有自信地去执行；时时审核实际进度和预定计划的差距，必要时修改所定计划。

（7）检讨与评估。从品质、期限、成本等层面，将工作的结果和当初的计划做一比较，如果不能达到预期结果，就应该找出其原因。

（8）做完后，向上司报告结果。

像这样按步骤来完成工作，那么，执行到位就是一件很容易的事了。

第八章

员工招聘与录用

一、内部招聘工作流程设计

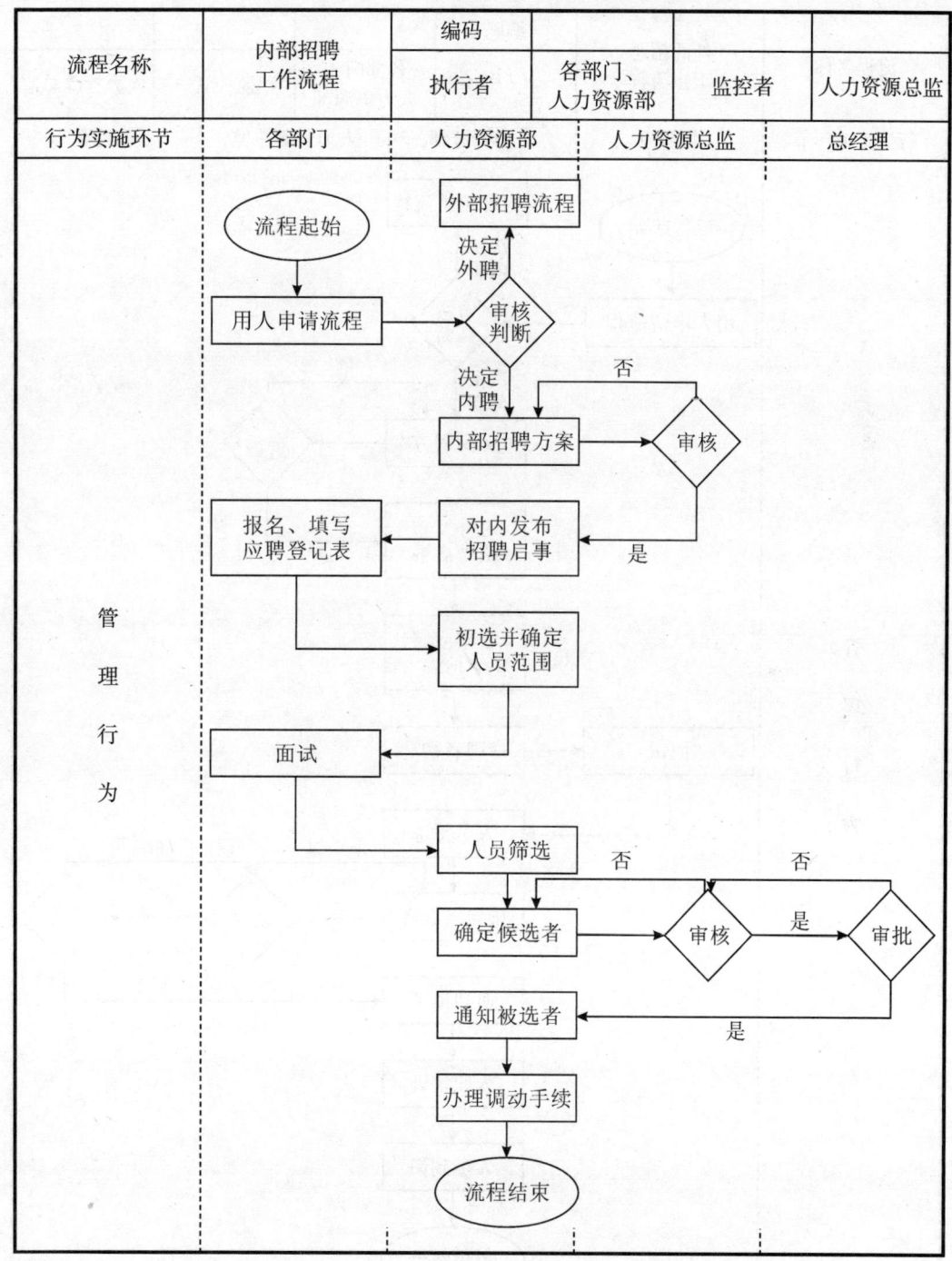

流程名称	内部招聘 工作流程	编码			
		执行者	各部门、 人力资源部	监控者	人力资源总监
行为实施环节	各部门	人力资源部		人力资源总监	总经理

图8-1　内部招聘工作流程设计

二、外部招聘工作流程设计

流程名称	外部招聘 工作流程	编码			
		执行者	各部门、 人力资源部	监控者	人力资源总监
行为实施环节	各部门	人力资源部		人力资源总监	总经理

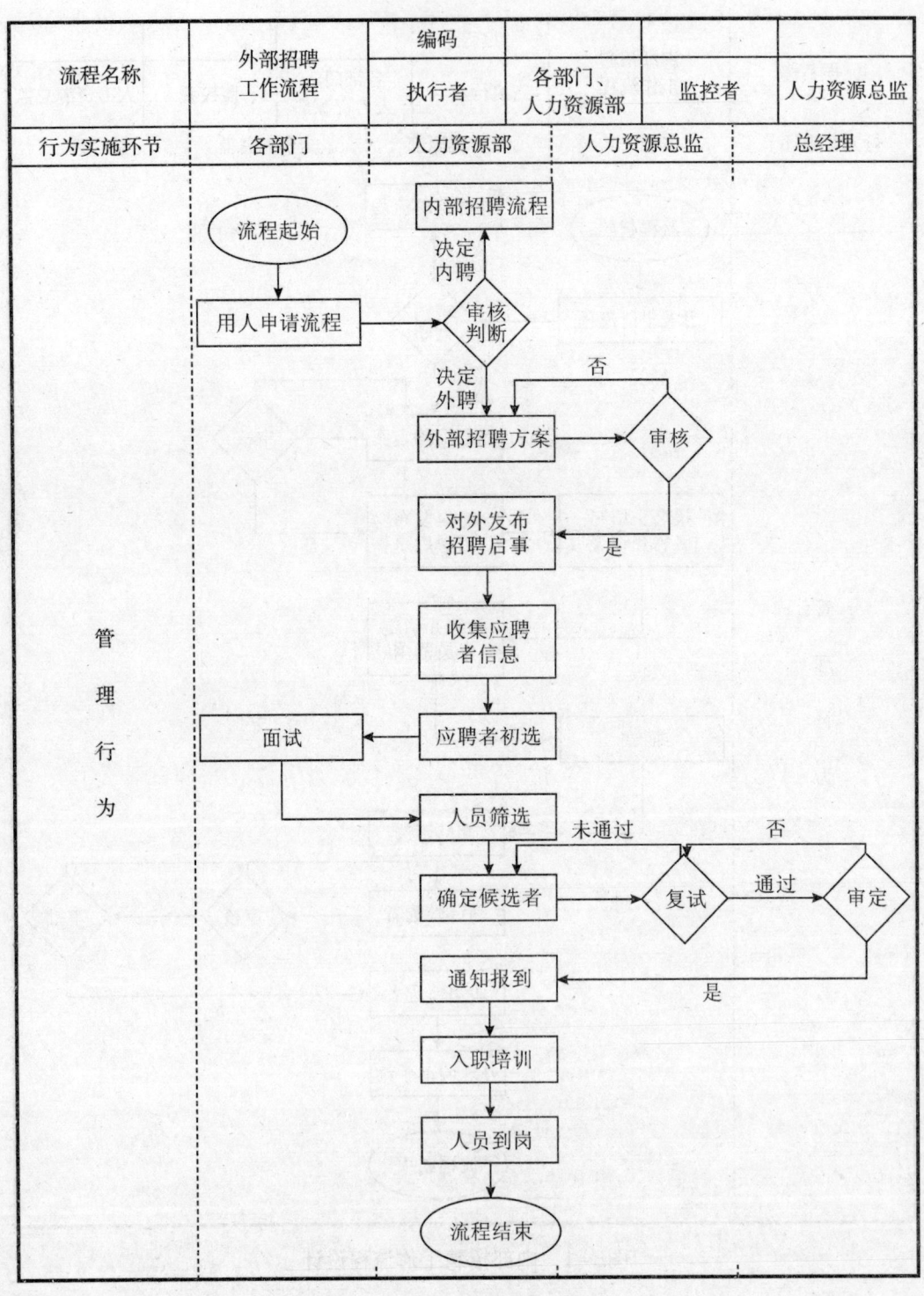

图8-2　外部招聘工作流程设计

三、招聘、甄选与面试工作流程设计

流程名称	招聘、甄选与面试工作流程	编码			
		执行者	各部门、人力资源部	监控者	人力资源总监
行为实施环节	各部门	人力资源部		人力资源总监	总经理

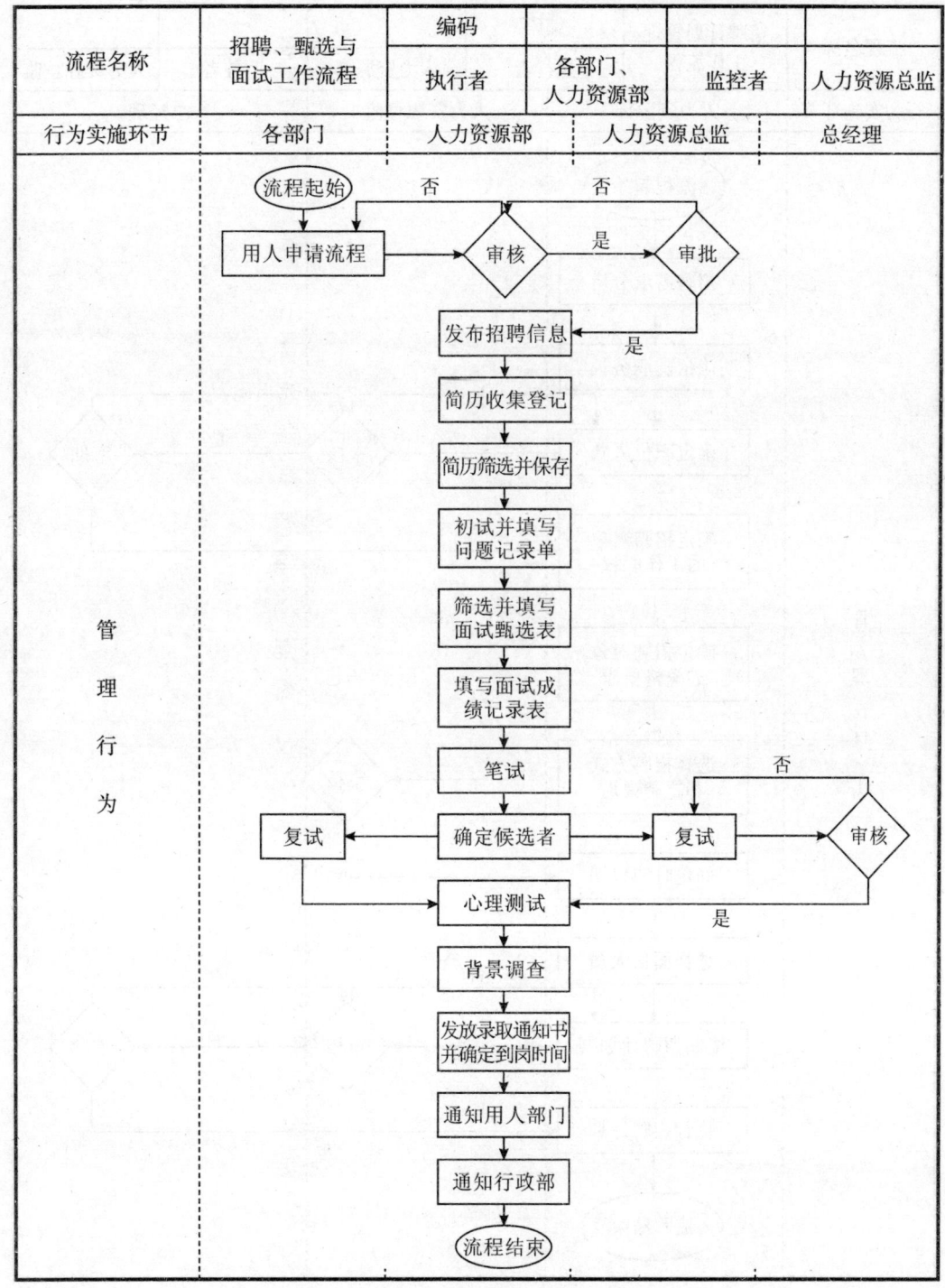

图8-3　招聘、甄选与面试工作流程设计

四、招聘计划管理工作流程设计

流程名称	招聘计划管理 工作流程	编码			
		执行者	人力资源部	监控者	人力资源总监
行为实施环节	人力资源部	人力资源总监		总经理	

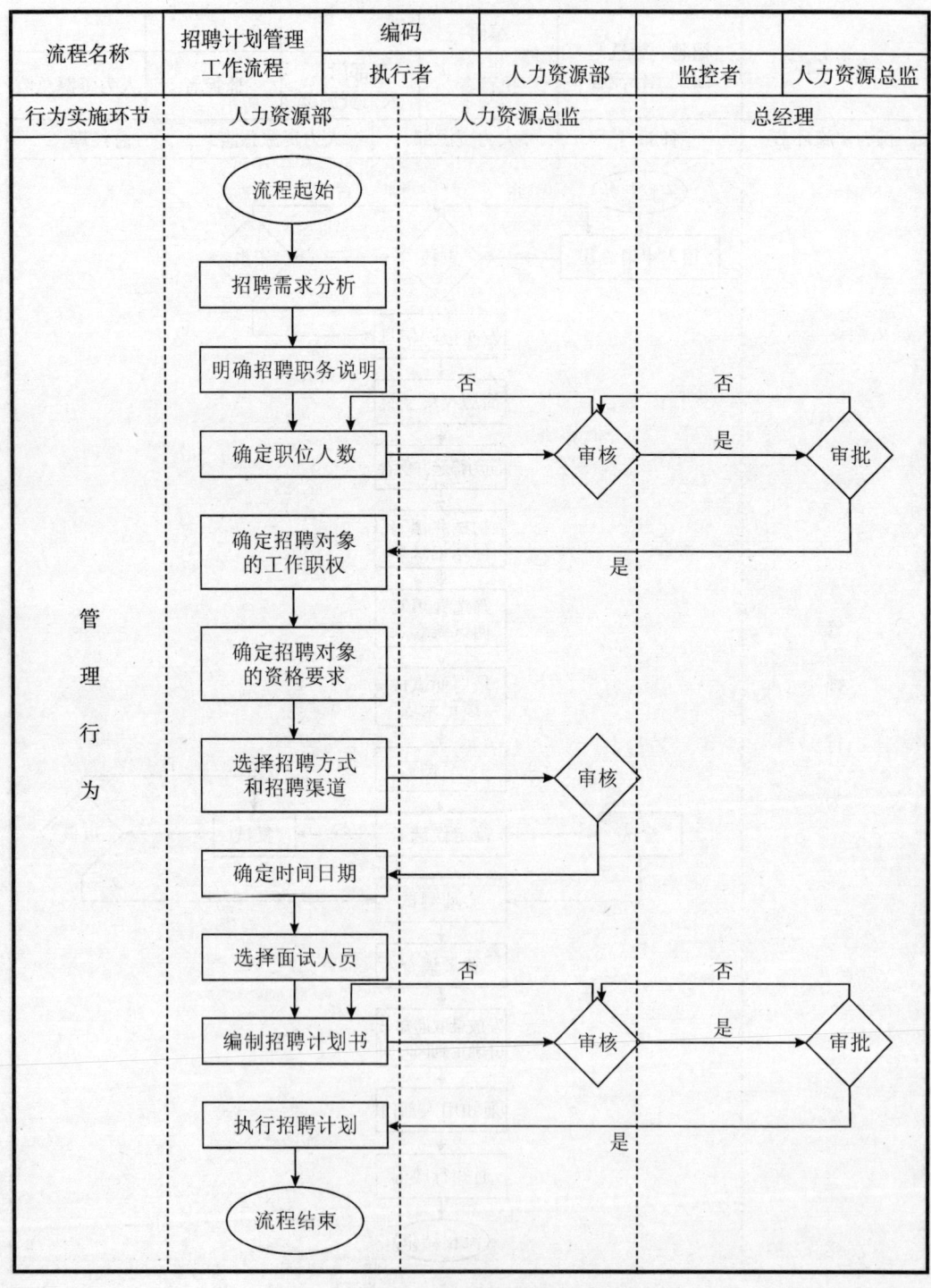

图8-4　招聘计划管理工作流程设计

五、招聘费用预算管理工作流程设计

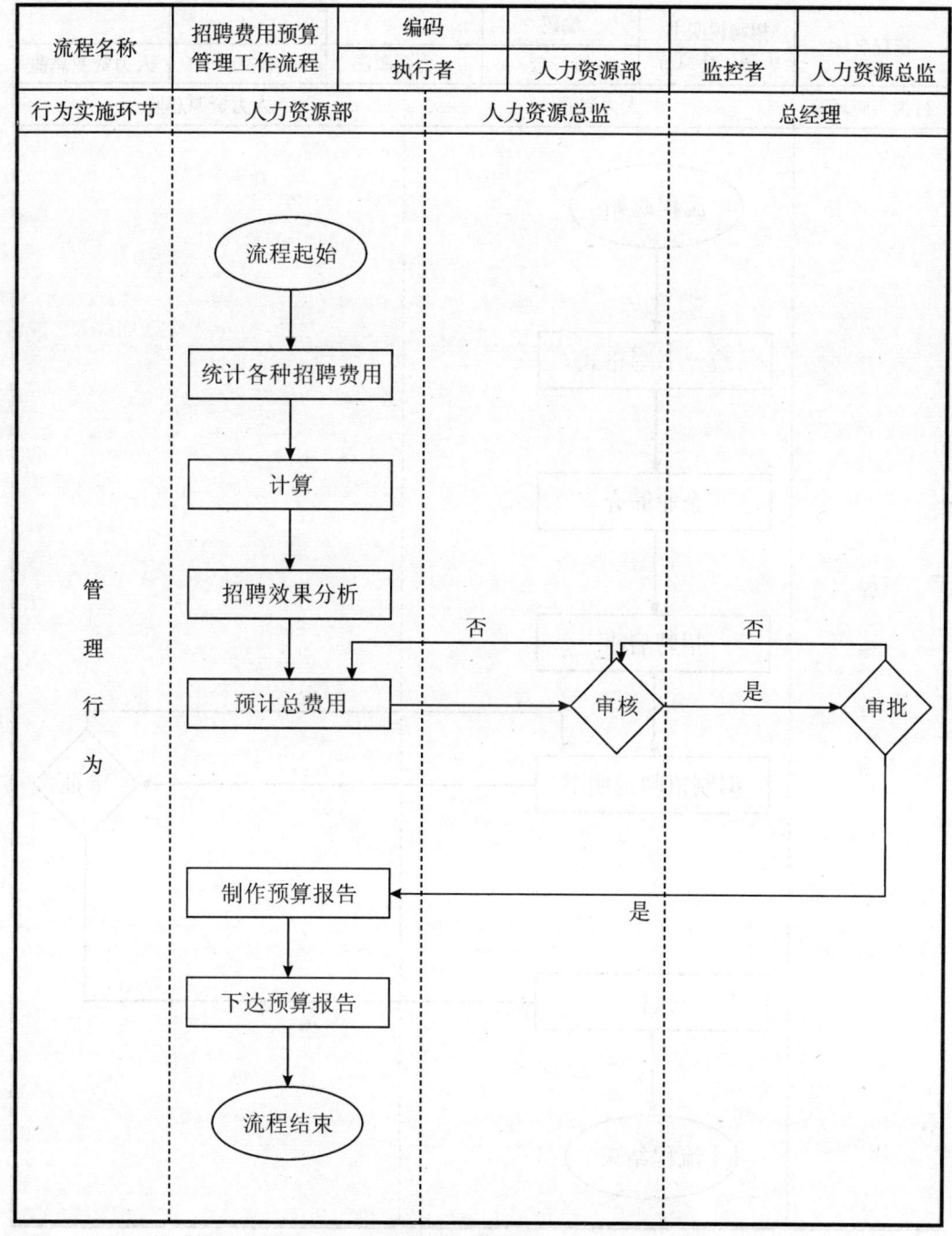

流程名称	招聘费用预算管理工作流程	编码			
		执行者	人力资源部	监控者	人力资源总监
行为实施环节	人力资源部	人力资源总监		总经理	

图8-5 招聘费用预算管理工作流程设计

六、招聘说明书编制工作流程设计

流程名称	招聘说明书编制工作流程	编码			
		执行者	人力资源部	监控者	人力资源总监
行为实施环节	人力资源			人力资源总监	

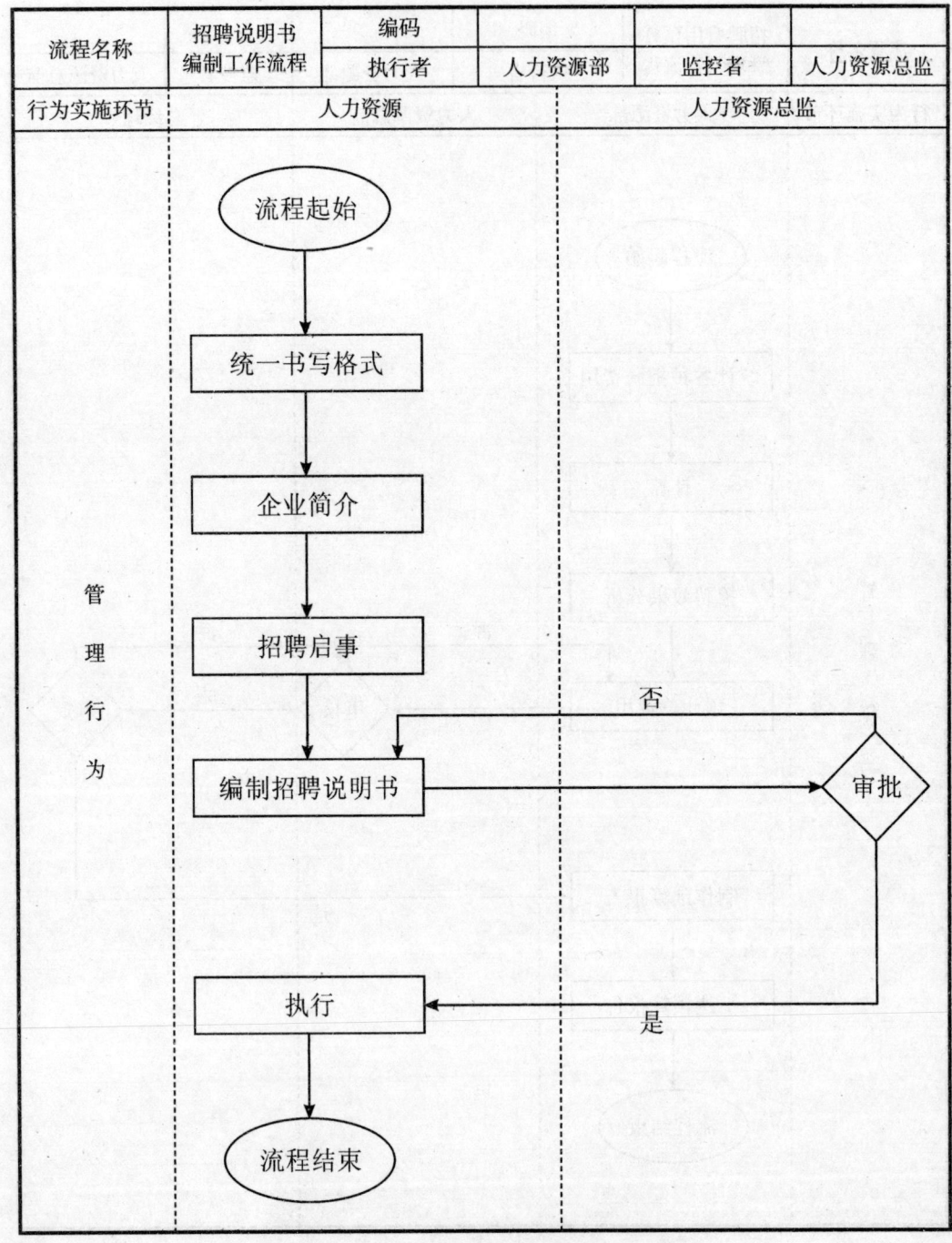

图8-6　招聘说明书编制工作流程设计

七、面试题目设计工作流程设计

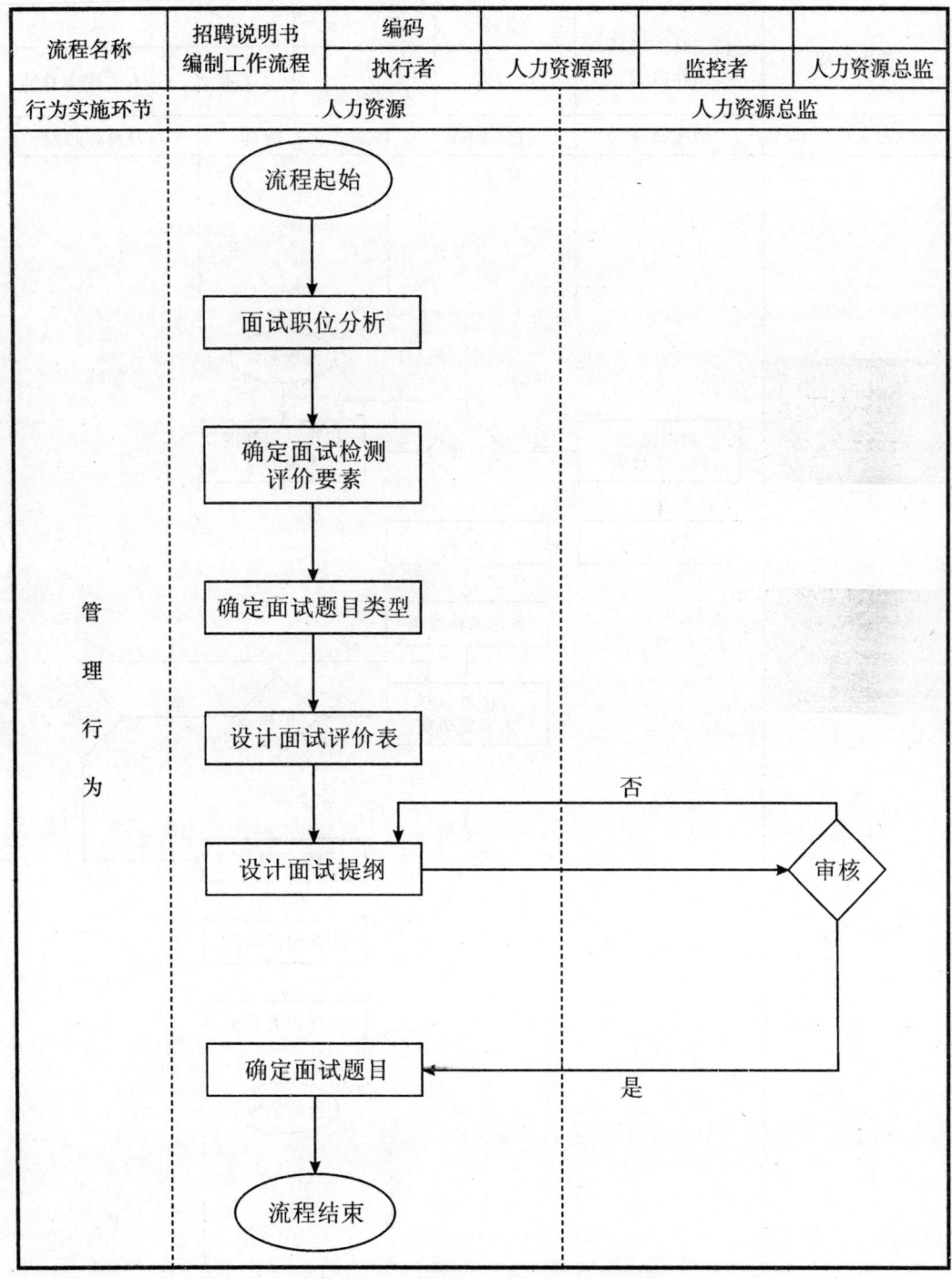

流程名称	招聘说明书编制工作流程	编码			
		执行者	人力资源部	监控者	人力资源总监
行为实施环节	人力资源			人力资源总监	

图8-7 面试题目设计工作流程设计

八、员工转正考核工作流程设计

流程名称	员工转正考核 工作流程	编码			
		执行者	各部门、 人力资源部	监控者	人力资源总监
行为实施环节	被考核者	部门主管		人力资源部	人力资源总监

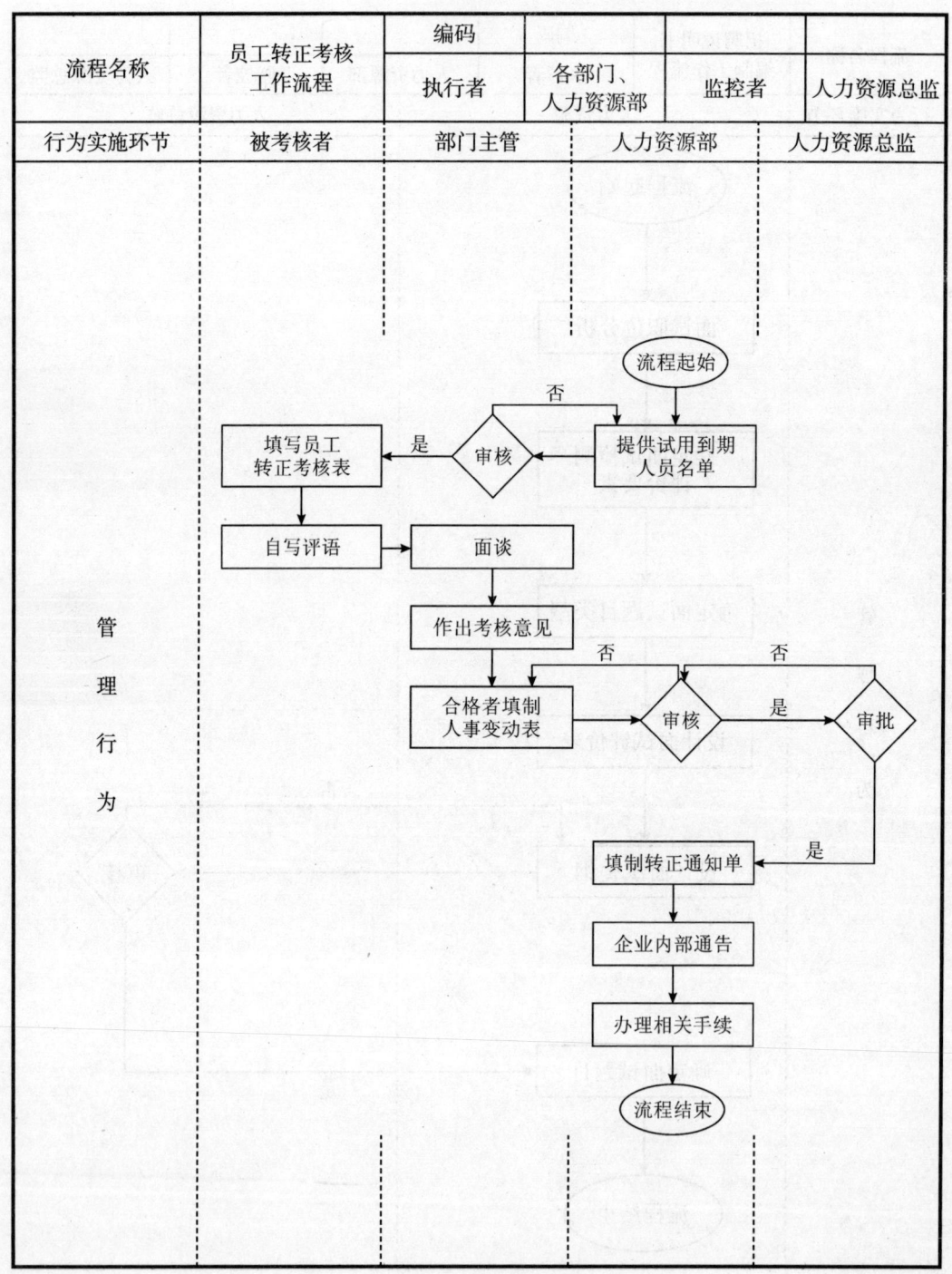

图8-8　员工转正考核工作流程设计

九、新员工入职工作流程设计

流程名称	新员工入职工作流程	编码			
		执行者	各部门、人力资源部	监控者	人力资源总监
行为实施环节	各部门	人力资源部	人力资源总监		总经理

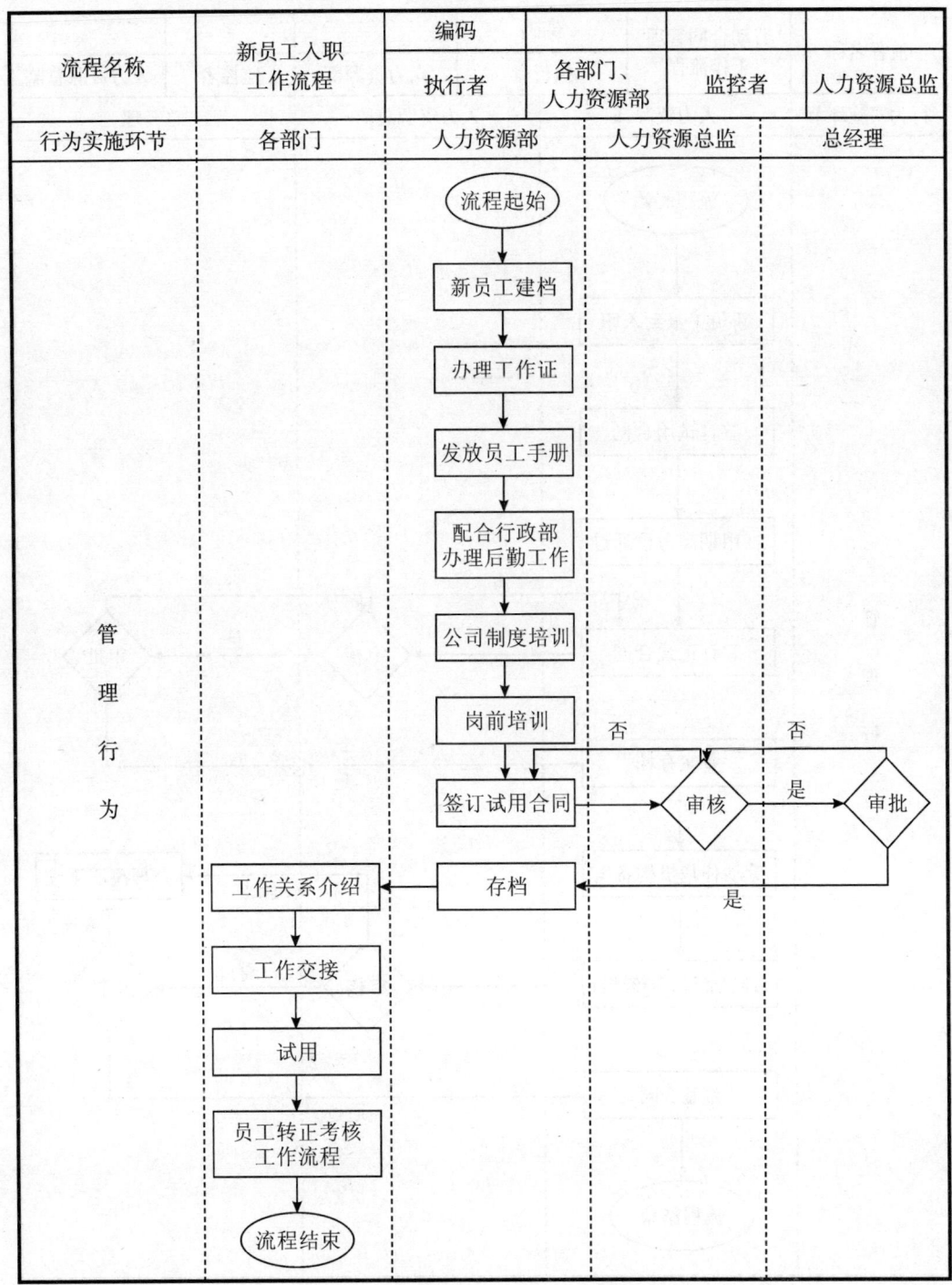

图8-9　新员工入职工作流程设计

十、劳动合同管理工作流程设计

流程名称	劳动合同管理 工作流程	编码			
		执行者	人力资源部	监控者	人力资源总监
行为实施环节	人力资源部	人力资源总监		总经理	

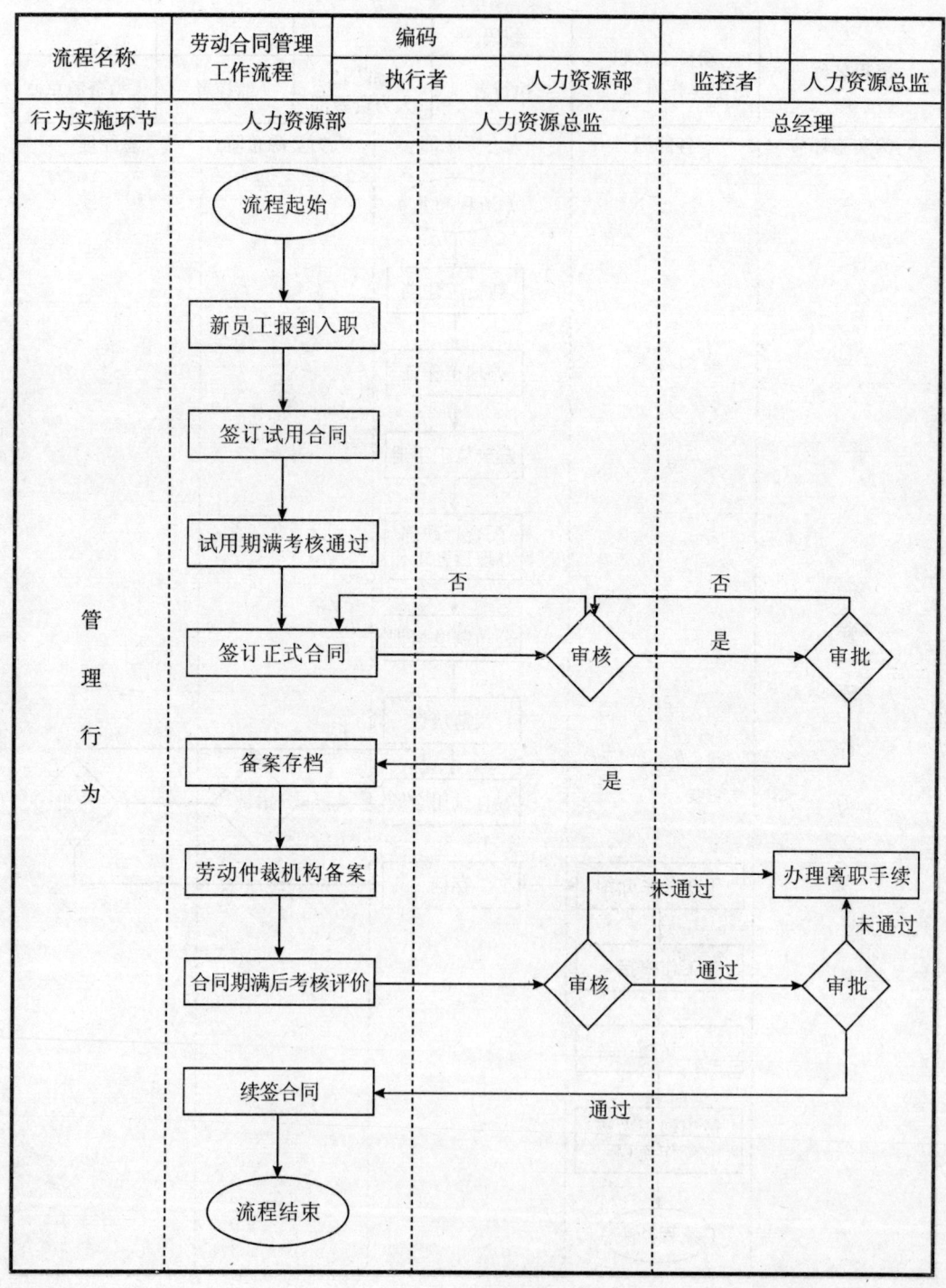

图8-10　劳动合同管理工作流程设计

十一、员工录用管理工作流程设计

流程名称	员工录用管理 工作流程	编码		监控者	人力资源总监
		执行者	各部门、 人力资源部		
行为实施环节	人力资源部	人力资源总监		总经理	

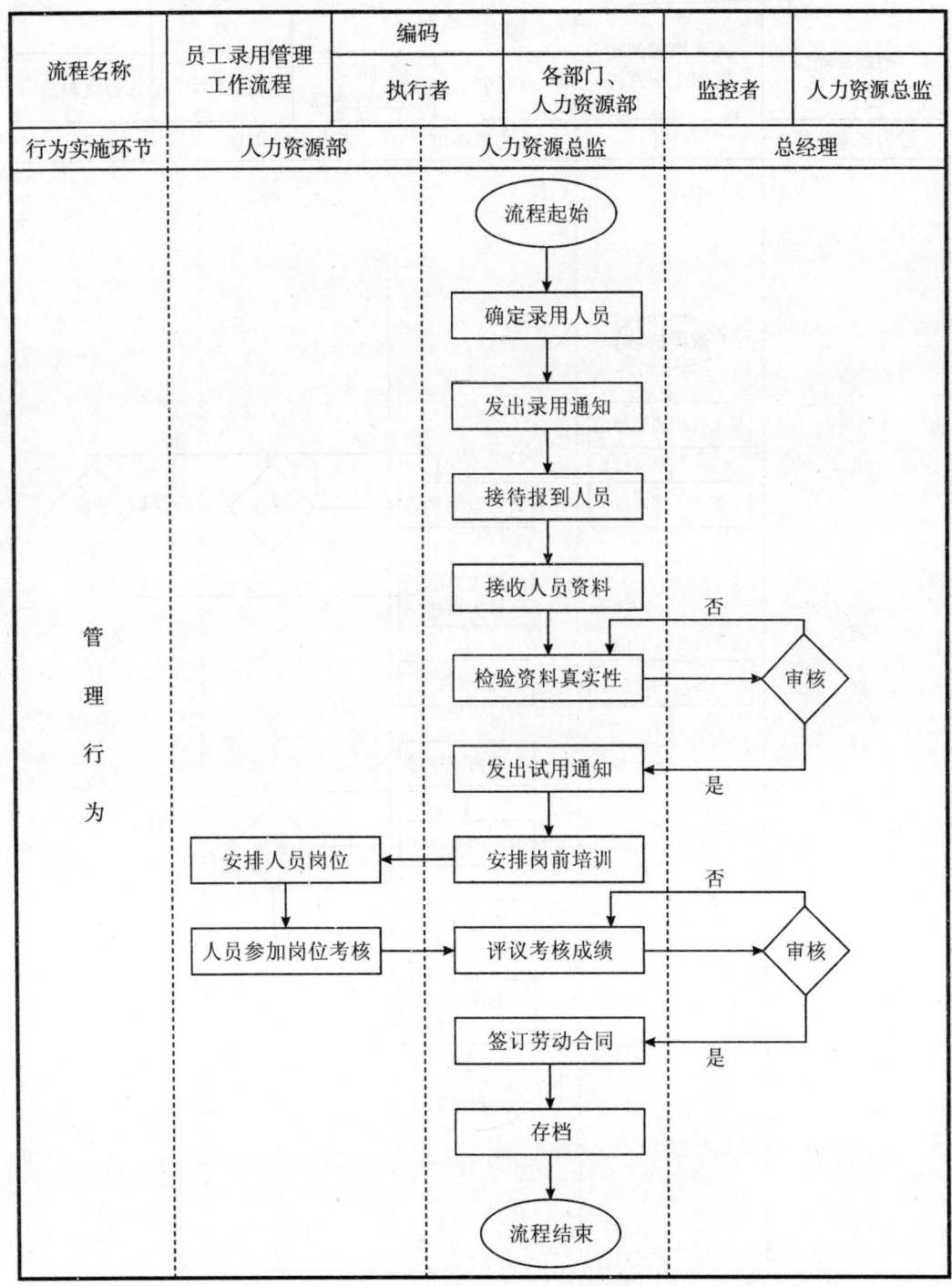

图8-11 员工录用管理工作流程设计

十二、人事档案调转工作流程设计

流程名称	人事档案调转管理工作流程	编码			
		执行者	各部门、人力资源部	监控者	人力资源总监
行为实施环节	各部门	人力资源部		人力资源总监	总经理

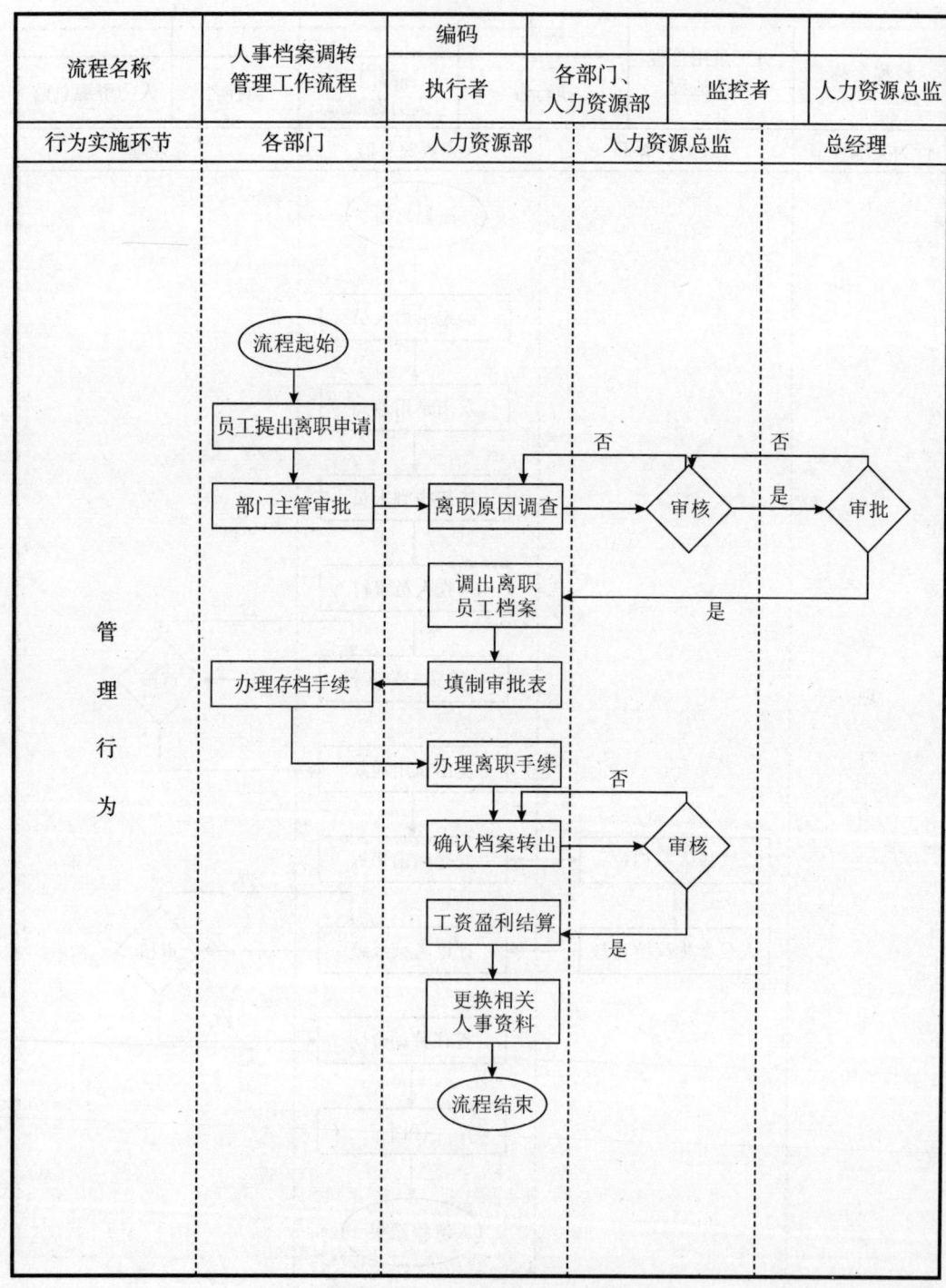

图8-12　人事档案调转工作流程设计

十三、劳动合同签订工作流程设计

流程名称	劳动合同签订工作流程	编码			
		执行者	各部门、人力资源部	监控者	人力资源总监
行为实施环节	各部门	人力资源部		人力资源总监	总经理

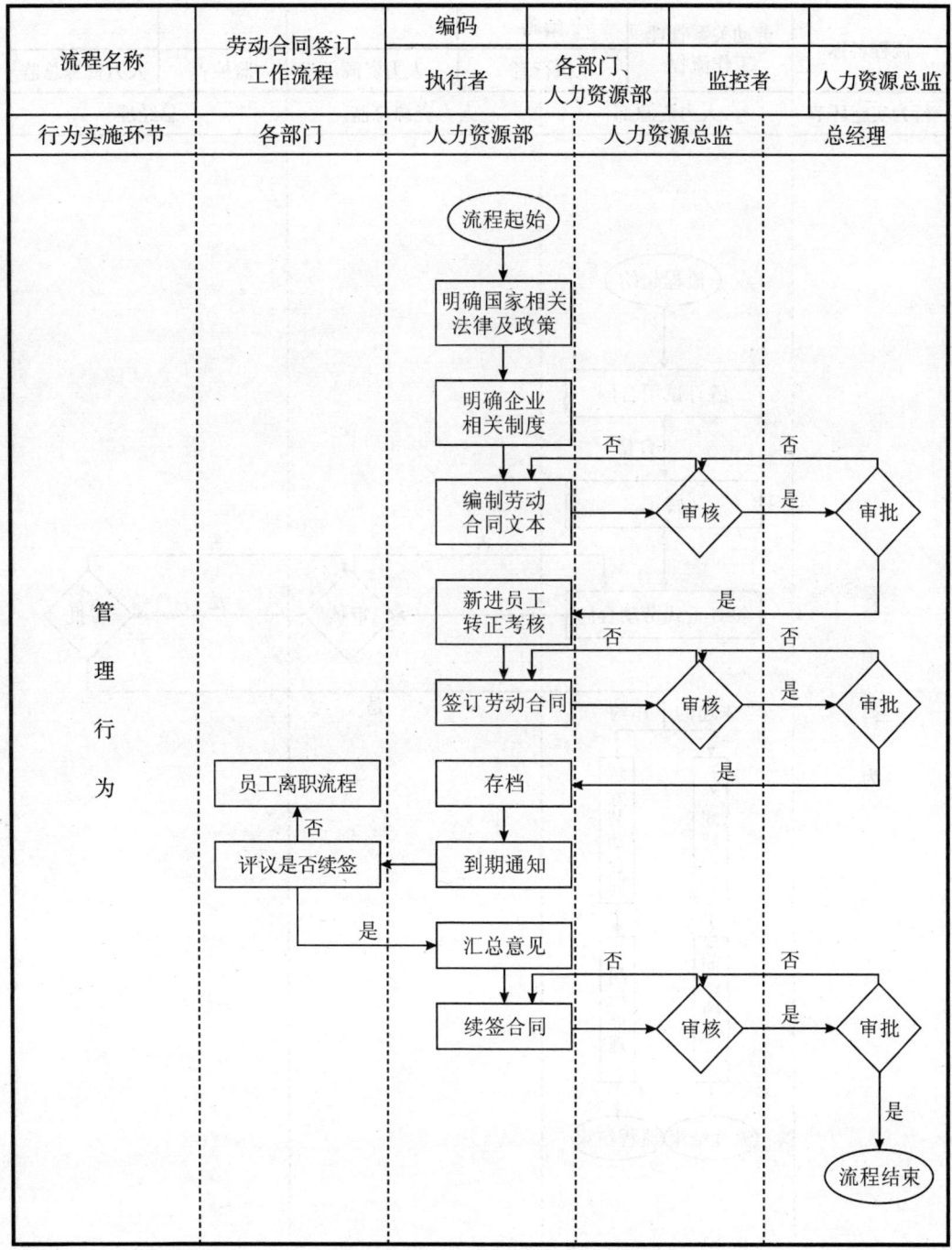

图8-13　劳动合同签订工作流程设计

十四、劳动关系管理工作流程设计

流程名称	劳动关系管理工作流程	编码			
		执行者	人力资源部	监控者	人力资源总监
行为实施环节	人力资源部		人力资源总监		总经理

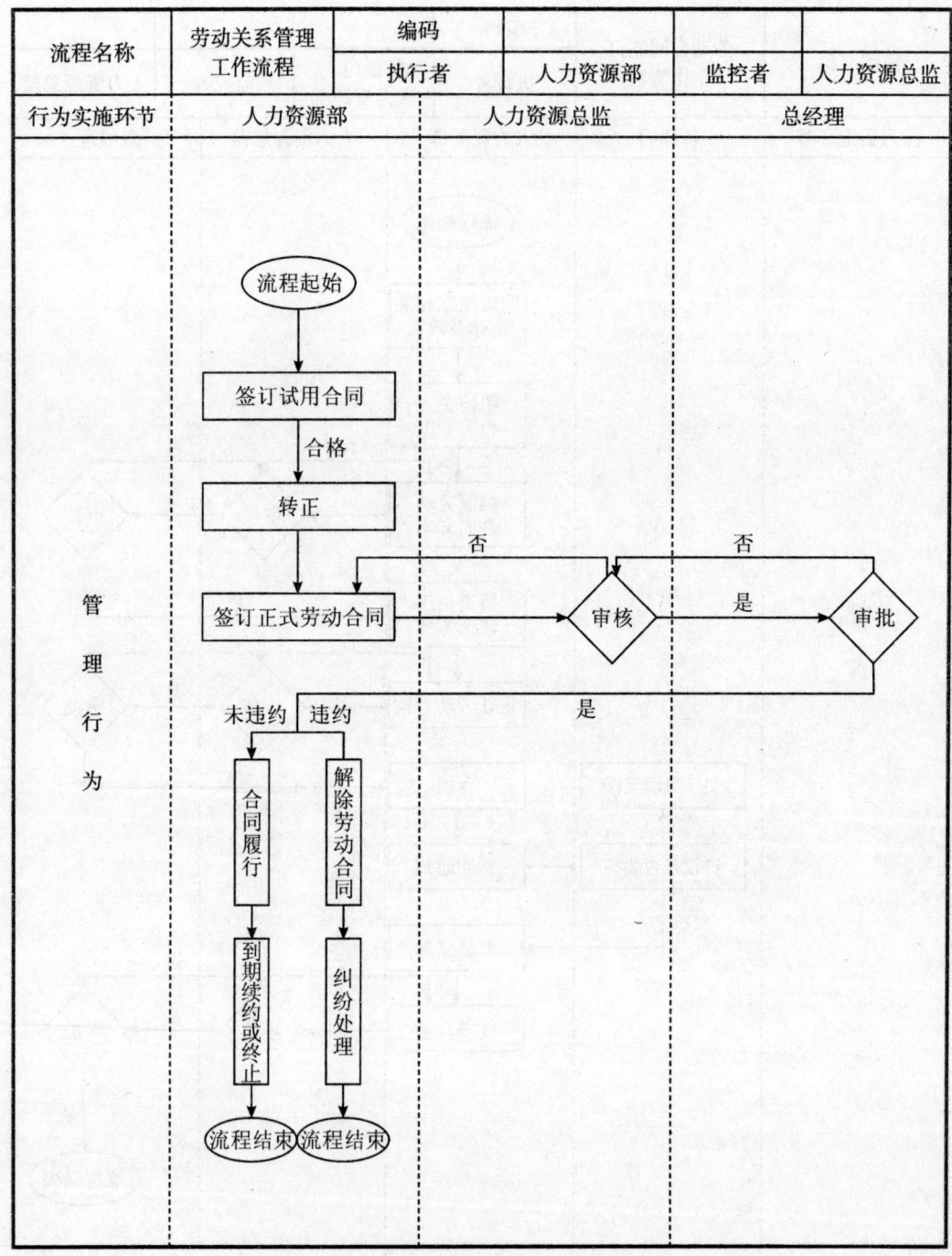

图8-14　劳动关系管理工作流程设计

十五、劳动纠纷处理工作流程设计

流程名称	劳动纠纷处理工作流程	编码			
		执行者	人力资源部	监控者	人力资源总监
行为实施环节	员工	法院	仲裁机构	人力资源总监	总经理

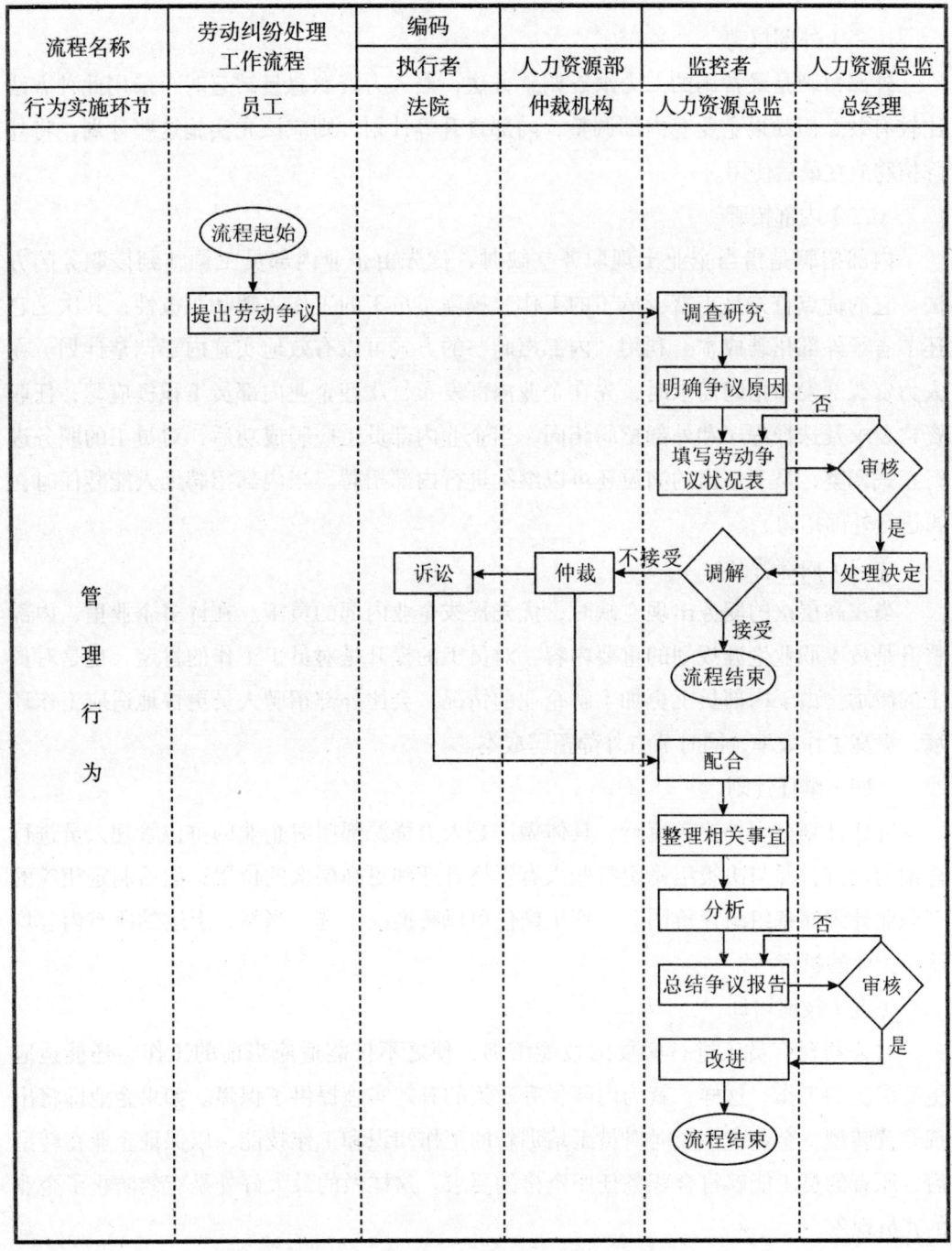

图8-15 劳动纠纷处理工作流程设计

十六、人力缺乏调整工作标准

（一）外部招聘

外部招聘是最常用的人力缺乏调整方法，当人力资源总量缺乏时，采用此种方法比较有效。但如果企业有内部调整、内部晋升等计划，则应该先实施这些计划，将外部招聘放在最后使用。

（二）内部招聘

内部招聘是指当企业出现职务空缺时，优先由企业内部员工调整到该职务的方法。它的优点首先是丰富了员工的工作，提高了员工的工作兴趣和积极性；其次是它还节省了外部招聘成本。利用"内部招聘"的方式可以有效地实施内部调整计划。在人力资源部发布招聘需求时，先在企业内部发布，欢迎企业内部员工积极应聘，任职资格要求及选择程序和外部招聘相同。当企业内部员工应聘成功后，对员工的职务进行正式调整，员工空出的岗位还可以继续进行内部招聘。当内部招聘无人能胜任时，再进行外部招聘。

（三）内部晋升

当较高层次的职务出现空缺时，优先提拔企业内部的员工。在许多企业里，内部晋升是员工职业生涯规划的重要内容。对员工的提升是对员工工作的肯定，也是对员工的激励。由于内部员工更加了解企业的情况，会比外部招聘人员更快地适应工作环境，提高工作效率，同时节省外部招聘成本。

（四）继任计划

继任计划在国外比较流行。具体做法是人力资源部门对企业的每位管理人员进行详细的调查，并与决策组确定哪些人有资格升迁到更高层次的位置；然后制定相应的"职业计划储备组织评价图"，列出岗位可以替换的人选。当然，上述的所有内容均属于企业的机密。

（五）技能培训

对公司现有员工进行必要的技能培训，使之不仅能适应当前的工作，还能适应更高层次的工作。这样，就为内部晋升政策的有效实施提供了保障。如果企业即将出现经营转型，企业应该及时对员工培训新的工作知识和工作技能，以保证企业在转型后，原有的员工能够符合职务任职资格的要求。这样做的最大好处是有效防止了企业的冗员现象。

十七、人力过剩调整工作标准

（一）提前退休

企业可以适当地放宽退休的年龄和条件限制，促使更多的员工提前退休。如果将退休的条件修改得足够有吸引力，会有更多的员工愿意接受提前退休。

（二）减少人员补充

当出现员工退休、离职等情况时，对空闲的岗位不进行人员补充。

（三）增加无薪假期

当企业出现短期人力过剩的情况时，采取增加无薪假期的方法比较适合。比如规定员工有1个月的无薪假期，在这一个月没有薪水，但下个月可以照常上班。

（四）裁员

裁员是一种最无奈但最有效的方式。在进行裁员时，首先，制定优厚的裁员政策，比如为被裁减者发放优厚的失业金等；其次，裁减那些主动希望离职的员工；最后，裁减工作考评成绩低下的员工。

十八、人力资源需求预测工作标准

在整个企业的发展过程中，企业的人力资源状况始终不可能自然地处于平衡状态。人力资源部门的重要工作之一就是不断地调整人力资源结构，使企业的人力资源始终处于供需平衡状态。

人力资源需求预测分为现实人力资源需求、未来人力资源需求和未来流失人力资源需求预测三部分。具体步骤如下：

（1）根据职务分析的结果，来确定职务编制和人员配置。

（2）进行人力资源盘点，统计出人员的缺编、超编及是否符合职务资格要求。

（3）将上述统计结论与部门管理者进行讨论，修正统计结论。

（4）该统计结论为现实人力资源需求。

（5）根据企业发展规划，确定各部门的工作量。

（6）根据工作量的增长情况，确定各部门还需增加的职务及人数，并进行汇总统计；该统计结论为未来人力资源所需。

（7）对预测期内退休的人员进行统计。

（8）根据历史数据，对未来可能发生的离职情况进行预测。

（9）将第（7）和第（8）统计和预测结果进行汇总，得出未来流失人力资源需求。

（10）将现实人力资源需求、未来人力资源需求和未来流失人力资源需求汇总，即能得出企业整体人力资源需求预测。

十九、人力资源需求供给预测工作标准

公司人才供给预测是为了满足公司对人才的需求，在将来某个时期内，公司从组织内部和组织外部所能得到的人才的数量和质量进行预测。

人才供给预测一般包括以下五个内容：

（1）分析公司目前的人才状况，包括公司人才的部门分布、技术知识水平、工种、年龄构成等，了解和把握公司人才的现状。

（2）分析目前公司人才流动情况及其原因，预测将来人才流动的态势，从而采取相应措施，避免不必要的流动，或及时补充人才。

（3）掌握公司人才提拔和内部调动情况，确保工作和职务的连续性。

（4）分析工作条件（如作息制度、轮班制度等）的改变和出勤率的变动对人才供给的影响。

（5）掌握公司人才的供给来源和渠道，人才可以来源于公司内部（如安排富余人才，发挥人才潜力等），也可以来自公司外部。

预测公司人才供给，还必须把握影响人才供给的主要因素，从而了解公司人才供给的基本状况。影响人才供给的因素可以分为两大类：

一是地区性因素。其中具体包括八个方面：①公司所在地和附近地区的人口密度；②公司当地的就业水平、就业观念；③公司当地的科技文化教育水平；④公司所在地对人才的吸引力；⑤公司本身对人才的吸引力；⑥其他公司对人才的需求状况；⑦公司在当地人才的供给状况；⑧公司在当地的住房、交通、生活条件。

二是全国性因素。其中具体包括五项内容：全国劳动人口的增长趋势；全国对各类人才的需求程度；全国各级各类学校的毕业生规模与结构；教育制度变革而产生的影响，改变学制、高校改革、改革教学内容等对人才供给的影响；国家就业法规、政策的影响。

在企业的运营过程中，企业始终处于人力资源的供需失衡状态。在企业扩张时期，企业人力资源需求旺盛，人力资源供给不足，人力资源部门用大部分时间进行人员的招聘和选拔；在企业稳定时期，企业人力资源在表面上可能会达到稳定，但企业局部仍然同时存在着退休、离职、晋升、降职、补充空缺、不胜任岗位、职务调整等情况，企业处于结构性失衡状态；在企业衰败时期，企业人力资源总量过剩，人力资源需求不足，人力资源部门需要制定裁员、下岗等政策。

总之，在整个企业的发展过程中，企业的人力资源状况始终不可能自然地处于平衡状态。人力资源部门的重要工作之一就是不断地调整人力资源结构，使企业的人力资源始终处于供需平衡状态。只有这样，才能有效地提高人力资源利用率，降低企业人力资源成本。

企业的人力资源供需调整分为人力缺乏调整和人力过剩调整两部分。

二十、企业定员的标准与方法

定员是企业单位在用人方面的一种标准。更确切地说，它是企业单位在一定的生产技术组织条件下，为了保证企业生产经营活动正常进行，而规定的各类人员配备的质量要求和数量界限。

定员的概念在内涵和外延上，与劳动定额有所不同。劳动定额是指企业在一定的生产技术组织条件下，对劳动者生产某种产品或完成某项工作任务的劳动消耗量所规定的限额。在企业中可以实行劳动定额的工作岗位、工种必须具备以下条件：

（1）企业的基本生产过程可分解为许多工序（或工步、操作），并且在不同的工作上按工序组织生产。

（2）劳动成果的大小、多少直接决定于劳动者的劳动消耗量，并且直接可以用实物产品或单位产品的工时消耗来表示。

（3）劳动者使用的设备一般是中、小型设备，设备的转速、工艺用量可以调整，必须由人来使用、操纵，采用一人一机或一人多机的管理形式。

从上述的三种基本条件来看，在企业中可以实行劳动定额（工时定额、产量定额和看管定额）的岗位、工种是有一定范围，而定员的范围却广得多，无论企业的规模大小，在生产类型、产品方向、工作岗位、技术复杂程度等方面有何不同，凡是有劳动者从事经营管理、生产活动的工作岗位，都要实行定员管理，并且在企业实行劳动定额的工种、生产岗位，也要确定定员。

定员与劳动定额是两个不同的概念。劳动定额所确定的是劳动者的具体活动的劳动消耗量，采用工时、实物产品等计量单位，而定员所确定的是一定时期内承担特定生产（或工作）任务的某一级组织的人数，采用人·年，或人·月的计算单位表示。一般来说，劳动定额通常与产品或某种劳务联系，其对象主要是企业中的员工，而定员与一定的劳动组织相联系，定员的核心是要解决全体员工的工作效率。简而言之，定员是要解决企业中各工作岗位配备什么样的人员，以及配备多少人员的问题，通过对企业用人方面的质量和数量规定，促进企业少用人，多办事，不断提高工效。

二十一、定员管理的标准

进行定员管理，有一个如何确定员工工作量的问题。例如维修车间，一个维修工应该负责几台设备的维修？纺织车间，一个挡车工应该看管几台织布机？诸如此类的问题等等。要解决这些问题，就需要建立定员标准。定员标准的建立，需要参照技术条件和组织条件，在不同的技术条件或组织条件下，有不同的定员标准。例如随着自动监管系统的设置，挡车工所看管的织机数量就会增加。在实践中，不同的员工和不同的企业，工作效益是不一样的，但定员标准必须相对统一，才能达到标准化管理的要求。每个企业、行业，或者国家制定的定员标准，对本企业、行业，或者国家有效，称为企业、行业或者国家的定员标准。

二十二、面试的一般技巧

（一）未雨绸缪，成竹在胸

面试人要事先确定需要面谈的事项及范围，写下会面的纲要，包括问题的次序及方式，并进行合理的安排及组合，把想问的话及方式与自己希望获知的资料加以配合。在面谈开始之前还要详细了解应聘者的资料，从中发现应聘者的个性、社会背景及对工作的态度、以后的发展潜力等等。对应聘者的资料了解得越多，越能在面谈时运用自如。

（二）例常发问，切入正题

面试者应该以应聘者预料得到的例常问题开始发问，如工作经历、文化程度等，然后再慢慢地过渡到正题部分。

（三）察言观色，烘托气氛

要密切注意应聘者的行为及反应。为避免太紧张而形成的压迫感，不使应聘者提供的资料不完全或受到扭曲，应尽量创造和谐自然的环境。面谈者不要对应聘者做人身攻击及自尊心上的打击，对所提的问题、问题的转换、问话时机以及对方的答复都要多加注意。

（四）面谈记录适可而止

面谈要有所记录，这是很必要的。但不要一直不停地记，这样反而会遗漏一些重要的事，也会给对方以束缚之感。有经验的人会尽量少地做当面记录，只是记录一些必要的事项，如希望的收入、待遇、可上班日期等，其他大部分内容只是记在心上，待面谈完毕后立即做简要的记录。有个原则要记住：如果应聘者对做记录的做法感到十分敏感或不安时，就应尽量少做记录。

（五）态度和缓，以静制动

面试时态度要缓和，细心地听，力求多了解。在应聘者停下来的时候，要安静地等待，不要暗示他回答自己的问题。观察他的举止，注意他的音调、回话的态度和反应，将你想知道的问题问得仔细些。对他提供的资料要有信心，不要表现出优越感或不可忍耐，更不要争论、说教或教训别人。

（六）言辞诚恳，掌握进程

回答问题要直爽而简洁，切勿企图出卖公司或工作。掌握进程，控制谈话，不要让谈话变成你单方面的发问，或者任由对方滔滔不绝地谈论他的工作经验。

（七）予人机会，圆满结束

在结束之前，要确定你是否问完了所有预先计划的问题，同时给对方一个机会，看有否遗漏之处要加以补充，或修正错误之处，然后再圆满结束面谈。

二十三、面试发问的技巧

一般来说，面试人发问的方式及问题可以决定从应聘者那里得到什么类型的资料。所以，面试者应运用一些发问的技巧来影响面谈的方向及进行的节奏。主要发问技巧有：

（1）开放式发问。即希望应聘者自由地发表意见或看法。开放式发问又分为无限开放式及有限开放式两种。无限开放式的问话没有特定的答复范围，目的只是让对方讲话，如"请你谈谈自己的工作经验吧。"有限开放式发问即对回答的范围和方向有所限制，如"你在原来那个公司完成工作任务时常遇到的困难是什么？"开放式发问一般在面谈开始阶段或讨论某一方面问题的起始阶段运用。

（2）封闭式发问。即希望对方就问题作出明确的答复。封闭式发问要比开放式发问更深入、更直接。典型的封闭式发问就是只让对方回答"是"或"否"。如"如果延长时间，是否会有助于你顺利完成销售任务？"封闭式发问可以表示两种不同的意思：如果在对方答复后立即提出一些和答复有关的封闭式问话，表示面谈者对他的答复十分注意；如果一直问些封闭式问题，就表示面谈者不想让对方多表示意见，或对他的答复不感兴趣。

（3）诱导式发问。即以诱导的方式让对方回答某个问题或同意某种观点。如"你对这一点怎么看？"或"你同意我的观点吗？"但运用时一定要把握好分寸，否则会给应聘者以紧张感，使其被迫回答一些他认为面试者想听但并非自己真正想说的话，从而使面试人不能获得有价值的资料。

二十四、面试追问的技巧

如果应聘者回答问题不完全、不正确时，面试人还要进行追问。下面介绍如何分析对方答复的不完全程度及其原因所在，及如何采取追问方式。

（1）探询式追问及其条件。探询式追问的问法有"为什么""怎么办""请再往下说""真是这样吗""你为什么这样想"等，或使用一些表情、手势来表达。

沉默也是探询式追问的方式之一，但时间掌握很重要。在对方谈话中断时，保持3～6秒钟的沉默，对方会很自然地往下说。这是鼓励对方继续往下说的最好方式。在面试过程中，对方回答问题时可能只绕着谈话主题兜圈子，提供的资料没有价值，也可能答非所问或避而不答。此时要分析一下原因，是由于误解了问题、不了解问题、没听懂问题还是不想回答，然后再用探询式追问，要求对方做更进一步的说明。

（2）反射式追问及其条件。反射式追问就是把对方所说的再重述一遍，以此来考验对方的反应及其真实意图。如对方认为这样的待遇不合理时，你可以说："依工作的性质、任用条件及其他因素来考虑，你认为这样的待遇不合理吗？"

当对方回答问题不完全或值得怀疑时，就要用反射式追问，鼓励应聘者对其不完整的答复加以说明或引申，以确认对方全面而真实的想法。

二十五、评价招聘工作的标准

招聘的目的在于了解应聘者的实际能力，如果应聘者受试的结果高于公司所要求的标准，应聘者就是一位公司所要求的人才，因此招聘应该符合以下标准。

1. 有效性

测试应围绕岗位要求拟定测验项目，内容必须正确、合理，必须与工作性质相吻合。例如，如果要挑选市场调查研究员，则所要测试的内容必须与行销、调查、统计和经济分析的知识有关，否则测试便毫无意义了。

2. 可靠性

可靠性是指评判结果能反映应聘者的实际情况，测试成绩能表示应聘者在受试科目方面的才能、学识高低，例如应聘者在行销学方面的测试成绩为90分，就应该表示他在这方面的造诣有90分的水准。

3. 客观性

客观性是指招聘者不受主观因素的影响，如成见、偏好、价值观、个性、思想、感情等；另外，应聘者的身份、种族、宗教、党派、性别、籍贯和容貌等因素不会因不同而有高低之差别。招聘要达到客观性，就必须在评分时摒除以上两种主观的障碍，这样才能达到绝对的公平。

4. 广博性

广博性是指测试的内容必须广泛到能测出所要担任的工作所需要的每一种能力，并且每一测试科目的试题应该是广泛的，而不是褊狭的。如要招聘一位医药业务代表，其测试的科目不能只限于医药专科知识一科，还要包括社交能力、英文、推销技巧等科目。

当招聘工作符合上述的有效性、可靠性、客观性和广博性四个标准时，招聘到的人选必然是能担当大任的。

二十六、招聘成本评估工作标准

1. 招聘成本评估

招聘成本评估是指对招聘中的费用进行调查、核实，并对照预算进行评价的过程。

招聘成本评估是鉴定招聘效率的一个重要指标，如果成本低，录用人员质量高，就意味着招聘效率高；反之，则意味着招聘效率低。

另外，成本低，录用人数多，就意味着招聘成本低；反之，则意味着招聘成本高。

公式为：

招聘单位=总经费（元）÷录用人数（人）

企业进行小型招聘时，成本评估工作很简单，如果是一次大型的招聘活动，一定要认真做好成本评估工作。

2. 招聘预算

每年的招聘预算应该是全年人力资源开发与管理的总预算的一部分。

招聘预算中主要包括：招聘广告预算、招聘测试预算、体格检查预算及其他预算。其中招聘广告预算占据相当大的比例，一般来说按4∶3∶2∶1的比例分配预算较为合理。例如，一家企业的招聘预算是5万元，那么，招聘广告的预算应是2万元，招聘测试的预算应是1.5万元，体格检查等的预算应是1万元，其他预算应是5 000元。

当然，每个企业可以根据自己的实际情况来决定招聘预算。

3. 招聘核算

招聘核算是指对招聘的经费使用情况进行度量、审计、计算、记录等的总称。通过核算可以了解招聘中经费的精确使用情况是否符合预算，以及主要差异出现在哪个环节上。

二十七、录用人员评估工作标准

（一）录用人员评估

录用人员评估是指根据招聘计划对录用人员的质量和数量进行评价的过程。在大型招聘活动中，录用人员评估显得十分重要。如果录用人员不合格，那么招聘过程中所花的时间、精力、金钱都浪费了，只有全部招聘到合格的人员才能说全面完成了招聘任务。

（二）录用人员的量和质

录用人员的量和质可用以下数据来表示。

1. 录用比

录用比=录用人数÷应聘人数×100%

2. 招聘完成比

招聘完成比=录用人数÷实际应聘人数×100%

3. 应聘比

应聘比=录用人数÷计划招聘人数×100%

（三）各种数据的评析

录用比越小，相对来说，录用者的素质越高；反之，则可能录用者的素质较低。

如果招聘完成比等于或大于100%，则说明在数量上全面或超额完成了招聘计划。

应聘比越大，说明发布招聘信息的效果越好，同时说明录用人员的素质可能较高。

（四）录用人员质量的评估

除了运用录用比和应聘比这两个数据来反映录用人员的质量外，也可以根据招聘的要求或工作分析中的要求对录用人员进行等级排列来确定其质量。

二十八、录用决策工作标准

在录用的过程中，要注意在合格人选条件差不多的情况下，优先录取那些工作经验丰富而工作绩效较好的人选。遵循重视工作能力的原则，如果合适人选的工作能力相当，则要优先录取那些工作动机较强的候选人。

作出录用决定时要集中精力，全力解决你所了解的事情，忽略那些你所不了解的事情。

在做最后的聘用决定时要记住以下四点：

第一点：使用全面衡量的方法。我们要录用的人才必然是符合企业需要的全面人才，对于我们所需要的各种才能分别赋予不同的权重，然后用加权法求出各个应聘者的得分总值。录用那些得分最高的应聘者。

第二点：尽量减少作出聘用决定的人。在选择聘用决定者人选时也要坚持少而精的原则，只用那些确定需要的人。为什么要把所有的人都叫来决定呢？那样做只会给录用决策增添困难，因为每一个人都有自己的录用偏好，都希望自己的建议得到采用，并为此而争论不休，浪费了大量的时间和精力，浪费了大量的金钱，而且，由于你们将讨论的是应聘者的长处和短处，这些材料外露不利于应聘者在企业中生存。

一般而言，作决定时只请那些直接负责考察应聘者工作表现的人，以及那些会与应聘者共事的人，如部门的同事，或那个部门的主管经理。

第三点：不要拖拖拉拉。如今，优秀的人才在市场上成为抢手货。谁都不希望看到这样的结果：花了许多时间作出决定，结果却发现你最终想录用的应聘者已经接受了别的工作，或他不再对你的那份工作感兴趣了。在录用决策时该出手就出手，切不可拖拖拉拉，以免延误时机。

你不能推迟录用时间，希望应聘者开出的筹码变小。否则的话，如果你与他人为争得这个优秀员工不得不竞相给出高价，或不得不重做招聘工作，那么费用肯定会上升。

你应该旗帜鲜明地开展工作，并要学会取舍，既要有勇有谋，也不能谋而不断。要尽快作出决定，然后付诸行动。

第四点：不能吹毛求疵。有些招聘者录用人才时喜欢吹毛求疵，希望十全十美，遇到一点小毛病便挑剔，永远都不满意。我们必须知道，世上永远也没有最优，只有最令人满意。我们必须分辨出哪些能力对于完成这项工作是不可缺少的，哪些是可有可无的，哪些是毫无关系的，抓住问题的主要方面，这样才可能录用到合适的人才。

二十九、通知录用工作标准

通知应聘者是录用工作的一个重要部分。通知分为录用通知书（表8-1）和拒绝录用通知书（表8-2），前者容易写，后者则比较难，需要有一定的语言技巧才能恰如其分地表达你的意图。

在通知被录用者方面，最重要的原则是及时。有许多机会都是由于在决定录用后没有及时通知应聘者而失去了。因此录用决策一旦作出，就应该马上通知被录用者。

在录用通知书中，应该讲清楚报到的时间、地点、方式，应该详细说明如何抵达报到的地点和其他应该说明的信息。此外，表示对新员工的欢迎也十分重要。

表8-1

录用通知书

_____先生/女生

我们向您表示祝贺！我们现在很高兴地通知您，我们企业向你提供_____职位。

接受该职位的工作意味着您应该完成下列的工作职责_____，并对_____负责。您的薪酬将是每月_____元。

我衷心希望您能接受该职位的工作。我们会为您提供良好的工作环境，优厚的薪酬和极好的发展机会。

我很希望在_____月_____日之前获得您是否接受该职位的消息。您如果有什么问题，请及时与我联系。我的联系电话是_____。期盼您的答复。

此致

敬礼！

人力资源部经理

在通知中，让被录用的人知道他们的到来对于企业的经营业绩的提高有很重要的意义。这将有力地吸引被录用者。对于所有被录用的人，应该用相同的方法通知他们被录用了。不要有的人用电话通知，有的人用信件通知。

同样，应该用同样的方式通知所有你未录用的应聘者。当然，通知内容的写法是需要一定技巧的，应该本着坦率、诚恳、善意的原则。

表8-2 是一封典型的拒绝录用通知书

亲爱的_____先生/女士：

感谢您对公司会计一职感兴趣。我们已经认真研究了您的申请表以及您在评估活动中的表现。许多人都申请了这一空缺的职位。为了保证一致性和公正性，我们就与工作有关的要求对每一位应聘者进行了评估。

我们研究了您的条件和表现后，觉得您不太符合这份工作的要求。因此，我们无法给您提供这一职位，也无法将您的申请表参加进一步的选拔。

再一次感谢您对本公司的厚爱。相信您在以后的求职中会有好运气，相信您会找到与您的条件相符的公司。

人力资源经理

录用决策作出后，便进入新员工就位的阶段。

三十、签订协议工作标准

在聘到新人之后，就要与其签订有关的用人协议。协议中最重要的内容是关于员工的待遇问题，在确定员工待遇问题时，下面的策略有助于双方达成一个"双赢"的协议。

首先，要明确你想雇用的职务的市场价值是多少。不要认为你现在出的工资或你付给上一位做这一工作的人的工资已经准确地反映了市场价值。你可以通过许多科学的渠道来了解有关资料。

你会了解到你出的工资高于或低于正常的市场价值。如果你出的薪水很高，与应聘者在待遇方面达成共识是很容易的。如果你出的价钱比市场价值低，那么你可以用如下方法来解决难题：要么提高待遇；要么降低用人标准，另聘新人；要么说服员工接受此待遇。

其次，一旦知道了符合你能力要求的员工目前的市场价值，那么你需要知道自己的浮动范围有多大，极限是多少。在与应聘者协商待遇问题时，一定要心中有数，有自己的最高限和最低限。

要了解应聘者对自己人力资本价值的判断。

应聘者可能会觉得由于自己的特长和能力，他应享受的待遇高于市场平均值，这也是合情合理的。接下来，你需要决定是否愿意为他的特长和能力付出更多的钱。如果你觉得不值，不用理他，继续其他的工作。

应聘者所希望的薪水也许要比你准备给的少。在这种情况下，你会心中窃喜地出个低价，为你的这个"买卖"而高兴。但请注意，你的新员工迟早会发现你出的薪水太低了。那样，则会对谁都不利。建议你能如实相告，适当提高待遇水平。

当然，你很可能会与应聘者相持不下，你需要观察谁占优势。换句话说，谁占上风。一旦搞清楚了这一点，你就会知道到底谁需要谁。很显然，占上风的将坚持自己的条件，而占下风的无疑要作出必要的让步。

你可以抓双方谈判中的重点问题进行研究，对重点问题要集中力量解决，如月工资、员工福利保险等。

在双方长时间的谈判之后，你就应该对你能提供的待遇作出判断。要注意诚恳待人，不要许诺你根本不可能做到的事，更不要过分吹嘘。

切记，不要无休止地等待。如果你向应聘者提出待遇条件后，两三天之后没有得到答复，那就主动跟他们联系，问问他们是否有什么问题需要解决。但是要小心，如果应聘者在跟你"耍手段"（如反复权衡各个公司提出待遇条件，从而选择最佳的），建议你不要陪他们玩。你应该警惕："这样的人是我想要的吗？"

在经历了谈判之后，你将与新员工签订具有法律效力的协议，双方都要严格遵守。

第九章

人员培训方案

一、培训管理工作流程设计

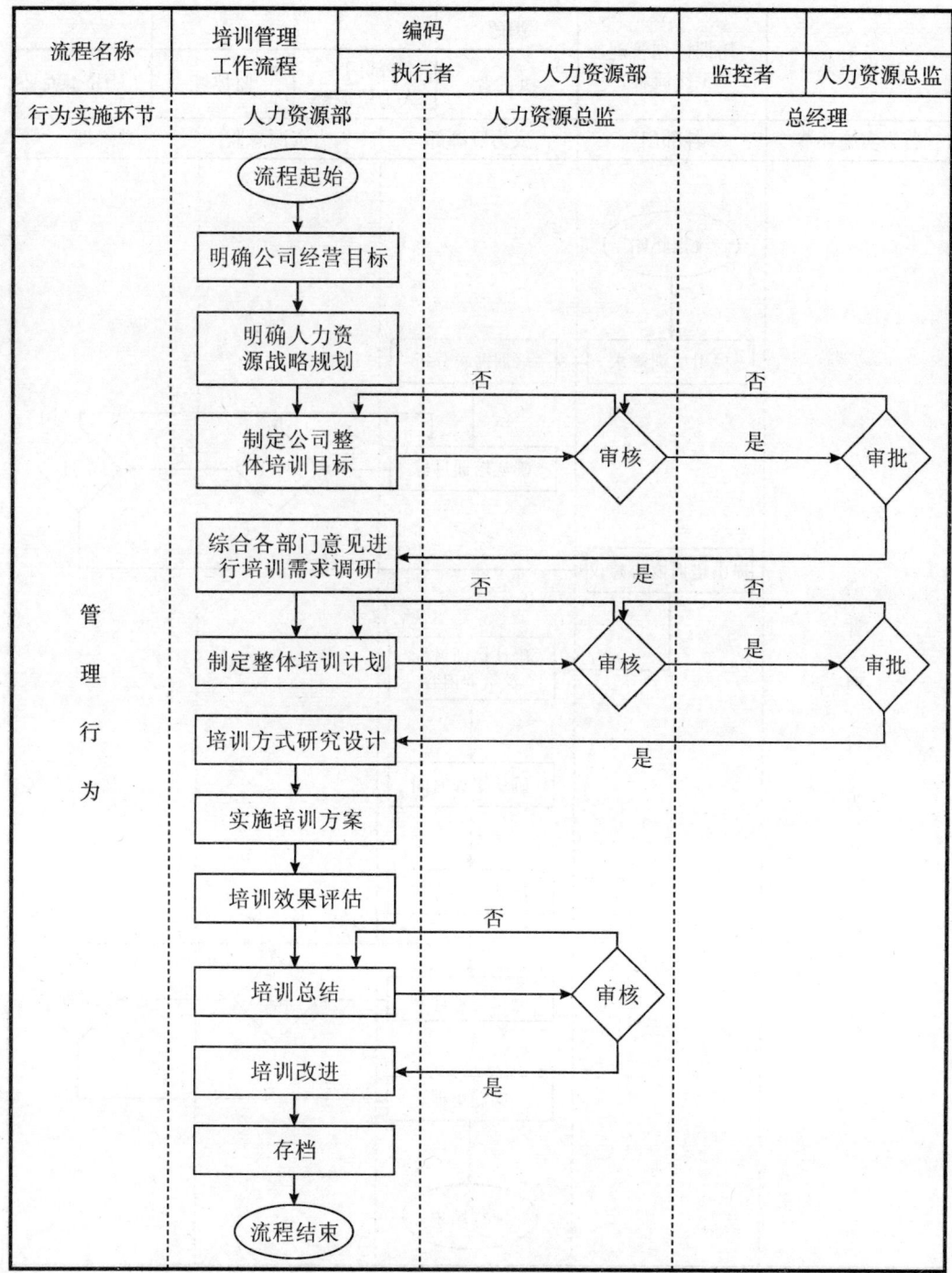

流程名称	培训管理工作流程	编码			
		执行者	人力资源部	监控者	人力资源总监
行为实施环节	人力资源部	人力资源总监		总经理	

图9-1 培训管理工作流程设计

二、培训计划管理工作流程设计

流程名称	培训计划管理工作流程	编码			
		执行者	各部门、人力资源部	监控者	人力资源总监
行为实施环节	各部门	人力资源部		人力资源总监	总经理

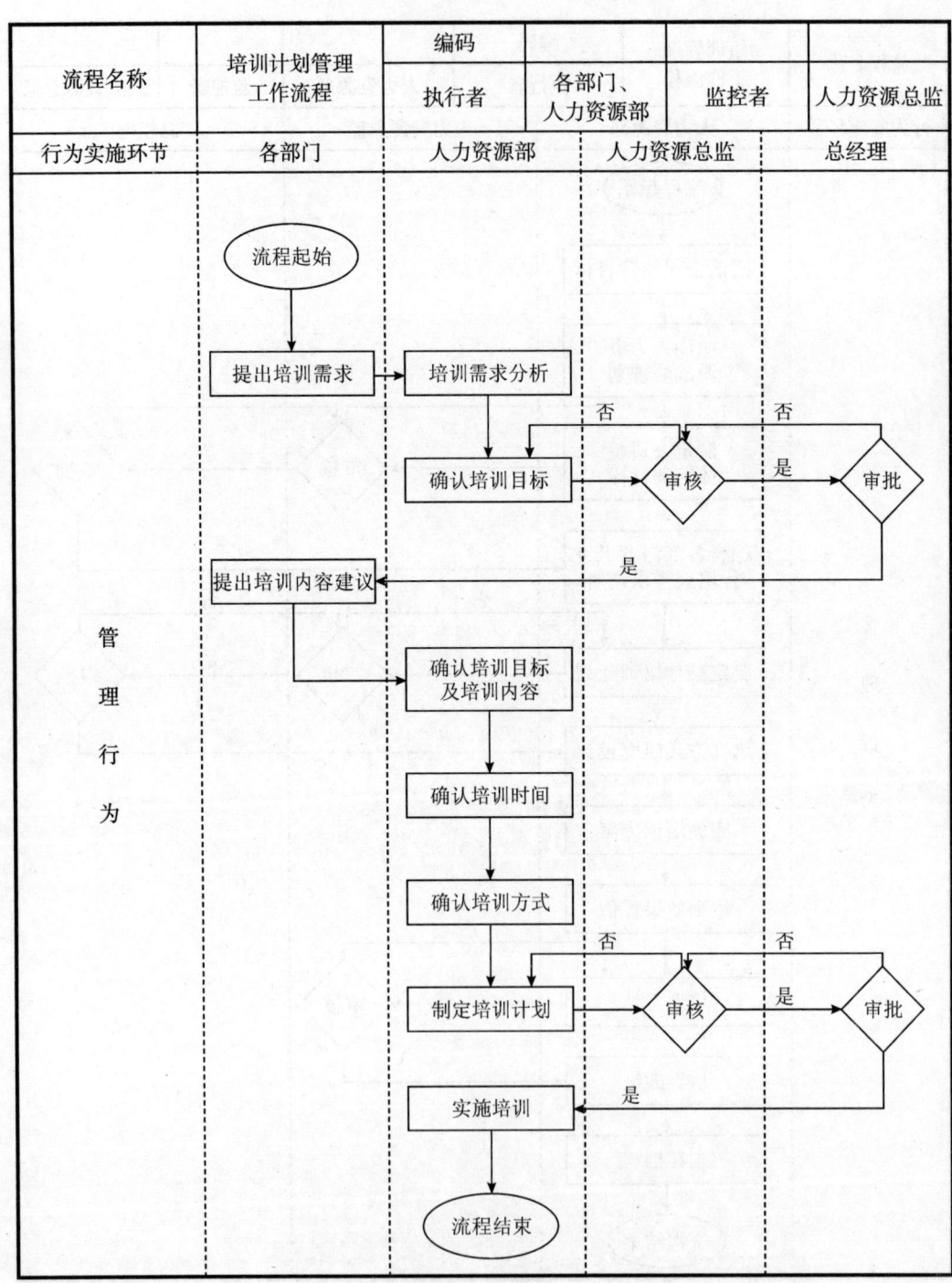

图9-2　培训计划管理工作流程设计

三、培训方案制定工作流程设计

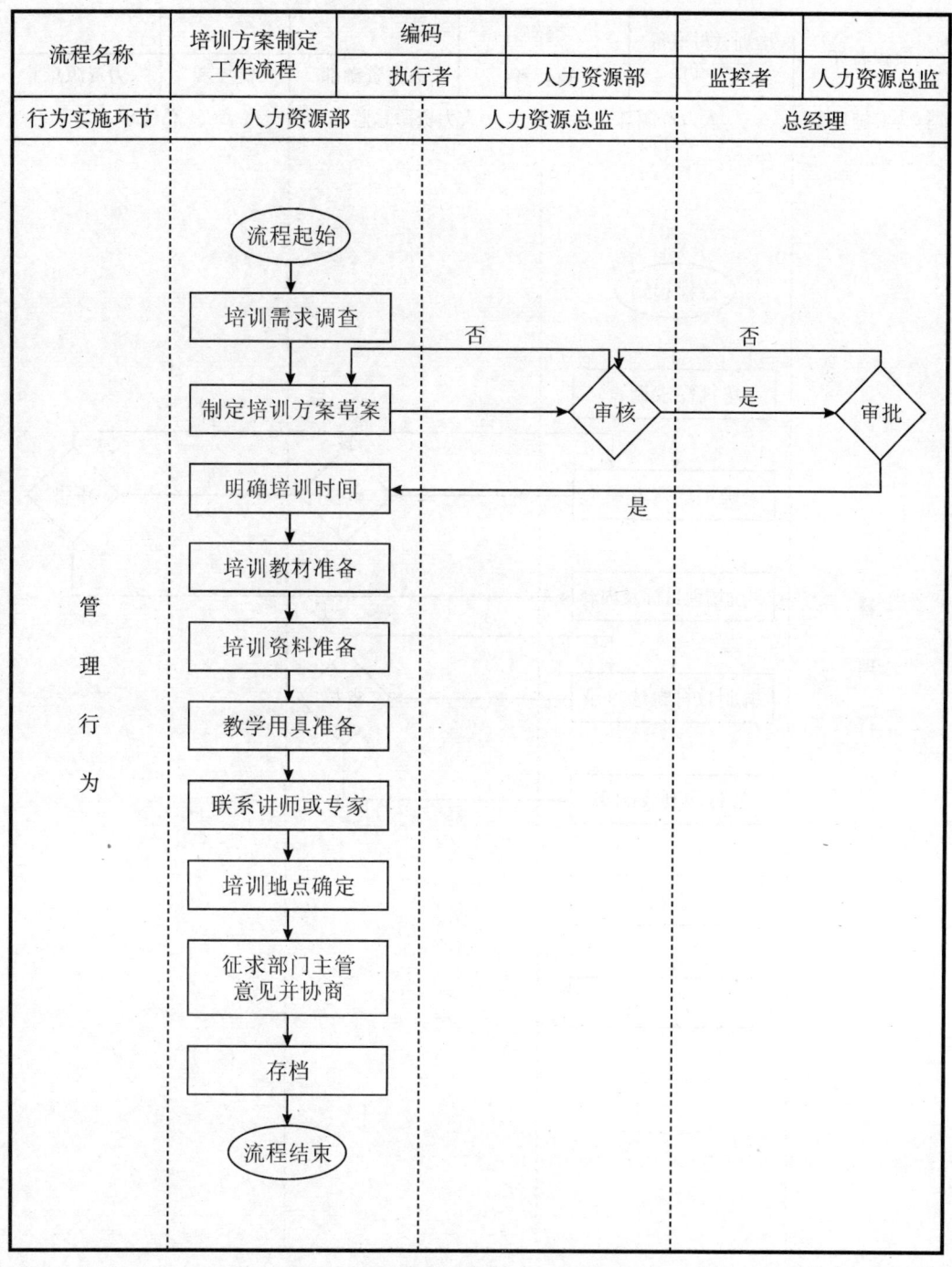

流程名称	培训方案制定 工作流程	编码			
		执行者	人力资源部	监控者	人力资源总监
行为实施环节	人力资源部	人力资源总监		总经理	

图9-3　培训方案制定工作流程设计

四、培训教材准备工作流程设计

流程名称	培训教材准备工作流程	编码			
		执行者	人力资源部	监控者	人力资源总监
行为实施环节	人力资源部		人力资源总监		总经理

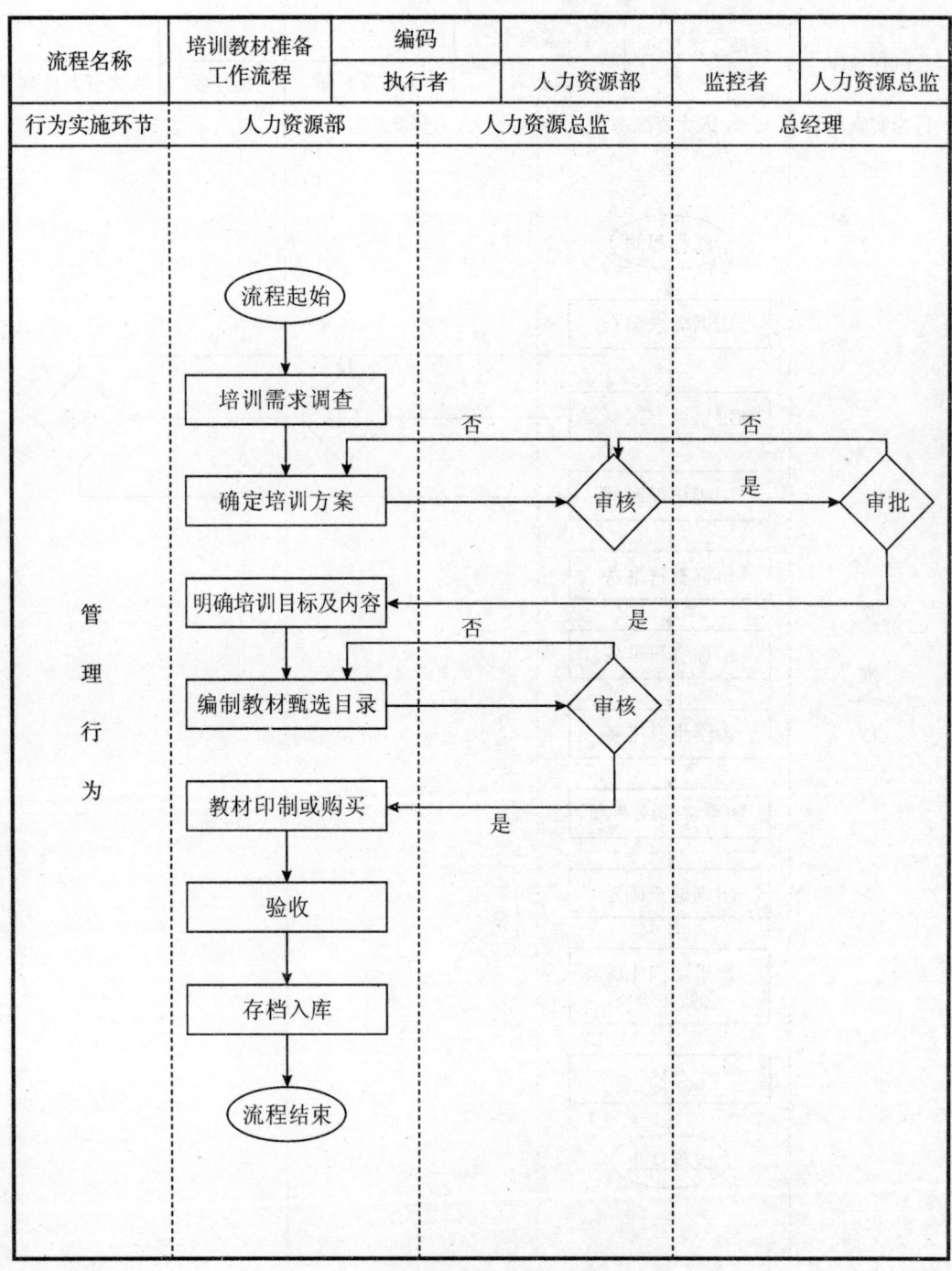

图9-4　培训教材准备工作流程设计

五、培训实施工作流程设计

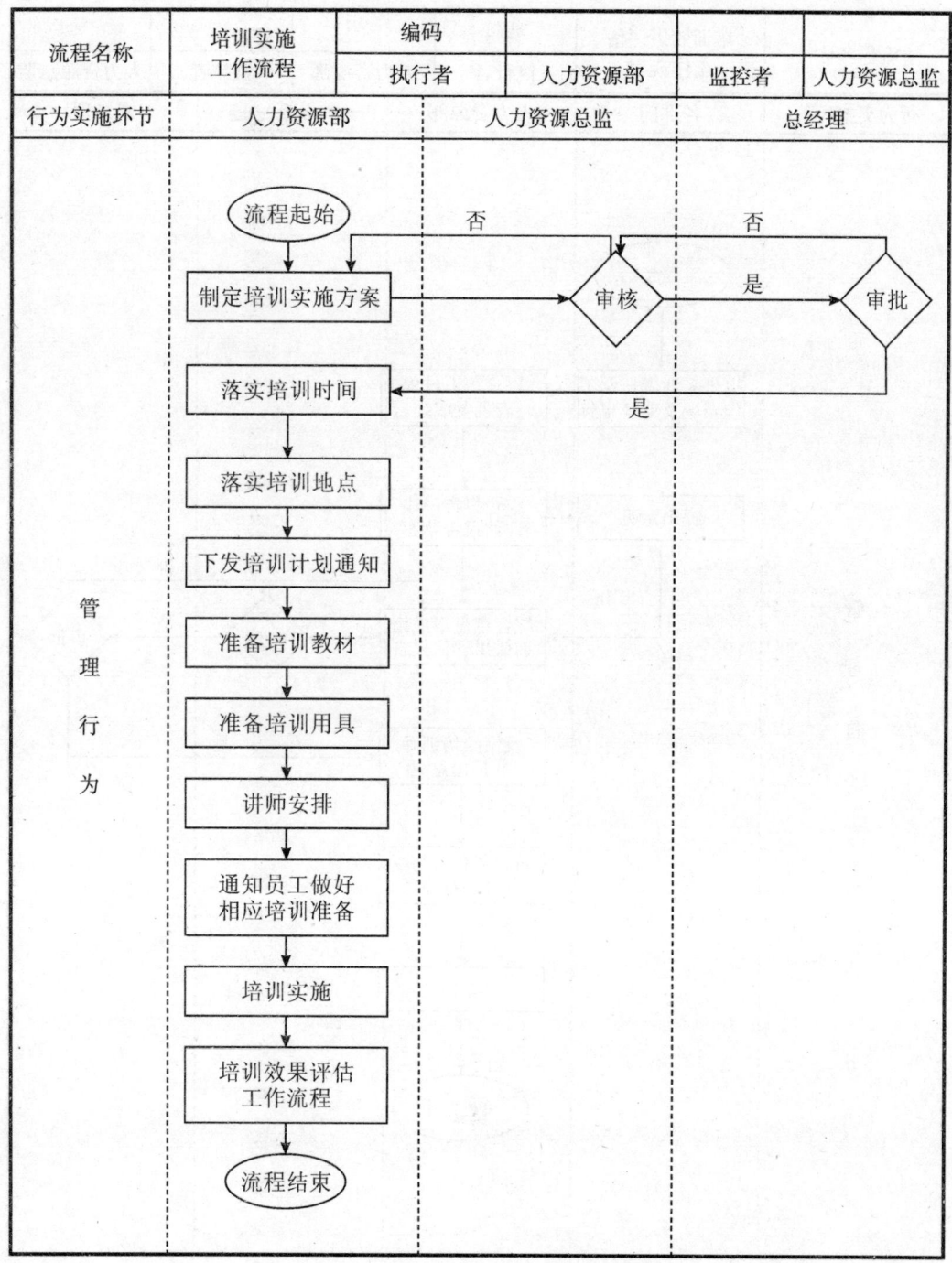

图9-5 培训实施工作流程设计

六、培训效果评估工作流程设计

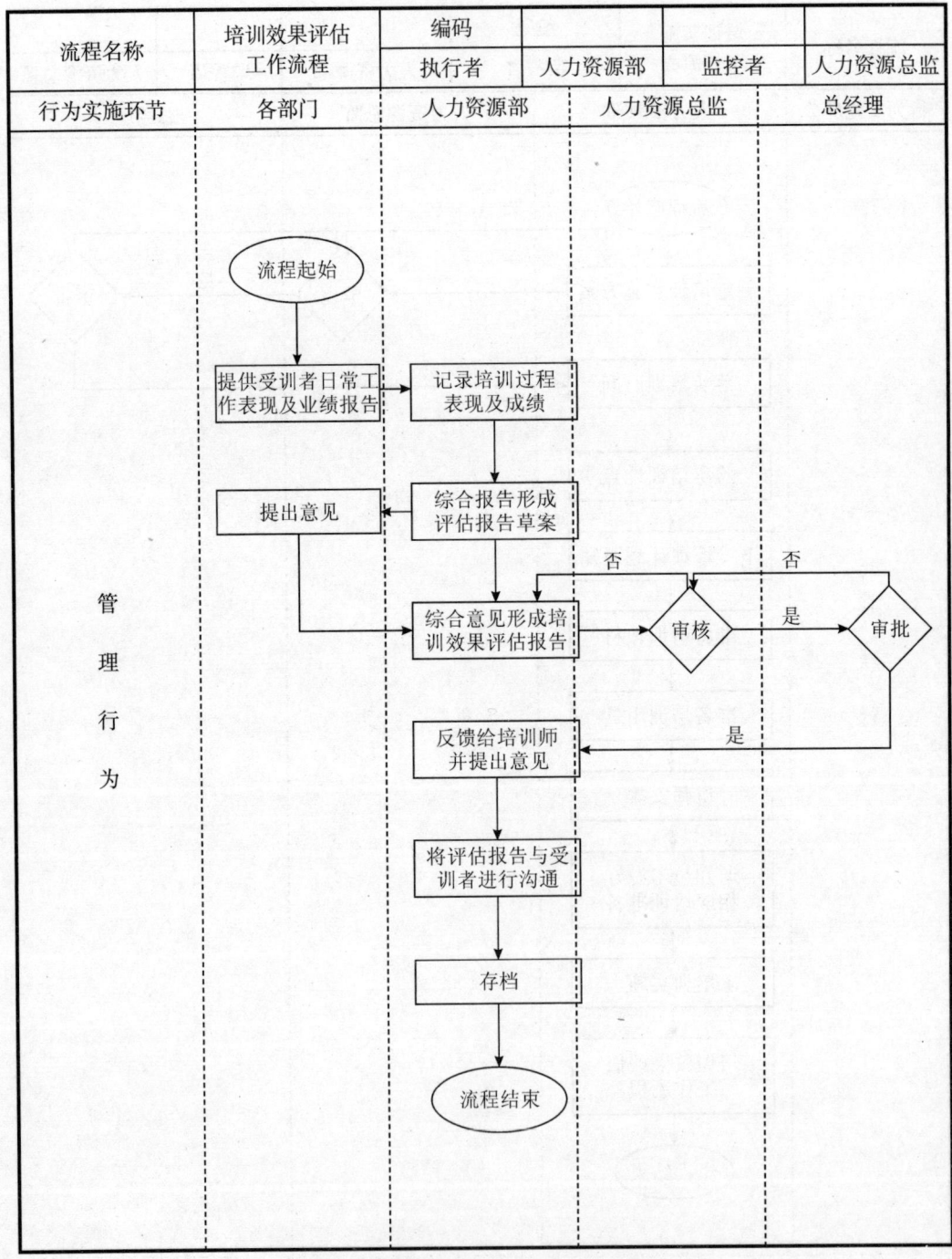

流程名称	培训效果评估工作流程	编码			
		执行者	人力资源部	监控者	人力资源总监
行为实施环节	各部门	人力资源部	人力资源总监	总经理	

管理行为

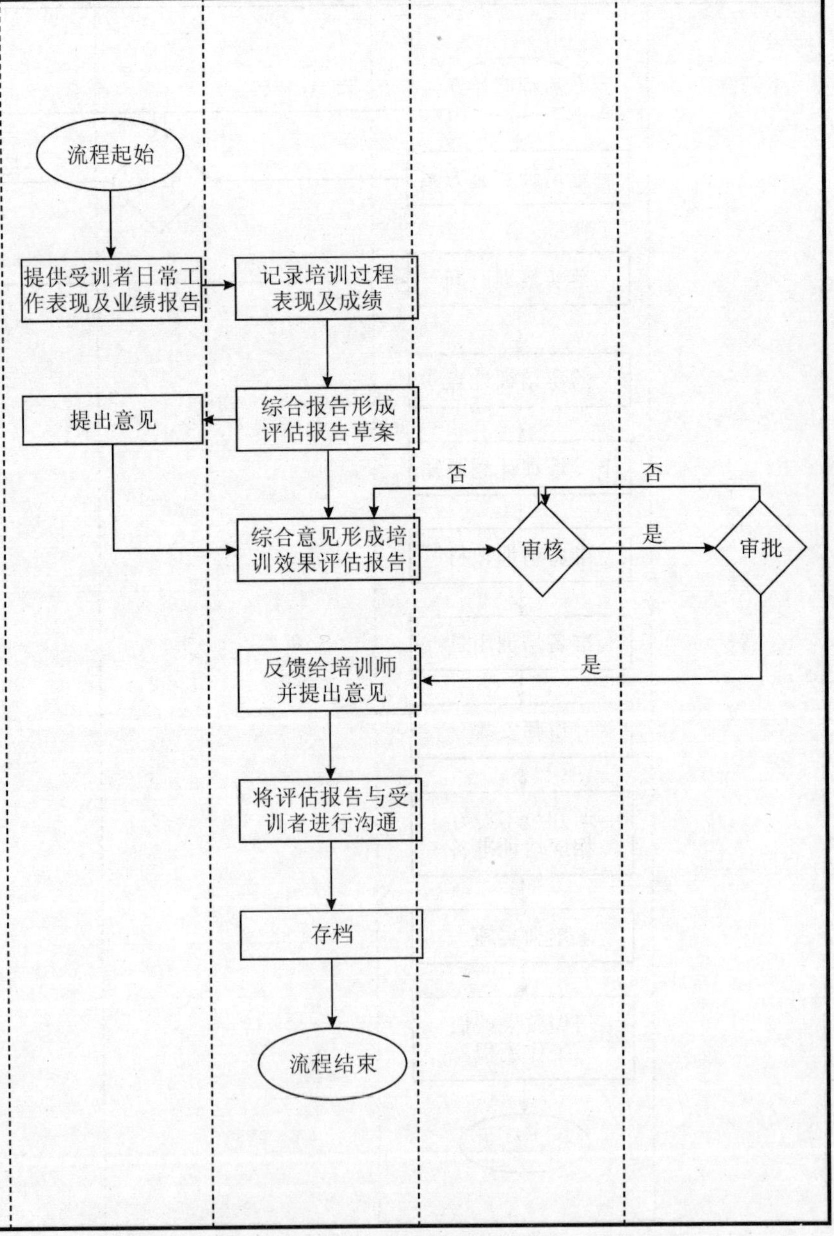

图9-6　培训效果评估工作流程设计

七、培训资料管理工作流程设计

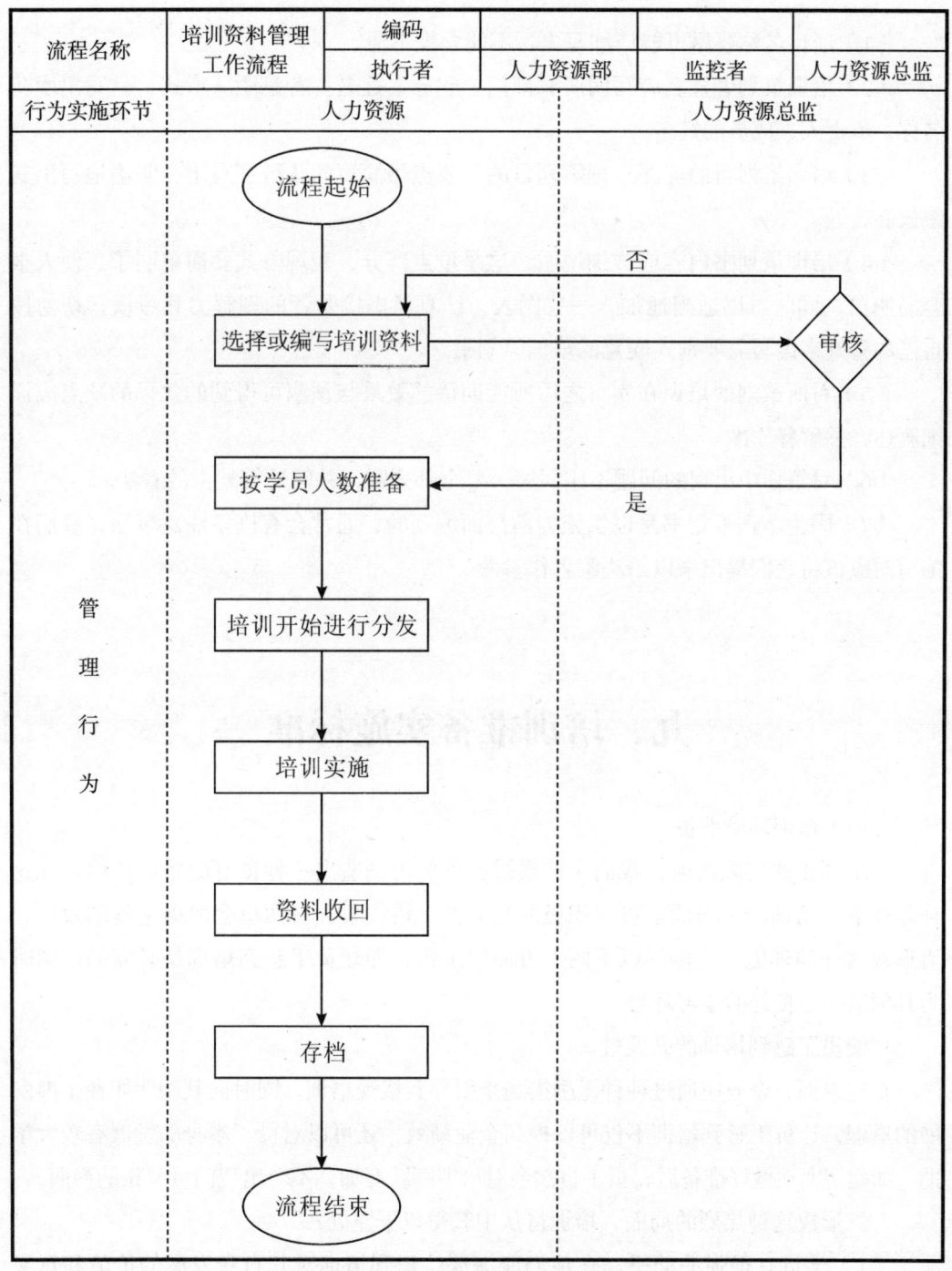

流程名称	培训资料管理工作流程	编码			
		执行者	人力资源部	监控者	人力资源总监
行为实施环节	人力资源			人力资源总监	

图9-7　培训资料管理工作流程设计

八、培训计划编写标准

（1）项目名称要尽可能详细写出，不能含糊不清。

（2）培训策划者姓名应写明所属部门、职务、姓名。若是团队形式，就写出团队名称、负责人、成员的姓名。

（3）培训策划目的应注意把策划目的、要点用简短的几行字写出，明确地写出其中核心之处。

（4）培训策划书内容应详细说明，这是重点部分，表现方式要简单明了，使人很容易明白，同时可以适当地加入一些图表，认真考虑接受者的理解力和习惯，切勿按自己的喜好来编写需要别人同意的培训策划书。

（5）对所策划的培训在实行之后所能期待的效果与预测可得到的效果的缺点应详细阐述，并解释原因。

（6）对策划中出现的问题不应回避，要全部列明，并阐述策划人的看法。

（7）因为培训策划书是以实施为前提而编制的，通常会有许多注意事项，我们在编写时应该将它们提出来以给决策者作参考。

九、培训准备实施标准

（一）培训环境准备

在培训正式实施之前，我们应该通过各种努力创造出一种良好的培训环境。在这种环境下，培训的一切活动将有积极的导向性，最终培训自然也会取得绝佳的效果。为形成这样的环境，应做好以下两大方面的工作，即让员工感到培训是必需的，同时为其创造一个良好的学习环境。

1.使员工感到培训的必要性。

在这方面，企业应通过种种激励措施来引导其接受培训，同时向其阐明职业生涯发展的道理，让员工感到培训不仅可以提高企业绩效，还可以对员工本身的发展有较大帮助。如此切实地做好准备后，员工自然会对培训踊跃有加，不会出现门可罗雀的局面。

一旦形成这种热烈的局面，培训将从中获得以下益处：

（1）学员有很强的动机。在他们能深深认识到培训对其自身发展的价值和意义后，学员会调动自身的所有资源，最大限度地利用培训给予他们的机遇。

（2）兴趣浓厚。在强烈动机的驱动下，学员对培训的一切都会表现出巨大的兴趣，不仅会努力去掌握传授的知识和技能，完成本次培训任务，也将对公司事务更为关注。

（3）参与的积极性将提高。因为学员现在已经将培训当成自己的事业，除了以学员的身份做好应做的工作外，也会积极开动脑筋，为管理层出谋划策，从而使得培训效果更好。

（4）"鲶鱼效应"。因一些积极者的状态不可能不对公司里的同事产生影响，从而在公司内引导出积极追求个人进步的良好气氛，所以对企业文化的改善和建设助益颇大。

总而言之，调动起员工对培训的积极性对一次培训乃整个公司者将有极大帮助。正如前面提到的，从外部加以适当的诱导是必要的，毕竟大多数人不是能够自行觉悟的，需要外力的推动，这种外力也就是压死骆驼的最后一根稻草。

2. 良好学习环境的建设。

对培训而言环境因素是激励员工参与培训的一个重要部分。环境好可能不一定能确保培训的成功，但培训环境过于让人无法容忍则会导致培训的失败。

（1）学习的设施。总的来说，培训设施应当让学员舒适，比如椅子要足够大，适宜于成人坐，培训场所的温度和通风应当合乎要求，而且布置应有美感、有吸引力、热情，颜色应是类似彩虹明亮部分的颜色，而不应是阴暗的颜色。培训学员既不应过于拥挤，也不应过于稀疏。另外，很重要的一点就是在设计培训场所时要布置好积极的心理暗示，如适当的口号、标语、展示牌等。这些内容在后面有关培训场所的部分将都会进行详细讲述。

（2）学习的软环境。培训软环境至少应该使学员认识到这是一次受重视的培训，能参加这样的培训是极幸运的。同时还应当显示出相互尊重的精神，学员相互尊重，培训者也尊重他们。

软环境还应显示出关心他人的精神，让学员感到安全，可以自由地表达自己的思想，而没有太多的拘束，同时它还应具有合作性而不是竞争性。学员乐于相互分享知识和技能，而不是怀有保守、猜忌，生怕他人超过自己的狭隘意识。

为了形成良好的学习软环境，可以事先分发一些旨在吸引学员的说明性材料，这样可以形成一种学习气氛，以第一印象在学员的头脑中形成一种期望和形象。另外，有意识地组织一些活动，如研讨会、大型会议、俱乐部等，也可使学员事先参加一些准备性活动，如要求他们提交一份他们有兴趣的问题清单，或进行一些准备性阅读，或收集一些资料。当然，这些内容需在日后的培训中发挥作用，否则学员就会因环境差而导致对培训产生抵触。

在这种学习环境的建设过程中，培训者无疑是一个关键性角色。其对学员意见的态度，将比口头上的号召更能决定相互尊重的程度。培训者应十分注意倾听学员的看法和问题，如果对他们的意思不够清楚，就把他们的意思用自己的话说出来，并问这是不是他们的意思。出于同一原因，对某些问题如果培训者能够坦率地承认其并不知道答案，并请提问者设法弄清答案并告诉其他人，这对良好学习环境的建设将有很大帮助。

（二）培训工具准备

随着电脑、网络技术的引进，一些培训工具本身事实上已经成为一种培训方法，所以选择培训工具与选择培训方法是一同进行的。

从这个角度来说，选择什么样的培训工具对培训影响也将是很重大的。

下面介绍可以选择怎样的培训工具以及应如何选择它。

培训工具一般被分成两种类型：一类是普通工具，即过去一直使用且易获得的诸如黑板、挂图之类的培训工具；另一类是较为新型的培训工具，它们大多与不断发展的技术相联系，如网络培训中所采用的那些培训工具。

1. 普通培训工具。

这类培训工具通常被用于课堂教学，现在用得很多，而且在未来的一段时间里仍可能如此。在网络化和数字化时代，类似黑板和幻灯片这样的老式工具将继续被使用并发挥很好的作用。

（1）黑板和白板。这种工具几乎到处都有，价格低廉，适用性极强。

（2）活动挂图。它的优势是方便携带，价格也较为便宜，且能吸引学员的注意力，有助于复习、更新知识和实际应用。

（3）录像机或光盘。事实上通过利用录像带或光盘来进行培训也是一个很普遍的做法，诸如此类的几种培训工具销售度也有很多。

（4）幻灯机。这也是一种经济、方便的培训工具。

2. 新型培训工具。

随着技术的进步，出现了很多不同的培训工具可供选用。它们中的大多数与个人电脑及其功能强大的外围设备与时下兴盛的网络有关，它们一般包括：

（1）电脑辅助培训一般要求编制系统软件，添置适用的硬件，还要有专业人士来制作教程。它可利用动画与多媒体技术，也可以应用其他各种可促进学习的技术。

（2）模拟器可以特别定制，价格昂贵。个人电脑由于使用了强大的可模拟其他系统的软件而在这方面取得巨大进展，由虚拟现实技术生成的模拟是目前最先进的模拟形式。航空公司就经常利用这种工具来训练他们的飞行员，并取得了很好的效果。

（三）培训工具的选择标准

选择培训工具最终的标准就是看能否提供最有效的培训。通常，购买现成的培训工具总比自己从头开始制作便宜得多。按客户要求定做的工具只有经济实力强大的企业才买得起。企业与企业不同，它们的成员也不一样。对于独特的培训需求，现成的培训工具并不总能满足，有时候企业仍需要定做。因此，企业有时要面对这样一个问题，即到底是买还是做培训工具？它的回答非常简单，即培训是否能达到你所期望的效果？

具体来讲，应该考虑这样一些因素。这些因素的重要性不一样，应按照需求及所掌握的资源进行权衡，看哪种因素更为重要，你也选定一些重要因素并指派数权数给它们，然后作出更为准确的决策。

事实上，在大部分情况下你对这些因素的重要程度都是可以直观感受到的，如果这些需要考虑的因素多得让你头昏脑涨，那大可不必自己在那里冥思苦想，请一位专家来帮你好了。

（1）培训预算。即使有申请大笔拨款的充分理由，只要资金不到位，那么开发一种独特的按要求定制的培训工具也只能是痴心妄想。

（2）培训的紧迫程度。假如在日益加剧的竞争中，公司的业绩已变得生死攸关，那么即使多花钱也要提高培训水平，让企业在竞争中获得一席之地。

（3）学员数量。假如只有少数几个人，比较合理的方法是把他们送出去代培；而如果有几百人，那么按要求特别组织企业内部培训理所当然。

（4）培训场所。你将在几个地方培训还是只在企业集中培训？如果在几个地方培训，那么考虑的中心问题是相互之间的距离，就可以考虑自制一个远途网络培训系统。

（5）现有培训工具。若现有培训工具能够使用，那就大可不必浪费大量钱财去设计新系统。

（6）培训师问题。你能否保证能找到适合的培训师？

（7）培训资源。如电脑、设备、场所、材料等情况如何？它对你所做的决定影响也是很大的。

（四）培训场所准备

通常，每一个企业都应有自己的固定培训场所，假如使用宾馆则可能会使学员分心，而且成本也太高，只有宾馆才会从你的投资中受益。一般水平的花费就很合理，超支只会成为资源的浪费。你需要经常问自己："培训是使别的公司还是我自己受益更多？"

另外，如果你的公司里没有内部培训设施，则是在向员工表明对培训缺乏信心。

也许你公司场地有限，那就应竭尽全力，比如减少会客室面积，而增加一个培训场所。公司往往浪费许多空间贮存纸夹这样的东西，而拿不出空间培训员工，显然这是很荒谬的。

在拥有一个正儿八经的培训场所之后你就要保证让它明亮宜人，设施舒适，且可以控制那里的气氛。

如果在这里训练1年，就要用2天，甚至整整1周，买一些合适的设施，从而让学员们知道，你对他们是很关心的，这也有助于保证他们积极参加培训。如果让学员们坐在不舒服的座位上，则很难要求他们做到专心致志地学习，如果连在48小时之内所学过的东西都记不住，那么这种培训的效果就无法保证。

总的来讲，培训场所可用多种不同方式加以布置；主要考虑的因素是必须满足培训要求，且使学员感到舒服。对于一次为时只有半小时的培训课来说，这并不是什么问题；然而假如学员因连续3天注视位置不当的屏幕而弄得头颈酸痛时，他们所学到的东西就会让人十分失望。通常将布置的要求事先明确地通知提供场所者，并随后做实地检查，这是保证场所环境让您满意的一个必备措施。

总之，在挑选培训场所时我们应对以下这些方面进行充分考虑：

（1）培训场所要足够容纳全部学员与有关设施。

（2）应拥有在必要时进行书写和放置资料的工作区。

（3）应有完善的通风设备，并运转良好，可以控制。

（4）培训师的工作区是否有足够大的面积放置材料与其他器材，这对培训能否有效开展也很有必要。

（5）不应过长，以免坐在后排的人看不清屏幕。

（6）检查有关的服务项目，比如休息室与卫生间等。

（7）灯光照明是否充足，若光线过强或过弱均应予以调整。

一般只要我们在选择培训场所时坚持这样一些原则基本就可以了。与其相对应的是我们必须避开这样一些缺陷，比如不舒适的固定的座位，设备不足、不灵活，光照差，空间设计僵化，装饰单调乏味，通风状况太差，外界有太多干扰等。

十、培训学员个体分析标准

（一）学员技能的形成规律

在培训过程中，员工知识或技能提高的过程大体可以分为四个阶段。

1. 陌生阶段。

开始学习时，员工对操作活动或其他技能极不熟悉，表明为手、眼、腿不协调，有大量的多余动作、反应速度慢、注意范围窄、产生错误多等不熟练的明显标志。

2. 进步阶段。

由于他人的指导和自己的反复练习，员工逐渐熟悉了解操作活动，技术水平逐步提高，这表现在手、眼、腿趋向协调，多余动作减少，操作速度加快，错误率下降等方面。但这个阶段的学习曲线并非直线上升，而是跳跃式进步，这是由疲劳、兴趣、工作条件改变等因素所致。

3. 高原现象阶段。

员工经过一段时间的培训后，技术水平呈现出稳定状态，这在心理学中称为高原现象。高原现象都只是人在学习进程中的暂时停顿，这种停顿并不是学习的终止，而是创造活动的间歇，是新的飞跃起点。因此，在员工培训中出现高原现象时，培训者要对员工进行必要的解释，要设法帮助他们排除消极、急躁的情绪，并寻求新的训练方法，改进训练措施，从而很快突破高原区。

4. 二次进步阶段。

员工经过一个阶段后，技术水平又会有所提高。这时操作活动日趋准确和协调，眼的注视度逐步下降，有些动作可以自动进行，员工的心理紧张感消除，从而达到了熟练操作的水平。

（二）学习的个体差异

因为不同个体在年龄、性能、能力、兴趣、个体和态度等方面均存在着差异，所以在培训过程中，员工在相同的条件或相同的学习环境条件下，往往会得到不同的学习效果。

通常形成个体差异有两方面原因：一是思想问题，要靠教导和合理的培训计划来解决；二是心理品质问题，要靠合理地选择人员和因人施教的具体培训方法来处理。

（三）培训效果迁移

迁移是教学心理学中的一个专用名词，是指学习成绩提高后在其他实践性场合表现的行为中也能反映出这种成绩。有效的培训，还应促使个体把在培训中所学的东西迁移到工作中去，才会取得真正的效果。而我们经常见到的一些培训，学员仅停留在接触期、分析期、矛盾期或总结期，缺少真正的行动，最后的结果可能是进行了一次学员认为很好的培训，但实际上并未收获有价值的东西。

要迁移培训效果，需要多方面的配合，有时甚至是企业内部自上而下的组织变革与领导方式的变化。比如，在管理培训中，经常讲述某些领导风格会让员工有更多的参与，员工学习后便很想将此应用于实践中，但如果其公司的管理风格较为专制，这就要考虑公司总体的变化，有时，正是通过培训来变更公司组织结构的。

（四）个体学习时间与内容分配

个体学习时间与内容的合理分配有助于提高培训的效率。这里所说的培训时间的分配主要是指集中与分散练习的效率，训练内容的分配则是指整体与部分学习的效率。

前者的合理分配依据训练内容的难易程度和培训所需的总时间而定。通常，简单且较短时间的培训，可使用集中练习，使之一气呵成，尽快掌握。而内容复杂、难度高、时间较长的学习，则宜采用分散学习的办法，从而控制支出，提高效率。现在比较倾向于应用分散练习的原则。但管理者如何根据培训的内容与相应的学习总时间来进行适度的时间分散，至今仍没有公认的标准来对其进行衡量。

通常个体学习单元的大小划分应根据学习材料的性质而定。如果培训中所学习的是有意义、有组织而且前后连贯的技能，则比较适宜采用整体学习。例如学习驾驶汽车，就没有必要把操作动作一个个分解开来，因为这样反而容易把一组连续的动作弄得支离破碎。然而，如果所学的某些复杂技能是由若干个独立的动作组所组成，则采用部分学习更为合适一些。

究竟采用部分学习还是整体学习方式，通常可以根据以下四条原则来判断：

（1）如果学员的智力水平较高，对学习材料能自己控制，采用整体学习效果更好一些。

（2）整体学习使用次数越多，整体学习的益处将更明显，其效果也更让人满意。

（3）学习总体时间越分散，整体学习效果越好。

（4）如果学习内容本身自成体系且具有完整意义，则采用整体学习法效果也不错。

（五）及时反馈

培训时使学员及时了解自己的培训成绩和进展状况，不仅有助于激发学习动机，而且能使他们及时发现自己在学习中的问题。同时，这样做也可以使管理者根据这些信息及时发现培训中存在的各种问题，及时给予帮助和示范，使员工的技术水平尽快提高。

反之，如果双方心中无数，或重复学习，或忽略重点，就会造成无谓的浪费，甚至使不正确的行为继续下去，成为不能更改的不良行为模式。

十一、培训评估实施标准

培训评估是依据某些目标，运用科学的方法，获得各种信息来判断培训效果，以作为改进与决策参考的过程。评估不仅要在培训结束后进行，在培训过程中也要进行。经常性的评估可以极大地减少无功而劳的危险性。从更积极的意义上来看，假如在培训过程中能进行多次检查，那么就能随时了解工作进展情况，随时作出必要的调整，培训工作就能做得更好。因此，对培训评估作必要的分类是必要的。

1. 即时评估。

它与培训刚结束时知识、技能和行为的改变有关，也就是说，评估培训是否有效地交换了信息，比如学员获得你传授的技能了吗？学员理解对他们的要求了吗？等等诸如此类的问题。

2. 中期评估。

它用来判断培训中所学知识、技能和行为在工作中是否已得到应用，即学员及其经理、同事是否认为其行为、技能态度发生了因培训而产生的积极改变。

3. 长期评估。

它评估培训对学员与企业的长期影响，通常比较困难，除非培训从一开始就与企业的运作相联系才有可能作出评估。在这里培训者应对以下内容进行评估，即学员对企业确实作出贡献了吗？或培训带来的变化到底有多大程度等。

（一）建立评估标准

评估是指依据测量的一些信息，加上评估者对事物的经验，对事物的属性赋予意义或给予价值判断的过程。同样，培训评估标准是对培训质量、培训工作要求的具体规定，是衡量培训效果的尺度性事物。培训评估标准定得恰当与否，对于评估工作的成败，对于整个培训工作影响极大。

通常，我们依照这样一个程序来制订培训评估标准，具体如下：

（1）分解评估目标。对分解出来的评估项目，内涵应当明确，外延应当清晰，总之以有可操作性为前提。

（2）拟订具体评估标准。分解目标以后我们要广泛调研，收集和明确评估要素，然后进行分析比较，筛选出合理的要素，从而建立初步的评估标准。

（3）讨论所拟标准。评估标准订出后，应组织有关人员讨论、审议，根据其意见进行修改，从而使评估标准更为有效。

（二）正确对待评估的作用与局限

无论从个体还是集体的角度来看培训评估都是极其关键的，这里再详述一下培训评估的作用：

（1）评估的第一个作用就是能对决策提供所需的信息。决策需要高质量和高度可信的信息，而评估是提供这些信息的最好手段。

（2）对培训部门更有意义的一点是从许多评估中得到的信息可以判断在特定的环境和条件下何种方案将能起到更大的作用。

（3）对他人而言，培训可以促使其关心有关培训活动的资料。当管理层关心培训过程及其测量结果时，那么各方人员也会开始关心这些过程和信息，从侧面促进了培训的开展。

同时，评估也存在着许多局限性，如果没有注意将导致决策失误，对培训产生不利影响：

（1）一种类型的局限是评估委托方往往要求评估者作出全面的总结，甚至提出改进方案，一旦产生与自己有关的利害关系，将使培训带有太多的主观感情色彩。

（2）评估往往是由内部人员进行的，这些人员可能不愿报告方案的消极因素，有些企业甚至要求培训方案设计者自己进行评估，这种倾向就更为明显。

（3）有些培训虽有评估制度，却对其结果难以使用，但评估时虎头蛇尾，不了了之，如此评估无胜于有。

总之，对培训进行评估总是困难的。一般来说，培训者不喜欢别人对其工作进行审查，他们对使用在他们身上的方法不是很高兴。他们抵制的理由有些是对的，如许多传统的方法只是填表格、文字汇报而不是处理问题。

与此同时，由于缺乏有效的评估，在某种程度上导致培训在许多企业中只能处于从属的、非战略性的地位。大部分商业决策是由董事会根据市场营销、财务、调查和生产等方面不时地投票决定的。他们考虑以上各方面的成本与收益却不能把培训与决策相联系起来。由于缺乏管理信息，导致缺乏信心，将培训放到商业运作的战略位置上去以显示对其的重视。

（三）培训评估的注意事项

（1）培训评估的起点应是培训和企业战略目标之间的关系。培训人员应清楚地意识到战略目标及其与培训的关系。在现代企业里人力资源是在制定战略目标时就被提出来的，而不是最后提出的。从某方面来说，许多企业仍然制定与企业培训和人力资源相冲突的战略而毫无知觉，所以培训不仅应与战略目标相一致，还应是战略目标的组成部分。

（2）及时反馈。因为评估的实施并不是只将结果提交给主管人员就算完成任务，最重要的是要用于改善目前的培训设计和效果，因此，必须建立一个对变化能迅速反馈的良好系统。

（3）应尽可能多地将评估放到培训过程中去进行，这样可适当降低事后评估的重要性。而且在培训过程中进行几次业绩测评常能取得满意的结果，这与培训结束后对学员进行考试相比有更大的优势。

（4）应按照培训内容对实现学习目标的重要性程度来确定评估的优先次序。如果公司的竞争力取决于培训结果则评估是必须要做的。

（5）评估应是长期的、连续的，这样才能给管理者、学员、培训者以持续的动力和压力，从而发挥更大的作用。评估若是短时期进行，则易使人认为培训不被重视或仅仅是在搞形式主义，从而产生消极行为。

总而言之，培训评估的真正目的是确保培训能提高企业的效率。在太多的企业里，培训变成了与企业需要相分离的活动。展望未来，培训将会更富有效率，卓有成效，且只有为企业需要时才进行。近期国内报纸和管理杂志讨论的重点就是培训，这也说明了培训对于企业的重要性。

同时，培训越来越被放到战略位置上，培训者应抓住环境变化所赋予的机会，证明自己能通过正确有效的培训给企业创造收益。为了证明这一点，培训者应做好两件事：首先，要与企业保持全面接触，这要求他们与现场管理者建立亲密关系以理解其需要；其次，要确保培训者设计并应用了对所有培训的评估程序。与企业需求紧密相连的评估方法，无疑将是最有价值的方法。

（四）课后评估法

课后评估法是指培训者在学员的兴奋还没有消失之前，培训刚结束时立即进行的评估，这是比较常用的一种方法。如果培训是有效的且使用了正确的方式，那么评估可能是有效的。但是培训的结果不仅与培训方式有关，而且与学员是否喜欢关系很大。虽然这种评估法存在一些缺陷，它仍不失为一种有用的方法。总之，它为我们提供了一种评估培训效果的方法。但培训者不应过多地依赖于课后评估。假定绝大部分培训是关于成人学习的，评价不应忽视学员的观点和看法，尤其当学员有不同的态度时。课后评估法也被培训者用来对特定指导员或授课者的效率进行评估，当相同的课程由其他人讲解时，其作用将更为凸显。

（五）管理人员评估法

这种方法中，培训者超出自己的负责范围，更多依赖于直接主管。当然直接主管应负责员工的培训，但经验告诉我们直接主管不愿负此责任，而是更愿把此责任推给培训人员。在培训人员评估培训程序时，直接主管者的评估证明是一种有用的方法。

评估的一般方法是培训者直接向主管提供培训的详细目标和内容，然后他们就学员的知识、技能、态度展开讨论并写出个人目标。由主管全面评估并确定了自己目标的学员，才能更好地应对培训。

（六）调查表法

这一评估方法通常要求培训部对学员依不同间隔期进行跟踪调查。如果评估目标是学员对所学知识记住并应用的程度，则调查表应设计成对学员培训后的所学知识或技能的掌握程度，培训者可根据需要选择培训后3个月、6个月或12个月施用其方法。

调查表的第二个重要功能是确定学员所学知识是怎样被应用于实践中的，学员有哪些收获，目前有哪些机会去提高知识水平？相反的证据也能起到重要作用。培训者想知道哪些知识没得到应用，有可能所学知识与所需不相关或时间掌握得不好。在此基础上，培训者可以评估所进行的培训与具体环境是否一样。

（七）评估中心法

许多公司现在成立评估中心来评价员工的潜力，并向员工提供在有经验技术顾问的指导下评估自己发展需要的机会，评估中心都为培训者提供许多有用信息，作为评估培训时的参考。在评估中心，学员的发展潜力常与先前的培训经历有关，这有助于培训者对先前培训效率的评价。

评估中心使培训者能检查学员的培训需要是否得到满足，培训者在常常不能证明培训是根据学员的直接需要进行的。评估中心的证据提供了一个评估培训效果的理想基础，在此基础上对培训进行评估。

（八）面谈法

培训者有时发现与学员针对培训的效率进行详细面谈十分有用。如果面谈是依照一定模式，询问相同的问题将会相当有效，这既能对结果更有效分析也能使面谈保持在正确轨道上。因为面谈是十分费时、需要大量资源的，所以培训者应确信这种调查能获得真正的收益，而又不能从其他需要更少资源的方法中获得。

面谈评估的最大优势是，培训者可以设计各方面问题以激起学员反馈，从大量封闭式和开放式问题的回答中得到大量信息。不论是从开始还是从后来进行的评估，这种方法都能涵盖培训内容，假如与其他方法一起使用，则能促使培训者对培训可以把握得更好。

（九）行为观察法

行为观察法在评估以行动为基础的学习时十分有效，包括角色扮演或模拟。培训者能观察到学习或反馈后有什么改变，同时也能通过反馈控制学员行为。值得注意的是，反馈是该方法中一个不可缺少的组成部分，培训者除非对学员提供某种强化，否则重复出现的机会将少之又少。

（十）行为表现记录法

行为表现记录法是通过详细评估系统或有效的个人报告而保存下来的看法。培训者可以通过它确定培训需要，也可用于事后对培训的评估。通过与主管的合作，培训者想识别出员工的行为效率在多大程度上与所受培训相关。它作为评估方法，因为记录了真正的行为表现，所以也最为有效。

（十一）对比组法

应用培训法通常选择与学员组不同的另一组，并尽可能代表学员组作为对比组，对比组应从年龄、经验和其他各个方面与学员组相似，不能让学员组知道有一对比组存在，虽然这一要求可能不易被接受，但一旦让他们知道，就无法阻止两组间的竞争，从而使评估失败。这种方法可以用来对短期培训效果的评估以及长期效果的评估。当然这一方法的有效性需要一个前提，即目标明确，培训者清楚知道需测量什么数据。

事实上，许多培训者感到对比组虽然提供了评估的一个好方法，但又是不太现实的，因为无法保持对比组的独立性。

（十二）自我评估法

随着我们逐渐认识到培训应围绕着学员进行时，这种自我评估的方法才得到重视。自我评估可以从多个方面，但只有当学员认为，培训内容及其应用符合他们自己的需要时才最为有效。应鼓励学员建立自己的学习经验文件夹，形式可以是培训日志，也可以是日记。文件夹里记录他们的培训经验和更重要的部分——学习心得。学习心得每天都发生，而培训心得更少些。应重点鼓励学员在日志上反映学习心得和将如何使用它。这时，培训者的角色是与学员一起工作并帮助他们有效地反馈，同时，培训者可以对学员的长期发展作出评估。只有这样才能使自我评估有足够的支持。

十二、案例培训法实施标准

阶段一：培训者向参加者简单介绍下列知识：

（1）案例培训法的背景、方法大意、特色。

（2）案例培训法应用时，应注意的问题及应用后能达到的效果。

（3）计划安排。

只有让学员对本法有了大概的了解后，才能使他们顺利地进入角色，使培训顺利完成。

阶段二：通过自我介绍，使学员互相认识并熟悉，以培养一个友好、轻松的氛围。

阶段三：将学员分成3~4个小组，每组成员8~10名，并决定每组的组长。

阶段四：分发案例材料。

阶段五：让学员熟悉个案内容，同时培训者要接受学员对个案内容的质询。

阶段六：各组分别讨论研究案例，并找出问题的症结所在。

阶段七：各组找出解决问题的策略。

阶段八：挑选出最理想、最恰当的策略。

阶段九：全体讨论解决问题的策略。

阶段十：培训者进行整理总结。

十三、研讨培训法实施标准

（一）研讨法的价值

研讨法是被广泛使用的一种方法。它在培训中起着重要的作用，研讨法让学生积极地从事学习并鼓励学员提问，探求并做出反映。

研讨法作用表现在下面这几个方面：

（1）可以进一步理解知识，并体验如何运用抽象的知识。

（2）可以训练学员的思维方式。通过研讨会的形式，可使学员学会利用参考资料、查阅文献，并学会用辩证的观点分析问题和解决问题，而且，也有助于激发学员的探索、批判精神和逻辑思维活动。

（3）有助于培养学员的综合能力。

（4）有助于培养科学精神和成熟程度。只有在讨论中，学员积极参与不同观点的争论，学会了如何尊重别人，倾听别人的意见，吸取他人的合理因素；同时，也学会了正确地领会他人对自己行为的反应，以及如何充分利用他人来为自己服务。

（5）有助于提供运用所学知识和原理的机会，引起更进一步学习的驱动力。要在讨论中得到好效果，学员必须广泛运用已经学过的知识和原理，从而使得学习动机更为强烈。

（6）帮助学员客观地评价自己，及时发现自己的缺点和优点。

总之，研讨法具有其他培训方法难以替代的作用，它着重于培养学员独立钻研的能力，允许学员提问、探讨和争辩，因此可使其从培训中获益良多。

（二）不同类型的研讨法

1. **分组讨论研讨法。**

分组讨论研讨法可分为两种形式：第一种形式是选择在某一方面有特长，对此感兴趣且长于言辞的几个专家（通常是3~6个），就这方面的某个主题进行讨论。讨论小组坐在台上，其中有位主持人以提问的形式发起和引导讨论。第二种形式是在第一种形式的分组讨论基础上，增加一段由听众参与的自由、公开讨论。分组讨论后，听众可以将问题写在卡片上，由讨论主持人转交小组进行辩论、回答；或由听众直接提出问题，并与小组或小组中某个成员进行讨论，且这种讨论是面对听众的。

2. **沙龙研讨法。**

沙龙式研讨会一般由2~5个专家就某议题的不同方面或相关的话题，分别发表的系列讲演组成。每场讲演的时间，因讲演者的数量、允许支配的总时间和议题的性质而3~20分钟不等。讲演者彼此不交流意见，他们只向听众奉献自己的心得。通常也有主持人来主持研讨会，有的在沙龙完毕后，可以跟着一场由听众参与的自由公开讨论。此时，主持人就成了听众和专家之间的联系人，主持人必须具备娴熟的引导听众、激励听众参与的技艺。与分组讨论的第二种形式一样，它也提供了少量的双向沟通。

3. **集体讨论研讨法。**

集体讨论研讨法一般由2~20人组成，在一个训练有素的主持人的带领下，就相互感兴趣的话题进行专门探讨。发言机会最大限度地提供给每个人，以便使他们在参与中彼此吸收思想和经验。这种集体讨论通常作为培训的一个部分出现。主持人在集体讨论中的作用特别重要，要是可能的话，最好能事先对主持人进行专门训练。而参与讨论的人可以代表不同的组织、部门和观点，但他们拥有一些共同的兴趣和背景。他们搜集信息，彼此探讨问题，希望最后得出合理的解决办法。此类研讨会的一般目标是寻找最终的解决办法。

4. 委员会研讨法。

委员会研讨法中的委员会由任命或选举的一小群人组成，由他们来完成较大集体所不能有效完成的工作。委员会通常由某个较大集体任命和赋予权力，并对后者负责。委员会的首长由委员会或较大集体选任。委员会就某一特殊问题进行研究，在此基础上得出结论，并在被授权的情况下有权来选择如何做。

5. 攻关研讨法。

攻关研讨法是由专家、学者领导的一群人员组成，专门研究某个问题的一种研讨法。它工作的常规程序如下：界定和探讨问题，讨论或列举必要的课题，进行研究，与其他组员交换和共享研究结果，最终得出为大多数人所认同的一些讨论。

（三）实施研讨法

实施研讨法是在培训者指导下，以学员活动为主的培训方法和形式，故其组织和实施比较复杂和困难。因此培训应精心设计，认真组织实施。研讨法的实施还需要经历这样一些阶段。

1. 研讨会规划。

此法是否成功，在很大程度上依赖于研讨会前的计划和准备工作做得如何。计划工作的首要步骤是确定研讨会的目标。目标与研讨会的参加者、内容和环境有关。目标可以是一个关于你希望在研讨会上完成什么的陈述。

通常为确保会议效率，与会者的人数必须有个限制。比如可以有很多人参与以传递信息为主要目的的研讨会；而在以解决问题为目的的研讨会中，只有一小批人才能有效参与。当然，任何一个研讨会可完成多项目标也是可以的。

在研讨会规划阶段，确定一个条理清晰的研讨提纲也将对研讨会的顺利开展有很大作用。因为要搞好研讨会，关键在于有一个明确的研讨主题。如果主题多而分散，或者讨论的题目没有什么价值，这样的研讨会质量是不会高的。一般来说，主题要把握以下原则：

（1）主题应有代表性，应是本门学科的重点或关键性问题。

（2）主题题目应有启发性，应能启发学员思考和研究，而不是现成的、已为大多数人所认可的结论。

（3）主题要难度适中，以求适应大多数学员的水平。

2. 研讨准备。

计划完毕后我们还要做好充分的准备，准备工作是否充分直接影响研讨的质量。准备工作涉及培训者和学员两方面：

（1）对培训者来说，要认真研究研讨的内容，明确通过研讨要解决的问题，以及这一问题的正确答案，设计研讨的进程，预计研讨过程中可能出现的问题以及各种应对措施，确定研讨的中心发言人选，准备课堂研讨的总结发言，先写一些内容。

（2）对学员来讲，认真领会主题的意义和要求，主动查阅有关文献，阅读有关书籍，深入思考，整理自己的看法，并用自己的语言整理成发言提纲，以防在研讨进行时才手忙脚乱地去准备。

3. 研讨会的开始。

培训者开始讨论的方式是很关键的，如果做得好，学员就会知道自己的角色和责任，就会理解会议的规则，也就会按照要求参与会议；反之，讨论的开始可能就是研讨会失败的开始。总之，培训者应该说明研讨目的，以此来开始讨论。可以通过提出一个有启发性的问题、说明一个问题，或者描述可能产生的结果。研讨的目标、规则以及时间安排最好写在黑板上，以使学员注意不要偏离目标。提出问题时，培训者应避免提出已有既定答案的问题，避免讲出自己的看法，从而对学员造成误导，而在问题提出后，培训者可以根据学员成熟度，决定是留在他们中间继续发挥作用呢，还是走开，让他们独自商讨。

4. 信息控制。

在以培训者为中心的研讨会里，学员倾向于向培训者提出他们的看法和经验，而不是其他学员。他们也希望培训者能提供"正确的答案"、某些关键性的背景知识，或者是培训者自己的看法。培训者应当尽量鼓励学员将讨论的对象转向自己的同伴，至少在一般情况下不要提出自己的看法或正确的答案。通常只有在如果培训者不提供信息，讨论便会就此终结时培训者才可以参与进来。

在以学员为中心的研讨会里，培训者作为一个局外的专家或顾问而存在，学员已有丰富的经验和独立活动的能力。此时，培训者可以应学生之邀提供一些必要的信息。培训者要注意不要树立自己的权威地位，从而继续保持学员的独立性与参与的热情。

5. 进度控制。

这通常只要学员能积极参与且能获得心理上的满足，就可以看作达到目的。所以它不需要严格的时间和进度。但有时为了最终得出结论，时间和进度控制会有一些关键性作用。要想让研讨会按既定的时间表进行，需要注意以下几点：

（1）尽量让学员参与时间表的制订，这样，学员便对时间表的意义认识得更深刻，也更乐意恪守。

（2）让学员尽量保持对时间表的注意力。可将研讨各项议程与时间安排写在黑板上，也可印刷后分发给学员。

（3）尽量让讨论集中于主题。

6. 矛盾的解决。

在讨论的进行中，对矛盾不应听之任之。如果处理得好，它可能是促使继续讨论的动力；反之，则对研讨的效果构成重大打击。

一般来讲，处理矛盾最重要的是培训者要保持一种冷静和公平的心态。培训者可以请对立双方重新阐述自己的见解，还可以请第三方发表意见。如果这种意见是关于事实的不一致，培训者可以提供有关事实资料，或让学员去查阅有关文献；如果这种意见冲突是由价值观引起的，那么培训者应引导学员认识到矛盾背后的价值观的存在，并鼓励学员去正确理解、宽容和评价对方的价值观。

若矛盾是关于学员集体的规则、目标、措施等时，培训者可以寻求一种折中的办法：可以用"暂时搁置"的办法将问题留待以后处理；也可以用集体投票表决的办法来确定结论。无论采用哪种办法，培训者都要慎重考虑，以避免其对研讨会产生不利影响。

7. 反馈的影响。

通常认为，及时反馈有利于控制讨论的方向，也有利于激发学员的积极性。提供反馈的方法，或者是总结整个集体讨论所取得的成就，或者是表扬某个学员的行为。表扬可以是明显的或不明显的，总的原则是使学员受到鼓励，从而使得研讨会更有活力，更为有效。

8. 研讨的总结。

总结是培训者的一项重要责任，它有助于有效地控制研讨会，使讨论目标能顺利达到。总结包括：讨论进行到了时间表上的何处，以及学员们表现怎样等，总的来讲应画龙点睛，采取全面总结和重点阐述相结合的方法，既要纠正研讨中出现的错误观点，又要充分肯定正确意见；既要对内容本身作出说明，同时要对推理步骤、引证论据、形成结论等方面作方法论上的指导。

9. 评价研讨质量。

研讨结束后，培训者应对研讨会作出评价，同时要关心学员的进步，对每个学员发言的情况作出分析，帮助学员提高，从而为判定学员表现提供资料。

十四、角色扮演实施标准

（一）角色扮演培训法的价值

角色扮演培训法是指在培训中，给一组人员提出一个情景，要求一些成员担任各种角色并出场演出，其余人则在场下观看的方法。表演结束后进行情况汇报，扮演者、观察者和教师共同对整个情况进行讨论。

该方法的精髓可以说是"以动作和行为作为练习的内容来开发设想"。也就是说，它不是针对问题相互对话的，而是针对问题采取某种实际行动，从而提高学员水平。它给学员提供了一个机会，在一个仿真而没有实际风险的环境中去体验、练习各种技能，而且能够得到及时的反馈，因此是最有效的培训方法之一。

人际关系培训的许多目标都能通过角色扮演来实现。这种方法可展示人际关系与人际沟通中的不同技艺和观念，它为体验各种行为并借此为这些行为进行评价提供了一种有效的工具。它能用来教会人们如何在课堂上交换自己的研究心得。

角色扮演能增进人们之间的感情和合作精神，它还能用来研究困难情境中不同行为的可能结果，并由此为个人发展和增加对自己和他人感情的感受力提供一个潜在的机会。

（二）角色扮演培训法的规划设计

该培训法的规划设计一般要包括设计因素、角色扮演结构以及内容等各方面的问题，其目的是为了避免角色扮演法存在的缺点。

1. 规划设计因素。

在实施角色扮演法时，一般会有冲突和不一致，而且人们希望角色扮演避免与实际的、现存的组织情景靠得太近。在角色扮演中使用真实的问题情景一般会导致一些让人很不愉快的事情发生。所以，在现行角色扮演进程时，最好在试图采用真实的组织问题以前，先采用一些模拟问题，即使采用真实的问题，也最好将注意力集中于现存的问题而不是那些过去的，以免受到过多的指责。

2. 角色扮演的结构因素。

通常，角色扮演可由一组学生或几组学员来完成。很明显，第一个需要注意的问题就是参与者的总数会影响设计者的决策：如果总人数是10的话，你要设计一场由每组5人、共4组学员参加的角色扮演。一般情况下，一场角色扮演要涉及多少活动，这是由设计者决定的。多组型的角色扮演最为常见，它要求几组学员在同一地点、同时进行一场角色扮演。而单组型的角色扮演则要求一组学员在台上扮演，其余的学生则在一旁观看。第二个问题是角色扮演的结构化程度，有的要求学员完全按照剧本的要求来表演。但被人们经常采用的方法是剧本只为表演规定一个基本框架，具体的行动由学员自然地作出。角色扮演的结构化程度越高，专门规定的培训要点就越能得以保证，但是学员的参与热情难免会让设计者失望。第三个问题是角色的多样性，它是指体验角色扮演中某一特殊角色的学员的多少。一般多样性的程度越高，体验同一角色的学生就越多。与之相反的情况则是除了参加表演的学员外，其余的学员并不去体验某个角色，只是以观察者的身份对扮演者的表演发表评论，提出建议。

3. 材料因素。

角色扮演活动的设计者必须准备好角色扮演中使用的文字材料。这些材料要明确、简洁、主题鲜明，具有可读性；它们不能太长、太复杂，否则学员会记不住。有关角色的说明必须使用通俗易懂的语言，有关如何扮演角色的提示也要尽可能齐全一些，但也会发生不提供准备好的文字材料的情况，角色扮演靠学员独立进行。这样设计者虽然完成了准备工作，但他要尽力控制角色扮演不偏离预定的目标，所以与详尽准备材料相比这种情形下的工作复杂程度反而会大大加深。

（三）角色扮演法的实施

角色扮演法的有效实施需要培训者对其实施过程中的某些特殊因素有清醒的认识。其中，最重要的可能就是在角色扮演的全过程中要始终保持明确的目标。为此，培训者要保持对角色扮演的控制，比如用幽默来化解人际冲突，为学生设计不同的角色，介入表演以激发互动，以及指导学员不至于迷失目标等。一旦目标已经达到或者看来不可能达到，角色表演应该停止。此外，当表演变得难以控制或者对一个扮演者有所不利时，角色扮演也应该被马上终止。

因为此法使学员成为注意中心，并且要学员面对着他们的同伴做表演，因此，重要的是学员要直率地、没有焦虑地进行。不应该要求那些心理素质不能达到要求的学员参加角色扮演，他们将无法胜任并可能会搞砸整个培训。

另外，角色扮演的环境应该是大家熟悉的、轻松自在的和与外界隔绝的，应该具有信任人的、在心理上安全的、能够容忍失败的特征。通常学员之间达不到彼此熟悉、友爱，角色扮演法往往会令人难堪，容易失败。

为角色扮演准备材料也是很重要的，比如用于解释角色、背景和扮演者态度以及描绘这种情景的说明书将极受学员的欢迎。如果使用道具能提高表演的真实性和戏剧效果，则应提前准备道具。当然，在设计者准备的同时也可以要求学员做些准备。如果他们从来没有从事过角色扮演而显得不安时，应有一个让他们逐渐熟悉、习惯的过程。

通常在角色扮演进行时培训者应记录下角色的行为。也可在表演中插话，但插话的目的应是使其保持角色意识或者向其阐明某一论点。

在实际进行中，旁白方式是很有用的，以旁白的方式可以补充用台词和演出无法表达的情绪。妙用独白也将收到意想不到的效果，即根据培训者的指示，在中途停止演出，让角色就为什么做了那样的演出的心情进行独白。通过独白，他可以了解怎样才能与自己所扮演的角色相对应，观众也可以了解未被发现的反应部分，从而产生一定的效果。

角色扮演的最后汇报总结也是角色扮演中十分重要的方面，只有这样才能对各种态度和行为加以考察和澄清。它应由卸去角色的学员开始，一般可以允许他首先对表演本身发表感想，帮助他表达自己的感情，并把他的体验与这堂课的目标联系起来。接着再要求观众们表明他们的意见。最后培训者来总结这次角色扮演中的关键事件、问题和这次演出所提醒的解决问题的方法，并对其进行表扬或者批评，从而帮助其意识到问题，而使其思考并修正现实中与此相类似的不足。

（四）角色表演法的优劣分析

简单地讲，角色扮演法主要有以下优点：

（1）角色扮演法中的角色、环境和目标更加确定，活动更集中，因此，它的效果会更让人满意。

（2）角色扮演法更能唤起人的感情，激发人的行为。

（3）它能将情感和理智结合起来。刚才所提及的观众的意见对自己的汇报和讨论都能对其有所触动，从而塑造、改变学员的态度和行为。

角色扮演也有一些属于自己的问题，最集中的表现在下列四个方面：

（1）导致学员对自己信心不足。这是由学员的失败造成的，同时，因为反馈讨论不适当的行为使其在同伴面前羞愧得抬不起头来。

（2）学员可能会拒绝角色。这通常由于给学员制造了不可接受的场景导致的或者根本就是指导错误。

（3）存在对立角色时，竞争并获胜的心理可能会导致角色扮演活动的中断或效果不佳。

（4）学员没有足够的技巧与能力去演好分配给自己的角色，从而使整个活动流产。

但角色扮演法的这些缺陷并非是不可克服的，通常可以通过以下途径来解决：

（1）应保证角色扮演的情节、人物符合现实中的实际情况，增加真实感。

（2）认真地介绍学员和可能会扮演角色的培训者。

（3）顾客或是别的角色可以由一些培训者来扮演。

（4）学员有抹去自己的表演记录的权利。

（5）在活动过程中要仔细处理角色扮演问题，以保证学员不会失败。

（6）如果角色扮演失去控制，因为发生无法化解的矛盾或是让培训者尴尬的事时，应明智地中止活动，并在精心准备后，再重新进行。

（7）最好不要让学员的主管在现场观看，否则易影响学员的表现。

（8）全面而有效的回馈可以使角色扮演锦上添花。

（五）国际商用电器公司的角色扮演

国际商用机器公司IBM是一家拥有40万员工、520亿美元资产的大型企业，其年销售额达到500多亿美元，利润为70多亿美元。它是世界上经营最好、管理最成功的公司之一。在计算机——这个发展最迅速、经营最活跃的行业里，其销量居世界之首，多年来，在《幸福》杂志评选出的美国前500家公司中一直名列榜首。

IBM公司追求卓越，特别是在人才培训、造就销售人才方面取得了成功的经验。具体地说，IBM公司绝不会让一名未经培训或者未经全面培训的人到销售第一线去。销售人员说些什么、做些什么，以及怎样说和怎样做，都对公司的形象和信用影响极大。如果准备不足就仓促上阵，会使一个很有潜力的销售人员夭折。因此，该公司用于培训的资金充足，计划严密，结构合理。一旦培训结束，学员就可以有足够的技能，满怀信心地同用户打交道。不合格的培训几乎总是导致频繁地更换销售人员，其费用远远超过了高质量培训过程所需要的费用。这种人员的频繁更换将会使公司的信誉蒙受损失。同时，也会使依靠这些销售人员提供服务和咨询的用户受到损害。近年来，该公司更换的第一线销售人员低于3%，所以，从公司的角度看，招工和培训工作是成功的。

角色扮演是公司市场营销培训的一个基本组成部分。公司第一年的全部培训课程中，没有一天不涉及这个问题，并始终强调要保证演习或介绍的客观性，包括为什么要到某处推销和希望达到的目的。同时，对产品的特点、性能以及可能带来的效益要进行清楚的说明和演习。学员们要学习问和听的技巧，以及如何达到目标和寻求订货等。假若用户认为产品的价钱太高的话，就必须先让用户看看是否一个有意义的项目，如果其他因素并不适合这个项目的话，单靠合理价格的建议并不能使你获得用户的认同。

IBM公司角色扮演的具体方法是让学员们在课堂上经常扮演销售角色，培训者扮演用户，向学员提出各种问题，以检查他们接受问题的能力。这种上课接近于一种测验，可以对每个学员的优点和缺点两方面进行评判。另外，还在一些关键的领域内对学员进行评价和衡量，如联络技巧、介绍与演习技能、与用户的交流能力以及一般企业经营知识等。对于学员们扮演的每一个销售角色和介绍产品的演习，培训者会作出一定的评价作为总结并反馈给学员。

最让人感兴趣的是公司为销售培训所发展的具有代表性、最复杂的技巧之一，即阿姆斯特朗案例练习，它集中考虑一种假设的，由饭店网络、海洋运输、零售批发、制造业和体育用品等部门组成的，具有复杂的国际间业务联系。通过这种练习可以对工程师、财务经理、市场营销人员、主要的经营管理人员、总部执行人员等形象进行详尽的分析。这种分析使个人的特点、工作态度，甚至决策能力等都清楚地表现出来。由培训者扮演阿姆斯特朗案例人员，从而创造出了一个非常逼真的环境，在这个组织中，学员们需要对各种人员完成一系列错综复杂的拜访。面对众多的问题，他们必须接触这个组织中几乎所有的人员，从而大大改善他们的交际能力，正因为这种学习方法非常逼真，每个"演员"的"表演"都十分令人信服，所以，每一个参加者都能像公司所期望的那样认真地对待这次学习机会。

十五、讲授实施标准

（一）讲授法的基本问题

讲授法是一种使用得最普遍的培训方法。它效率高，大多数企业拥有适于培训班使用的教室。如果自己没有教室，也很容易租到。这种方法之所以至今仍被采用，主要原因是它做起来比较轻松。这是一种我们多数人都采用的培训方法，并且它具有费用小等许多有利条件。

1. 讲授法优劣分析。

讲授法一般被认为有这样一些优越之处：

（1）它是一种比较经济、有效的培训方式，可以使众多学员在较短时间内学到一些基本的知识。

（2）有利于发挥集体的作用，学员之间可以相互激励、相互学习。

（3）最为重要的是操作性较强，不像其他培训方法那样受到相当多的约束。

（4）培训者在这种方式下可以有更多的权力，易于考察培训的进度。

正因如此，讲授法一直为大多数中国企业所采用。但是，与此同时讲授法也存在这样一些缺点：

（1）它本质上是一种单向性的思想转换方式，很少有相互作用和反馈，对学员而言，过于被动。

（2）讲授法因为仅仅借助语言媒介而不能使学员直接体验知识和技能，但现在已有所改善。

（3）讲授法记忆效果不甚理想，因为它缺乏感性直观，没有学员的主动参与，讲授内容极易被忘却。

（4）讲授法不易贯彻因材施教原则。

2. 现代讲授法中包含的其他活动。

在提到讲授法时，许多人的眼前立即出现老师在黑板上用粉笔费劲地写，学生在下面毕恭毕敬照抄的场面，但这仅仅是现代讲授法的一部分，它还可包括其他的一些活动：

（1）演示，由培训者演示如何正确操作某项机器或软件，以便学员观摩和学习。

（2）讨论，它可作为讲授法培训活动中的一个全面组成部分。

（3）研讨班，由学员分成小组讨论合适的题目，以保证每个学员都能得到平等的参与机会。

（4）训练，即做一种小型的"演习"，但训练内容可以很简单，也可以比较复杂。

（5）实验室操作，大多数与电脑有关的培训属此类型。实验室活动对训练如何使用设备和系统的能力是必需的。

（二）讲授法的影响因素

1. 培训者。

讲授法最重要的影响因素是培训者。培训者的个体经验是造成讲授法与其他培训方法相区别的重要因素。培训者的经验通常比学员多。学员可能尊重，也可能不尊重这些知识和经验，这要视教学活动结果而定。培训者们通常和学员保持一些距离，但不应和学生完全隔开，和学员共享所讲授的知识是正当的，但一个培训者如果完全融于学员集体当中，就会影响讲授效果。事实上，培训者应被视作学习上的助手。培训者的目标是为学员提供学习的机会。那些将培训场所当成一个以自我为中心的地方的培训者，实际上是在误导学员。

我们这样认为的根据是总有一些培训者不能熟练有效地运用讲授法，而讲授法的运用要受到培训者个人的知识、经验、能力和意愿、兴趣的巨大制约，这也正是我们认为培训者在讲授法中地位的重要性，但绝不认为可以自奉为上帝的原因。

2. 学员。

这方面问题相对简单，总的看来，讲授法能适应学员的某些个性，而不适应所有个性，在这一方面，它与其他方法并没有什么区别。学员使培训成为可能。如果没有学生，培训者也就没有存在的必要。优秀的培训者经常提醒自己要意识到这一点，没有两个学生会完全相似，每个学生都有自己的学习目的、学习能力、学习背景和学习后将要进入的环境，没有一项技术对他们能产生同样效果。问题是这样的，学员由诸多个体组成，但在一个环境下很难将其当作个体来对待，这也正是讲授法所无法解决的一个困扰。

3. 内容。

讲授法能给学员提供一种基本的概念框架，为以后的学习经验做好准备，起到一种概述或定向的作用，正如我们在角色一节中已提到的那样，讲授法并非仅仅是简单的讲述，下述这些情况：研讨或放电影之前，做些详细的说明；游戏或角色扮演之后，讲授一些背景知识或做些总结，都是常见的。

培训者往往成为学员模仿的榜样，而它同时也可以看作是一个缺陷，毕竟培训者所显示的榜样是个非常有限的角色,风范、人格和意志等其他方面都不可能全然通过讲授的过程体现。同时，我们知道培训的目的是克服知识和能力上的短缺。为了搞清楚学员的行为应转变到哪种状态，我们需要确定学员现有的知识和能力水平并了解其需求。总之，我们认为它仅是达到目的的一种手段。讲授内容的选择，要以它们对培训目的的促成程度而定，而非其他什么标准。

4. 环境。

环境既包括教室、空气、光线、音响、设备、班级规模等物质环境，也包括学风、对学员之间以及学生与培训者之间的地位和关系的感觉、学生和培训者的习惯等人文环境。这些内容与其他培训方式的环境要求并没有太大的区别，具体内容可参见本书有关"培训环境设计"的部分。

（三）讲授法的实施

1. 讲授法的不同方式。

在具体讲授实施之前，让我们先看一下到底有哪些讲授方式可以供我们选择。

（1）灌输式讲授。它是指讲授过程中的信息输入完全来自培训者，学员只是接受信息。这种方式的学员参与的程度最低。没有反馈，学员也没有任何义务去主动参与。

（2）启发或讲授。在这种方式中，培训者首先提供一些新信息和结论，然后提出一些问题，以考察学员是否掌握了新信息和结论。如果学员没有掌握，培训者则以较易的表达方式努力使其听懂。在这一方法里，学生的参与意识在很大程度上得到了鼓励。

（3）发现式讲授。它是指学员在培训者的指导下进行学习，并试图得出自己的结论，培训者只提供学员无法得到的某些事实，学员要尽可能多地得出新发现，学员要独立探求新结论与其他新事物。

（4）开放式讲授。事实上它是一种学员活动方式。在这种活动中，学员们首先就活动目标及测评标准达成一致；培训者将就学生确定的目标进行任务分解，并设计一定的活动，分头完成这些任务，最终达到学员们所预料的效果。

2. 讲授法的实施。

讲授法的实施主要包括两方面的工作，即准备和运用。

讲授内容首先要考虑到的是有多大的成分为学员所吸收，而非讲授多少内容，转换过程中的浪费应为我们所重视。

讲授内容一般可以分为引子、主干和总结三个部分，运用不同的讲授方式来组织他们学习，效果都可能不错。比如用灌输式讲授法，它以原理为中心。培训者以一般性概括——对基本点的陈述作为引子，讲授的主干部分是给学员提供能够证明这个基本论点的材料。讲授可采用多种技法来证明，如解释、类比、例证、统计以及以证据确认等。

讲授的结论用来总结它，并且复述一般性概述，其次我们还要对学员进行分析。只有了解学员，并使要传递的信息适合于具有不同的性别、年龄、背景和兴趣的学生，讲授才能获得成功。因此，在培训前，培训者和培训对象的主管有必要做一些沟通。同时，准备工作还有必要的材料和设备的准备问题，以及分析环境，并在此基础上准备相应的措施等。总而言之，多考虑些偶然因素并做必需的准备工作，是有百利而无一害的。

3. 讲授法实施技巧。

参与讲授的培训者应具备的一些基本技巧：

（1）可以给予学员相当的暗示，使其思维能循着培训者所表达的路线发展。

（2）授课内容应提纲挈领、力求简要，一般来说，不要求长篇大论以利学员接受。

（3）眼睛须随时与学员保持接触，观察其反应，并借以控制气氛。

（4）妥善控制自己的音量，以使在场每一个学员均能听清楚为标准，太小或太大的音量均不太合适。

（5）讲授时应配合一些自然而适宜的手势或姿势，偶尔亦可接近学员，问些小问题，既可使授课形式有所变化，也可使学员更为认真。

（6）讲授切勿连续不停，使学员过于疲劳，压力过大，最好能善用短暂停顿，使学员有时间调整自己。

（7）讲授时切勿带着讲稿照本宣章，否则学员会对培训者失去信心。

（8）事前做必要的准备和练习，从而让自己不会有什么疏漏。

（9）要学会使用学员的名字。

（10）及时获取和提供信息反馈。

（11）注意观察表现好的小组或个人，他们会希望得到你的肯定，表扬会让他们更为投入。

（12）要熟练地操作培训工具，不要显得手忙脚乱。

（13）规定并遵守作息时间表，切勿令人反感的拖延。

（14）切勿说话含糊不清，使用废词或者施以太多的说教，那只会招来不满，甚至令培训者尴尬万分地抗议。

十六、电子实施标准

（一）电子培训可行性研究

许多对电子培训极看好的公司在试图开展一项雄心勃勃的电子培训计划，以期一举超越竞争对手时，时常出现这样一种凄惨的场景：买来昂贵的机器设备并放在很远的地方，因为可怜的通讯条件和控制条件，这套设备很少使用。所以进行电子培训尝试的公司首先要面对不得不克服的具体障碍，为克服这些障碍应该对以下几个方面进行调研：

（1）人们参加培训的态度。

（2）电子培训的具体实施方式应随公司有关经营的部分而改变。

（3）未来财政需要的可能性。刚开始只预算电子培训，但是到某个阶段后，公司也许会需要更为先进的额外设备，成本问题此时就会凸显。

（4）必要的演示能确保正常的培训活动进行。

（5）调研是为了有效地进行培训，可以减少日常其他培训活动的费用。

（6）计算整个电子培训所需的费用。

（7）计算出组织电子培训的行政费用。

当可行性的研究已经完成并获企业高层认可时，就可以进入下一个步骤的运作。

电子培训的最初阶段是硬件、软件以及技术人员的选择。

（1）在进行电子培训之前，首先要选择适当的电脑。选择机器的首要原则是明确目的，即希望电脑做多少工作。根据目的，再从价格、性能、潜力、操作难度与售后服务等各个方面进行考虑和选择。

（2）充分利用现有的软件。对软件进行选择，一般要考虑两个因素：一是对电脑的特殊功能，如分支能力的大小、图形的使用以及是否能够随意地变化和重复使用；

二是软件的兼容性。

（3）性能再优越的硬件、软件，失去了操作者——必要的技术管理人员的支持将无法发挥其作用，因此雇佣专业人士才能从技术上保证电子培训顺利的运转起来也是极其关键的。

经过了以上三个方面的考虑，电子培训就可以正式进入实施阶段了。

（二）培训方案的实施

在企业接触一个培训系统软件之前，为了更好地完成电子培训，应该对培训作出正确的分析，并与项目专家进行探讨，且准备一份以工作流程为基础的文件。

一般而言，培训者有权删除其中一些电脑专家需要的部分，并输入自己需要的信息使之变得成熟。

对电子培训而言，屏幕的设计很重要，需要特别关注。用太多的信息塞满屏幕是时下较为流行的，但阶段性地显示信息对培训而言也许更为合适，这样更容易消化。同时，企业还需要检查电脑的可用储存记忆空间，这是为了确保系统有足够的空间可以用来设计和保存新的方案，从而可以发挥作用。

电脑的管理学习是电子培训实施最重要的方面。因为电脑的管理学习会收集使用者行为的最佳成绩。然后，培训者和设计者根据所制作培训内容的宗旨对这些成绩加以分析。

事实上，电子培训主要分为两种类型，即电脑辅助教学和电脑管理教学。电脑辅助教学由中央处理机、外部设备和终端设备几部分组成。其过程是：学员坐在终端前，通过键盘向中央处理机提出有关学习项目的请求，中央处理机接受信息后，通过显示装置向学员提供他所需要的信息。电脑辅助教学有个别指导模式、游戏模式，以及考核模式等，但这部分不是重点。

在电脑辅助教学中，主要是学员与电脑之间的"对话"，而在电脑管理教学中，则主要是培训者与电脑的"对话"。这一系统主要由中心计算机、教师终端和学生终端装置三部分组成。在这一系统中，电脑向培训者提供教学过程中的有关信息，培训者可以此了解每个学员的进步情况，估价每个学员的理解能力，并改进自己的训练方式，从而达到帮助其管理和指导其教学的目的。

（三）网络培训

网络培训可以克服空间上的距离。节省时间以及本来必不可少的费用。网络培训在一个特定时间宽度内也能不定期地持续，也就是说只要愿意，什么时候学员都可以参加网络培训。交流通常较慢、较个别。通常学员更容易接近电子资源和数据库。网络培训的社会方式、过程与结果同传统培训方式是不同的。增强了团队协调工作的机会，网络培训支持团队合作学习，这一点上有着属于自己的一些独特之处。

十七、外派培训实施标准

在外派培训准备阶段，首先应该测试员工的能力与知识，调查员工培训意向，以之作为外派依据，然后再确定经费来源。

一般外派员工受训分为两种情况：一种是由企业指定人员外出受训，培训经费由企业全部负担，且一般是带薪受训；另一种是由员工自己申请外派受训，经企业核准后准假受训，费用由员工支付，且公司只保证其基本薪资。

外派员工到专门学校受训，应根据员工本身的特点和培训目标来选择学校，其中主要的选择渠道及其特点如下所述。

1. 成人学校。

成人学校的培训内容是系统的基础和专业理论知识，注重意识与能力的培养，主要适用于中、下层的管理人员和文员工作者。这种学校一般要经过国家统一的成人考试，合格后方能入学。

2. 电视大学。

电视大学以理论知识为主要培训内容，主要适用企业各级从业人员，其培训方式以电视教学为主，辅以教师授课。

3. 自考面授班。

自考面授班的培训内容是系统的理论知识，适用于企业各层员工，由教师讲课，入学时不需考核，但毕业难度较大。

4. 短训班。

短训班的培训内容是基本的专业技术，适用对象是业余时间少的企业员工，而培训方式则视具体内容而定，一般结合实地研习。

其他培训方式在前文已有所阐述，在此不再详述。总之，对于外派培训企业应积极组织和引导，对于取得学历的员工可给予一定奖励，对于自我申请离职培训的员工也可予以物质上的鼓励；同时，企业还要使培训人才与稳定人才结合起来。部分员工培训成才后，往往另择高技，给企业带来经济上的损失，也使企业内部"军心涣散"。企业应做到使员工的福利待遇与员工的学历、能力联系起来，并为员工提供最好的工作环境，从而减少人才流失率。

第十章

薪酬与福利管理

一、薪酬方案审批工作流程设计

流程名称	薪酬方案审批 工作流程	编码			
		执行者	各部门、 人力资源部	监控者	人力资源总监
行为实施环节	各部门	人力资源部		人力资源总监	总经理

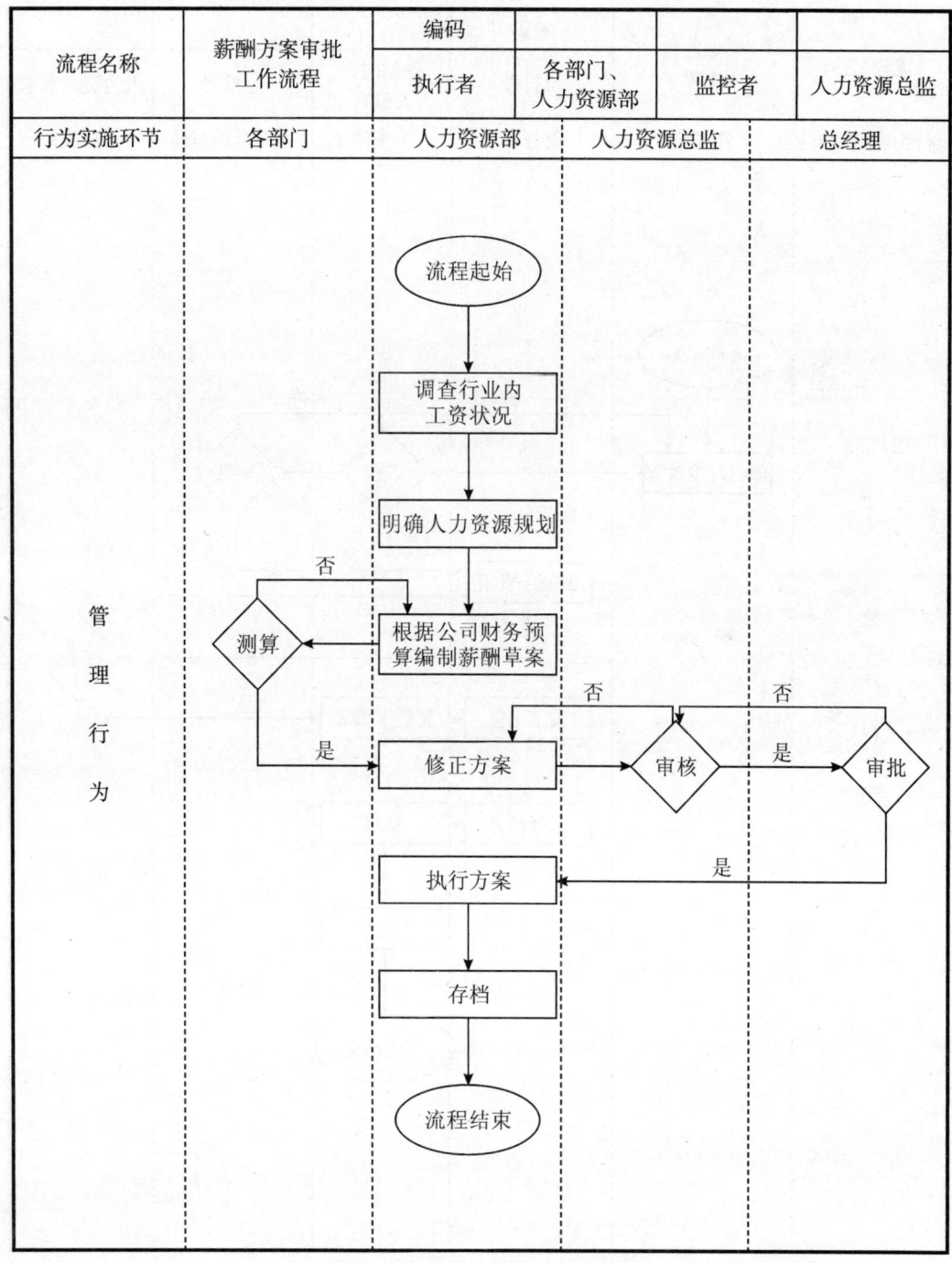

图10-1　薪酬方案审批工作流程设计

二、工资发放工作流程设计

流程名称	工资发放流程	编码			
		执行者	各部门、人力资源部	监控者	人力资源总监
行为实施环节	各部门	财务部	人力资源部	人力资源总监	总经理

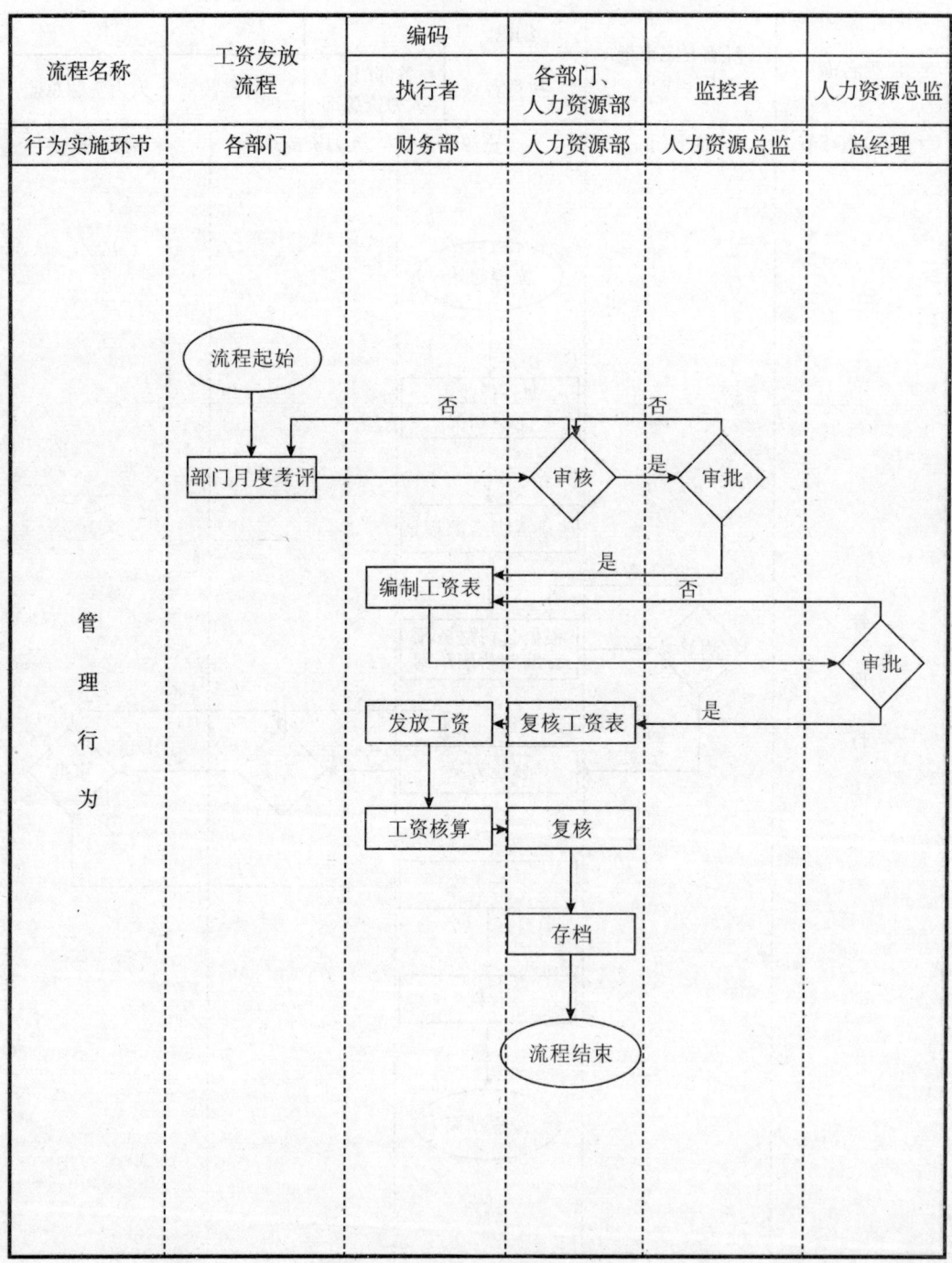

图10-2　工资发放工作流程设计

三、员工薪酬管理工作流程设计

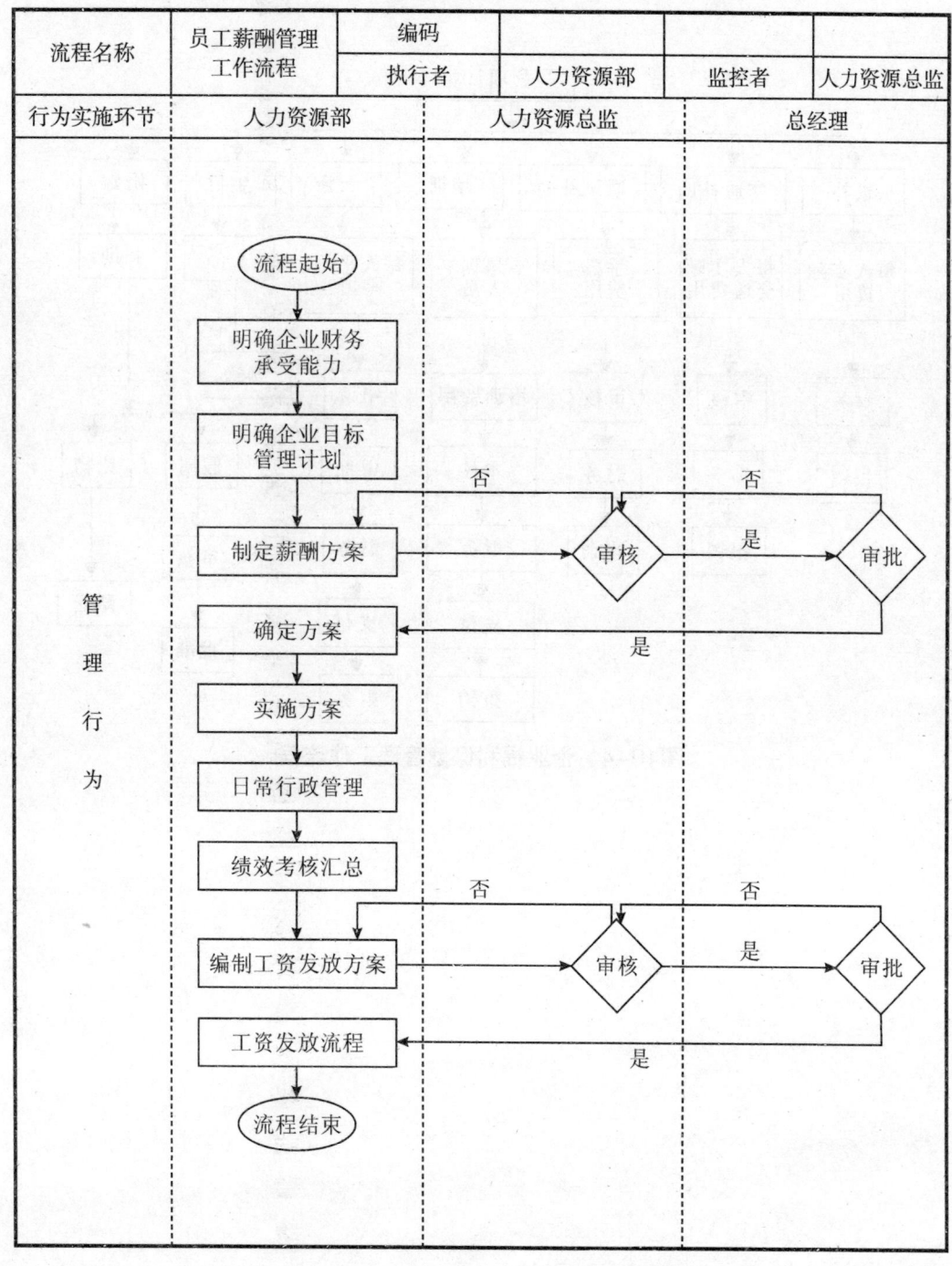

流程名称	员工薪酬管理工作流程	编码			
		执行者	人力资源部	监控者	人力资源总监
行为实施环节	人力资源部	人力资源总监		总经理	

图10-3 员工薪酬管理工作流程设计

四、企业福利保健管理工作流程与分类

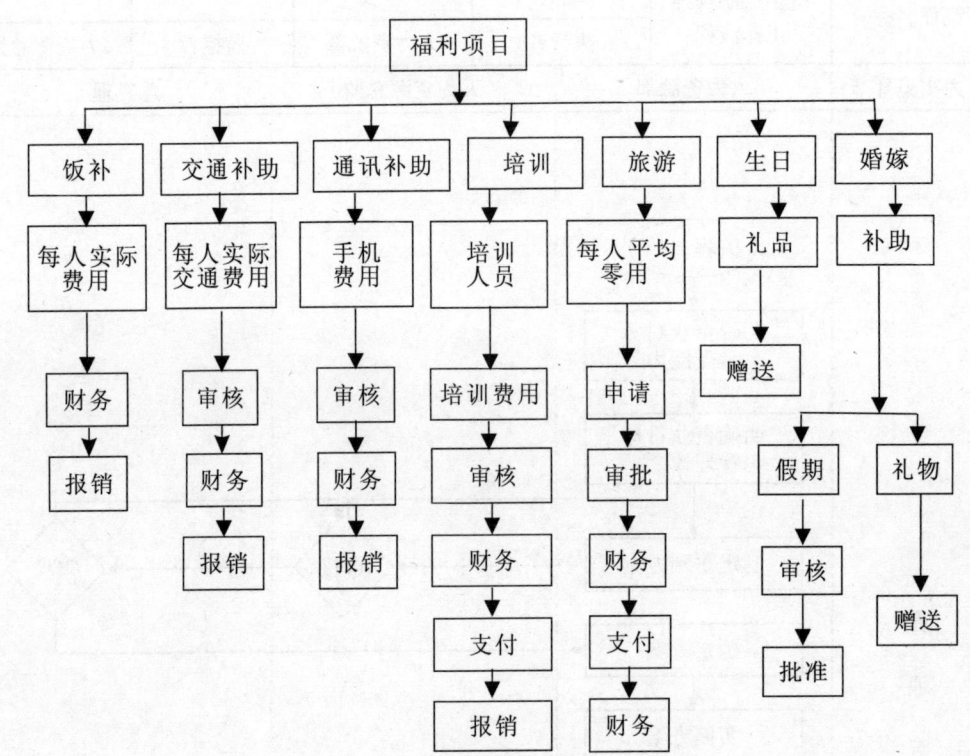

图10-4　企业福利保健管理工作流程

五、员工保险管理工作流程与范围

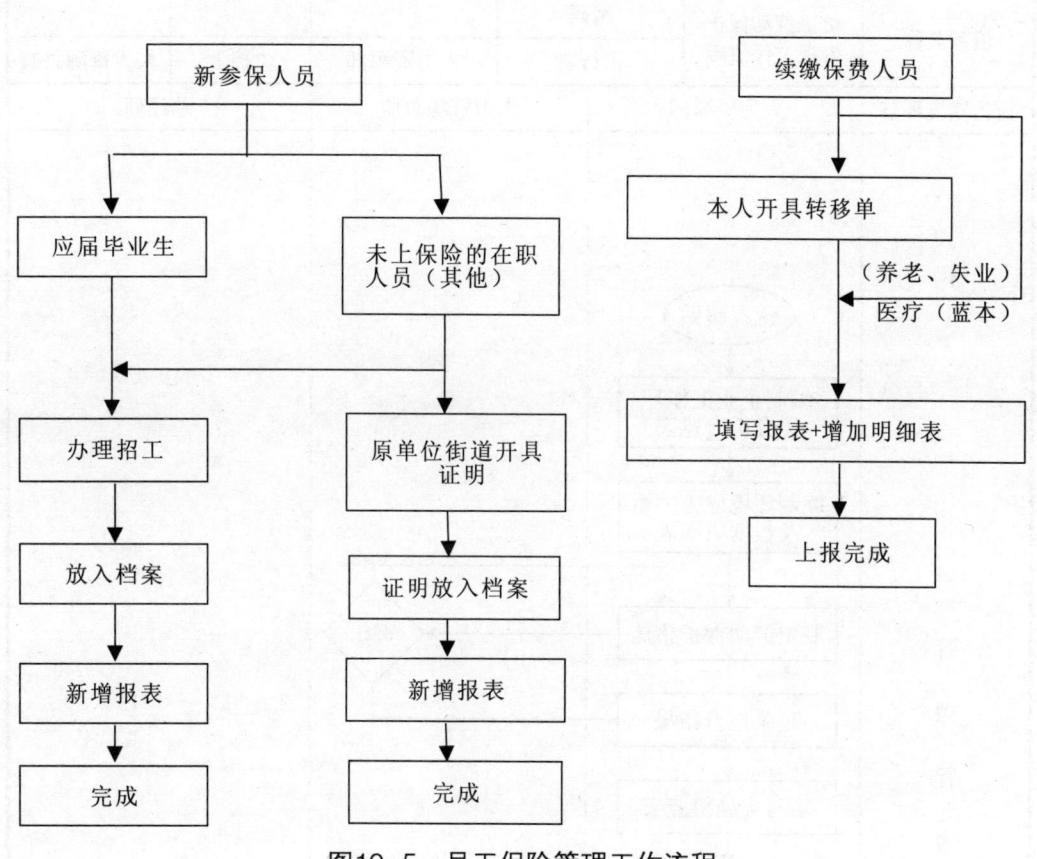

图10-5 员工保险管理工作流程

六、员工劳动保护管理工作流程设计

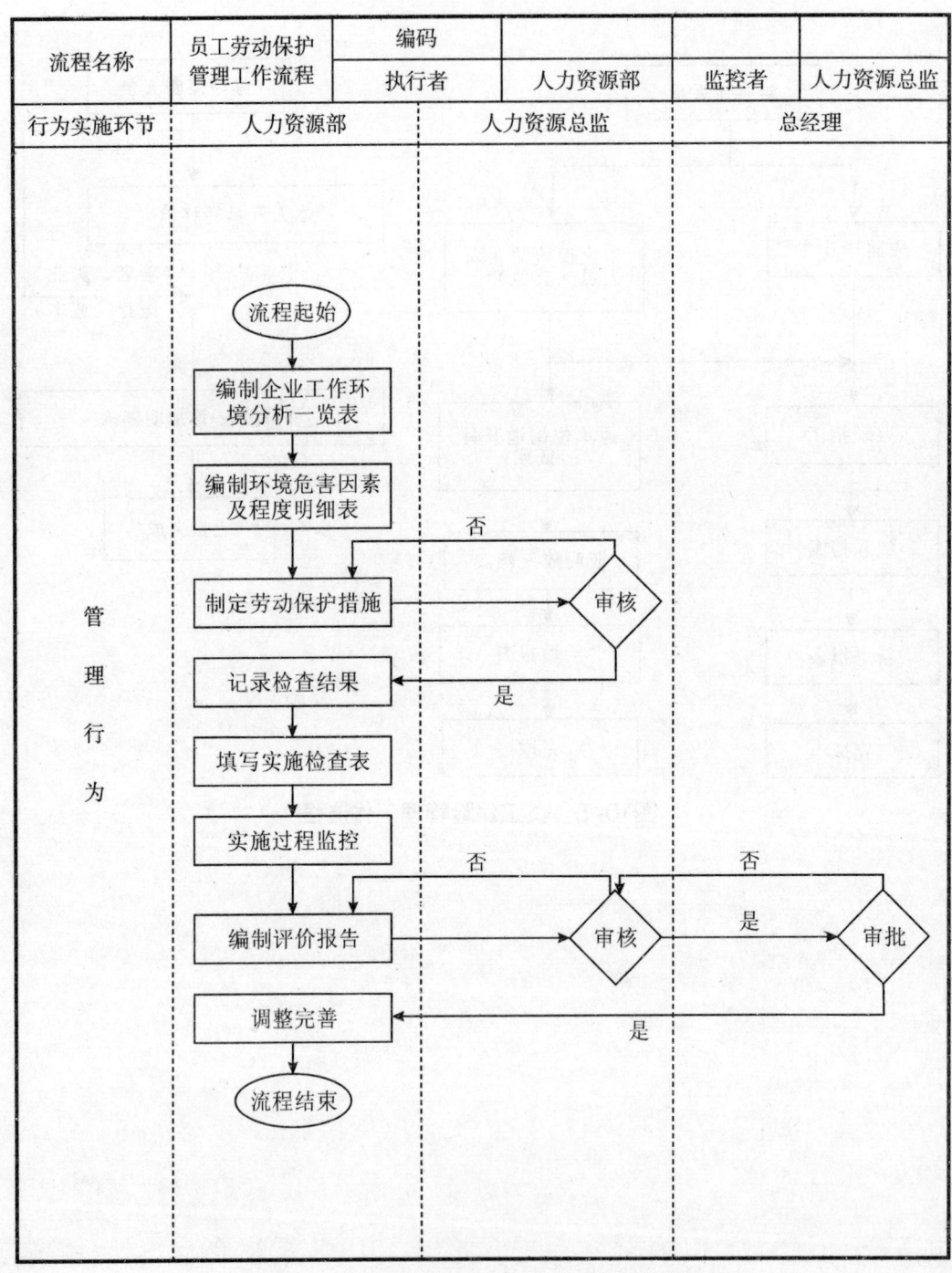

流程名称	员工劳动保护 管理工作流程	编码		监控者	人力资源总监
		执行者	人力资源部		
行为实施环节	人力资源部	人力资源总监		总经理	

图10-6　员工劳动保护管理工作流程设计

七、薪酬构成合理化工作标准

企业对薪酬管理也是非常重视的。企业为了让薪酬更加合理，更加能反映员工的工作业绩，不惜将薪酬结构和薪酬体系制定得非常复杂和繁琐（并且还有继续复杂下去的趋势）。实际上，过于复杂的薪酬管理与过于简单的薪酬管理一样会降低薪酬的激励作用。

一套良好的薪酬体系，可以让企业在不增加成本的情况下提高员工对薪酬的满意度。建立薪酬体系之前，首先，要对薪酬的外部均衡和内部均衡进行分析，分析的方法是进行薪酬调查和岗位评估。其次，要设计恰当的薪酬结构。再次，确定薪酬的等级和范围。最后，制定薪酬的调整政策。

在企业中，薪酬是指企业对员工付出劳动的回报。广义上讲，薪酬分为经济类薪酬和非经济类薪酬两种。经济类薪酬是指员工的工资、津贴、奖金等，非经济类薪酬是指员工获得的成就感、满足感或良好的工作气氛等。本章中所使用的是薪酬的狭义概念，仅指经济类薪酬。

根据薪酬构成的各部分的性质、作用和目的不同，大体可以把薪酬分为工资、津贴、奖励和福利四大部分，如图10-7所示。

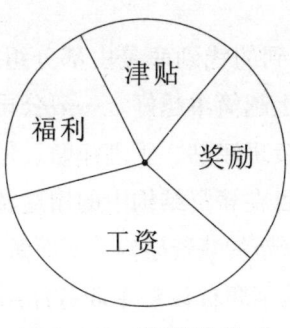

图10-7　薪酬的构成

八、薪酬调查工作标准

对于已存在的企业来讲，即便企业还没有规范的薪酬制度，但薪酬管理的操作一直在进行着。在规范企业的薪酬制度之前，人力资源部门应该对现行的薪酬管理进行调查，了解员工对薪酬水平及薪酬管理的满意程度。

调查主要有三种方法：问卷法、面谈法和参照法。

问卷法是指由人力资源部门根据调查的需要，制定相关的调查问卷，对员工进行调查的一种方法。为了便于调查员工的真实感受，调查问卷可以不署名。但是，被调查人的岗位名称等基本材料要填写清楚。

面谈法比问卷法更显得机动灵活。尽管不需要制作调查问卷，但也应该提前草拟面谈提纲。由于员工一般不太愿意公开谈论薪酬问题，所以面谈的时间和场地应该选择恰当，特别是不能有外人打扰，并且要坚持"一对一"面谈的原则。另外，人力资源部门还应该向被面谈者讲明面谈的原因。将面谈保持在对公司薪酬管理的看法上，而非过多地去讨论该岗位应该有什么样的薪酬标准。

问卷法和面谈法都是对内调查比较常用的方法。另外，人力资源部门还可以使用参照法从外部获取其他相关企业的薪酬信息，为改进本企业的薪酬管理提供参考。使用参照法需要在薪酬调查时加入对其他企业薪酬管理制度的调查，将调查到的所有信息分类整理以后，与公司的各条管理细则进行对照，对其中的差异进行比较和分析，从而为改进公司薪酬管理提供思路。

九、薪酬结构制定工作标准

薪资结构指的是，员工拿到的钱到底是由部分组成还是单一薪资，这是薪资制度在设计时需要考虑的，基本上越简单越好。一般公司大都有底薪、职务津贴、奖金及因特殊职务产生的津贴，如夜班津贴、管理津贴、特殊津贴等等。因此，薪资结构的设计，就是要去弄清各个项目在薪资结构中的用途及其比重。联系以前所提过的职务、职称分开管理的观念，设计新的薪资架构，下面做详细说明。

薪资架构如下：薪资＝底薪＋职称津贴＋职务津贴＋奖金。底薪：底薪有几种特性，同样职务，担任同样工作，但不同学历，其薪资差异在底薪。通货膨胀，调薪时调底薪。另外，有的公司发年终奖金，也用底薪计算，除了底薪可得到一致的水平，还有，3个月的年终奖金总是比1个月的年终奖金好听。

另外，由于公司从基层到高层，薪资差异很大，年终奖金以底薪来发放，也有达到公平性的用意。如果直接以全部薪资发放奖金，公平性较受质疑。试想1个月薪资十几万元的人，到了年终奖金如果也以十几万元来发放，是没道理的，尤其是其中若是有一些特殊津贴，在发放年终奖金时一并发放也是不合理的，如管理津贴、特殊津贴、环境津贴等等。除非年终奖金是绩效奖金的一种，且与绩效表现的考核充分结合，否则，年终只发底薪还是比较合理。基层人员在发年终奖金时吃亏，分红时又吃亏，每月薪资又领得比较少，如此一来，基层与中高层差距过大，会给公司带来一系列不良的影响。而且高层人员要领高薪，并不是从年终奖金而来，应该从分红而来，而分红需与绩效成绩结合，只有这样才能激发中高级经理人员的干劲，而不是不论好坏，年终都可以领得比别人高。其实在真正追求绩效的环境中，这样的薪资制度才能真正反映薪资的价值。所以在薪资中，有关底薪的调整需有个上限，才不会形成做同样工作而薪资却因为年资的关系相差好几万元。例如，基层的总务小姐，一位已工作14年而另一位才干了3年，他们的工资差不多，但是薪资差1万~2万元，这合理吗？形成这种不合理的现象，问题大多出在没有注意底薪的调整。一般人常犯的错误是调整底薪时，每人都依照比率调整，例如，这次公司预算调整底薪5%，结果每人都按5%调整底薪，这种做法，会造成底薪已较高的人的工资越来越高，这种扩散型的方式是不值得追求的。所以，最好的方式是将同一职等的人的底薪求出平均值，当成基准，凡是同一职等的人，都应该以此基数为准，这样底薪低的调薪比率大一些，而底薪已经很高的比重就会少一些。经过几年之后，同一职等的人，其底薪应会逐渐接近。所以，假设一位专科毕业和一位大学毕业的会计人员，虽然起薪不同，经过一段时间后，假设两人的工作仍一样，那么两人的薪资会逐渐接近，这样的薪资制度才是合理的。不能因为学历不一样，薪资就要永远不一样。其实，有些小企业，本来就有这样用人的精神，不论高中、专科或大学毕业来做会计，就是一个价。但公司规模越来越大，这种精神反而丧失了。

十、奖金制度制定工作标准

奖金有很多种，如公司业绩（或获利）的资金、年终奖金、分红奖金、业务人员业绩奖金、研发人员的研发奖金等，名目繁多。这里所提的奖金，指的是每月发放的绩效奖金。起薪是否包含奖金，这一点各家公司的见解有一定的差别，可以有，也可以没有，但必须明确。如果不含奖金的薪资就是符合社会一般起薪行情，那奖金就是额外给的。通常而言，起薪中包括奖金，代表一定的意图。如每月各部门有绩效管理成绩，为了激励各部门做出更好的表现，又不增加公司总体负担，所以薪资中有一部分浮动作为奖金，让它跟着绩效成绩起伏，这样整个薪资才不会陷入不论公司经营好坏，薪资都是固定不变的状况。其优点是让员工的薪资与公司的经营实绩挂钩。不过，这样设计的理念，起薪金额（含奖金）需要在起薪行情中达到中上水准才可以。因为如果起薪（含奖金）已经很低了，奖金还包括在里面，恐怕会引起员工不满。还有一种设计是，奖金不含在起薪的薪资中，且起薪薪资已属于行情价了。所以奖金是属于额外，不定期的。这种做法，大多是平常薪资是相对固定的，但碰到公司业绩好与获利，达成或是超出公司目标，为了激励员工士气，而发放奖金，所以是属于额外的。此类奖金有点像分红。而且这类奖金通常都制定发放办法，每季或每半年发放一次。因此，奖金是否包含在起薪薪资中一定要说明，因为如果起薪薪资不包含奖金，而公司对此没有进行相应说明，新进人员一定以为起薪低于一般水平。特别是奖金的设计，有的公司在试用期是不发奖金的，如果不说明清楚，很容易造成新进人员认为公司薪资行情偏低。例如，大学毕业生工科以32 000元起薪，其中奖金占5 000元，如果你跟新进人员或对外界说明时，说起薪32 000元，或是起薪27 000元外加奖金5 000元，人家听起来哪一种比较舒服？按照一般的经验来看，直接说32 000元是比较有吸引力的。因为普通人对奖金的不确定心存疑虑，总认为将来有可能会领不到奖金，但是如果有一天公司经营亏损，不得不减薪时，不论薪资当时所给的是以何种名义，碰到要减薪时，照样都要减薪。除非公司的业绩与获利在本行业中名列前茅，薪资中没有必要再含有奖金了。试想光是薪资就高于行情，如果再加上额外奖金，公司的负担就加重了。当然，实行高薪政策，可吸引更多更好的人才为公司效力，并且对同业的薪资起薪行情，也会有领头作用。而绩效奖金基数的制定，一般应该根据基层人员职务来确定，占其整个薪资15%～20%；当然，奖金基数系与职务或个人职能联系在一起，主要是考虑到操作的便利性。一般与所担任工作联系在一起比较好。如个人是科级，但实际担任的是部级的企划工作，则其奖金应以部级的奖金基数计算较为合理；但是前提是，他确实能做好他的工作。薪资的变动也须考虑变化有多大，员工能否接受，否则将影响员工调动的意愿。因为调动工作后调升薪水当然好，但如果是降低薪水，恐怕要让人力资源部感到头疼了。

十一、职务津贴制定工作标准

职务津贴，顾名思义就是与担任的工作有关的报酬。因为不同的工作有不同的压力、环境、组织关系和负担的责任，所以如果能将全公司的工作一一评价，并将所得到的评价转换成不同的职务津贴，公司职务的轮调就会变得权威而且具有效率。试想工作越调越轻松，薪资却没变，长此以往就没有人愿意调到负担较重、比较艰苦的工作。很多公司的情况是，将职务津贴与资格津贴混在一起，也称为职务津贴，但是员工晋升之后，工作内容没有什么变化，职务津贴却增多了。未获得晋升的人，薪资没有调高，却可能去执行或担任较高职务的工作，这样就出现了不公平的现象。如果以上两种情况在一个单位中同时存在，将导致员工的不满。所以，在组织允许的情况下，"资格与职务公开管理"是有必要的。所以职务津贴的设计，必须遵循同工同酬的原则。职务津贴因为牵涉工作评价的细节，因此除非规模较大的公司，大多数的企业都没有开展对工作的评价活动，特别是企业没有工作划分标准，也就谈不上根据不同的工作设计不同的职务津贴。不过，即便规模很小也可以用简易的方法设计职务津贴。一般情形，仍须制定一份"薪金薪级表"及"薪金与职务对照表"，以便大家能从表中查出金额。职务津贴从下到上，体现不同职务的差别；从左到右，体现同一职务中的薪资差别。这样的设计有以下目的：

第一，职务津贴主要用于职务的落点。其落点主要是根据工作评价而来，因为每个工作的职等虽然不同，但职务津贴却不可因此就认定要有所差别。而工作评价主要是考虑其工作知识、训练时间、错误所造成的影响，职务本身的影响，督导范围，创意与革新，复杂性质，协调面，工作压力等等之后所得的结果。例如，采购部门经理与人力资源部门经理，是同样级别，但经过评价之后，前者在七等职务津贴，后者则落在六等职务津贴。职务津贴经过这样公开评估之后，可以避免轮调时，大家抢着往薪资较高、工作较轻松的职务调动这种现象的发生。因为资料是公开的，职务变动之后，职务津贴的调整，也是公开的，如果员工已事先知道职务异动与薪资变化的情形（已变成规章制度），可以减少经理及薪资作业的困扰。

第二，职务津贴主要用于同一等级的职务并使之差异化。同一职务的津贴却有六个等级，主要考虑到担任同一职务却有薪资不同的差别。另外，对于久未调动职务的人，如果因此失去调薪的机会，显得不合理；而对资格不符合，却担任该职务的人，如果职务津贴没有一些区别，也有失公平。

十二、职务等级津贴制定工作标准

职务等级津贴就是为了区别每个人的资格。前面提过，职务与职务等级分开管理，这是为了避免资格晋升之后，因担任同一工作，薪资却增加太多，造成公司负担加重这种现象的发生。所以，职务等级津贴就是依据每一职务等级定出津贴。每个员工都有职务等级，只要员工依照公司的晋升制度，获得晋升，资格提升一等，资格津贴随之进行相应调整。

十三、新员工薪资构成制定工作标准

一个新员工的薪资结构，其中不同学历所列的职务津贴，是指在通常情况下，依据其可能担任的职务确定其职务津贴。以理工大学本科为例，假设以薪资3 200元的设计为基础，张某是大学机械工程系毕业，担任"开发技术员"，他的薪资就是底薪1 780元＋职务津贴760元＋职务等级津贴210元＋奖金基数450元，合计3 200元。假设该员工担任的是"开发设计工程助理"，则其职务津贴为800元，属四薪等一级。所以其总计薪资为3 240元。根据同工同酬的设计原则，就是职务津贴依担任的工作而有所不同。这样做可能比较繁琐，但实际经验表明，这样最能减少因职务调动所产生的薪资争议，也节省了经理因部属职务调动所产生的处理薪资的时间和精力。

十四、其他津贴制定工作标准

一般人以为薪资结构订定制度后，弹性好像少了。所谓弹性，就是在其他津贴这个部分的规范。这个部分如果规范好了，除了建立整个薪资制度，也可保留弹性。这些弹性就是以其他津贴的方式加以处理。其他津贴包括特别津贴、夜班津贴、派驻津贴等等，总之这些津贴也都是在规范之内，但是只适合少数符合规定的员工。这样整个公司就都可纳入新的薪资制度。例如，前面提到的新员工张某，以"开发技术员"任用的起薪是3 200元，假设该职务"开发技术员"在就业市场正好供不应求，十分紧俏，如果不用3 700元起薪，根本招募不到合适的人才，这时人事单位即可根据这个职务的需求提出申请，即建议对担任该职务的新进人员给予特别津贴400元，这样一方面并未破坏原有的薪资结构，另一方面对于公司起薪偏低的某一类人才，也可以弹性处理。当这一类的人才已不再有上述情形时，特别津贴可以立刻取消。但在这以前已有此项特别津贴的人员，则继续领取。所以，负责人事薪资的人对人力市场的动态应了如指掌，这样才可以判断是改进招聘手法还是应提高起薪水准，否则如果贸然给予特别津贴，到时要取消就比较困难了。其他职种的人甚至认为他们也要同样有特别津贴，这时局面就会失控。所以，要增加特别津贴的职种或职务，最好能通过工作评价委员会，让相关部门了解并取得共识，这样才不会引起一些不必要的干扰，而职务调动之后，该取消的津贴，就该按制度取消，只有这样才能树立人事制度的权威。

十五、员工福利基金管理执行标准

员工福利基金是企业依法筹集，专门用于员工福利支出的资金。它是员工福利事业的财力基础。在不同的国家和地区，员工福利基金的来源不一，基本有三个渠道：

（1）按法律规定从企业财产和收入中提取。

（2）企业自筹。

（3）向员工个人征收等。

员工福利基金不同于一般企业财产，与全体员工的基本利益密切相关，受到法律的特别保护，我国立法中的特别保护措施有：

（1）任何部门不得没收员工福利基金。

（2）员工福利基金有优先补偿权，企业宣告破产时，尚未依法提取的员工福利基金，应尽先依法足额提取。

（3）不提取或少提取员工福利基金的企业将受到行政和经济处罚，侵占和贪污员工福利基金的，从重追究其刑事责任。

十六、员工的社会福利管理执行标准

社会福利为一种社会事业或社会机构，主要指政府机构与社会服务间的有组织联系，以协调个人和团体在社会生活、公共健康及人际关系等方面的需求，增进社会福利。

社会福利有如下本质特征：

（1）普遍性。社会福利的实施目的是为了促进国民整体生活水平和生活质量的提高，而不是为了部分群体和公民的利益。

（2）无偿性。社会福利是对全体合法的公民提供的一种不付报酬的社会帮助，每个公民都有平等享受社会福利的权利。

（3）国家是社会福利的实施主体。提供社会福利是国家的职责，此外，一些非功利的社会组织也有兴办社会福利的权利和义务。

随着工业社会形成和发展，旧的慈善事业，包括其他保障措施已无力解决商品经济条件下必然出现的孤、老、寡、病、残、贫困等社会现象。于是，真正的社会保险应运而生，并通过社会实践，在一定程度上消除了政府利用其他手段不能避免的社会震荡，确保商品经济稳定的发展。与此同时，作为社会福利事业也获得了发展，主要表现在：

第一，福利不再是支离破碎的缺乏社会吸引力的局部慈善行为，而是通过政府立法并组织实施的现代社会福利制度。

第二，福利提供的内容不单是物质生活方面的需要，还包括精神生活和个人全面发展方面的需要。

第三，就福利思想来说，古代占统治地位的行善积德、祈求上帝赐福等观念，已让位于"福利经济"理论和"福利国家"理论。

总之，由于社会福利的积极作用与客观效果，使它同其他社会保障措施一样，成为现代文明与进步的一面镜子，深受各国政府重视。如今，大大小小的国家，不论是社会主义国家，还是资本主义国家，不论是穷国还是富国，各自都建立了一套社会福利制度。

（4）员工福利与社会福利的关系。这两者都是以满足社会成员的物质和精神生活需要、维持和提高社会成员的生活质量为基本任务，以实现社会公平为主要价值目标的物质帮助形式；并且，在员工福利社会化的过程中，员工福利设施可以兼有一定的社会福利职能，公共福利设施可以承担一定的员工福利任务。

员工福利与社会福利的主要区别在于：

（1）前者由用人单位举办或者负担费用；后者由国家和社会举办和负担费用。

（2）前者的享受主体只限于特定用人单位的员工（包括退休人员）及其亲属；后者的享受主体则是全社会成员。

（3）员工福利具有一定的集体性质；社会福利具有一定的社会性质。

十七、失业保险管理执行标准

（一）何为失业保险

1. 充分就业与失业。

所谓充分就业，是指在既定的工资水平上，愿意工作的人，都能够得到工作机会，而且在既定的工作时间内，劳动者的工作量饱满；反之，则为失业。

失业作为一种经济现象，与社会制度无关，它是生产力发展到一定阶段不可避免的产物。

2. 失业保险。

所谓失业保险，是指国家通过立法强制实行的，由社会集中建立基金，对因失业暂时中断生活来源的劳动者提供物质帮助的制度。

失业保险的核心内容是社会集中建立失业保险基金，分散失业这一劳动风险，使暂时处于失业状态的劳动者的生活得到基本保障。

这种制度有两大功能：一是保障生活；二是促进就业。正因这两大功能，人们又称其为失业现象的"减震器"和"安全网"。

关于失业保险的性质和特点，可以从三个方面进行考察：

第一，失业保险属于社会保险范畴，不同于社会保障的其他部分。例如，失业人员领取的失业救济金就不同于社会救济金。失业保险的对象是有劳动能力但一时失去了工作的劳动者，而社会救济的主要对象是没有劳动能力和生活来源的人，以及因自然灾害、意外事故等原因造成的生活困难者。得到社会救济并不要以事先尽义务、缴费为前提条件，而失业保险金的领取者必须以事先参加保险、缴纳保险费为条件。社会救济可以是一次性的、短期的或长期的，而失业救济领取一般以一段时间为期限。失业保险实际上是劳动者劳动的积累，是按劳分配在一定程度上的延续，而社会救济则与劳动无关。

第二，失业保险属于社会保险范畴，不同于商业保险，具有社会保险的基本属性，如强制性、互济性、社会性和福利性的特点，不以赢利为目的。以货币资金为提供物质帮助的主要形式，具有保障劳动者基本生活的功能。拿强制性来说，凡法定范围内的企业员工都属保险对象，都得按规定缴纳保费。拿互济性来说，失业保险的收入和支出要在失业率高低的不同企业间和不同时期间实行统筹，互助互济。从福利性来说，失业保险绝不是以赚钱盈利为目的，而是以保障失业工人基本生活为目的。所有这些，社会保险的其他险种，如养老险、生育险、疾病险、死亡遗属险、工伤险等，也同样如此。

第三，失业保险作为社会保险的子系统，不同于工伤、养老、疾病、生育、死亡等其他保险项目。工伤、养老、疾病、生育、死亡等保险项目的保险对象是暂时或永久丧失劳动能力的劳动者，而失业保险的对象是有劳动能力的劳动者，这部分人一旦有工作机会，将脱离失业状态。因此，失业保险尽管其直接目的是保障生活，但制度的设立要有利于促进劳动者重新就业，为此失业保险待遇不可能如同养老保险或工伤保险那样长期给予。而且，在待遇资格上要进行甄别，只有那些非自愿失业者才能领取失业救济金。

失业保险的基本功能包括两个方面：一是保障功能；二是促进就业的功能。

失业保险制度的建立可以促进劳动力流动，为产业结构调整创造条件。如果没有失业保险，传统劳动就业制度的改变将难以起步，劳动力也就无法在各行各业合理流动。一旦有了失业保险制度，一方面员工在失业期间能得到经济援助；另一方面失业保险的待遇水平、领取资格、领取期限、等待期限等方面的规定又会积极促使劳动者寻找工作，接受工作，促进劳动力向短缺部门流动。在这种情况下，企业就可以积极大胆地释放多余的劳动力，消除隐性失业，提高效率，降低工资成本。政府可以大胆地推进劳动制度改革，实行全员优化劳动组合，并真正将破产付诸实施，淘汰落后企业和落后产业，优化经济结构和产业结构。

（二）失业保险基金的筹集和运用

如何改进失业保险资金的筹措并提高其使用效率，是目前失业保险制度面临的一大问题。

失业保险资金的来源有：企业缴纳的失业保险费、失业保险费的利息收入和国家财政补贴。可见，失业保险资金主要由企业和国家两方负担。有的把职工个人也列为失业保险资金的筹措对象，变原来的两方负担为企业、国家、个人三方负担。这种做法在增加失业保障资金来源减轻企业负担的同时，提高了劳动者个人的自我保障意识。

但目前失业保险资金的筹集仍存在一定的困难，许多企业不理解失业保险制度，认为失业保险是"一平二调""劫富济贫"，并以各种方式拖欠、抵制失业保险费的缴纳，出现了类似少报员工人数或工资总额等"失业保险漏税行为"。这些现象的出现，究其原因，一方面是当事人认识上存在偏差，另一方面也与目前采取的统一费率制不无关系。

失业保险金的缴纳费率由政府统一规定，无法体现企业失业率和其保险费缴纳之间的关系。对效益好失业率低的企业来说，因其只有很少甚至没有员工领取失业救济金，所以这些企业常常把缴纳保险费看作是对效益差失业率高的企业的无偿补贴，使得这些企业不愿参加统筹失业保险，即使参加了也抵制、拖欠保险费。而反观效益差、失业率高的企业，统一费率无疑助长其懒惰与依赖思想。

改变这一现状，采取根据失业风险程度实行差别费率不失为一种好办法。目前，在一些国家这种做法已得到实施。其具体措施是，政府根据各行业的情况，对失业率高的行业按高的费率来征收保险费，对失业率低的行业按相应低的费率来征收。这种做法，一方面可以改变现在"鞭打快牛"的局面；另一方面也使失业率高的行业，放弃依赖思想，努力挖掘自身潜力，减少失业。

保险基金运用问题实际上包括两方面问题。一个方面是失业保险基金能否用作培训费用。我们知道，失业保险不仅有保障功能，还有促进就业功能。国外的经验也说明，这两方面的功能应当有机结合起来。既然如此，失业保险金一部分用作转业培训是理所当然，完全必要的。培训分为两个层次：一个层次为技能培训，如厨师、点心师、电工、驾驶员等社会上需要的多种人才；另一个层次是新成长的劳动力，在就业前进行就业法规、劳动制度等教育，都收到了较好的效果。此外，还有生产自救型培训，主要是那些年龄偏大、文化素质较差的人员，这些人就业较难，列为就业难点。为解决他们的就业问题，我国目前由政府下达指标并负责安置，从待业保险金中拨一部分资金给这些人员组织生产自救，这些资金暂时也不回收。从各地实施情况看，失业保险资金一部分用作促进就业是完全应当的。但是，也应看到，我国失业保险目前尚处于初创阶段，失业保险主要以保障基本生活为目的，而失业风险的波动较大，失业率时高时低，难以预料。因此，在失业保险基金积累比较少的情况下，不宜把失业保险基金过多用作培训费用。

保险基金运用的第二方面问题是基金要不要在运用中"增值"的问题。能够增值当然是好事，问题是失业保险属短期待遇，从长远看这项基金的储备量不会很大，而失业风险的波动性决定了这项基金随时随地都可能动用。因此，这项资金不宜作投资或购长期债券。只应强调保值，如购买短期债券、进行保值储蓄等，而不应强调增值。这是和养老保险不同的地方。养老保险从收入到支出有一个很大的时间差，故可强调在运用中增值，而待业保险金从收入到支出的时间差很小，故不宜过分强调增值。

十八、养老保险管理执行标准

1. 传统养老方式。

"积谷防饥，养儿防老"。在各国历史上大体也是如此。历来提倡孝顺父母，一个重要的原因是老人和子女一起生活，人老了全要靠子女供养，这就是家庭养老方式。其特点是：

第一，子女的劳动或生产经营收入，是老人唯一生活来源。

第二，子女的关心和照料，是老人生活起居的唯一依靠。

第三，家庭财产状况是老人生活水平高低的决定性因素。

在这种养老方式下，老人的生活绝对离不开子女。尽管在某些情况下，无子女的老人也可得到社会或亲友的少量救济，但这既不是经常的，也不是主要的。谁无子女，谁老了就无人供养。传统的家庭养老模式，是自然经济占统治地位的小生产方式的产物。

可见，家庭养老的方式是和小生产方式紧紧联系在一起的。然而，随着现代文明的到来，现代工业代替落后的小农业，现代化大生产代替手工劳动为基础的小生产，人类养老方式就必然由家庭养老向社会养老转化。

2. 社会养老。

社会养老是指社会给劳动者提供养老生活费用即养老金，而不是指老人的衣食起居和生活照料都按照社会集体的方式来解决。只要老人定期能获得保障自己生活的养老金，不管是否仍和小辈一起生活，都算实现了社会养老。

社会养老是现代工业发展的要求，也是现代工业发展的结果。现代大工业是社会化大生产。大生产排挤了小生产，使劳动者失去了以土地为依靠的生存保障，家庭不再是独立的生产单位，每个劳动者都到一定的经济部门就业。一旦失业，就失去了生活来源。这样，当劳动者年老力衰不能再劳动时，生活就成了问题。他们当然也有子女，从而可依靠子女的劳动收入来过老年生活，然而，他们更有权利要求社会给他们提供养老金。因社会化大生产条件下，劳动生产率有了空前提高，每一个劳动者在其退休前几十年的劳动中不仅创造了劳动阶段所需生活费用，也创造了年老退休后生活所需要的生活费用。换句话说，劳动者在退休前几十年的工作中所付出的必要劳动，不仅包含了劳动年龄生活所必要的价值，也包含了退休后各种必需生活费用的价值。也就是说，劳动者未退休时就已为退休后的生活做了准备，并把这部分准备交给了社会，一旦劳动者年老退休，社会就有能力也有义务为他提供养老金。在社会化大生产中，不能再由家庭，而必须由整个社会来为劳动者解决生老病死问题。

社会的进步，医疗卫生条件的改善，人们生活水平的提高，使人类平均寿命大大延长，社会上老人越来越多，终于使养老问题成为一个十分重要的社会问题。这个问题不解决，不仅关系到千百万老人的生存问题，也关系到现有劳动者能否安心工作的问题。每个人都有年老之日，如果社会无法妥善解决养老问题，就不能解决在职员工的后顾之忧。

建立养老保险制度，实现社会养老，可使退休老人的基本生活需要得到满足，也有利于解除在职员工的后顾之忧，调动生产劳动积极性，从而不仅可稳定家庭生活，稳定整个社会，而且会推动社会生产发展。

3. 社会养老的实现形式。

社会养老通过养老保险的形式实现。根据上述社会养老产生的原因和条件分析可知，养老保险实施范围的大小和养老金给付标准的高低，不仅取决于需要，更取决于可能，取决于社会生产力发展水平。一般来说，社会生产力水平越高，生产社会化程度越高，就越有条件实行社会养老。

养老保险作为社会保险的重要子系统，和社会保险的其他险种有区别也有联系。养老保险也具有社会性、互济性和强制性。劳动者要求社会给他提供养老金，必须以事先尽义务为前提，正因为如此，享受养老保险金给付，不仅需有年龄规定，还要有工龄规定；不仅有工龄规定，还要有缴纳养老保险费年限的规定。

十九、医疗保险和工伤保险管理执行标准

（一）医疗保险

1. 何谓医疗保险。

医疗保险又称疾病保险和健康保险，在美国泛称伤害健康保险。其职能主要是保障劳动者的身体健康，它与良好的医疗条件和各项保险制度的给付，共同形成对劳动者健康水平积极有效的保障作用。对劳动者而言，医疗保险费的开支，属于"劳动能力的正常维持费用"。它在支付的形式和发放的原则上明显有别于其他的社会保险。首先，从享受的对象看，只有患病者才可能享受此项待遇。患者主要享受免费医疗或直接凭单据享受医疗保险金补助。不生病不需医疗的职工不享受这种待遇。其次，从享受标准看，只依据病情的需要，不受经济地位的影响和限制。医疗保险实行与患者工资完全脱钩的方法，可保证劳动者患病以后就医的机会和待遇上的均等。在患者是否承担部分医疗费用的问题上，因工负伤与一般的疾病患者是有所区别的。前者的医疗保险属于经济补偿的性质，因此在项目和待遇上要多一些，好一些；后者的医疗保险带有物质帮助和救济的性质，在医疗保险项目和待遇上要少一些，低一些。但患者本人基本上不负担或只少量负担医疗费用。

2. 医疗保险历史发展的回顾。

回顾一下19世纪初的医疗服务状况及其对欧洲工业化时期医疗社会保险制度的影响是有意义的。当时医生不属于高薪职业，高科技虽发展了，但医疗费也不高。随着医疗社会保险逐渐普及，政治家们也意识到了这种潜力，于是采取坚定和积极的方针，鼓励雇主支持工人的建议，作为改善工人健康状况和安抚工人的手段之一。

最早最有意义的政治步骤是1883年德国政府颁布的一项法令，其中规定：①某些行业中工资少于限额的工人应强制加入疾病保险基金会；②基金会强制性征收工人和雇主应缴纳的基金，这一法令标志了医疗社会保险作为一种强制性社会保障制度的开始。随后，这项政策逐渐在20世纪上半叶的整个欧洲以各种形式推广，强制性医疗保险推广前，自愿性保险经常覆盖一半人口。这项措施在许多国家也得到了政治支持，因为它解决了工人及其家属的后顾之忧，同时也表达了社会对健康和医疗的关心。这由传统的慈善机构或公共互助机构向前迈了一大步。

德国在1883年立法以后，奥地利在1887年，挪威在1902年，英国在1910年，也相继采用。法国于1921年立法，但1930年才开始执行。在20世纪30年代早期，大多数欧洲工业化国家采用了这种方法，当时以生育和疾病社会保险的名义实行，可能由于现

成的医疗服务网（包括医生、专家、公立和私立医院）供给状况良好。欧洲法定的医疗保险基金主要由代理机构向医疗部门为其成员支付医疗费用。

（二）建立医疗社会保险的因素

有很多重要因素促使医疗社会保险成为社会保障制度的一部分，如对现行医疗体制提供的医疗服务在数量和质量上不尽如人意，很多人无力支付私人医疗费用等，这都促使人们去探讨是否应把基本医疗服务作为每个公民的一种权利。这种要求通常先由接受医疗服务的政治代表提出。人们的不满通常是指医疗资金不足、医疗服务效率低以及私人医院的高昂费用等。

特别是当卫生部门所提供的医疗服务前景暗淡时，劳工组织可能促使政府考虑医疗社会保险。经济的发展和工业化过程使更多的人就业，在没有社会保障的情况下，疾病意味着没有收入甚至失去工作。伴随着大规模农业经济的城市化，导致了家庭结构变小，分担风险和照顾病员亲属的家庭成员减少，在这种情况下，更迫切需要社会保险。大多数靠工资生活的职工对现行的公共医疗服务很有意见，因为距离远，等候时间长，而他们的收入又无力支付私人医疗服务的费用。

雇主对医疗社会保险的态度通常是积极的，因为他们知道健康会提高生产力。在某种程度上，雇主对医疗社会保险的支持将使雇员们更忠心耿耿，并且这比雇主自己为职工提供医疗服务既简单又省钱。

医务人员是否接受医疗社会保险，将取决于工作条件、收入以及职业自由的程度。在发展中国家，医务人员实际上很乐意实行医疗社会保险。尽管医务人员较少，但许多有空闲时间的医生，希望通过医疗社会保险带来稳定的额外收入。私人医院病员不足，如与医疗社会保障挂钩，可增加收入。

病员不一定因为医疗社会保险能使每个人都得到医疗服务而支持它。因为社会和文化态度以致"公众"为医疗社会保险所规定的某些限制可能与个人的喜好有矛盾。例如，病员的隐私和选择医务人员的自由受到影响等。同时，比起个人所得税，人们更愿意付医疗社会保险费。如有征收其他社会福利基金（像老年保险费）的网络，则医疗社会保险费也就容易收集了。

最终建立医疗社会保险的可行性将取决于基础设施的存在及稳定性（包括人力和物力），雇主、雇员和政府三方的支付能力，以及实行医疗社会保险的管理能力。此外，还需要必要的法律程序。通常在国家社会经济不稳定，并且在过渡时期没有从医疗保险得到实惠时，这些问题会争论不休。争论的焦点通常是认为医疗社会保险会增加劳动成本并可能导致通货膨胀。然而，经常缴纳医疗社会保险费，实际上能代替雇主为其雇员所支付的专项医疗费。

考虑到上述因素，我们会认为刚开始在发展中国家建立的法定的医疗社会保险会受到约束。只要逐项落实，先在具备条件的工业地区进行，许多困难也将迎刃而解，条件成熟后，再从小范围扩大。

（三）医疗保险的资金来源

根据社会共同责任的原则（有时叫共担风险），强制性医疗社会保险资金来源如下：雇主缴纳的保险费、投保人缴纳的保险费、政府的补贴和其他方面的收入（费用分担等）。

雇主和职工缴纳的保险费常和工资或收入有关，尽管有时采取相同比例征收保险费，但用来缴纳保险费的那部分收入所占工资的比率一般不超过保险费所占最高工资限额的比率。雇主缴纳的保险费总比雇员多。

个体经营者按固定的比例征收保险费，因为让个体经营者既交雇主又交雇员的保险费显然是不合理的，应根据其申报的收入情况，决定或计算其缴纳的金额。另外，应注意到个体经营者有很大的收入差异，有高收入者（如专业人才和商人），也有收入少的（如工匠、小业主、摊贩），后者不能定期缴纳。

不管采用哪种方法征收保险费，社会保障制度中的平等原则意味着所有成员都有权享有同等待遇。也就是说，尽管某些特种补贴有数额限制，但个人缴纳保险金的数额和应享有的医疗费之间没有直接关系。在某种程度上，社会保障只涉及某些地区或某些行业的人口，但是经济活力会从社区内的补贴得到好处。

社会保障的"公共性"和"法定性"并不一定意味着政府的直接资助，因为在正常情况下，社会保险资金主要来源于雇主、雇员和个体经营者所缴纳的保险金。然而，法律规定政府提供补贴，这取决于当时经济条件下，国家的财力及受保人缴纳保险金的能力。

（四）工伤保险

工伤保险是国家和社会为保障企业员工在遭受生产、工伤事故和职业病伤害后获得医疗保障、生活保障、经济补偿和职业康复等物质帮助权利的社会保险制度，属于社会保障体系的重要组成部分。工伤保险待遇主要包括医疗待遇、医疗期间工资待遇、伤残待遇和死亡丧葬、抚恤待遇项目。工伤保险制度是国家劳动政策和社会政策，属于政府行为，不属于商业性人身意外伤害保险概念。

在过去，工人受到职业伤害的一切后果都由自己承担，当时有这么一句话很流行："干活的被饭碗和工伤费用压得喘不过气。"工业化初期，工人因职业伤害能得到一点赔偿是在民事法典中规定的，但是他必须在法庭上有足够的证据证明自己受到的伤害是直接由于他人，既可以是其雇主也可以是自己的同事的过失造成的。

由于受职业伤害的工人或他们的家属有时很难或几乎没有可能证明和提供证据表明是因为雇主的过失造成的灾难，因此等待这些人的命运往往是得不到任何赔偿和陷于极端贫困。后来，当人们确定了"职业的危险"原则，雇主要为受职业伤害的人支付赔偿金，并且这一点用法律形式予以保证后，情况才有所好转。到了19世纪末，法国、德国和英国几乎同时确认了"职业的危险"原则：凡是利用机器或雇员体力从事经济活动的雇主或机构就有可能造成雇员受到职业方面的伤害；意外事故无论是由于雇主的疏忽还是由于受害人的同事的粗心大意，甚至根本不存在有什么过失，雇主也应进行赔偿；雇主支付职业伤害赔偿金是一笔日常开支，就像是修理和维修设备的保养费和给职工工资一样；赔偿金应该是企业所负担的一部分管理费用，从本质上看这笔钱的开支还是为了雇主。到20世纪初，几乎所有的工业化国家都将职业伤害原则具体写进了自己国家的劳动法规。1925年，国际劳工局公布的一项报告这样提到："还没有哪一种学说有这么大的力量，使之在如此短暂的时间里被这么多国家所接受。"

（五）工伤保险必须遵循的原则

1. 无责任补偿原则，又称无过失补偿原则

其一，无论职业伤害责任主要属于用人单位还是第三者或者受伤者自己，受伤者都得到一定的经济补偿；其二，是用人单位不承担直接补偿责任，由工伤社会保险机构统一组织工伤补偿。

2. 个人不缴费原则

工伤保险费用由用人单位缴纳，员工个人不缴费，这是工伤保险区别于其他社会保险项目的标志。

3. 补偿与预防、康复相结合的原则

工伤保险的根本任务是保障员工的生活，保护职工健康，促进社会安定和生产力发展。基于此，工伤保险就应当与事故预防、医疗康复、职业康复相结合。

4. 征集基金、共担风险的原则

这是各项社会保险的共同原则，通过强制征收保险费，建立统一的工伤保险基金，实行统一管理。

5. 区别因工和非因工的原则

职业伤害与工作和职业有直接关系，工伤保险待遇具有补偿性质。因此，确定工伤保险范围的依据就是把握因工和非因工的界限。

6. 补偿工资损失原则

这是指工伤保险待遇与受伤害工人既往的工资收入保持一个适当的比例。

第十一章

生产作业管理

一、生产目标管理工作流程设计

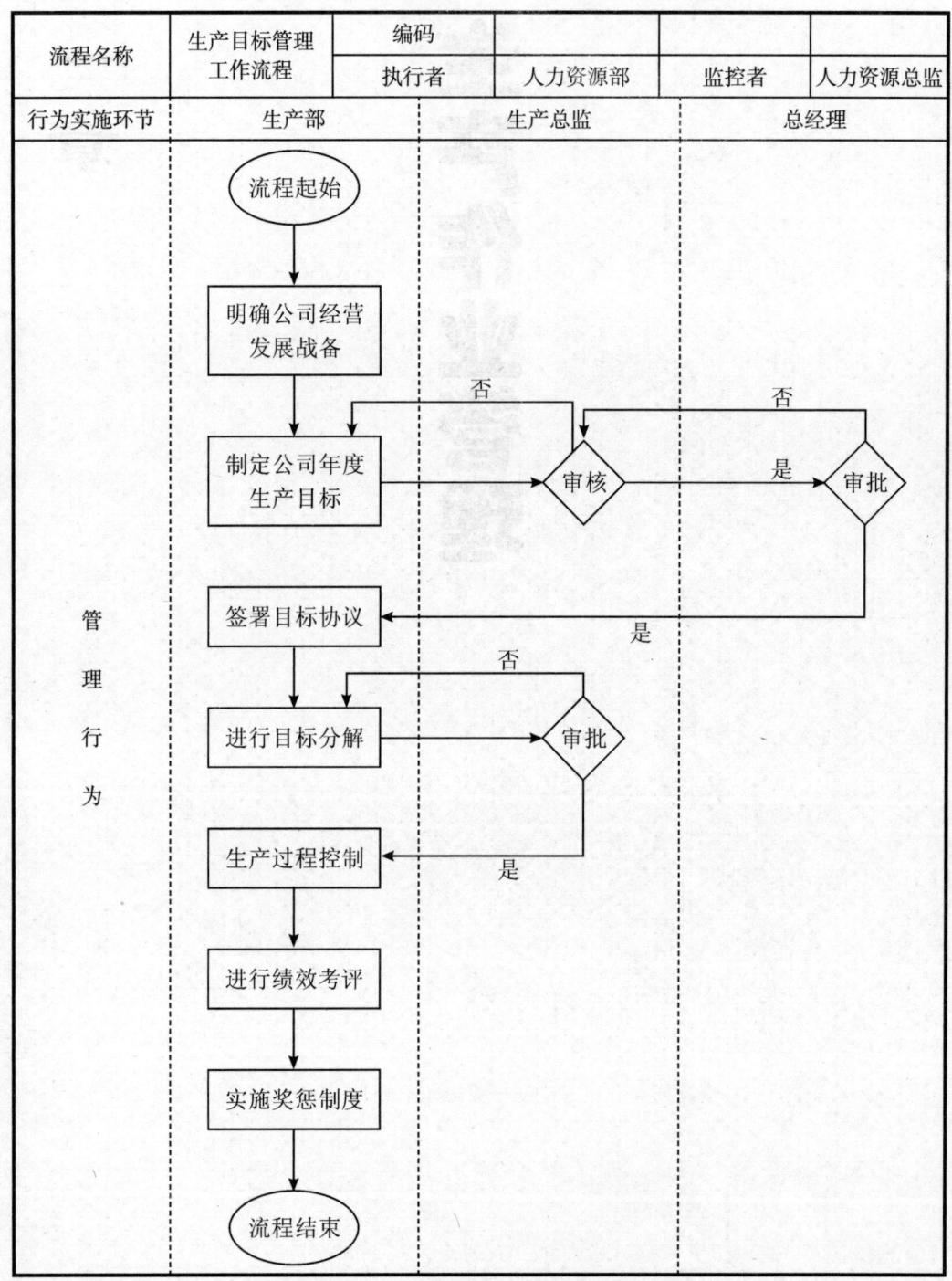

流程名称	生产目标管理 工作流程	编码			
		执行者	人力资源部	监控者	人力资源总监
行为实施环节	生产部		生产总监		总经理

图11-1　生产目标管理工作流程设计

二、生产过程管理工作流程设计

流程名称	生产过程管理工作流程	编码		监控者	生产总监
		执行者	生产部		
行为实施环节	生产部	生产总监		总经理	

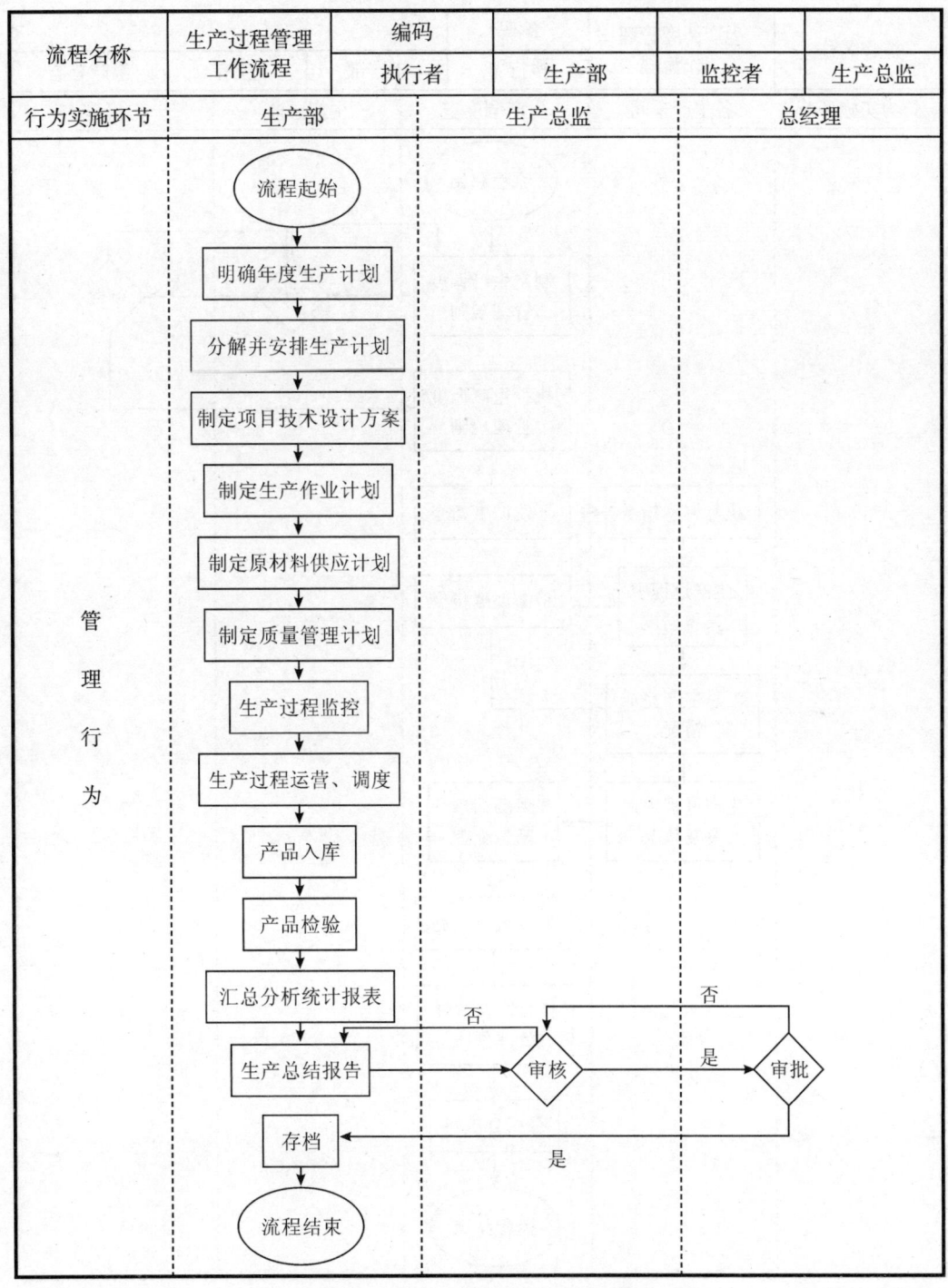

图11-2 生产过程管理工作流程设计

三、生产调度管理工作流程设计

流程名称	生产调度管理 工作流程	编码		监控者	生产总监
		执行者	生产部		
行为实施环节	各生产车间	生产调度室		生产总监	总经理

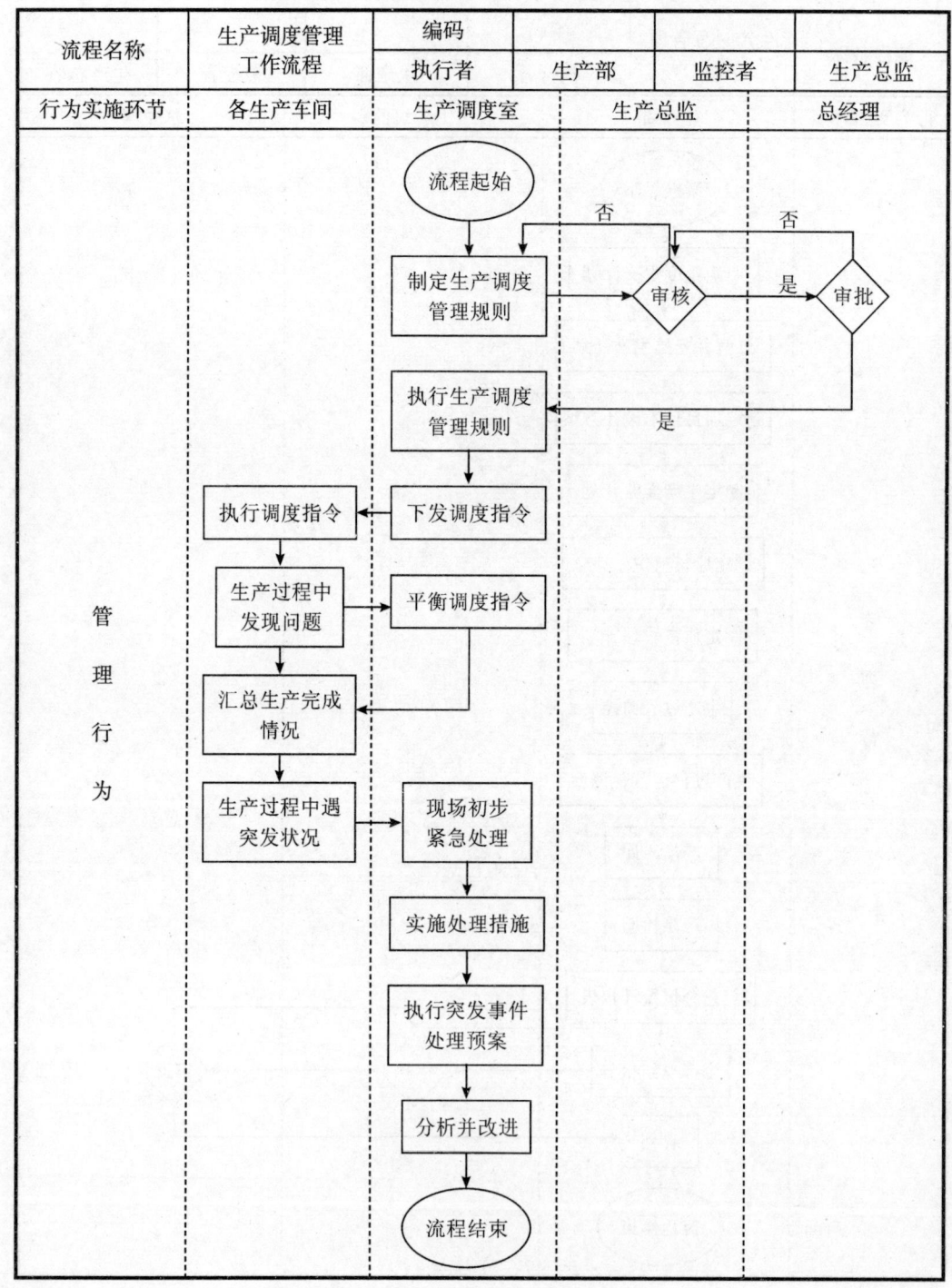

图11-3　生产调度管理工作流程设计

四、生产进度管理工作流程设计

流程名称	生产进度管理 工作流程	编码			
		执行者	生产部	监控者	生产总监
行为实施环节	生产部	生产总监		总经理	

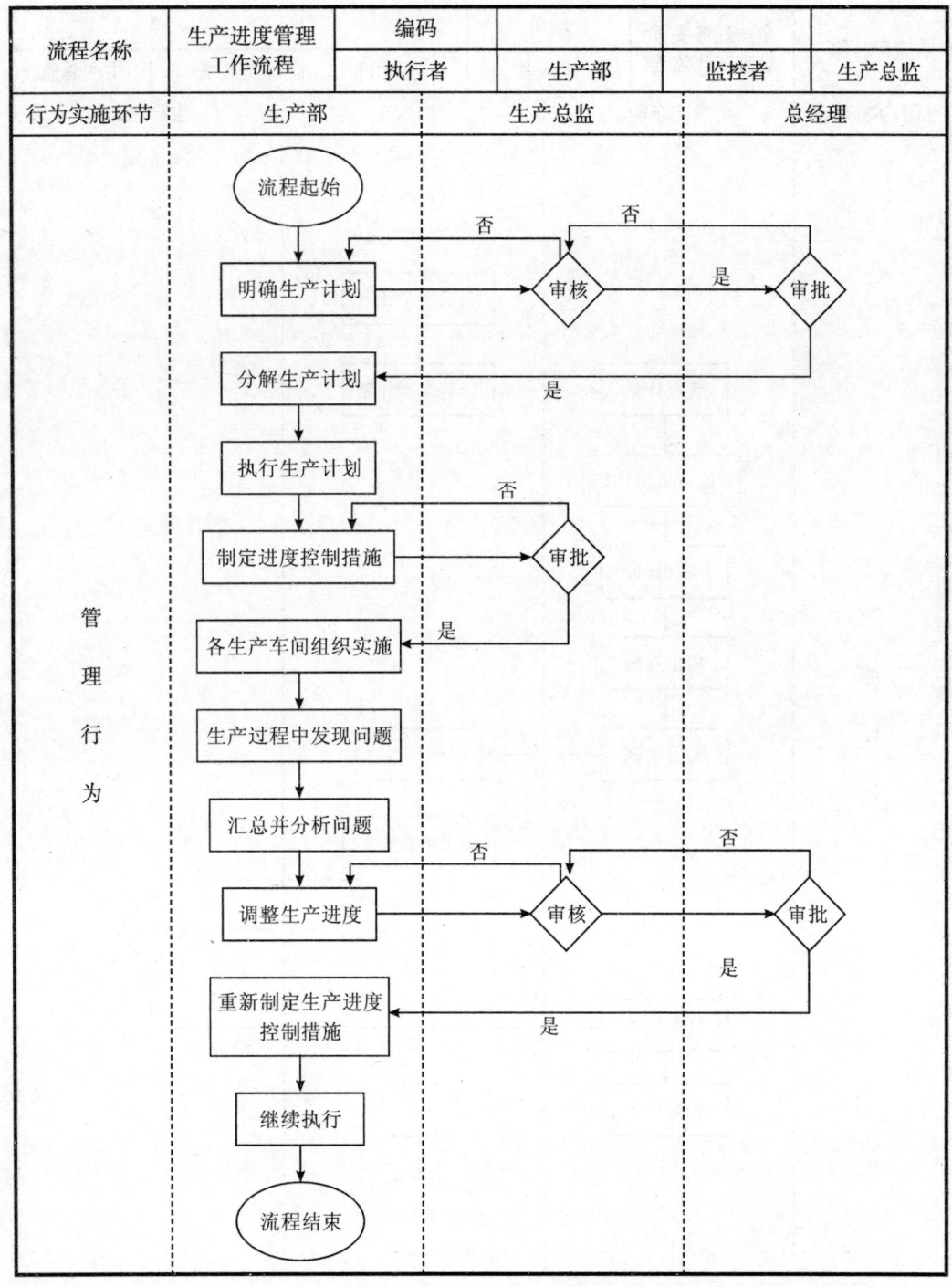

图11-4　生产进度管理工作流程设计

五、生产任务安排管理工作流程设计

流程名称	生产任务安排管理工作流程	编码		监控者	生产总监
		执行者	生产部	监控者	生产总监
行为实施环节	生产车间	生产部		生产总监	

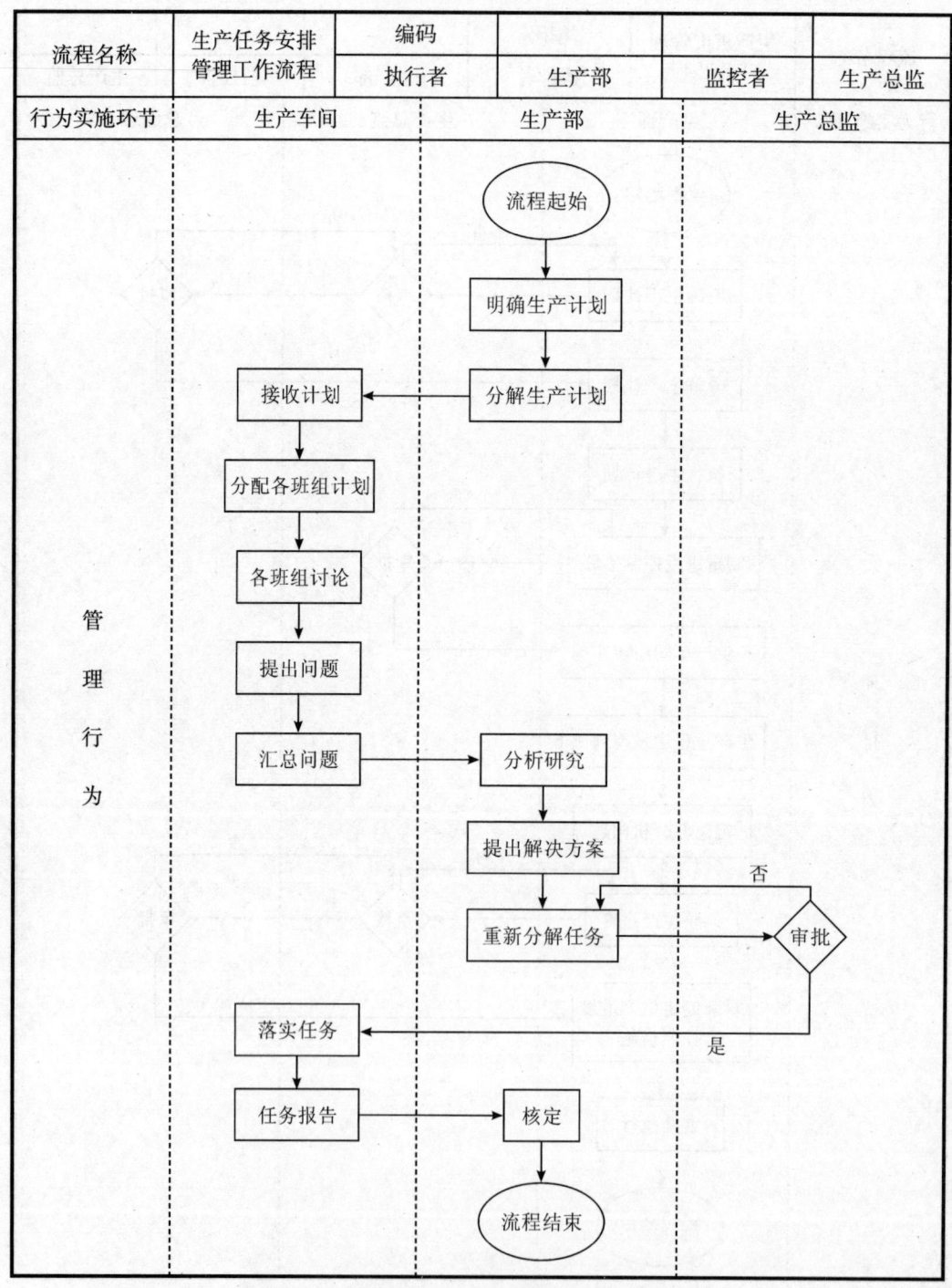

图11-5　生产任务安排管理工作流程设计

六、生产工时测定管理工作流程设计

流程名称	生产工时测定管理工作流程	编码			
		执行者	生产部	监控者	生产总监
行为实施环节	生产车间	生产部		生产总监	

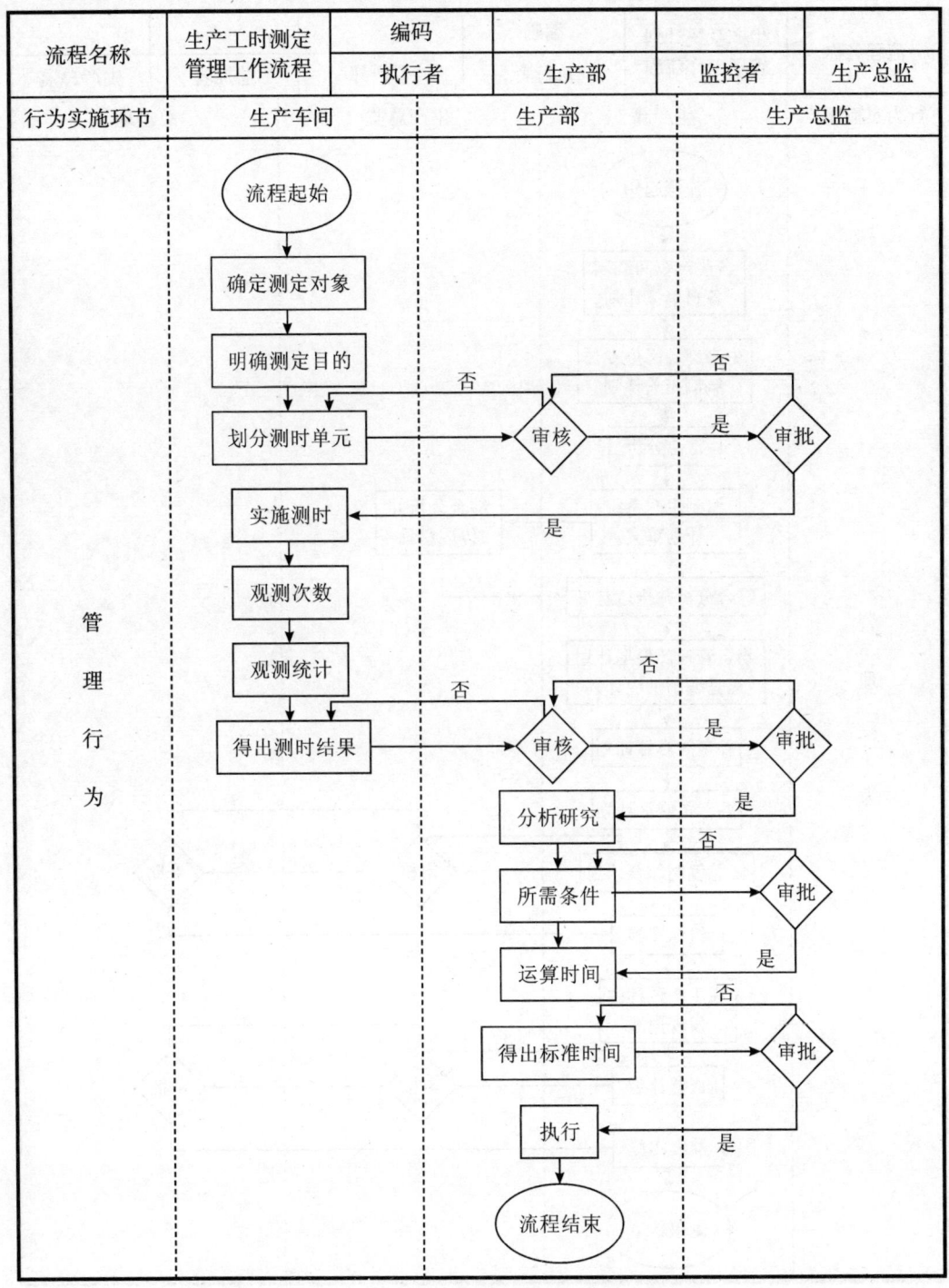

图11-6 生产工时测定管理工作流程设计

七、生产系统计划管理工作流程设计

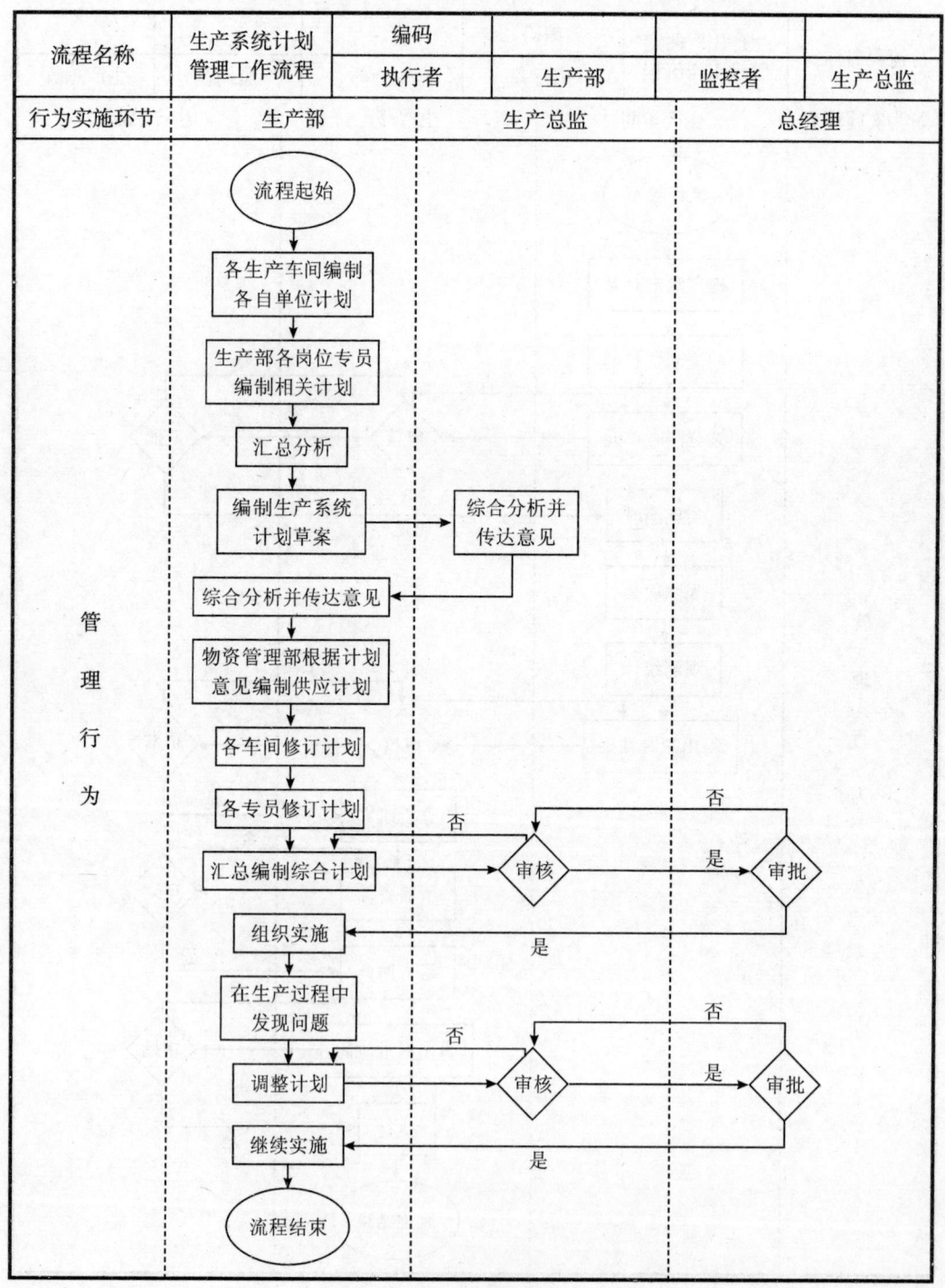

图11-7　生产系统计划管理工作流程设计

八、生产作业系统运营管理工作流程设计

流程名称	生产作业系统运营管理工作流程	编码			
		执行者	各部门	监控者	生产总监
行为实施环节	物资管理部	质量管理部	生产部	财务部	人力资源部

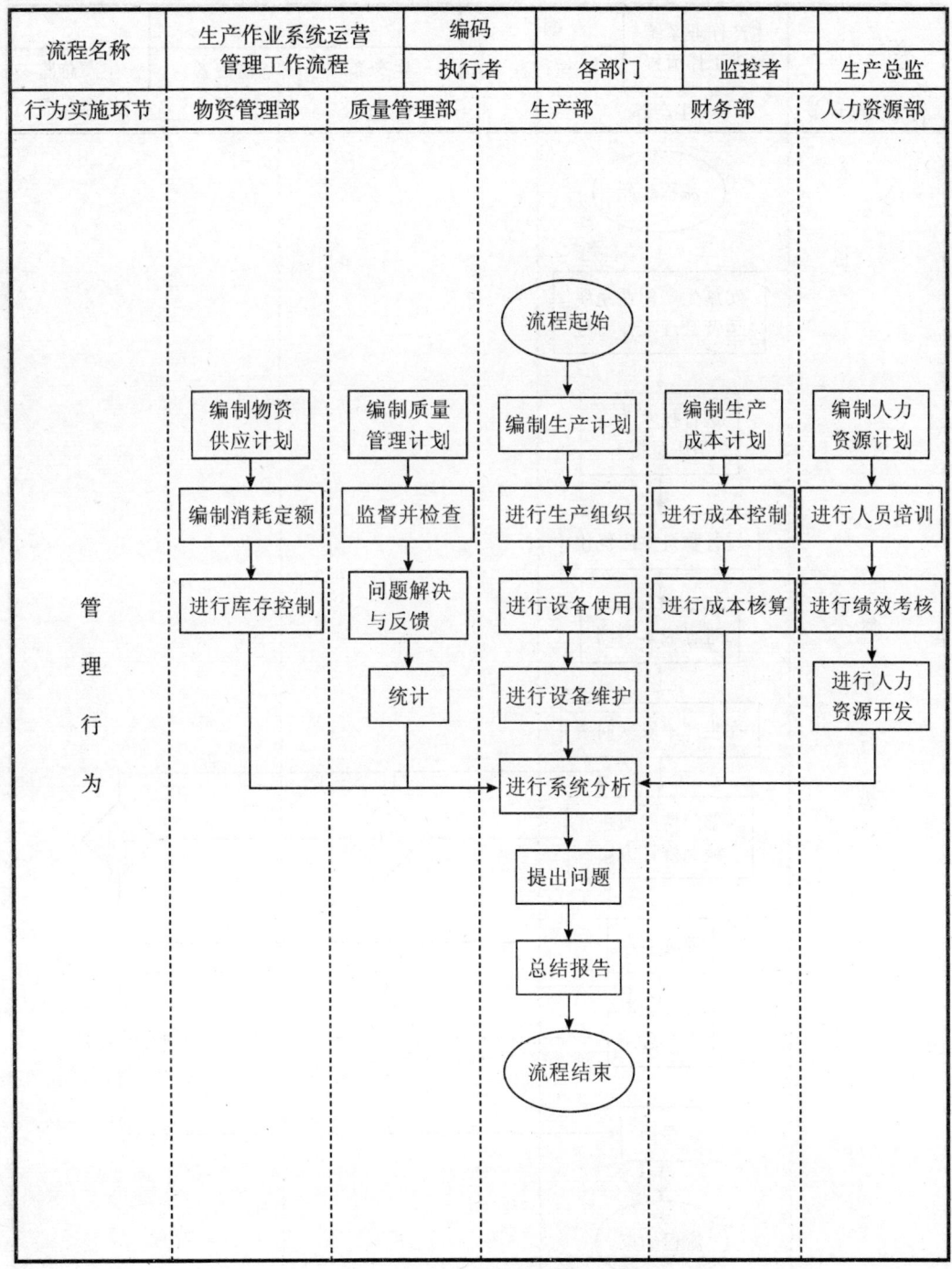

图11-8 生产作业系统运营管理工作流程设计

九、生产作业系统改进管理工作流程设计

流程名称	生产作业系统改进工作流程	编码			
		执行者	生产部	监控者	生产总监
行为实施环节	生产部	生产总监		总经理	

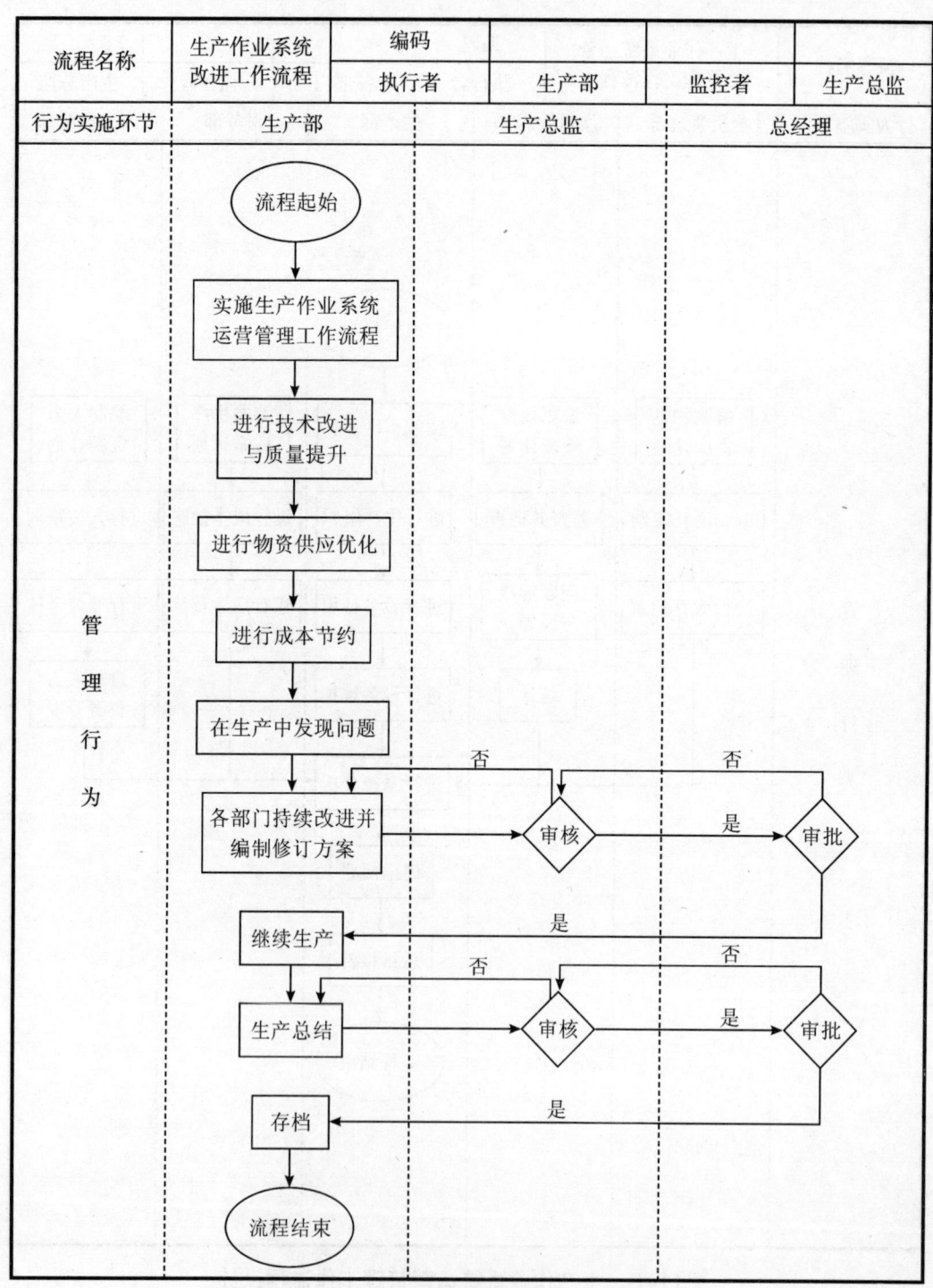

图11-9　生产作业系统改进管理工作流程设计

十、生产现场管理工作标准

（一）生产现场物资管理

其管理内容包括生产现场的材料、零部件、产成品的存储、运输等保证工序衔接、均衡生产的因素。在生产现场，要以最低成本，按计划、按标准、按规定时间，将所需材料、物品送至规定场所。生产作业现场的物、料、工具应按工艺要求和操作顺序分类码放。应做到平稳、整齐，防止滑落、倾倒，同时不应妨碍正常作业。

（二）生产现场作业管理

生产现场作业管理是现场管理中最基本的管理手段，目的是设计最优作业方法，主要包括动作的改善（减少基本动作的次数，缩短动作时间，使动作简单化）、作业的简易化（排除作业中的时间浪费，确定经济合理的作业时间）、作业方法的标准化（作业者按固定程序、方法、时间作业）及作业时间的标准化（采用已确定的标准作业方法，用标准速度进行作业所需时间，可用来计算日工作量、工时、成本和所需人员、设置）。

（1）研究以人或物为中心的工序配置，通过工序分析、动作分析、时间分析，使生产现场作业各工序及作业时间合理化。

（2）改善多余、不合理的作业顺序，使工序质量、工序成本始终处于受控状态。

（3）工序分析，一般分为制造加工、搬运、检查、停滞工序。

第一，制造加工工序：主要研究加工机械和工装的改善，缩短加工时间，使加工顺序合理化，找出并去除多余的操作。

第二，搬运工序：确定搬运的方法，选择合适的搬运机器，缩短搬运距离，减少搬运次数。

第三，检查工序：研究检查的必要性和检查方法，决定检查方式是全数检查，还是抽样检查、重点检查。

第四，停滞工序：研究库存量大小、存入和保管方法。

可设置工序分析图，清楚地标明产品或零部件加工顺序，工序占用时间及加工、运输、存放情况。

十一、现场管理工作流程

（一）完成生产计划

不管是预定生产还是接单式生产，生产现场都有责任完成每日的生产计划。完不成生产计划也就完不成营销计划，对工厂来说就不能产生利润。所以在进行生产的过程中，即使有出现一点反常的情况，也必须要负责任地去解决问题，从而完成生产计划。

（二）标准生产成本的维持和降低

工厂生产现场有控制生产成本的责任，不仅要做到维持标准成本，还要尽量降低成本，以使本工厂在市场竞争中取得价格优势。

（三）生产设备的保养与检修

正确使用生产现场的各种生产设备，定期地进行规定内容的点检、保养工作。在异常发生时，要及时进行检修，否则完成不了计划预定的生产数量。

（四）提高产品的质量

生产现场管理的任务包括要防止不良品的出现，生产出符合规格的产品的责任。此外，生产现场管理的任务还包括：不仅要生产符合规格的产品，还有必要在不提高成本的基础上设法提高品质。否则，工厂将在竞争中失去生存的机会。

（五）在交货期内完成生产任务

能否在与顾客约定的交货期内完成交货任务，主要取决于生产现场管理效果的优劣。在实际的生产现场管理中，不仅要做到按期完成交货任务，而且要尽量做到缩短工期（制作产品的时间），从而达到缩短交货期的目的。

（六）保证安全生产

工厂生产现场管理的另外一大任务就是要防止发生生产事故，在生产现场管理的过程中，要随时注意排除不安全的因素，并且排除掉不安全的操作行为。

十二、生产现场作业操作标准

生产现场作业分析通常包括操作分析、工作简化、方法工程三种，其研究目的在于减少不必要的工作步骤，或使必要的操作以最迅速、最安全、最舒适的方法完成。

作业分析可分为五大标准、27条项目。

（一）工作场所标准

1. 手和手臂的运动路径应在正常工作区域内。

2. 必须用眼睛注意工作，并保证有正常视野。

3. 工具和材料应置于固定位置。

4. 工作场所的高度应设计成能供站立或坐着使用。

5. 工作区域应以少移动为原则。

6. 好的工作环境可以导致好的工作表现。

（二）工具和设备放置标准

1. 工具和设备应置于随手即可拿到或抓到之处。

2. 以足踏板和固定工具代替手的动作，使手能执行更有用的职能。

3. 使用将完成产品移去的自动弹出设施。

4. 在方便操作的情况下，将机器控制排列妥善。

5. 利用特别的工具和复合工具（多种用途的工具）。

6. 考虑如何使用机器以方便操作。

（三）人体运动标准

1. 使用双手从事生产性工作。

2. 双手同时开始并完成各种对称工作。

3. 使手和手臂的移动呈连续曲线。

4. 工作应有节奏，使工作自动而圆滑。

5. 尽量使操作范围内的移动距离最短，并采用最低级别的动作。

6. 应尽量利用物体重量。

（四）物资搬运标准

1. 应有良好的设计以方便搬运。

2. 安排重力输送的漏斗、分离器、堆放和输送带，将材料送至使用地点。

3. 预置和分类标明下一操作所需的材料和零件。

4. 用落地输送法将产品挪开。

5. 举起较重物品时应使用搬运机械。

（五）节省时间标准

1. 改善人工和机械动作的迟缓或暂时停止的问题。

2. 通常动作步骤较少或元素较少时，所用的时间最短。

3. 当机器工作时，工作应在进行中；而工作进行时，机器应在工作中。

4. 应同时加工2个或2个以上零件。

十三、生产作业现场巡查规范

（一）工作态度

1. 工作中是否有人偷懒闲聊？

2. 员工是否保持正确的作业姿势？

3. 员工是否按规定的服装穿着整齐？

（二）处理设备

1. 是否按照说明正确地操作机械？

2. 是否正确地使用工具？

3. 机械、工具是否摆放在妥当之处，易于取用？

（三）工程进度

1. 有无停工待料的事情，全体人员是否都能够顺利地进行作业？

2. 整个工程是否都按照原定计划顺利地进行？

3. 各个工程之间是否都能够顺利地衔接无碍？

（四）整理整顿

1. 原料或零件是否摆放在标准的定点位置？

2. 作业用的工具是否摆放在标准的定点位置？

3. 工作台上是否整理得条理井然？

4. 工作环境是否整理就绪，走道是否通畅无阻？

（五）安全生产

1. 是否正确地使用保护器具或安全防范器具？

2. 危险物品是否都能够保管得非常妥当？

3. 安全标志是否都能按照规定执行？

（六）评分标准

1. 非常好　　　5分

2. 好　　　　　4分

3. 一般　　　　3分

4. 较差　　　　2分

5. 很差　　　　1分

十四、生产现场整顿管理标准

（一）生产作业现场检查标准

1.道路上有无画线作标示。

2.机器、搬运工具、物品、垃圾桶等放置之处有无画线来标示。

3.不可存放物品之处有无标示。

4.是否有不能用或长久不使用的设备、材料、半成品、容器等。

5.是否堆积了许多未处理的不良材料、半成品、成品等。

6.现场是否堆放非现场之物，如书籍等。

7.各式架、柜是否生锈、脱漆、损毁。

8.墙壁是否剥落、渗水。

9.门窗是否损坏、残缺。

10.电灯是否不亮或缺少灯管。

11.是否设置吸烟区。

（二）半成品检查标准

1.量的检查。

（1）是否以每一个工作站或每一个操作人员为单元来设立标准的半成品量，并且予以标示。

（2）是否用标准的容器来协助量的管制及计数。

（3）是否用颜色标高法来协助定位。

2.位置的检查。

（1）是否有专门的半成品放置区。

（2）半成品放置区的设置，是否妨碍到正常的工作。

（3）半成品是否进行了分类放置。

3.品质的检查。

（1）是否用挡板、缓冲材料等来保护半成品，以防碰撞、剥落。

（2）是否有防尘的措施。

（3）半成品是否直接接触地面。

（4）容器是否保持清洁。

（5）处理半成品时，是否轻取轻放。

（三）半成品检查标准

1.不良品处理的检查。

（1）是否明确规划不良品放置区。

（2）是否用红色来标示不良品放置区，以示醒目。

（3）是否能一次就区分好不良品的分类，避免出现重做的浪费。

（4）是否能定期、大胆地处理不良品。

2.搬运行为的检查。

（1）放置栈板、容器时，是否考虑到搬运的方便。

（2）是否利用有轮子的容器。

（3）是否考虑到搬运系数。

（四）手工具检查标准

1.是否做到了尽量避免使用手工具。

2.是否利用槽沟、卡损、油压、磁性等来代替螺丝。

3.是否加大螺母的接触面，以便双手可以处理。

4.是否使用标准化的零件，以减少工具的种类。

5.是否有办法缩短工具存放的时间。

6.经常使用的手工具，是否随身携带或是放在工作台附近。

7.手工具存放的位置，是否不需行走、下蹲、垫脚等动作就能取得。

8.是否有给手工具找个固定的存放位置。

9.是否利用简便的符号、色别、影绘等，使手工具在用完时即可迅速归位。

10.是否借用磁力使手工具的归位变得既简单又正确。

11.是否借用悬挂弹性的力量，让工具在使用后能立刻恢复到固定的位置。

（五）切削工具检查标准

1.是否做好切削工具的保管工作和保有数量的评估。

2.个人保管的工具是否以使用频繁为原则。

3.偶尔才使用的工具，是否以集中保管、共同使用为原则。

4.是否推行标准化，以减少切削工具的种类。

5.是否规定个人保管工具的交换办法，以杜绝浪费。

6.工具存放时，是否尽可能采用产品类别组套方式或机能类别存放方式来保管。

7.是否确立不良品及钝品的交换办法，以确保切削工具的品质。

8.是否考虑到碰撞、摩擦事件的发生。

9.切削工具是否采取垂直的方式，放入抽屉内。

10.是否用隔板来保护切削工具。

11.是否用波浪板来保护切削工具。

12.是否用网带来保护切削工具。

13. 是否用支架来保护切削工具。

14. 是否用木模来保护切削工具。

15. 是否考虑到防锈的问题。

16. 在抽屉或容器里是否铺上含有油分的毛毯等来保护切削工具。

17. 必要的部分是否漆上油漆来保护。

（六）测量仪器的检查标准

1. 是否考虑到防震的措施。

2. 是否未放到机台上面。

3. 当仪器必须放到机器上时，在仪器的下面，是否先铺上一块橡胶垫，以减少震动的损害。

4. 是否定期校验，并运用颜色来协助管理。

5. 是否有防止碰伤、歪翘的措施。

6. 测试棒、长直尺等是否垂直吊放，以防歪翘。

7. 水平台不用时，是否加上罩子。

8. 仪器、工具不用时，是否归位，以防碰伤。

9. 使用后是否归零。

10. 是否熟悉使用方法。

11. 存放时是否考虑到使用适当的容器，以防碰撞。

12. 是否考虑到防止灰尘、污垢的侵蚀及生锈的可能。

13. 不用时是否加上罩盖，以避开灰尘、污垢等的直接污染。

14. 放置及使用的场所，是否避开多灰尘及多污垢的场所。

15. 使用之前是否保持双手清洁。

16. 保管中，是否先使用防锈油擦拭。

（七）模治具检查标准

1. 是否定位存放。

2. 是否设置独立的存放区，以利管理。

3. 模治具存放时，是否避免直接接触地面。

4. 模治具架是否有防尘装置。

5. 用完后，是否养成归位的习惯。

6. 是否易取用。

7. 是否有可伸缩的料架臂。

8. 是否有滚珠装置的料架。

9. 是否有送模台车。

10. 是否有合理的运作空间。

11. 是否省时。

12. 模治具的存放位置是否适当。

13. 经常使用的东西，是否就放在附近。

14. 拆换模具的工具及模子是否在换模前就备妥。

15. 是否采用产品别组套方式来存放模治具。

16. 经常用的模治具是否放在较易取拿的位置。

17. 是否容易辨识。

18. 料架是否有编号、标示。

19. 模治具是否有编号、标示。

20. 站在料架前，是否能很清楚地了解那些编号是什么。

21. 模治具存放指示牌是否很明确。

22. 工作指令上是否能明白地指出模治具的放置位置。

（八）仓库检查标准

1. 是否做好定位。

2. 是否以分区、分架、分层来区分管理。

3. 是否设立标示总看板，使有关人员能一目了然地掌握现况。

4. 是否在料架或堆放区上，将物品的名称或代号标示出来，以利找寻及归位。

5. 物品本身是否标示，以利辨识。

6. 仓库是否做好门禁。

7. 是否控制进出货的时间。

8. 是否做好定量。

9. 同样的物品，是否要求在包装方式及数量上一致。

10. 是否用随货标签来协助约定、了解内容。

11. 是否设立标准的量来取量。

12. 是否做好定容器。

13. 容器是否标准化。

14. 容器的存放量是否有规定。

（九）安全生产检查标准

1. 是否规划一个无危险的工作环境。

2. 运输道路是否明确划分。

3. 运输道路的宽度，是否考虑到搬运工具的方便性。

4. 运输通道是否保持畅通、平坦。

5. 设备、物品是否定位。

6. 车辆的行进路径，是否避开工作机台。

7. 高架上是否安装栅栏。

8. 危险物品是否明显标示，并分开放置。

9. 物品的堆放是否避免头重脚轻。

10. 是否以颜色来区分管道，以利辨识与维护。

11. 通风设备是否适当。

12. 照明亮度是否合适。

13. 易燃物品是否放置于荫凉处。

14. 是否考虑到机器设备的安全。

15. 是否定期保养及更换零件。

16. 机器四周是否保持整洁、无障碍。

17. 机器运转的部位，是否加装安全护罩。

18. 是否设立安全作业看板。

19. 是否明确责任制。

20. 是否加装必要的警示系统。

21. 是否有正确操作方法的指导。

22. 机器配件是否力求标准化。

十五、清扫检查执行标准

（一）地面清扫检查标准

1. 用手摸地面，手是否会脏（精密工厂）。

2. 地面是否有纸屑、烟蒂等。

3. 机台底下是否堆积各式残渣、铁屑。

4. 道路上是否有沙尘或零碎的杂物。

5. 机器是否有漏油之处。

6. 是否有防止微粒子、粉尘、削粉、糊状物等飞散的对策。

7. 吸引微粒子、粉尘、削粉飞散的管道，是否阻塞或泄漏。

8. 是否有应付渗透于地面的油渍的处理对策。

（二）机器清扫检查标准

1. 润滑系统的检查。

（1）加油口的四周、刻度表、计测器等是否肮脏。

（2）油槽内的油品是否污浊。

（3）油槽底部是否有异物。

（4）油槽及配管接头处是否有漏油的现象。

（5）配管是否已损坏或弯曲变形。

（6）加油端是否污浊。

（7）回槽油系统是否阻塞、污浊。

（8）加油工具是否干净。

（9）油料有无使用颜色管理。

2. 油压系统的检查。

（1）加油口的四周、刻度表、计测器、空气通气装置等是否肮脏。

（2）槽内的空隙、开口处是否有垃圾、尘埃存在。

（3）油槽底部是否有异物。

（4）过滤器是否肮脏。

（5）邦浦是否有异常声音或异常热度。

（6）配管接头处是否有漏油的现象。

（7）油压汽缸等调节器是否有漏油的现象（尤其是测量杆部分）。

3. 空压系统的检查。

（1）空气过滤器是否污浊。

（2）配管接头处是否漏气。

（3）管制是否漏气。

（4）螺线管是否有噪音。

（5）速度控制的螺丝是否松动。

（6）空气汽缸等的调节器是否漏气（尤其是测量杆部分）。

（7）空气汽缸等的取装螺丝是否松动。

（8）排气消音器是否阻塞。

（三）配油盘、摺动部、回转部部位检查标准

1. 配油盘表面是否有凹凸、伤痕、生锈之处。

2. 水平测定器的螺丝是否松动。

3. 摺动部是否有尘埃、异常磨耗的现象。

4. 摺动部去污接触面是否有损伤或磨耗。

5. 摺动盘里侧是否有切粉。

6. 回转部是否有灰尘、凹凸、偏心、异常磨损等现象。

7. 摺动部、回转部是否有螺丝松动的现象。

8. 链条是否有松动的现象。

9. 皮带、齿轮是否有松动、磨耗、损坏的现象。

十六、生产现场作业改善实施标准

（一）基于必须改善的项目

1. 在心里保持有"维持现状好呢，还是不好呢？"这样的疑问。

2. 使用各种查核表来找出缺点。

3. 询问在现场作业的部属的意见。

（二）客观地掌握现状

1. 要把现场的现状翔实地记载下来。

2. 必须把观察所得的要点记录下来。

3. 必要的话作出详细的资料。

（三）要深入问题的本质进行检查

1. 要考虑到问题点的本质所在。

2. 要从各种角度去分析缺点所在。

3. 要把搜集得来的资料进行仔细的分析（譬如把资料进一步做成图表来进行分析等）。

4. 必须听取他人（包括部属在内）的意见。

5. 必要的话，要开会与大家共同讨论。

（四）提出生产现场作业改进的具体方案

1. 必须参考其他公司成功的实例。

2. 要听取各方人士的意见。

3. 必要时召集部属进行研讨。

4. 要仔细思量并整理出付诸执行的种种情况（如所需费用多少，需要人手多少等）。

5. 要具体地考虑并整理出付诸执行的效果。

6. 对于改进方案的执行负责人及执行日期也要清楚地拟订出来。

（五）实施改进方案并评估实施的结果

1. 必要的话，在呈报上司认可之后付诸实施。

2. 必须事先取得各有关人员的认可。

3. 要和负责执行的承办员解释清楚，方才付诸实施。

4. 必须细心查核实行的过程，必要的话，要立刻再定出改进修正案。

5. 要客观地评估执行的结果，如果确实良好，那就可以把它定案，并加以标准化。

6. 如果实行结果欠佳，就得再次研讨改进修正案。

第十二章

质量管理

一、生产质量管理工作流程设计

流程名称	生产质量管理工作流程	编码			
		执行者	生产部	监控者	生产总监
行为实施环节	生产部			生产总监	

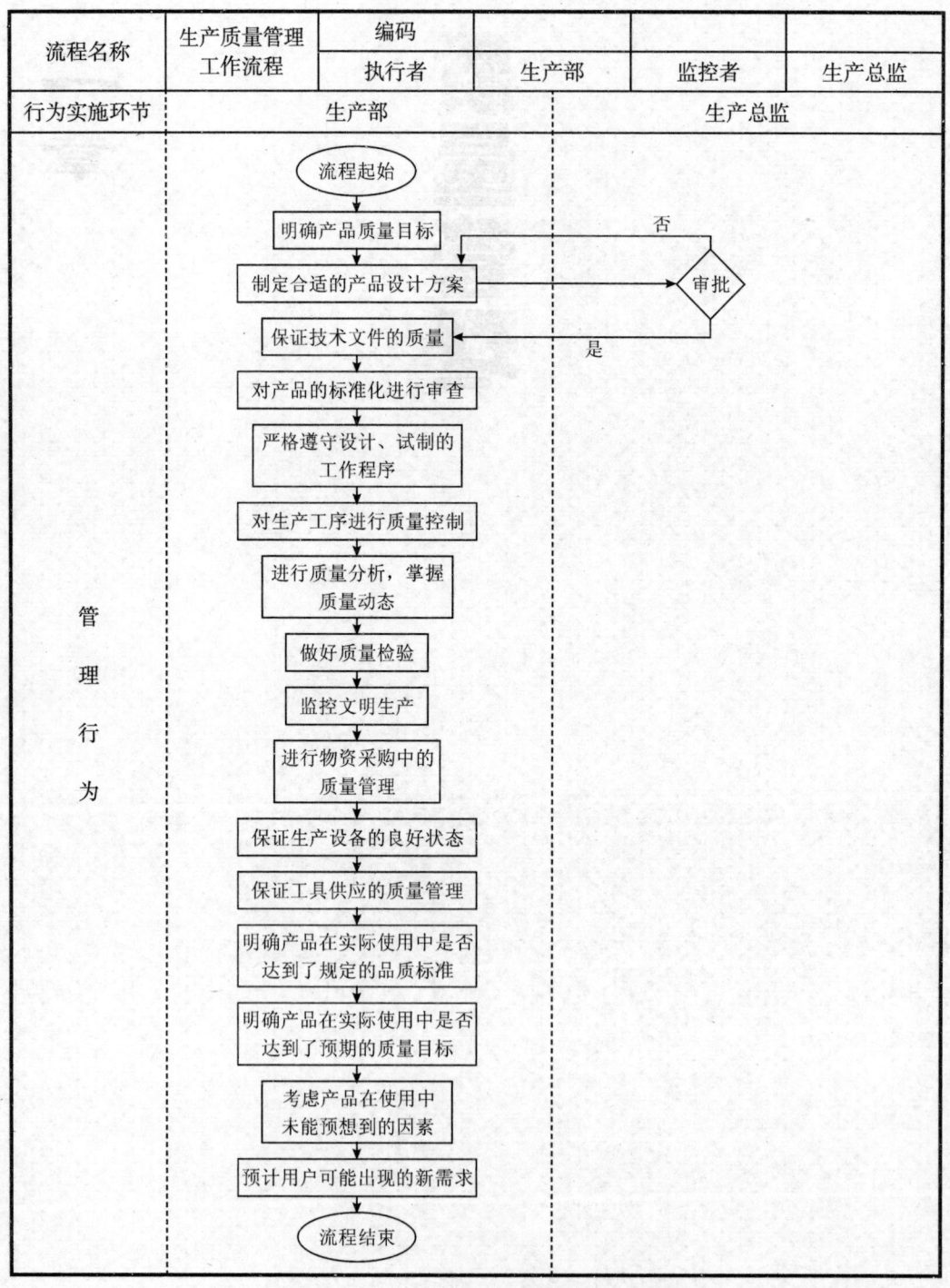

图12-1　生产质量管理工作流程设计

二、构建质量管理体系工作流程设计

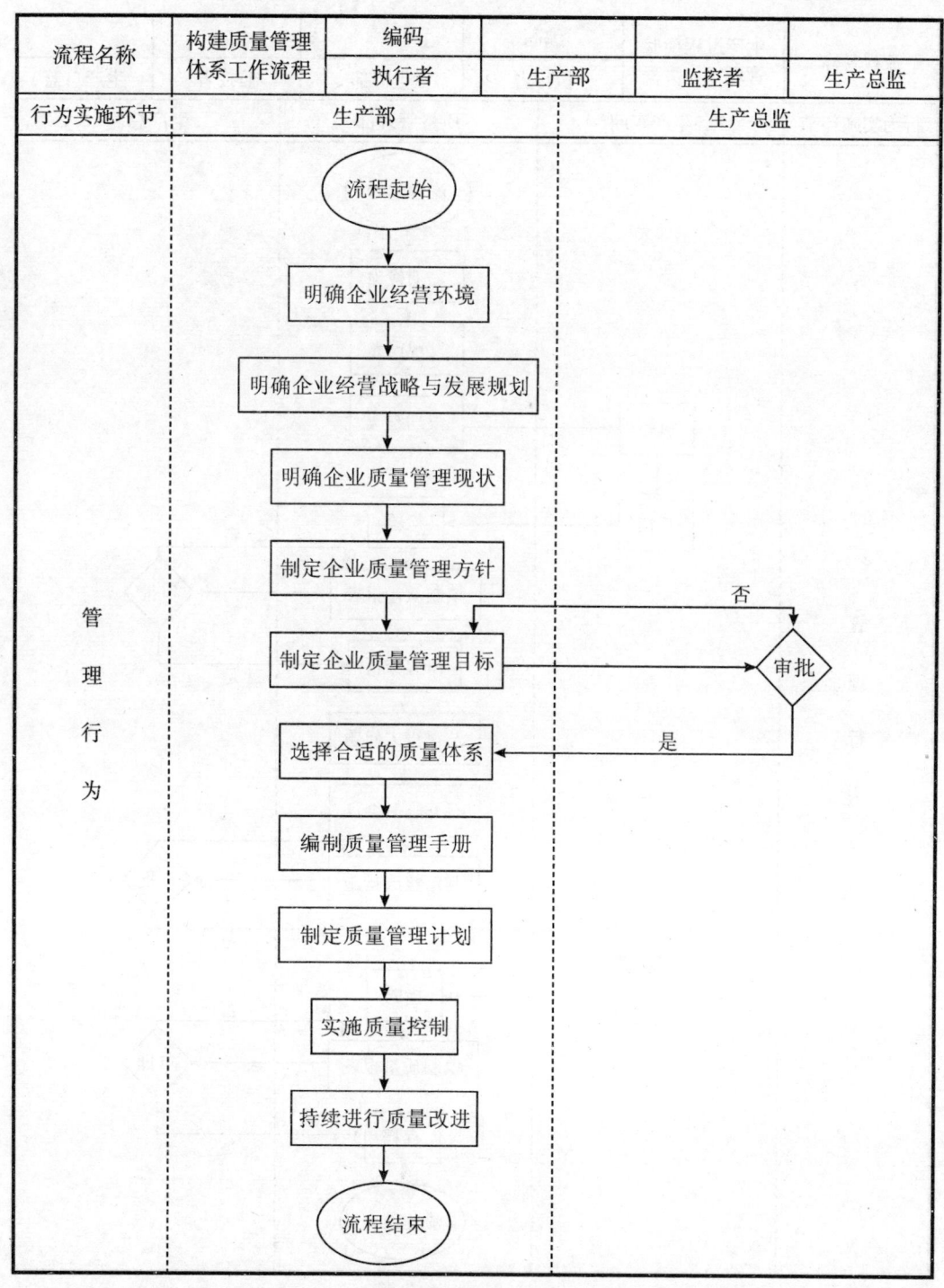

流程名称	构建质量管理体系工作流程	编码			
		执行者	生产部	监控者	生产总监
行为实施环节		生产部		生产总监	
管理行为		流程起始 → 明确企业经营环境 → 明确企业经营战略与发展规划 → 明确企业质量管理现状 → 制定企业质量管理方针 → 制定企业质量管理目标 → 选择合适的质量体系 → 编制质量管理手册 → 制定质量管理计划 → 实施质量控制 → 持续进行质量改进 → 流程结束			审批（否/是）	

图12-2　构建质量管理体系工作流程设计

三、生产过程检验管理工作流程设计

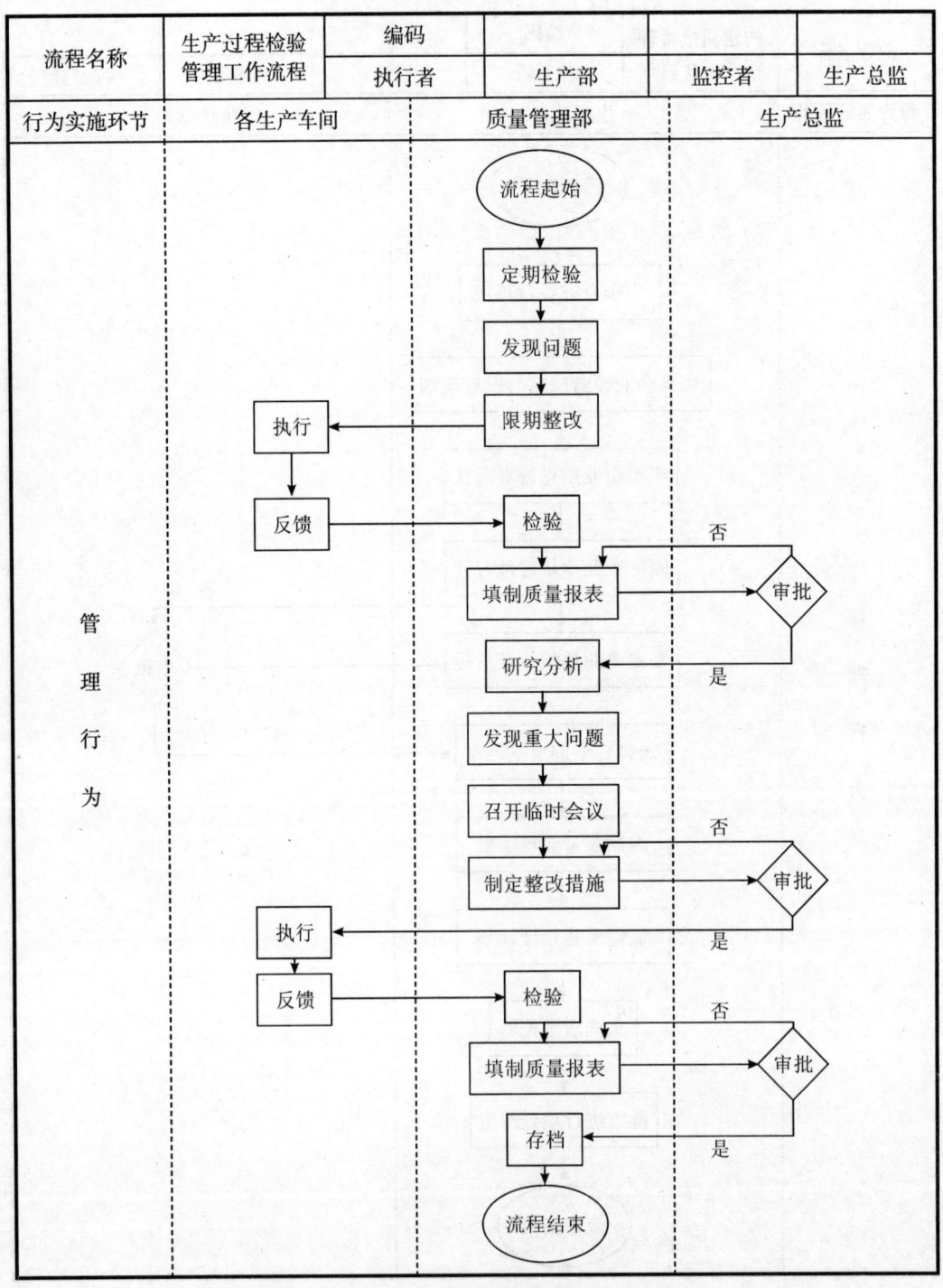

流程名称	生产过程检验 管理工作流程	编码		监控者	生产总监
		执行者	生产部	监控者	生产总监
行为实施环节	各生产车间	质量管理部		生产总监	

图12-3　生产过程检验管理工作流程设计

四、产成品检验管理工作流程设计

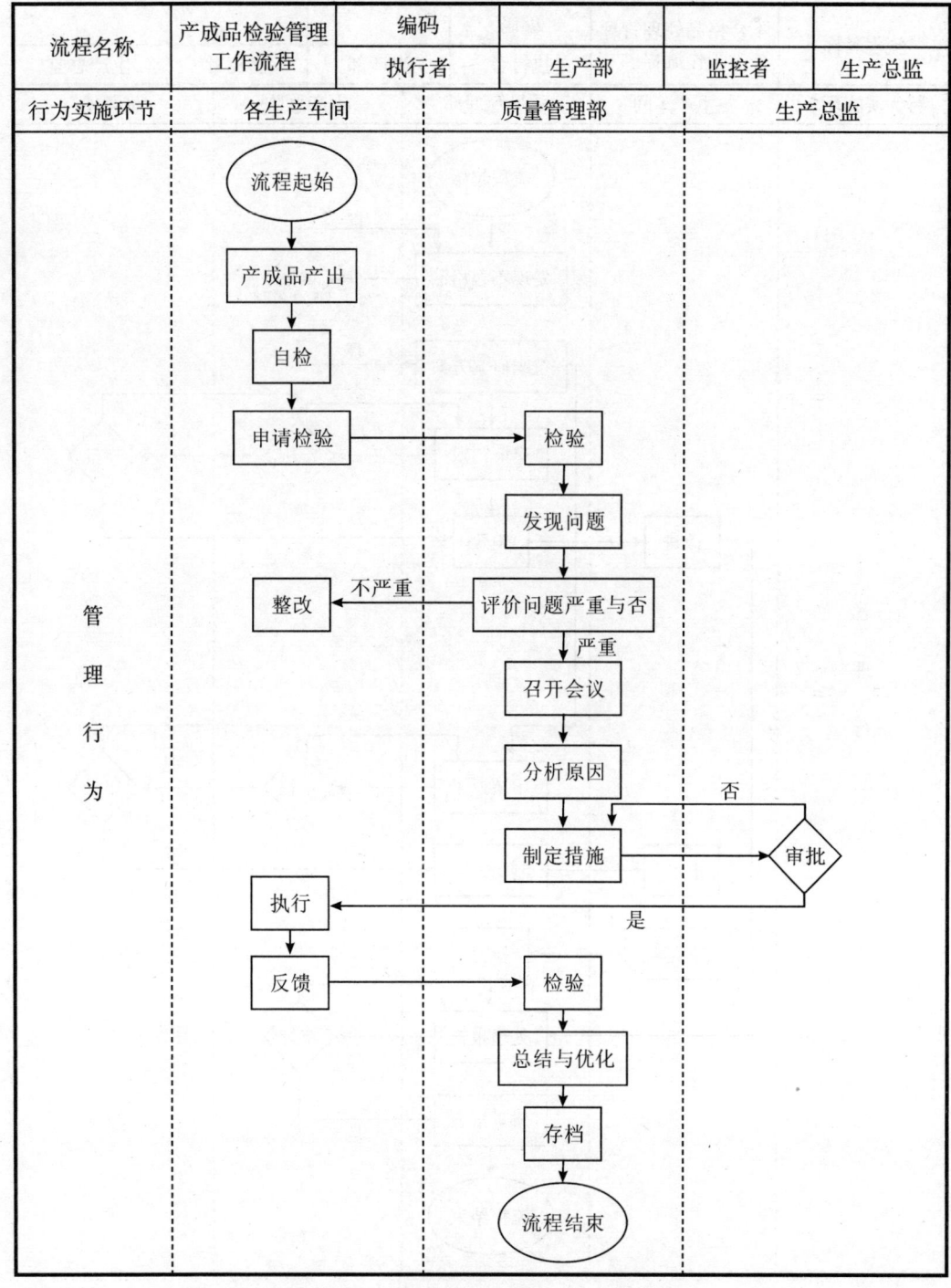

流程名称	产成品检验管理 工作流程	编码			
		执行者	生产部	监控者	生产总监
行为实施环节	各生产车间	质量管理部		生产总监	

图12-4　产成品检验管理工作流程设计

五、不合格品处理管理工作流程设计

流程名称	不合格品处理管理工作流程	编码			
		执行者	生产部	监控者	生产总监
行为实施环节	各生产车间	质量管理部	生产总监		总经理

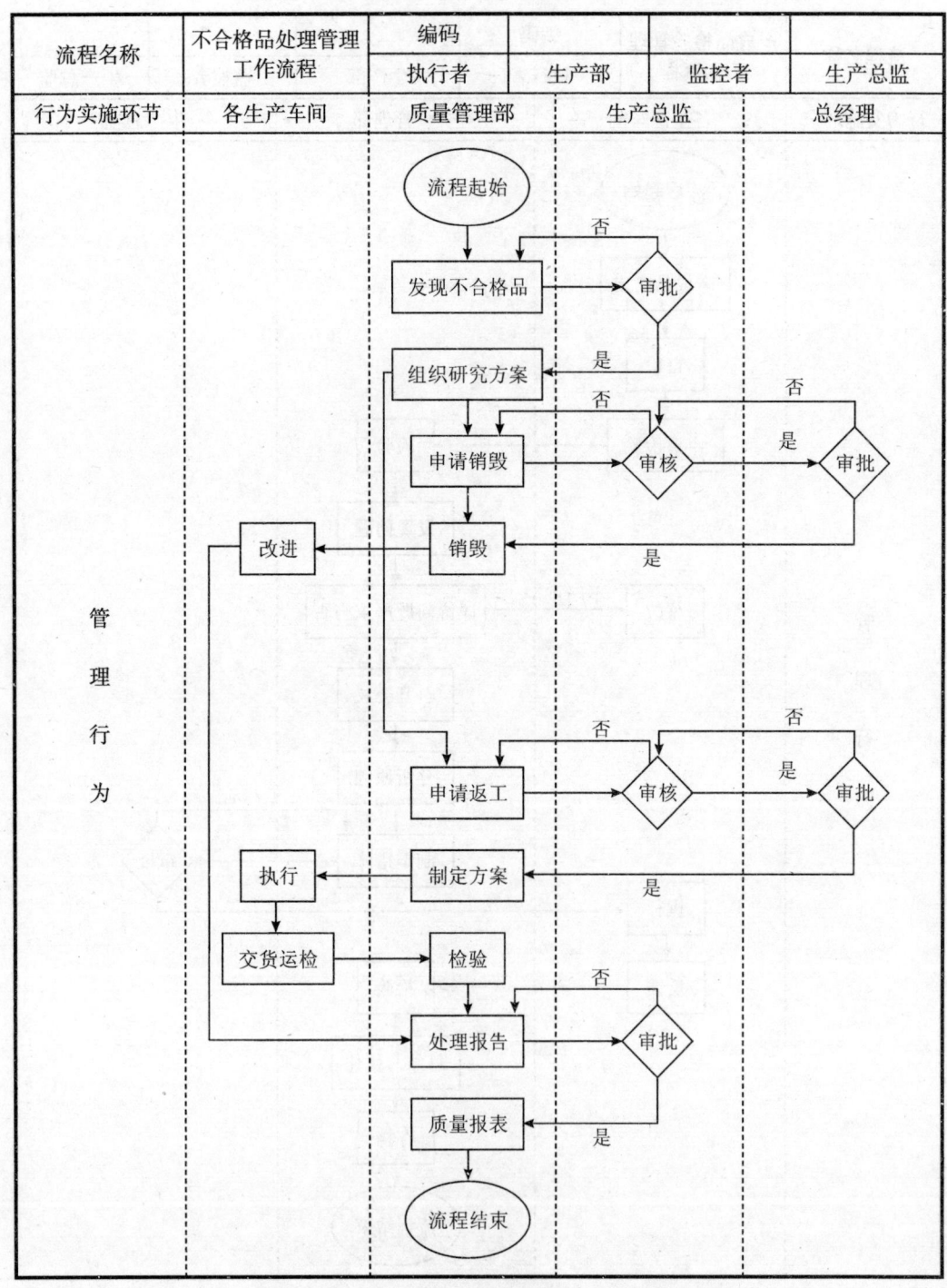

图12-5　不合格品处理管理工作流程设计

六、质量统计管理工作流程设计

流程名称	质量统计管理工作流程	编码			
		执行者	生产部	监控者	生产总监
行为实施环节	各生产车间	质量管理部		生产总监	

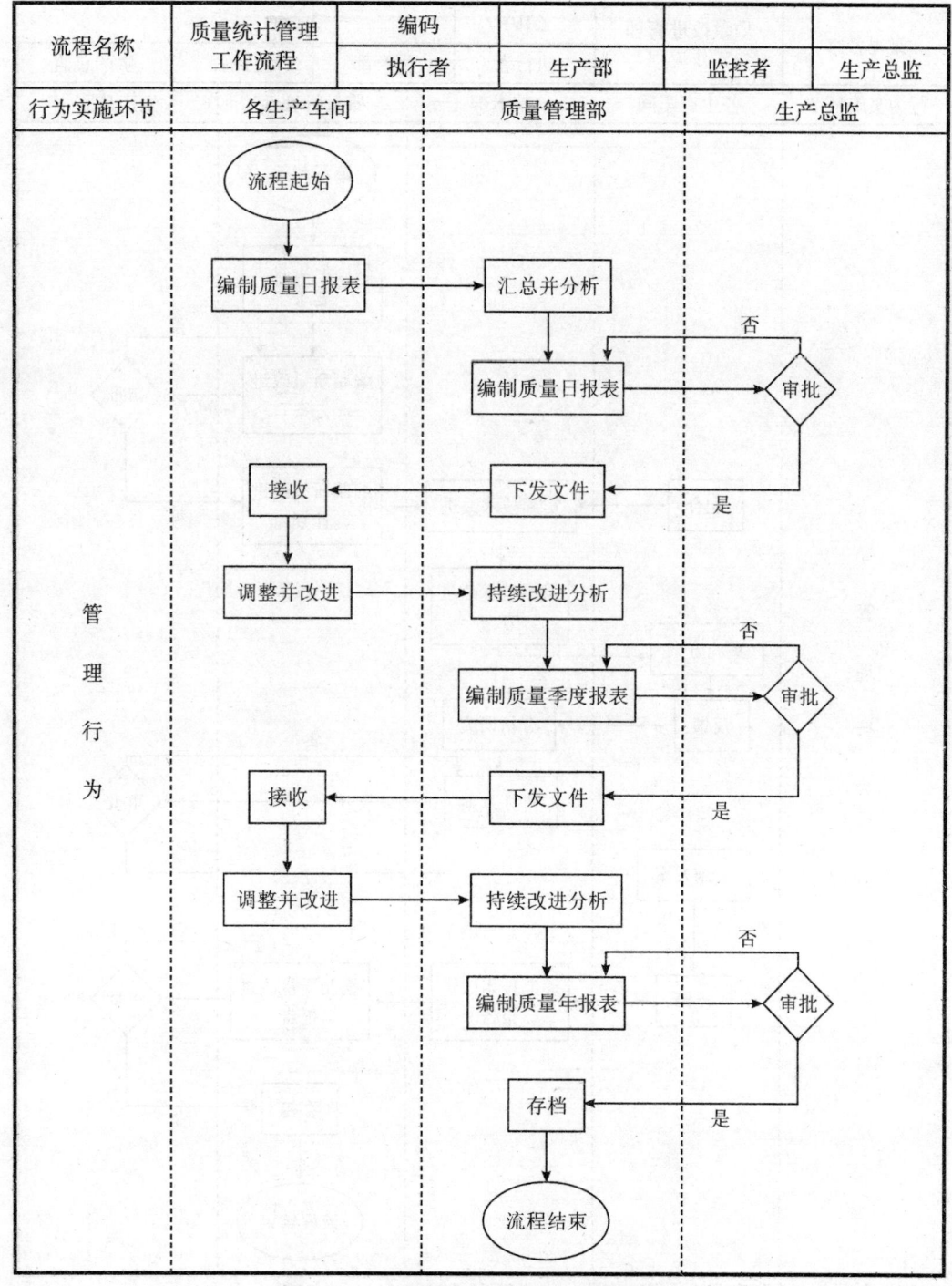

图12-6 质量统计管理工作流程设计

七、质量改进管理工作流程设计

流程名称	质量改进管理工作流程	编码			
		执行者	生产部	监控者	生产总监
行为实施环节	各生产车间	技术部		质量管理部	生产总监

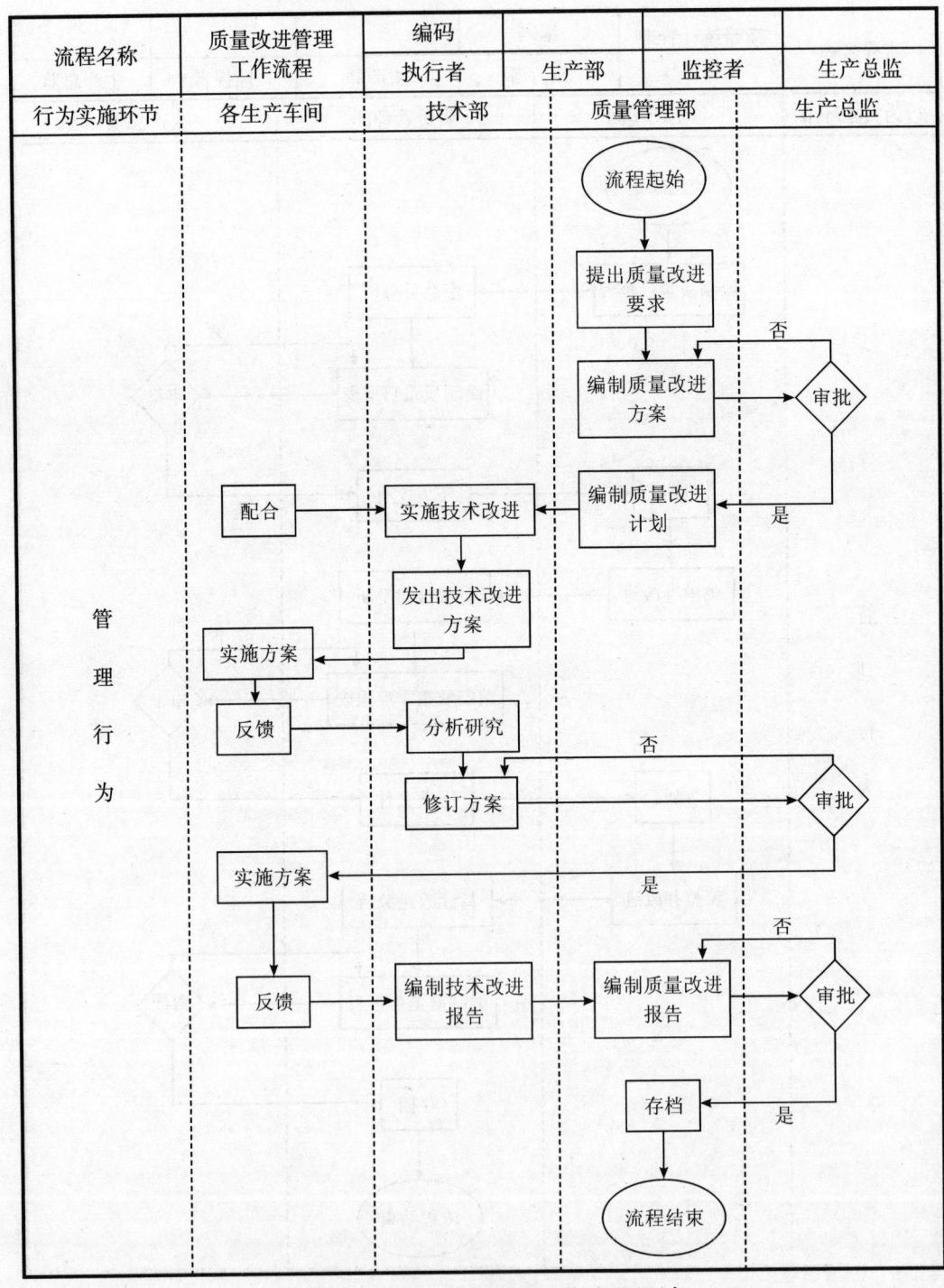

图12-7　质量改进管理工作流程设计

八、生产安全管理工作流程设计

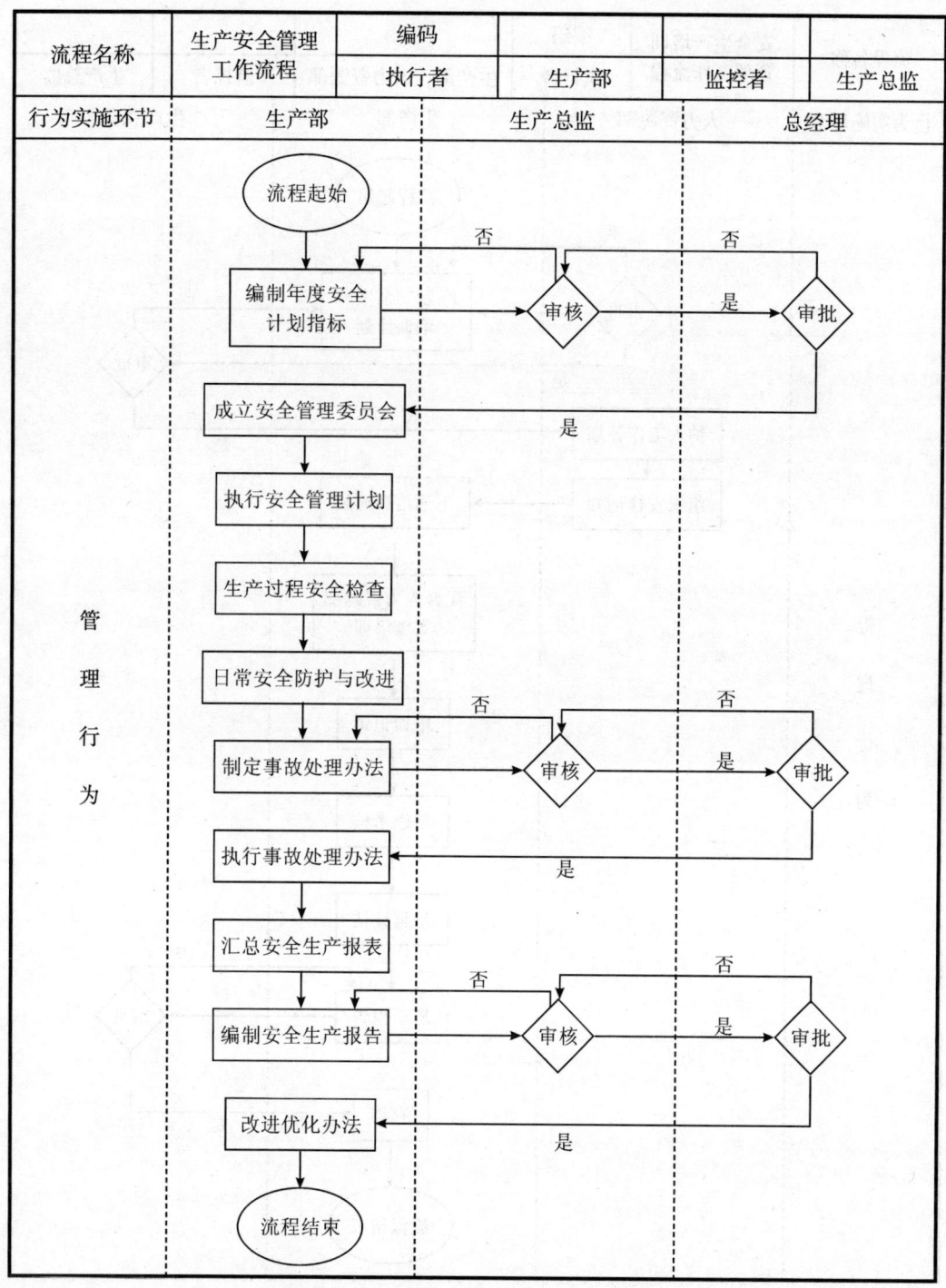

流程名称	生产安全管理 工作流程	编码			
		执行者	生产部	监控者	生产总监
行为实施环节	生产部		生产总监		总经理

图12-8　生产安全管理工作流程设计

九、生产安全培训管理工作流程设计

流程名称	安全生产培训管理工作流程	编码			
		执行者	生产部、人力资源部	监控者	生产总监
行为实施环节	人力资源部	生产部		生产总监	

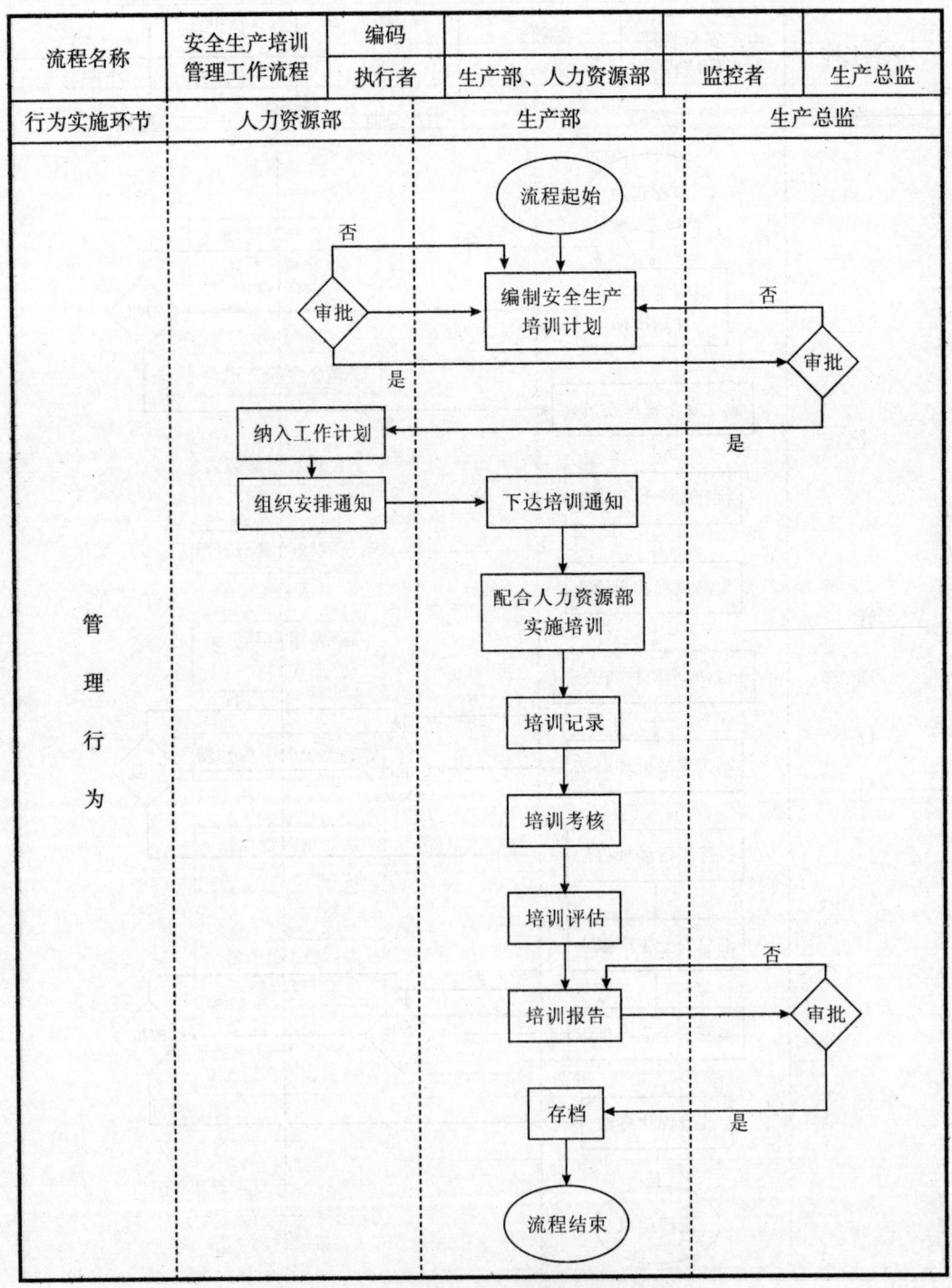

图12-9　生产安全培训管理工作流程设计

十、安全事故事处理管理工作流程设计

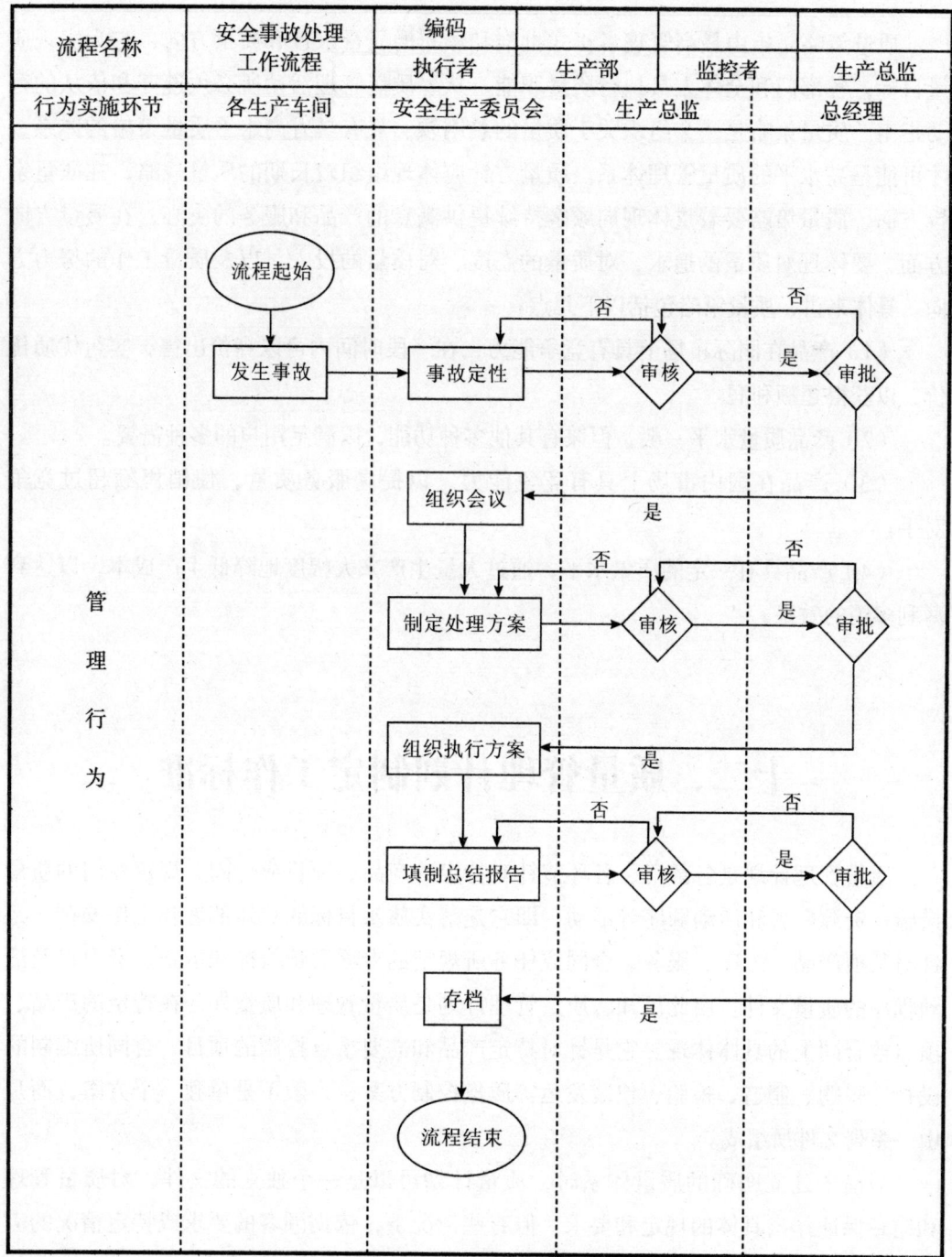

流程名称	安全事故处理工作流程	编码			
		执行者	生产部	监控者	生产总监
行为实施环节	各生产车间	安全生产委员会	生产总监		总经理

图12-10　安全事故事处理管理工作流程设计

十一、质量管理策略选择工作标准

质量策略是指由最高管理者正式批准和颁布的质量宗旨和质量方向，它为实现质量目标，各部门和全体人员执行质量职能、从事质量管理活动所必须遵守和依从的行动指南。质量策略是一个组织关于质量的总纲领，只有具有高水平质量策略的体系，才可能是高水平的质量管理体系。质量方针应体现组织较长期的质量战略，在质量宗旨方面，质量策略要着重体现向顾客持续提供满意的产品和服务的决心；在质量方向方面，要体现对质量的追求、对质量的态度、对质量的投入，以及质量工作的努力方向。具体来讲，质量策略包括以下几点：

（1）产品在国际市场上具有竞争能力，在一段时间内可以高价出售，实行优质优价，以获得超额利润。

（2）产品质量水平一般，但兼有其他多种功能，以满足用户的多种需要。

（3）产品在国内市场上具有竞争能力，以提高服务质量，使销售额超过竞争对手。

（4）产品具有一定的质量水平，通过大量生产来大幅度地降低生产成本，以达到薄利多销的效果。

十二、质量管理计划制定工作标准

质量管理计划是各部门、各环节针对特定的产品、项目或合同，规定专门的质量措施、资源配置和活动顺序等活动，即它是落实质量目标的具体部署和工作安排，是针对某项产品、工序、服务、合同或任务所规定的专项质量指标和措施、资源以及活动程序的质量文件。由此可知，质量管理计划是质量管理和质量保证在特定的产品、项目或合同上的具体体现。它是针对特定产品和需要重点控制的项目、合同所编制的设计、采购、制造、检验、包装发运等质量控制方案，一般不是单独一个方案，而是由一系列文件所组成。

当尚未建立明确的质量体系时，质量计划可以是一个独立的文件，对质量管理和质量保证作出具体的规定和要求。但有些情况下，依据顾客的要求或特定情况的需要，质量计划也可以作为其他文件的组成部分，体现在这些文件之中。

质量管理计划的内容包括以下几点：

（1）明确规定质量管理计划的目的，如合格产品率、次品率等。

（2）规定有关部门和人员应承担的工作任务、责任、权限和完成工作任务的时间进度。

（3）明确特定的质量体系或合同所要求的活动均有计划地实施和控制，并且活动的进程应该处于有关部门的监控之下。

（4）制定各个生产环节的质量检验、质量试验和质量审核的标准。

（5）对审核的结果进行评定。

（6）跟踪产品或项目的进度，对质量管理计划体系中不合理的部分，要及时进行修改。

十三、质量目标管理工作实施标准

所谓质量目标管理，是指通过质量工作目标的制定，在质量工作中实行自我控制，并努力实现质量工作目标的一种管理制度。质量目标管理是借助总目标和分目标分级设立目标的方法，设立质量考核标准，自上而下地确定一个时期的质量计划，使质量目标成为整个目标，以此来激励全体员工都来关注质量问题。

质量目标管理的特点如下：

（1）设立总体质量管理目标，并为各级各类人员和部门设立分目标的标准。

（2）质量目标管理的对象由工人扩展到管理人员，即各级管理人员，包括生产总监在内，都要服从质量管理的目标。

（3）确定质量管理目标的考核标准，用来对内部的质量管理人员及其他相关人员进行考核。

（4）质量管理目标是用来指导和控制质量活动的指南与基础。质量管理目标管理要特别注意自我控制，是参与式管理在质量管理中的运用。

（5）质量管理的目标注重质量工作的业绩成果，讲求经济效益。

十四、产品质量跟踪管理工作实施标准

产品质量的跟踪管理，在市场调查、售后服务、质量改进、新产品研制开发及产品生命周期质量监控等方面都具有重要的作用。它要求从产品的交付使用开始，就需要面向用户和市场，全面、系统地收集和整理产品使用过程中的相关质量信息，根据收集的信息分析、评价产品质量水平和存在问题，及时向内部的有关部门进行反馈，不断采取改进措施，不断提高产品的质量。

（一）产品质量跟踪管理的类别

1. 按跟踪管理的目的进行分类。

（1）调查性的质量管理跟踪。这种质量跟踪专为调查产品质量现状和用户评价而进行，通常属于短期或临时性的质量跟踪，适用范围比较大。

（2）服务性的质量管理跟踪。这种质量跟踪是为了使产品更快更好地适应用户需要而采取的跟踪服务，用于用户不易掌握的产品或新产品。

（3）监控性的质量管理跟踪。这种质量跟踪是为了长期监控在外使用的产品质量而进行的，通常用于飞机、发动机等大型复杂产品。

2. 按质量管理跟踪的时间进行分类。

（1）长期质量管理跟踪。适合于生产周期长、寿命长和技术复杂的产品，跟踪时间一般需要几年或更长时间。

（2）短期质量管理跟踪。多用于更新换代快的产品、寿命不太长的产品和服务，一般只需要几个月时间。

（3）临时性质量管理跟踪。主要针对个别项目、突发性问题，跟踪时间按照解决问题的时间确定。

3. 按实施部门进行分类。

（1）社会性的质量管理跟踪。由社会团体、政府部门组织进行，具有社会监督的性质，有权威性，影响比较大，对质量改进有很大促进作用。

（2）专门开展的质量管理跟踪。具有较强的目的性和系统性。一般来讲，比社会性的质量跟踪更全面、更经常化。

（3）与社会联办的质量管理跟踪。主动邀请社会有关各方配合进行。

4. 按跟踪地点进行分类。

（1）国内质量管理跟踪。

（2）国外质量管理跟踪。

5. 按跟踪内容进行分类。

（1）全面质量管理跟踪，用于综合掌握和评价产品质量。

（2）专题质量管理跟踪，根据实际需要选择某些项目进行，适用于社会专题调查或某方面明确的质量改进工作。

6. 按跟踪数量进行分类。

按跟踪数量不同，具体可分为三类，即大批量质量管理跟踪（一般用于对不易直观发现问题的产品进行跟踪）、小批量质量管理跟踪和单品质量管理跟踪。

（二）产品质量管理跟踪的方法

1. 销售现场发放质量跟踪卡。

（1）在用户选购产品的同时，向用户发放质量跟踪卡，并请用户填写后当场收回。

（2）这种方式的优点是实施周期短、费用低；不足之处是只适合容易直观评价的简单产品或项目。应加强现场宣传工作及采取向用户发纪念品等进行鼓励，以争取用户的大力配合。

2. 电话回访。

这种方式容易受通讯条件限制，跟踪的系统性较差。采用这种方式时，应事先做好跟踪调查准备，做好跟踪记录。

3. 向客户邮寄质量跟踪卡。

（1）即直接将跟踪卡邮寄给用户，并请用户按要求填写后寄回的一种质量跟踪管理方式。

（2）这种方式的缺点是质量跟踪卡回收率很难保证，而且由于用户的素质参差不齐，跟踪项目填写的准确性也很难保证。跟踪卡内容要通俗易懂，填写简便。为了提高返卡率，可采用发纪念品、报纸通知、电台催促、发函提醒、邮资总付等办法，还应与社会各方加强合作。

4. 利用销售服务网点进行跟踪。

（1）这种方式是指利用已有的产品销售服务网点进行质量跟踪的质量跟踪管理方式。

（2）这种方式的优点是维修服务和质量跟踪一并进行，节省人力，容易找出常见问题；其不足之处是网点分散，不易管理。采用这种方式时，要注意对网点人员的培训和管理。

5. 用户评价与专家评审相结合。

（1）在这种方式下，质量跟踪管理的实施部门需要将用户评议与技术部门检测、专家评审结合起来，对进行产品的质量跟踪进行评议。

（2）这种方式的优点是科学、准确，有权威性；不足之处是费用高、程序复杂。采用这种方式时，要加强统筹规划和组织领导。质量跟踪管理方式并不是一成不变的，可根据实际需要随时变换跟踪。

6. 登门拜访。

（1）即专门派人前往用户处，以了解产品在使用中的质量情况的跟踪方式。

（2）这种方式的优点是可获真实、准确的情况，易发现问题，利于质量改进；不足之处是费时、费力，不可能经常进行。

十五、构建生产质量保证体系工作标准

（一）标准化

1. 所谓标准化，是指为取得全局最佳效果，依据科学技术和实践经验的综合成果，在充分协商的基础上，对经济、技术和管理等活动中具有多样性、相关性特性的重复事物，以特定的程序和形式颁发的统一规定，其中包括技术标准与管理标准两类。

2. 质量工作标准化就是把质量管理的各项工作，按其重复性特性形成一定规范。标准化工作是企业实现质量保证的重要手段，使内部各系统建立技术、管理统一性，确保产品质量，使整个质量保证体系稳定运行。随着生产技术水平的不断提高，标准化工作在质量管理中的地位也越来越重要，有人认为全面质量管理的过程实质上是标准化的管理过程。

（二）计量检定和质量监督

1. 计量检定是生产的重要环节，是保证零部件互换、确保产品质量的一种重要手段和方法。没有准确的计量工作，就无法提供准确的质量信息。必须严格管理计量工作，建立健全管理制度与管理机构，配备齐全高质量计量设备。及时维护修理，实现检验测试手段、方法的科学化与现代化，提高计量工作的质量，充分发挥它在质量管理中的作用。

2. 质量监督是保证产品质量的重要手段。进行质量监督主要包括三个环节：原材料、外协零部件进厂检验、中间检验（即生产过程的检验）和产品出厂检验。在质检中应把好质量关，防止不合格品流出，及时发现并处理问题，建立健全质量监督体系。

（三）质量教育

1. 质量教育是全面质量管理的支柱。一切工作质量都是靠人来保证的。人的素质，特别是树立质量第一的观念，是质量保证的关键。

2. 生产质量管理的真正目的在于养成如下素质：

（1）善于发现问题的素质。

（2）重视计划的素质。

（3）重视过程的素质。

（4）抓关键的素质。

（5）动员全员参与管理的素质。

3. 质量教育包括两方面的内容：

（1）质量管理知识的普及。推行全面质量管理，要使企业全体员工了解并掌握质量管理的基本思想和方法。牢固树立起质量第一、用户至上等质量意识，从而在生产的各个方面、各个层次的实践中发挥作用。

（2）员工技术培训。技术培训要求员工结合工作需要进行技术基础教育和操作技能的训练，掌握产品性能、用途、工艺流程、岗位操作技能和检验方法等。只有提高员工技术水平，才能在生产管理中真正地保证质量。

十六、生产质量保证体系运作工作实施标准

（一）计划阶段

在广泛进行内外调查和预测的基础上，提出质量管理的目标，拟定具体的行动措施和计划。这一阶段包括以下几个步骤：

1. 利用各种统计分析手段，找出生产过程中存在的问题。

2. 寻找问题存在的原因。

3. 找出主要问题及其主要制约因素。

4. 针对所存在问题的主要制约因素，来确定应该采取的解决措施。在确定解决措施时，还应该明确规定必要的内容和要求，即"5W1H"：必要性（Why），即指出为什么要提出该计划；达到什么目标（What）；在哪里执行（Where）；由谁来执行（Who）；什么时间执行（When）；用什么方法执行（How）。

（二）实施阶段

按照计划规定的内容去严格执行。

（三）评估阶段

用各种统计分析方法调查并分析实施计划的效果，最后再与原计划进行比较。

（四）处理阶段

把成功的经验和失败的教训都反应到今后的工作标准（制度）中去。

十七、全面质量管理的实施条件

（一）管理层要重视质量管理工作

1. 实践证明，推行全面质量管理的成功与否，关键取决于领导层对全面质量管理是否具有正确的认识。只有当领导真正认识到，全面质量管理是求生存、图发展，永

远立于不败之地的根本保证之后，才会下决心在全厂范围内扎扎实实地开展全面的质量管理活动。

2. 推行全面质量管理，并不是因为目前质量出了问题，才把它作为一项措施而推出。领导应根据本厂的中长期经营目标，产品决策，从提高全厂员工质量意识入手，加强全员培训，健全规章制度，建设企业文化等工作结合起来抓，才能真正发挥全面质量管理的作用。

（二）员工要树立正确的质量意识

质量意识是指员工在产品形成过程中对完善产品质量的重要性和社会责任的认识。产品的质量意识来源于社会实践，又反过来能动地指导质量管理实践，内部的每个员工所具有的质量意识，在一定程度上，决定了该员工对待产品质量的态度和行动。因此，质量意识又与质量责任有着十分密切的关系。

（三）内部作业的标准化

1. 推行全面质量管理，其标准化工作应有一定的基础，才能使各项工作、各道加工工艺做到有根据，并使得不同工作岗位上的员工步调能够一致，围绕着提高产品质量这一共同目标而分头努力。

2. 这里所说的标准，并不局限于产品标准，而是广义的标准，包括技术标准、管理标准和工作标准。技术标准包括产品标准、基础标准、方法标准和工艺标准等。管理标准包括经营管理、技术管理、设备管理、生产管理、质量管理、市场销售管理、劳动人事管理、物资管理和财务管理等方面的标准。工作标准包括各职能部门的工作内容、工作方法与程序、工作联系、工作质量、考核条件以及奖惩办法等。

（四）具有一定的信息管理基础

推行全面质量管理，应有一定的质量管理信息系统的基础，其内容包括反映工作质量、工程质量和产品质量的各类信息的全面性、正确性、可靠性、及时性，以及质量信息反馈处理的有效性。如果这方面基础较差，那么全面质量管理工作不可能有条不紊地进行，也达不到系统管理的效果。

第十三章

市场管理

一、市场细分工作流程设计

流程名称	市场细分 工作流程	编码		监控者	营销总监
		执行者	营销部	监控者	营销总监
行为实施环节	营销部	营销总监		总经理	

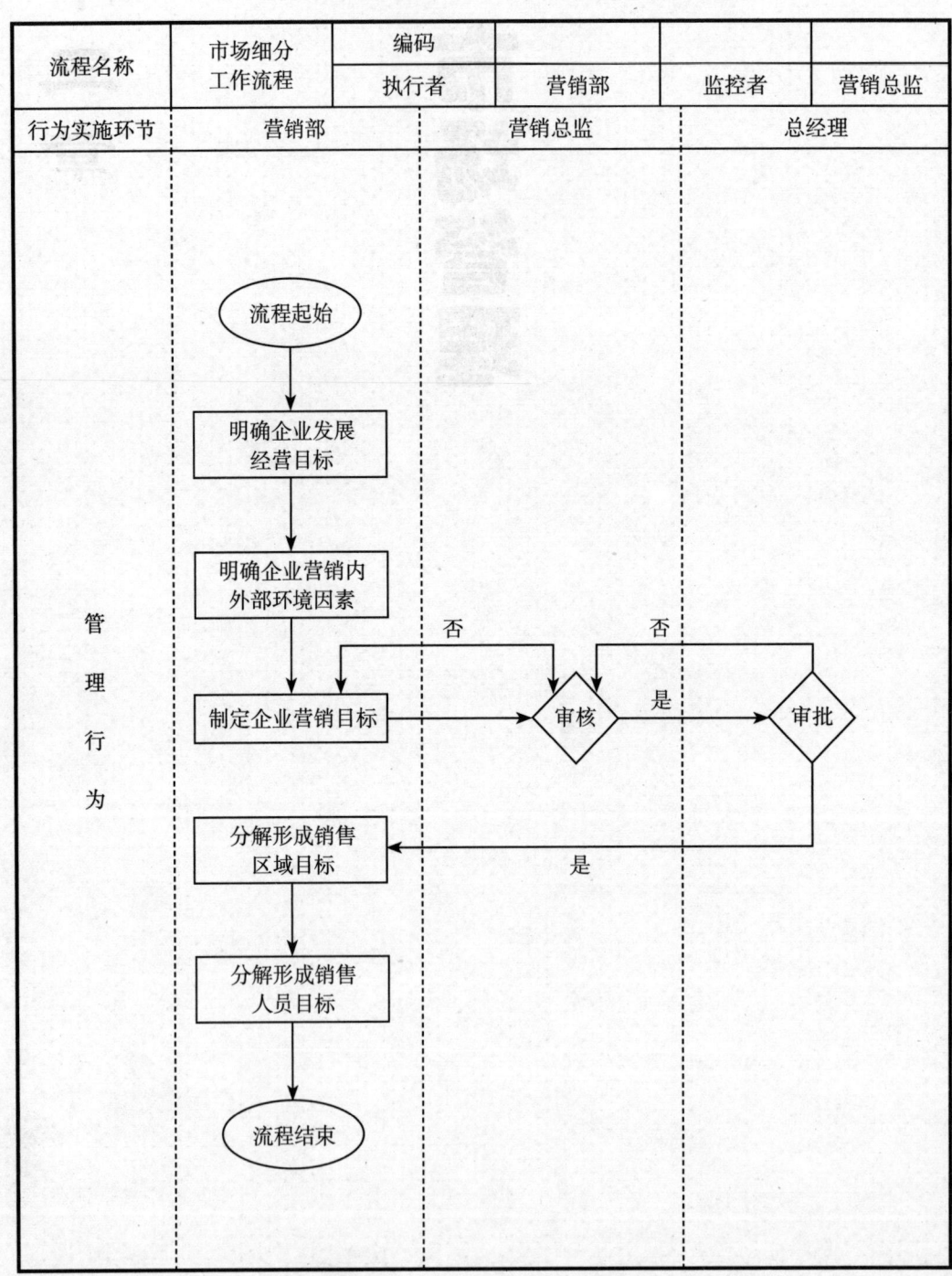

图13-1　市场细分工作流程设计

二、营销计划制订工作流程设计

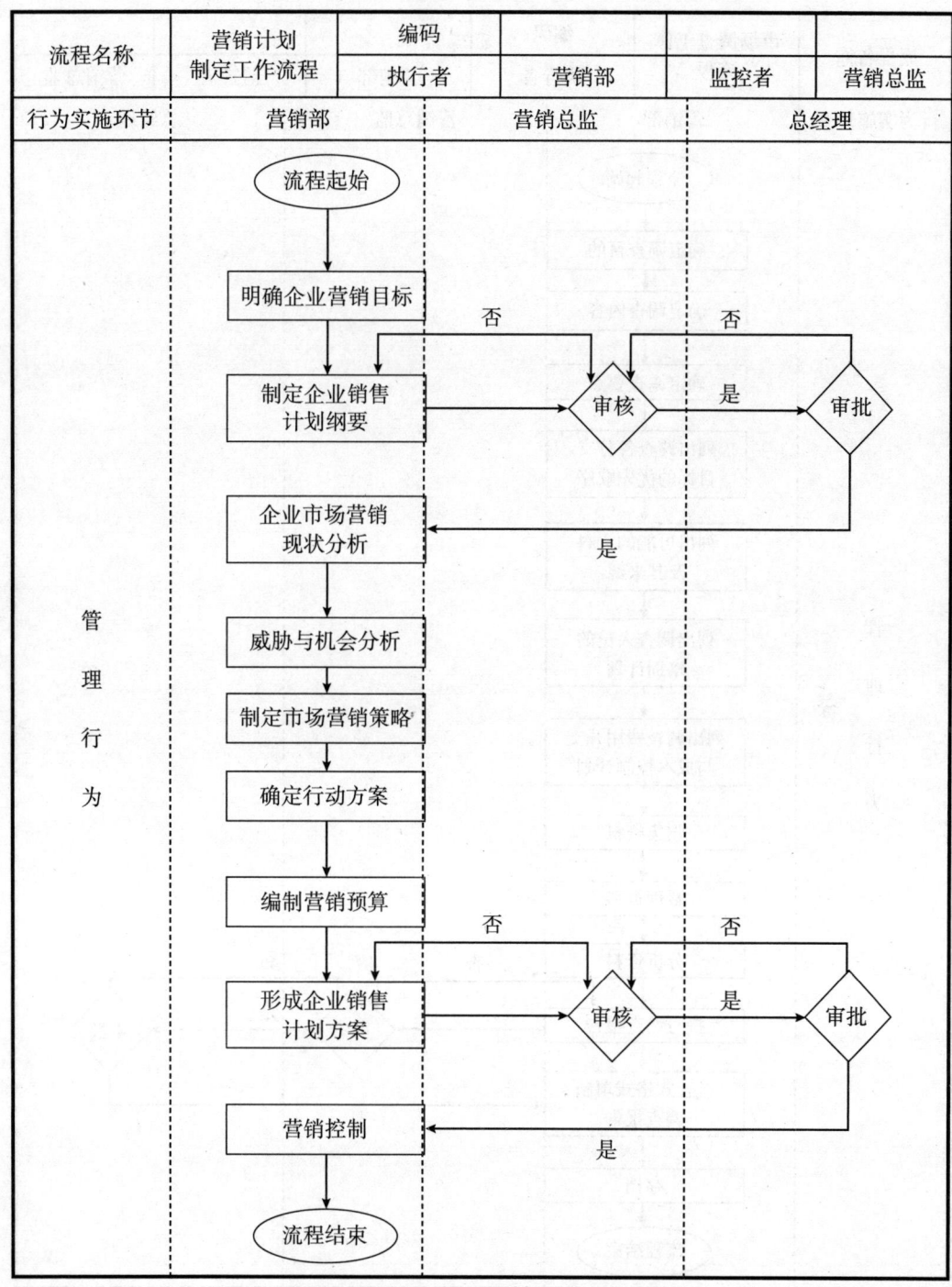

图13-2　营销计划制订工作流程设计

三、市场调查工作流程设计

流程名称	市场调查工作流程	编码			
		执行者	营销部	监控者	营销总监
行为实施环节	营销部		营销总监		总经理

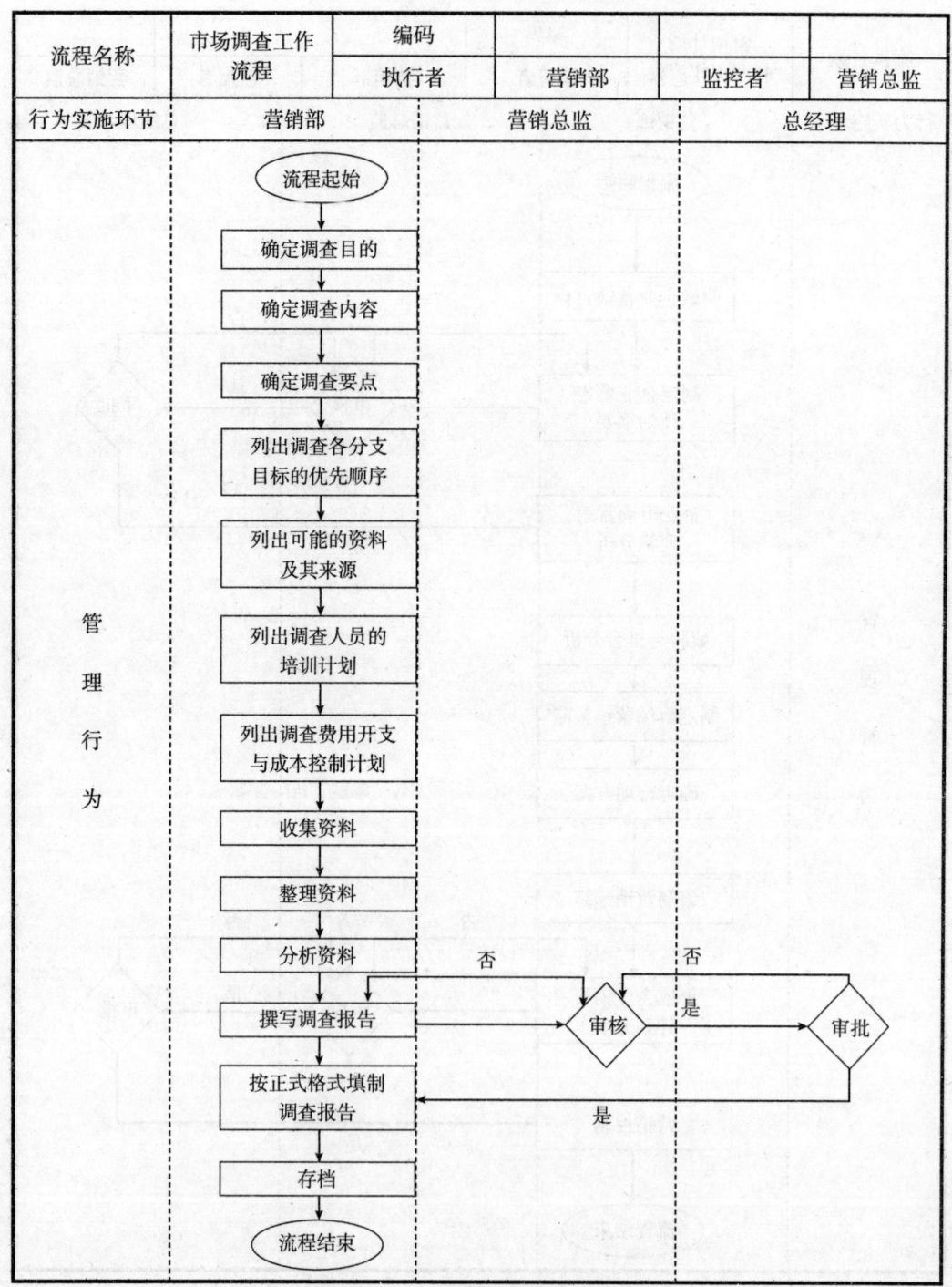

图13-3　市场调查工作流程设计

四、市场分析工作流程设计

流程名称	市场分析 工作流程	编码			
		执行者	营销部	监控者	营销总监
行为实施环节	营销部	营销总监		总经理	

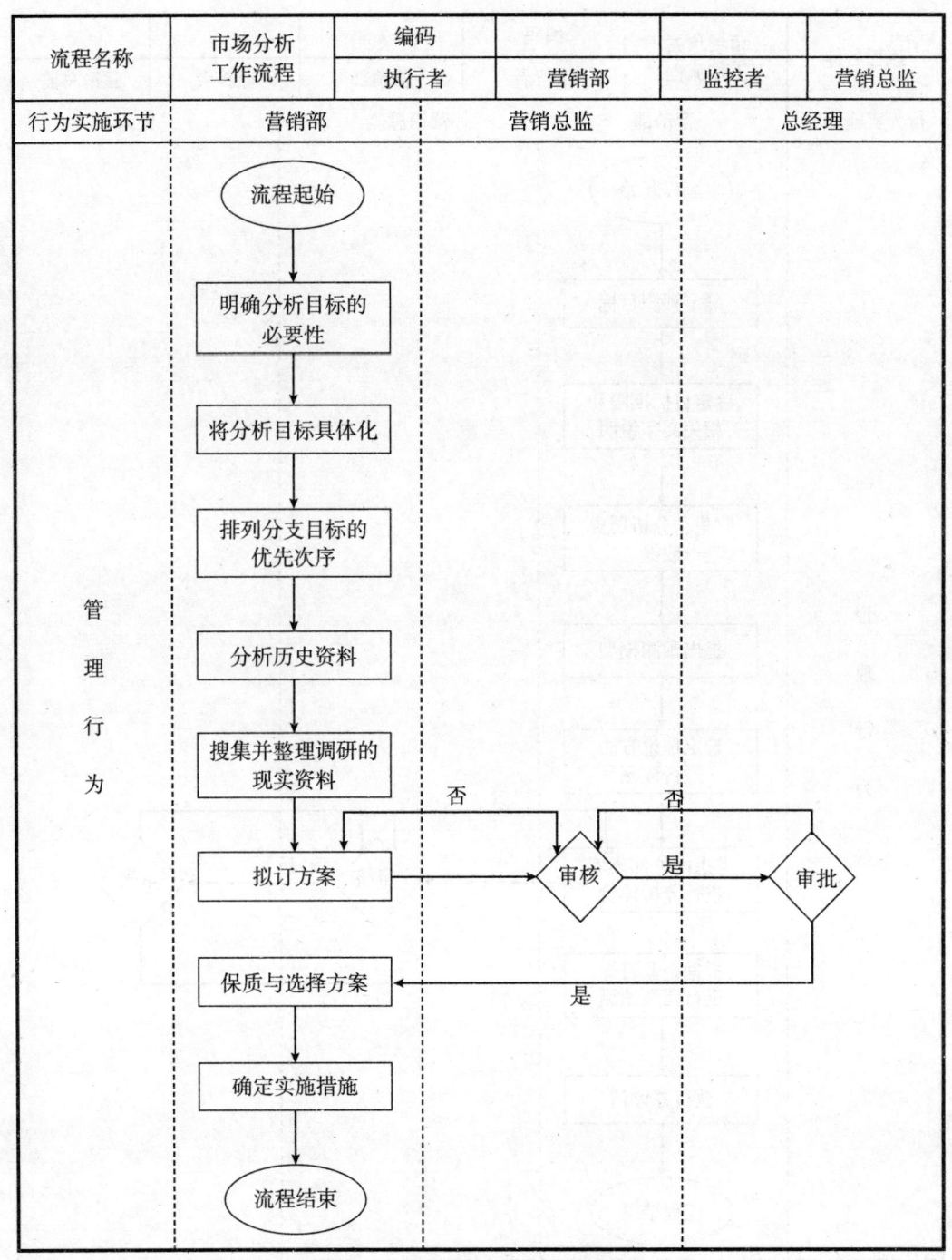

图13-4 市场分析工作流程设计

五、市场预测工作流程设计

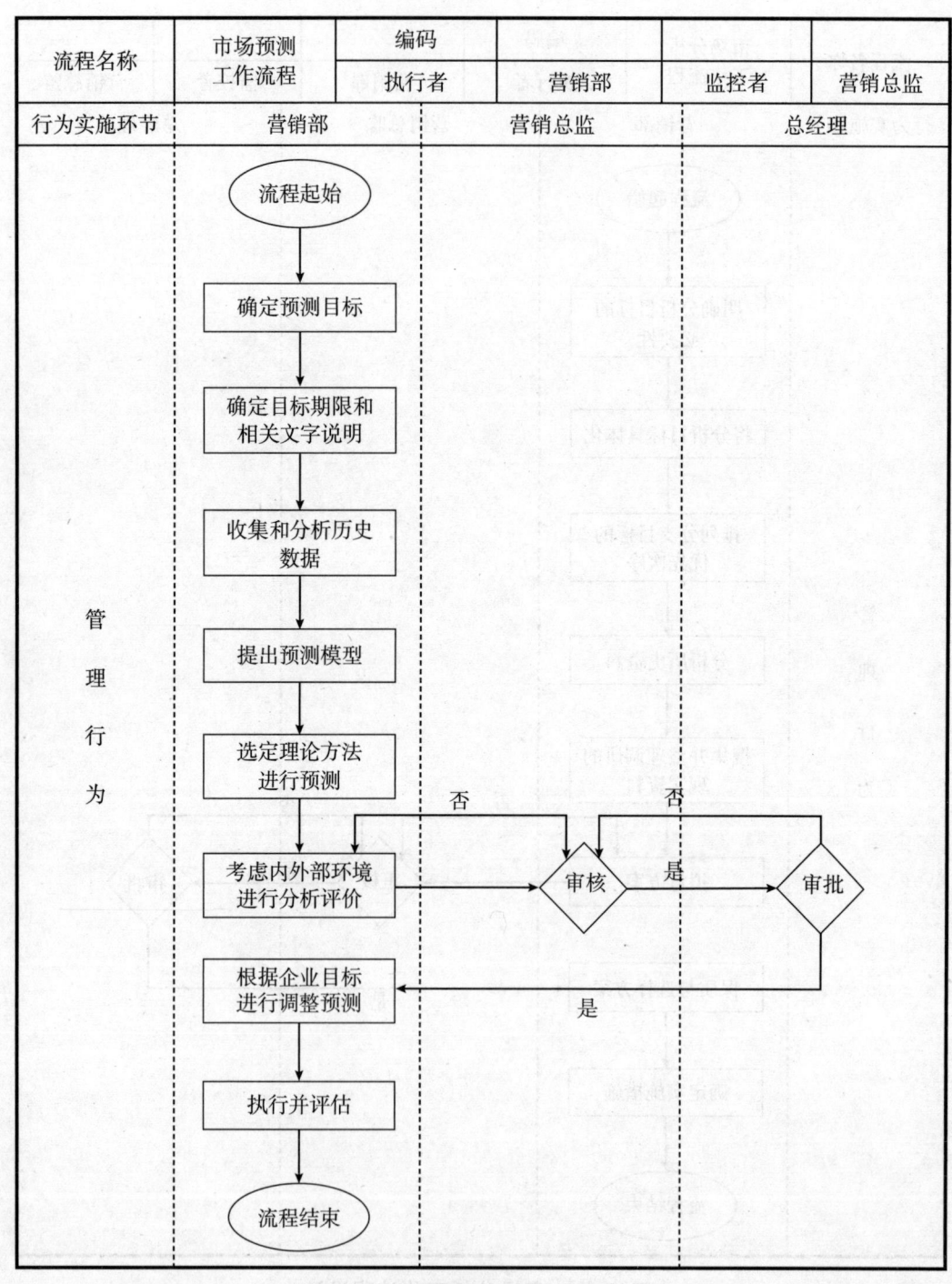

流程名称	市场预测 工作流程	编码		监控者	营销总监
		执行者	营销部		
行为实施环节	营销部	营销总监		总经理	

图13-5　市场预测工作流程设计

六、预测市场容量工作流程设计

流程名称	预测市场容量 工作流程	编码			
		执行者	营销部	监控者	营销总监
行为实施环节	营销部		营销总监		总经理

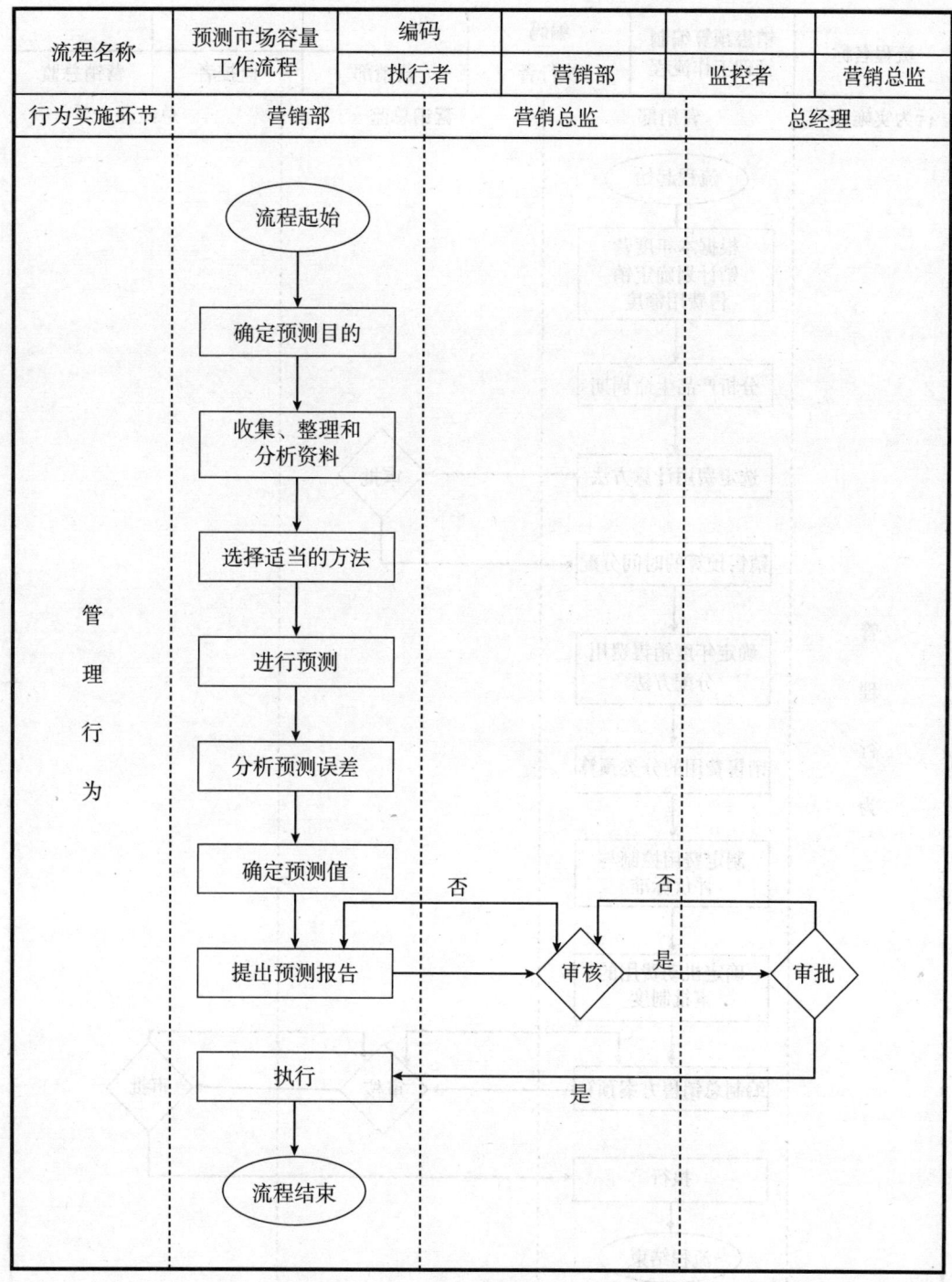

图13-6 预测市场容量工作流程设计

七、销售预算管理工作流程设计

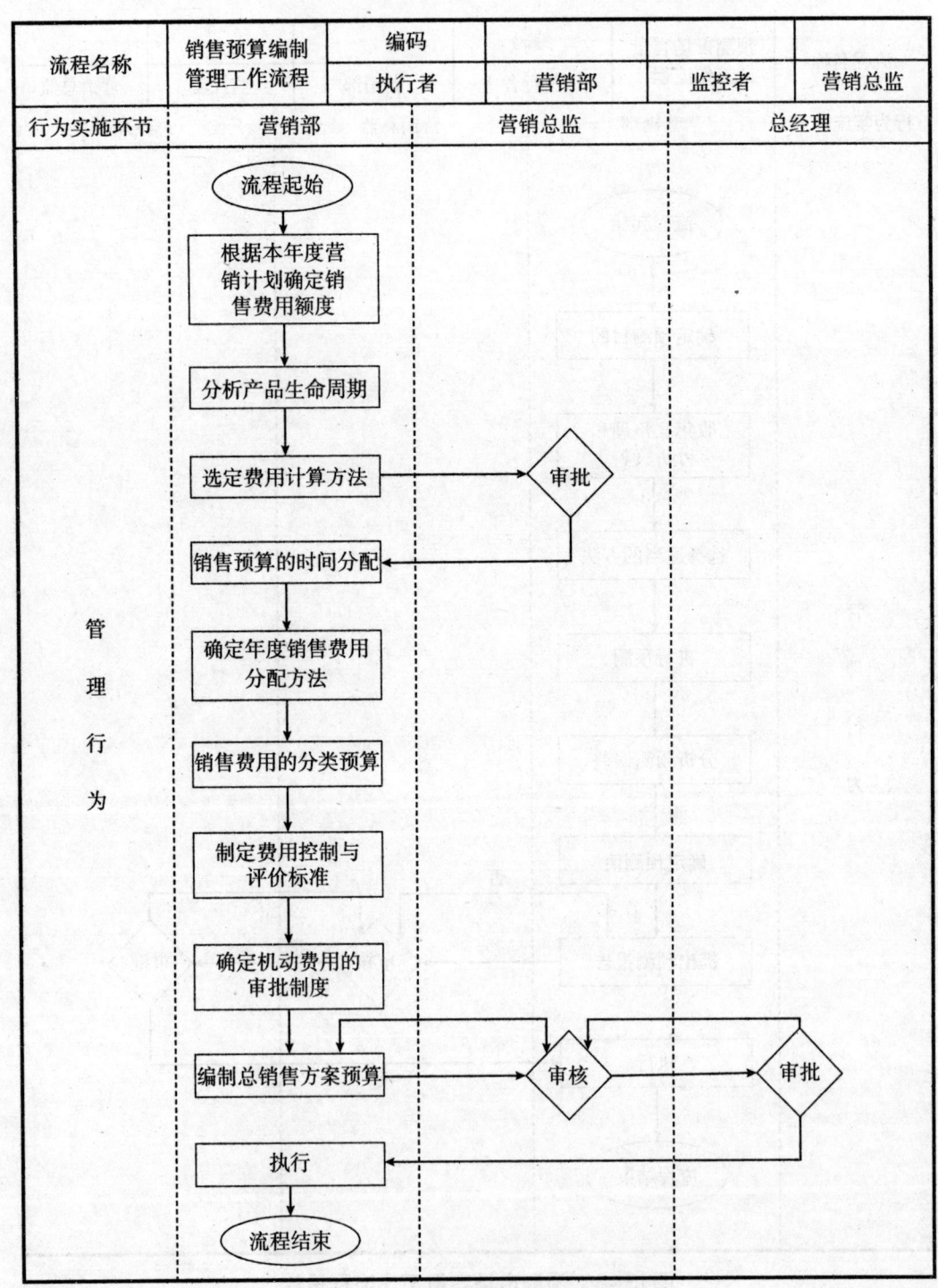

流程名称	销售预算编制管理工作流程	编码			
		执行者	营销部	监控者	营销总监
行为实施环节	营销部	营销总监		总经理	

图13-7　销售预算管理工作流程设计

八、市场定位工作流程设计

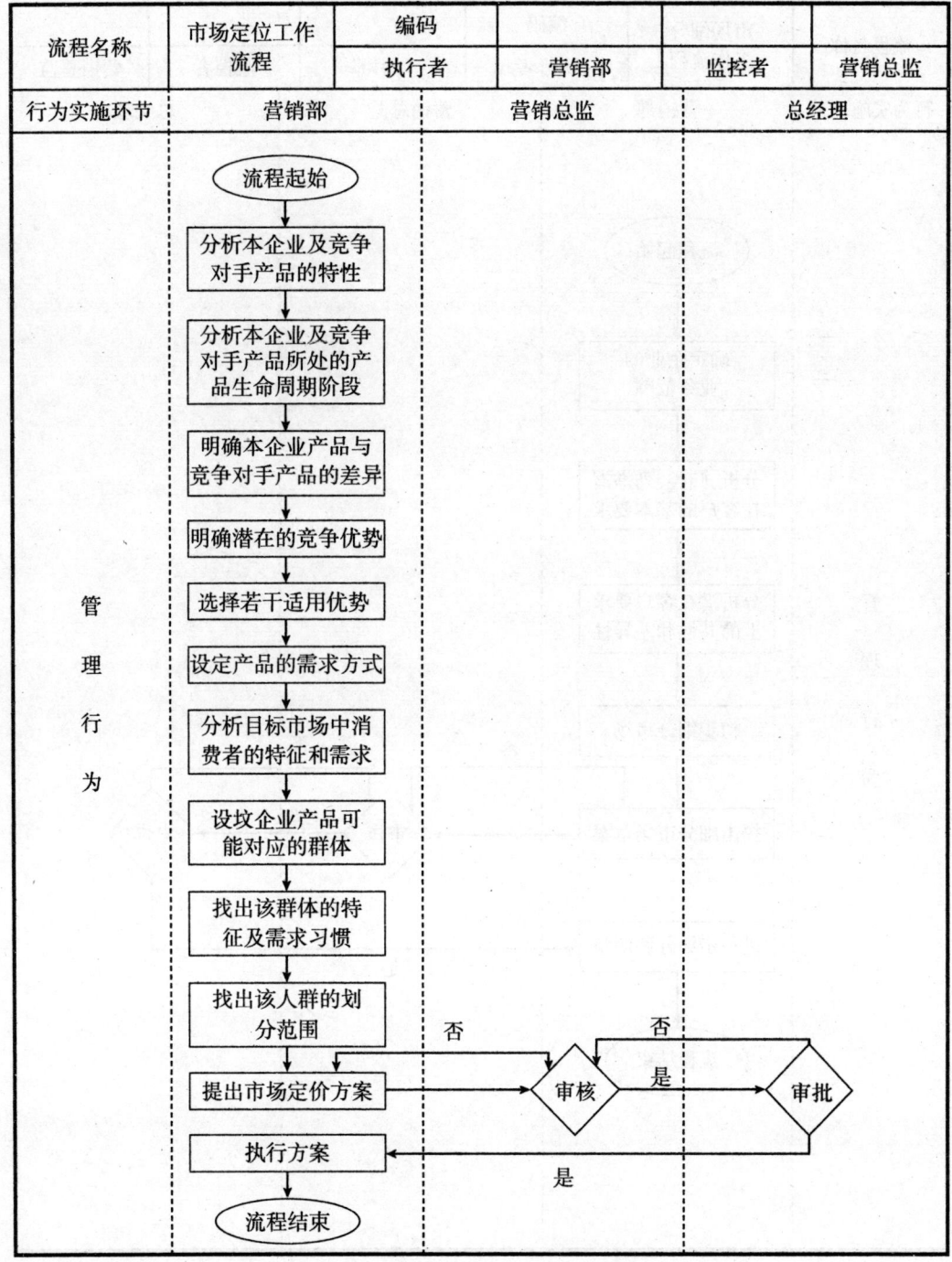

流程名称	市场定位工作流程	编码			
		执行者	营销部	监控者	营销总监
行为实施环节	营销部	营销总监		总经理	

图13-8 市场定位工作流程设计

九、市场细分工作流程设计

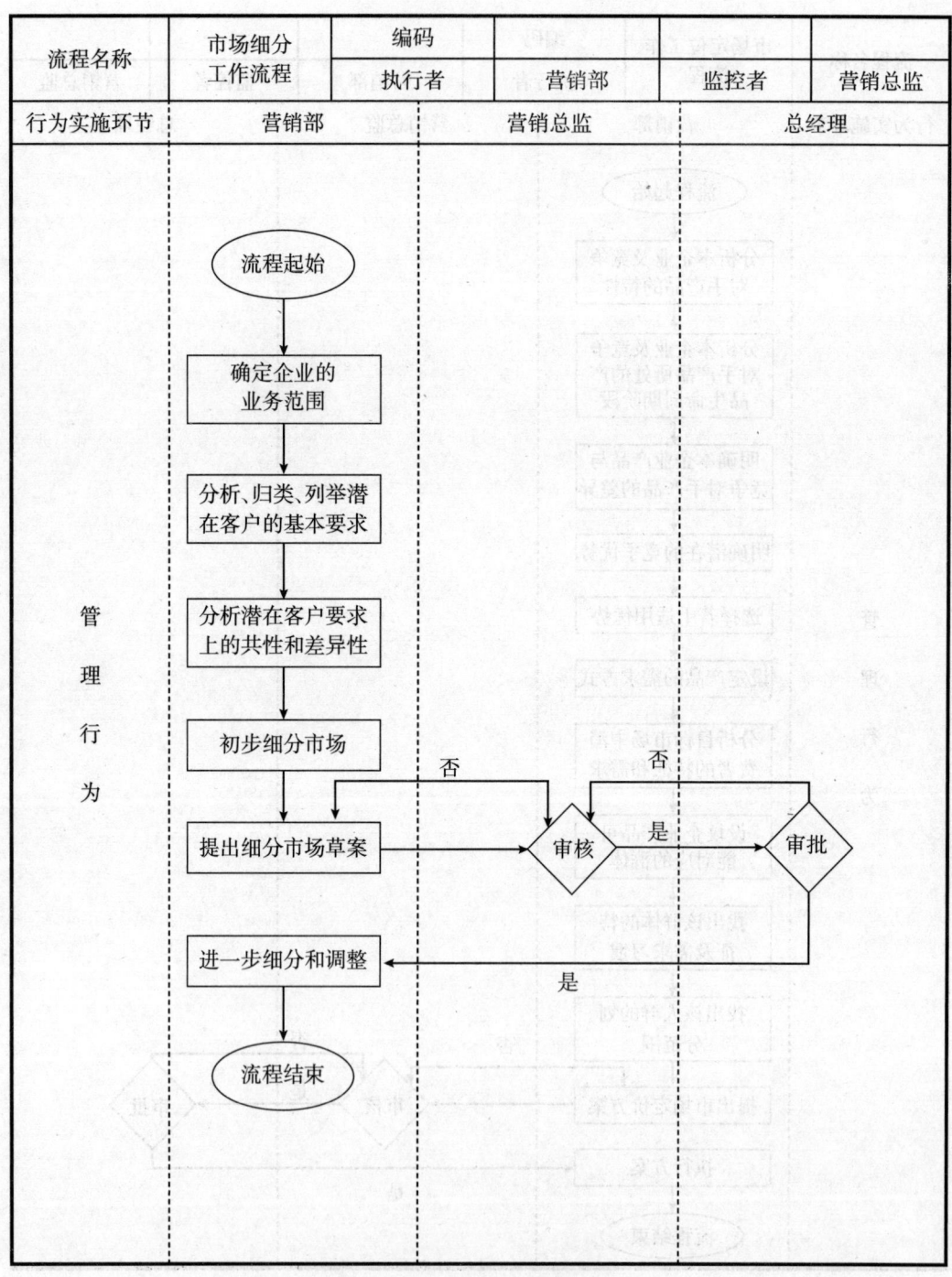

流程名称	市场细分工作流程	编码			
		执行者	营销部	监控者	营销总监
行为实施环节	营销部		营销总监		总经理

图13-9　市场细分工作流程设计

十、营销计划编制的方法

有两种进行计划的一般方法。从上到下计划方法是指由高级或中级管理者根据公司的目标制订营销计划，再由业务经理（包括销售人员）去实施计划。与从上到下计划方法相对的是从下到上的计划方法，即下级职员在市场预测、竞争对手及顾客的信息收集和分析方面积极参与到计划的制订中。这样的计划过程和所利用的信息虽然还要受到高层职员的检查，但是在这样的计划体系中，低层的管理人员扮演着重要的角色。

这两种计划方法都有各自的特点。从上到下计划法的基本原理是人员在组织中的地位越高，那么，这些人对公司经营中面临的问题后关系的看法越透彻。而像基层经理这样的人员则倾向于把竞争的舞台看做是他们自己的业务区域，而不必是国内的或者甚至是国际的市场。从下到上计划体系的特点是所制定的计划的实施可能会更好，因为基层业务人员从一开始就参与计划的制订并负责计划的执行。

十一、营销目标制定工作标准

营销目标是在前面目的任务基础上公司所要实现的具体目标，即营销计划方案执行期间，经济效益目标达到：

总销售量为×××万件，预计毛利×××万元，市场占有率实现×××。

十二、行业情况调查问卷制作标准

××领域改革与物资供应调查问卷

此访问调查的目的在于了解中国政府在过去及未来两三年内在××领域进行的或将要进行的改革，对国内市场的销售渠道网络，特别是对生产××产品的原料的销售供应的影响。此外，合资企业政策、交通运输政策、仓库管理等与销售渠道管理有关的政策也属于探讨范围。

访问时，希望参与访问的官员能尽量协助，对有关问题表示意见并解释有关政策。但是，并非必须就此问卷内的每一条问题都作出提问，研究员应诚意邀请处于不同阶层（中央、省、市、地方）的官员参与此访问。

第一部分　基本情况

被访者姓名：_____

被访者的部门或工作单位：_____

职位：_____

城市：_____

访问日期：_____

行政范围及责任：_____

前曾任职部门／单位：_____

负责访问者资料：_____

第二部分　过去三年××领域的改革

1. 根据您的意见，过去三年中国的××领域有哪些显著的变革？在此省／城市／地区又有哪些突出的改革？

2. 上述的改革如何影响在国内／此城市及地区内的销售渠道管理（出口、进口、代理、零售、批发）？

3. 上述的改革如何影响中外合资企业在国内及此城市的销售渠道管理活动（出口、进口、代理、零售、批发）？

4. 根据您的观察，已在中国生产及运作的中外合资企业，它们将采取哪些措施来管理产品的内销活动？

5. 您认为他们应采取哪些措施以适应上述改革，从而保持他们在市场上的竞争优势？

6. 已进行的改革中包括将商业局及物资局合并组成国内贸易部，请问此改革政策的目的何在？涉及的部门应采取哪些相应措施予以配合？

7. 请问您所属的部门如何配合上述的××领域改革（功能、角色、组织结构上的改变，行政程序的改变）？这些新的措施需要多少时间才能完成？

8. 针对上述改革对国内的百货商店及超级市场在销售渠道所扮演的角色及活动范围所引起的变化，发表您的看法。

9. 请重点针对已进行的××领域改革，谈谈这些改革是如何影响××产品的原料供应的工贸中心及其他主要的分销渠道的角色及活动范围的。

第三部分　未来四年在××领域内将要进行的改革

1. 请问未来四年中国政府在流通领域及外贸领域有可能施行哪些改革（政策法规，新的部门或组织）？

2. 中国政府为配合"一带一路"的计划在××领域及政策上将有何改变？

3. 上述这些改革对产品代理、零售或批发的商业企业的销售活动会产生哪些重要影响？

产品代理（国内产品）：

产品代理（进口商品）：

批发业务：

零售业务：

4. 贵部门将会采取何种应变措施，以适应或推动在未来三年于××领域、交通运输及仓库管理上的改革？

5. 请您谈谈在未来四年内在上述各范围中的改革及新措施将如何影响化工原料及××产品的进出口及国内的分销活动？

6. 中国政府在中外合资政策上将有哪些调整，以适应未来四年在××领域进行的改革？

内销权：

销售渠道：

进口原料：

优惠政策：

7. 未来四年，中国政府在贮存原料及产品的仓库设施方面，将有哪些改革计划及新的管理政策，以配合××领域的改革？

8. 未来四年，本地政府在贮存原料及产品的仓库设施方面，将有哪些发展计划及新的管理政策，以配合本地的××领域改革？

9. 未来四年，对化工原料及××产品的进出口活动及价格上有何影响？

10. 未来四年，中国政府在与××领域有关的交通运输系统内将有哪些配套性的改革和措施？提出这些新的交通运输政策或建议的目的何在？

11. 本地政府亦将有哪些新的交通运输发展政策或改革作相应的配合？

12. 面对上述将可能实行的种种改革和措施，国内的各种分销商应（将）采取何种应变措施，从而适应改革后的新竞争形势？

进口代理商：

零售商：

批发商：

工贸中心：

13. 请问国内××领域存在哪些最主要的管理难题？

14. 可否说明国内贸易部在全国实施推行的时间表？

第四部分　产　品

1. 根据您的意见，中国政府对××产品持有何种态度？将推行哪些政策和措施鼓励/控制该产品的发展？

2. 请问您对××产品未来五年在中国的销售潜力有何意见？

极好_____　好_____　一般_____　仍待努力开发_____差

销售潜力_____

3. 您认为外商在中国推行的改革和发展计划中应扮演什么角色？

4. 哪些部门或国有企业负责发展和生产××产品？他们在经营及管理上曾遇到哪些难题？

5. 中国如今是世界第二大经济体，政府在××领域的进一步改革后，这些负责生产及销售××产品的部门和单位，可能遇上来自中外合资企业及同类进口产品在市场上竞争的威胁。根据您的意见，您认为这些部门和单位应采取哪些新的策略和竞争手段来应付这些威胁？

（本书内容选自王奎荣.成功企业市场营销管理制度范本［M］.北京：中国经济出版社，略有删改.）

十三、供应商情况调查问卷制作标准

××产品原料供应商调查问卷

本调查是关于在中国市场中，××产品的供应及销售渠道的情况及顾客对此类产品的态度。此类产品包括：

A1：普通型××产品

A2：特殊型××产品

B1：食品型××产品

B2：工业用××产品

C1：民用××产品

C2：包装用××产品

D1：材料用××产品

D2：服务业××产品

问卷共分三部分，请务必按要求回答，谢谢！

［注］产该产品系列用原材料分别用PE、PV和PD代表。

第一部分　基本情况

1. 单位名称_____。

2. 所有制类别_____。

3. 负责生产"PE"、"PV"及"PD"部门职工人数_____。

4. 2013年所有产品的总营业额为_____。

5. 2014年上半年（1~6月）总营业额为_____。

6. 2013年"PE"、"PV"及"PO"产品的总营业额为_____。

7. 2014年1~6月同类产品总营业额为_____。

8. 估计同类产品的营业额在2014年较2013年增长_____。

9. 估计同类产品的营业额在明年（2015年）将比今年增长_____。

10. 请根据贵企业的情况，以表13-1中的项目说明下列原材料在总营业额中所占的百分比为_____。

表13-1　原材料营业额比率表

原　材　料　名　称	2013年	2014年
PE		
PV		
PD		

11. 就下列原材料，在表13-2中列出两种主要竞争者的品牌（按受欢迎程度排列，最受欢迎，次受欢迎）。

表13-2　原材料营业额比率表

原　材　料　名　称	国产品牌（包括合资生产品）		进口品牌	
	1	2	1	2
PE				
PV				
PD				

12. 贵公司由何处获得制造××产品所需的原料？请说明它们在总供应量中所占的百分比（％）。

（1）直接由海外进口_____％。

（2）自行寻找的代理商_____％。

（3）自行安排的批发商_____％。

（4）同系统内的原料供应单位_____％。

（5）不同系统内有指定协作的原料供应单位_____％。

13. 您认为今后三年内，这类原材料产品在本市销售额的每年增长速度如何？

每年增长5%_____

每年增长10%_____

每年增长15%_____

每年增长20%_____

每年增长30%_____

每年增长50%_____

其他（请注明）_____

第二部分　供应渠道与对象

此部分的问题主要探讨贵单位采取哪些渠道供应原料给那些与××产品有关的生产商。

1. 请问贵单位通过哪些渠道物色上述那些与××产品有关的生产商？请用"1"代表"主要渠道"，"2"代表"次要渠道"，"3"代表"非主要渠道"，"4"代表"没有使用此渠道"填写。_____

（1）通过刊登报刊或杂志广告。

（2）通过参加展销会。

（3）通过单位的营业员。

（4）通过系统内的定期供销会议。

（5）通过客户或朋友介绍。

（6）分销商主动上门。

（7）通过设于工贸／商贸中心内的销售处。

（8）通过商业部安排的供销会议。

（9）其他渠道（请说明）。

2. 可否解释贵单位采取的"供货政策"的特点？

（1）客户需要提前多少天订货。

（2）是否接纳电话订货_____是_____否。

（3）是否需要支付现金作订金_____是_____否。

（4）是否提供送货服务_____是_____否。

（5）是否容许客户上门亲自提货_____是_____否。

（6）是否需要签订一份供销购货合同_____是_____否。

（年限为_____年）。

（7）是否容许客户退回不合格的原料_____是_____否。

（8）是否提供仓库设施让客户暂存货品_____是_____否。

（9）是否定期提供××产品库存资料给客户_____是_____否。

第三部分 产品竞争与合资

此部分的问题探讨在中国的××产品在市场中是否能够竞争成功及贵单位对待组织合资企业的看法。

1. 根据您的经验，判别下列各因素对决定××产品的生产是否能在市场上竞争成功的影响程度。请用"1"表示"无影响"，"2"表示"轻微影响"，"3"表示"颇具影响"，"4"表示"很有影响"，"5"表示"极重要的影响"。

（1）营业员的素质	1	2	3	4	5
（2）稳定的原料供应	1	2	3	4	5
（3）产品售价低于竞争者	1	2	3	4	5
（4）足够的广告支持	1	2	3	4	5
（5）经常性的促销活动	1	2	3	4	5
（6）先进的生产科技	1	2	3	4	5
（7）经济性的促销活动	1	2	3	4	5
（8）良好的财政状况	1	2	3	4	5
（9）大批生产带来的经济效益	1	2	3	4	5
（10）充分利用厂房的生产能力	1	2	3	4	5
（11）有效地管理及控制库存	1	2	3	4	5
（12）覆盖面广的分销网络	1	2	3	4	5
（13）良好的售后服务	1	2	3	4	5
（14）供货准时	1	2	3	4	5

2. 与其他企业组织合资企业，是扩大活动能力、加速企业的成长的有效策略。对此您是否：

同意　　　　不同意　　　　有保留

3. 假设贵单位计划与其他企业组织合资企业，扩充供应××产品的原料，贵单位最愿与那一类企业合作？请用"1"表示"第一优先"，"2"表示"第二优先"，"3"表示"第三优先"，以此类推。

外资生产商＿＿＿＿＿＿国内的代理商

外资代理商＿＿＿＿＿＿国内的零售商

国内的生产商＿＿＿＿＿＿国内的批发商

其他（请说明）：＿＿＿＿＿＿＿＿＿＿

4. 贵单位若与外资组成合资企业，其主要动机为：

（1）提高企业知名度。

（2）引进先进的生产管理制度及方法。

（3）稳定原料的供应。

（4）有助于进一步开发国内市场。

（5）有助于进一步开拓海外市场。

（6）改善财政状况。

（7）改善管理分销活动的能力。

（8）学习先进的市场营销管理技巧。

（9）引进高科技，提高生产能力。

（10）改善市场的信息渠道。

（11）有助于改善产品设计、品质及品种。

5. 如贵单位有意与外资企业组织合资企业，哪些因素为选择合作伙伴时最主要的考虑因素？

请按重要性顺序说明（"因素一"为最重要因素，以此类推）。

因素一：＿＿＿＿＿＿＿＿＿＿＿＿＿＿＿＿＿＿＿＿＿＿＿＿＿＿

因素二：＿＿＿＿＿＿＿＿＿＿＿＿＿＿＿＿＿＿＿＿＿＿＿＿＿＿

因素三：＿＿＿＿＿＿＿＿＿＿＿＿＿＿＿＿＿＿＿＿＿＿＿＿＿＿

因素四：＿＿＿＿＿＿＿＿＿＿＿＿＿＿＿＿＿＿＿＿＿＿＿＿＿＿

因素五：＿＿＿＿＿＿＿＿＿＿＿＿＿＿＿＿＿＿＿＿＿＿＿＿＿＿

6. 当贵单位与外资企业组织合资企业时，贵单位将会遇上哪些管理难题？

（1）＿＿＿＿＿＿＿＿＿＿＿＿＿＿＿＿＿＿＿＿＿＿＿＿＿＿＿＿

（2）＿＿＿＿＿＿＿＿＿＿＿＿＿＿＿＿＿＿＿＿＿＿＿＿＿＿＿＿

（3）＿＿＿＿＿＿＿＿＿＿＿＿＿＿＿＿＿＿＿＿＿＿＿＿＿＿＿＿

（本书内容选自王奎荣.成功企业市场营销管理制度范本［M］.北京：中国经济出版社，2001.）

十四、消费者情况调查问卷制作标准

特许经营公众调查问卷

（一）您的基本情况

性别：□女士　　　　　□先生

您的年龄：□25岁以下　　　　□26~35岁　　　　□36~45岁

□46~60岁　　　　□60岁以上

您的国籍：＿＿＿＿＿＿＿＿

（二）您的受教育程度

□初中　　　□高中/中专　　　□大专　　　□本科　　　□研究生

（三）您的就业情况

□在职　　□待业　　□下岗　　□退休　　□学生　　□军人

（四）您的职位

□专业人士　　□部门主管　　□市场营销/销售总监　　□行政经理/人事经理

□财务总监/总会计师　　□总经理/总经理　　□董事长

□其他

（五）您是否有过从商经验

□有　　　　　□无

（六）您是否从事过特许经营活动

□是　　　　　□否

（七）如果您对特许经营感兴趣，您选择特许项目的标准将依次是（请标明顺序）

□加盟费低　　□知名度高　　□行业有发展潜力　　□特许体系完善

（八）您在特许经营方面打算投入多少资金

□1万美元以下　　□1万～5万美元（含5万美元）　　□5万～20万美元（含20万美元）

□20万～50万美元（含50万美元）　　□50万～100万美元（含100万美元）

□100万美元以上

（九）您计划何时开始投资（请选一项）

□未来6个月　　□未来1年　　□未来2年　　□尚无计划

（十）如果您有投资计划，最感兴趣的行业将是（请选出所有适用项目）

（1）餐饮。

□中式快餐　　　　□西式快餐　　　　□正餐　　　　□饮品

（2）零售业。

□便利店　　□百货店　　□超市　　□服装服饰　　□药店　　□眼镜店

□其他

（3）商业服务。

□会计及审计事务　　□复印　　□速递　　□商业清洗　　□其他

（4）汽车服务。

□美容保养　　□维修　　□租赁　　□零配件　　□其他

（5）其他行业。

□教育培训　　□洗衣　　□美容和保健　　□IT行业　　□家居装修

□彩扩店　　□房地产中介　　□其他

（十一）您认为最有影响力的特许加盟品牌是（请每项填写3家）

中式快餐_____

中式正餐_____

西式快餐_____

餐饮老字号_____

汽车服务_____

超市、便利店_____

洗衣店_____

药店_____

美容和保健_____

服装专卖店_____

其他_____

（十二）您主要从哪些报刊上了解特许经营方面的信息（请列出3个以上）_____

_____

（十三）您了解《商业特许经营管理办法》吗

□了解　　　　　　　□不了解

（十四）您是否参加过特许经营研讨会或展览会

□是　　　　　　　□否

（十五）您参加活动的主要目的是

□寻找盟主　　□招募加盟者　　□了解特许经营相关知识

（十六）如果您是加盟者，您对您的特许总部的评价为

□满意　　□一般　　□不满意

（十七）您认为合格的特许加盟体系应具备以下哪些条件（请选出所有适用项目）

□独立法人资格　　□注册商标　　□有直营店　　□正式签约10天前需向加盟者披露详细真实的信息　　□开展特许经营有1年以上时间　　□有向加盟者提供服务和支持的能力　　□其他

十五、企业情况调查问卷制作标准

（一）企业基本情况

名称：_____

法人代表：_____

电话：_____

传真：_____

总部地址：_____

联系人：_____

邮政编码：_____

（二）所属行业

□超市　　□便利店　　□百货店　　□正餐　　□快餐　□服装服饰

□汽车及配件　　□汽车租赁　　□汽车美容　　□体育休闲用品

□电器　销售□房地产中介　　□旅馆　　□保健品销售　□美容美发

□教育　培训　　□钟表眼镜　　□彩扩　　□家居装修　　□商业清洗

□咨询服务　　□饮品　　□家政服务　　□药店　　□洗衣

□计算机软、硬件销售　　□书店　　□其他

（三）注册资本_____元

（四）目前拥有直营店_____家，特许加盟店_____家，区域特许机构或分公司_____家

（五）企业注册时间：_____年_____月_____日

（六）第一家直营店开业时间：_____年_____月_____日

（七）第一家特许加盟店开业时间：_____年_____月_____日

（八）第一家区域特许机构或分公司成立时间：_____年_____月_____日

（九）连锁店在本市有_____家，本省有_____家，外省有_____，国外有_____家

（十）特许总部共注册_____个商标，第一个商标于_____年注册

（十一）商标注册范围涵盖_____类_____项

（十二）产品类商标_____个，服务类商标_____个

（十三）是否在国外注册商标？

□是　　　　□否

（十四）企业共获得_____项专利

（十五）是否有加盟手册

□是　　　　□否

（十六）是否有运营手册

□是　　　　□否

（十七）是否与加盟者签订了商标使用许可合同

□是　　　　□否

（十八）总部人员总计＿＿＿＿＿人

（十九）总部对加盟者开业前的培训时间为

□1周以内　　　　　□1周至2周

□1个月　　　　　　□1个月以上

（二十）总部对加盟店是否开展督导工作

□是　　　　□否

（二十一）总部是否设立了秘密顾客

□是　　　　□否

（二十二）加盟店的基本情况

单店平均员工数：＿＿＿＿＿＿人。

单店营业面积＿＿＿＿＿＿平方米。

单店年营业额＿＿＿＿＿＿万元。

（二十三）特许经营合同的期限为＿＿＿＿＿年

（二十四）从签约至加盟店开业所需的时间为＿＿＿＿＿＿＿＿＿

（二十五）开办一家加盟店需要投资约＿＿＿＿＿万美元

（二十六）今年特许加盟店的销售额占总部总销售额的比例为＿＿＿＿＿%

（二十七）特许总部是否实现统一配送

□有　　　□没有

（二十八）店铺数量

前年为＿＿＿＿＿家，去年为＿＿＿＿＿家，今年为＿＿＿＿＿家。

（二十九）总部收取的费用包括（选出所有适用项目）

□加盟费　□保证金　□特许使用费　□广告费　□其他

（三十）总部向加盟者收取加盟费＿＿＿＿＿＿＿＿＿＿万美元

（三十一）特许使用费提取方式

□按营业额收取，提取比例为＿＿＿＿＿%　□按定额收取，

定额为＿＿＿＿＿万元　□按保底加比例，提取＿＿＿＿＿万元。

（三十二）企业总销售额

前年为＿＿＿＿＿万元，去年为＿＿＿＿＿万元，今年为＿＿＿＿＿万元。

（三十三）特许总部对加盟店是否实现计算机联网管理

□是　　　　□否

（三十四）贵公司开展特许经营所遇到的主要问题、难点是什么？需要得到哪些方面的支持

十六、预测市场容量的步骤

市场容量的测定是调查研究、综合分析和计算推断的过程。一个完整的市场预测，一般包括下面几个步骤。

1. 确定预测目的。

进行一项预测，首先必须明确预测的目的，即为什么要进行这项预测，它要解决什么问题。预测目的直接影响着预测内容、规模以及预测方法的选择等一系列工作。只有目的明确，才能使预测工作有的放矢，避免盲目性。

2. 收集、整理和分析资料。

资料是预测的基础，收集什么资料，是由预测的目的确定的。对所收集到的资料要进行认真的审核，对不完整和不适用的资料要进行必要的调整。对经过审核和调整的资料，还要进行初步分析，观察资料结构的性质，作为选择适当预测方法的依据。

3. 选择适当的方法。

必须从市场实际出发，根据预测目的和资料占有情况，选择有效的预测方法。有时选择一种，有时也可以将几种方法结合起来，相互验证预测的结果，以提高预测的准确性。

4. 进行预测。

根据已经选定的预测方法，利用所掌握的资料，就可以具体计算、研究，作出定性或定量分析，推测判断未来市场的发展方向和发展趋势。

5. 分析预测误差。

预测误差是预测值和实际值之间的差额。预测误差的大小，反映预测的准确程度。我们应该对预测的不精确度持灵活态度，而不要力图改进预测方法。

6. 确定预测值，提出正式预测报告。

预测人员在实施预测，并对预测结果进行必要的评价、修正后确定预测值，并以书面形式反映预测结果，然后递交给有关部门，供其决策时参考。

十七、预测市场容量的方法

市场预测的方法很多，随着科学技术的进步，预测手段日趋先进，在市场营销活动中，市场潜量和销售量是两项最为重要的预测内容。

1. 市场潜量预测。

（1）连锁比率法。连锁比率法就是对与某产品的市场潜量相关的几个因素进行连锁相乘，即通过对几个相关因素的综合考虑，进行预测。

（2）购买力指数法。购买力指数就是对家庭收入、家庭户数、地区零售额等加权平均后，得出的一个标准系数。购买力指数是一个相对数，只有用全部潜在需求量乘以购买力指数，才能得到某地区的潜在需求量。

（3）类比法。类比法也叫比较类推法，包括历史类推和横断比较两种预测方法。历史类推是一种用当前的情况和历史上发生过的类似情况进行比较来推测市场行情的方法。横断比较就是对同一时期内某国或某地区某项产品的市场情况与其他国家或地区的情况相比较，然后预测这些国家或地区的市场潜量。

2. 销售预测。

（1）销售人员意见综合法。这是一个最为简单的预测方法，它要求各销售区域的销售人员，作出每个销售区域的销售预测，然后进行汇总，求出总的销售潜量。

（2）购买者意图调查法。这一方法就是采用各种手段，直接向购买者了解其购买意图。如果购买者有清晰的意图，而且愿意付诸实施，这一方法是非常有效的。

（3）行业调查法。行业调查是指对某特定行业内各家公司的调查。这类调查可能是针对用户，也可能是制造商。

（4）专家意见法。这种方法是由专门人员，特别是那些比较熟悉业务，能预见业务趋势的主管人员集思广益，进行判断并作出预测，这是一个快速而简便的方法。为了提高预测的准确性，可以在预测前向专家提供经济形式和业务情况的资料，并组织他们讨论，然后将各种意见进行综合考虑，最后作出结论。

（5）趋势预测法。该方法是将历史资料和数据，按时间先后次序排列，根据其发展的规律来推测未来市场的发展方向和变动程度。

（6）移动平均法。它是趋势预测法的一个基本方法。就是从时间序列的第一个数值开始，按一定项数求序列平均数，逐项移动，边移动边平均。

（7）指数平滑。它是对过去的资料用平滑系数进行预测的一种方法。它允许预测人员对最近期的观察值给予最大的权数，对较远的观察值递减加权数，而不是给所有的数据以同等的重要性。

（8）回归预测法。就是测定因变量与自变量之间的相关关系，建立表达两种关系的数学模型，通过模型取得预测值。

市场预测有助于企业营销管理者制定正确的营销决策，有助于企业掌握新技术、开发新产品、增强企业的竞争能力，同时，市场容量的测定也是企业制定科学计划的重要依据。但是，因为预测的结果直接关系到企业的营销决策，所以企业必须慎重对待。

十八、市场细分的业务标准

业务市场的细分是业务产品供应商进行营销的重要步骤。虽然许多用来细分消费者市场的变量，同样可以用来细分业务市场。如业务市场同样可以依据地理因素、追求的利益和使用率等来进行细分，但业务市场的购买行为不同于消费者的购买行为，因此，其细分的标准和方法与消费品的细分存在着不小的区别。

业务市场的细分可用的标准非常多，不同的营销研究在实践中发现了非常丰富的可用作业务市场细分的标准。如罗伯逊从业务市场购买者的购买次数将购买者分为首次潜在购买者、新手、复杂的购买者，显然这样的细分有一定的意义。首次购买者由于以前对该产品没有接触过，因此，特别需要销售者能够给予较为详细的解释和介绍；新手也许已经购买过，但对产品仍不太了解，对本企业的产品还处于怀疑阶段，因此销售者应该提供一定的培训，加强售后的服务，以留住顾客；复杂购买者则对产品的要求更加详细，由于业务市场不比消费者市场，每个业务市场的购买者都可能有特殊的要求，而业务用品的供应者如果不能和购买者很好沟通的话，是很难了解其一些隐含的要求的，所以对于复杂购买者，供应商应该与其多加沟通，对自身产品的设计和服务加以改进，以满足这些购买者的特定要求。

传统上对业务市场的细分可以分为以下几种：

第一是依据地理位置进行细分。对业务产品的要求在不同的地方是可能不同的，由于不同的地理位置其地理特点不同，因此常会影响到对业务产品的具体要求。以水泥为例，不同的地理环境对水泥的性能要求是不一样的，有的地方对其防酸性能要求较高，有的则要求其防水，所以企业进行营销时要针对不同的地区特点设计产品，以使其符合不同地区的地理特点。

第二是依据行业细分。一种业务产品可以同时提供给多种行业，因此由于这些行业不同的生产特点，它们对业务产品的性能与服务也会有不同的要求。如一家玻璃制品企业其所生产的产品就应对其产品所提供给的行业作一细分，汽车行业、航空行业、家居用等不同的用途其对玻璃的要求也是不一样的，防震、防碎、防光等性能特点为不同的行业所重视。

第三是依据规模细分。购买者的规模大小也会影响其购买需求与购买行为。大型客户需求量大，因此对供应商来说一旦能够揽上这种客户是很大的成绩。但这必须要付出更大的努力，因为这种客户由于购买量大，所以购买比较慎重，对供应商要求较高，而且往往需要在价格上打折扣。

十九、市场细分的精细化标准

上述那些细分都是相当粗略的细分，但也是一些基本的细分。现代营销学的发展，对业务市场的划分已经不再满足于这些传统的细分了。对业务用品购买者行为及其决策的深入分析，使营销有了更为有效的细分利器。

首先，可以针对不同企业的经营特色进行细分，如企业的采购方式，有的采用投标，有的则采用系统采购；也可按权力结构，如是哪一类型的人员决定企业的重大决定；也可按其经营方针，如是注重服务还是注重价格或注重质量。

其次，还可以根据业务用品购买者的购买行为进行细分，如产品的使用频率，是否对供应商忠诚等。

兰卡尔、莫里来蒂和斯沃茨对传统的两个细分市场（喜欢低价和较少服务的购买者，喜欢高价和较多服务的购买者）进行研究数据分析的结果显示出这两个市场内还存在着另外一种细分。

一种是程序购买者。这些购买者由于对产品并不重视，因为该产品与其经营关系不大，他们经常有规律地采购，全额付价并只需要低水平的服务。这类购买者在我国经常可以看到，以前的国有企业，现在的一些政府机构在购买一些办公用品时常并不在意如何采购。这类购买者可以使供应商获得高额利润。

一种是关系购买者。这部分购买者对产品有所重视，需要少量折扣和中等服务，但要求不高，供应商很容易就能够满足他们的需求。

一种是交易购买者。这些购买者认为产品对其业务非常重要，他们对价格和服务相当敏感。一旦供应商不能满足他们的要求，他们随时会转向其他的供应商。

一种是竞价购买者。这些购买者认为产品非常重要，并对所有的供应商都相当了解，他们会激烈地讨价还价，因此供应商面对这种购买者只能获得很少的利润。

能够进行业务市场细分的变量仍有很多，这里不再一一列举，在现实营销实践中不应拘泥于以上所介绍的变量，而应针对市场特点及企业自身情况进行创造性的选择。

第十四章

客户关系管理

一、客户投诉管理工作流程设计（一）

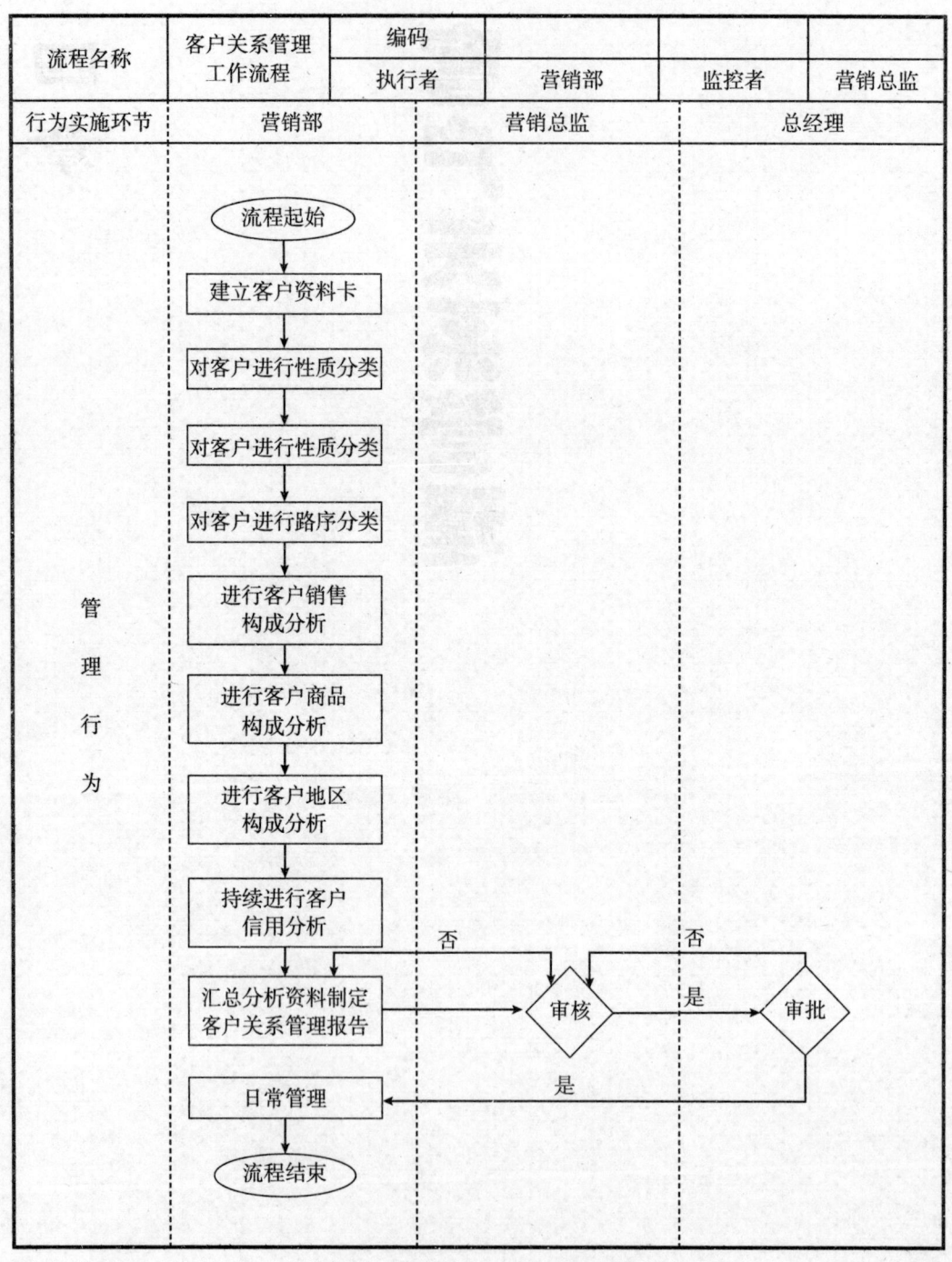

图14-1 客户投诉管理工作流程设计（一）

二、客户信用制订管理工作流程设计

流程名称	客户售用制度 制定管理工作流程	编码			
		执行者	营销部	监控者	营销总监
行为实施环节	营销部			营销总监	

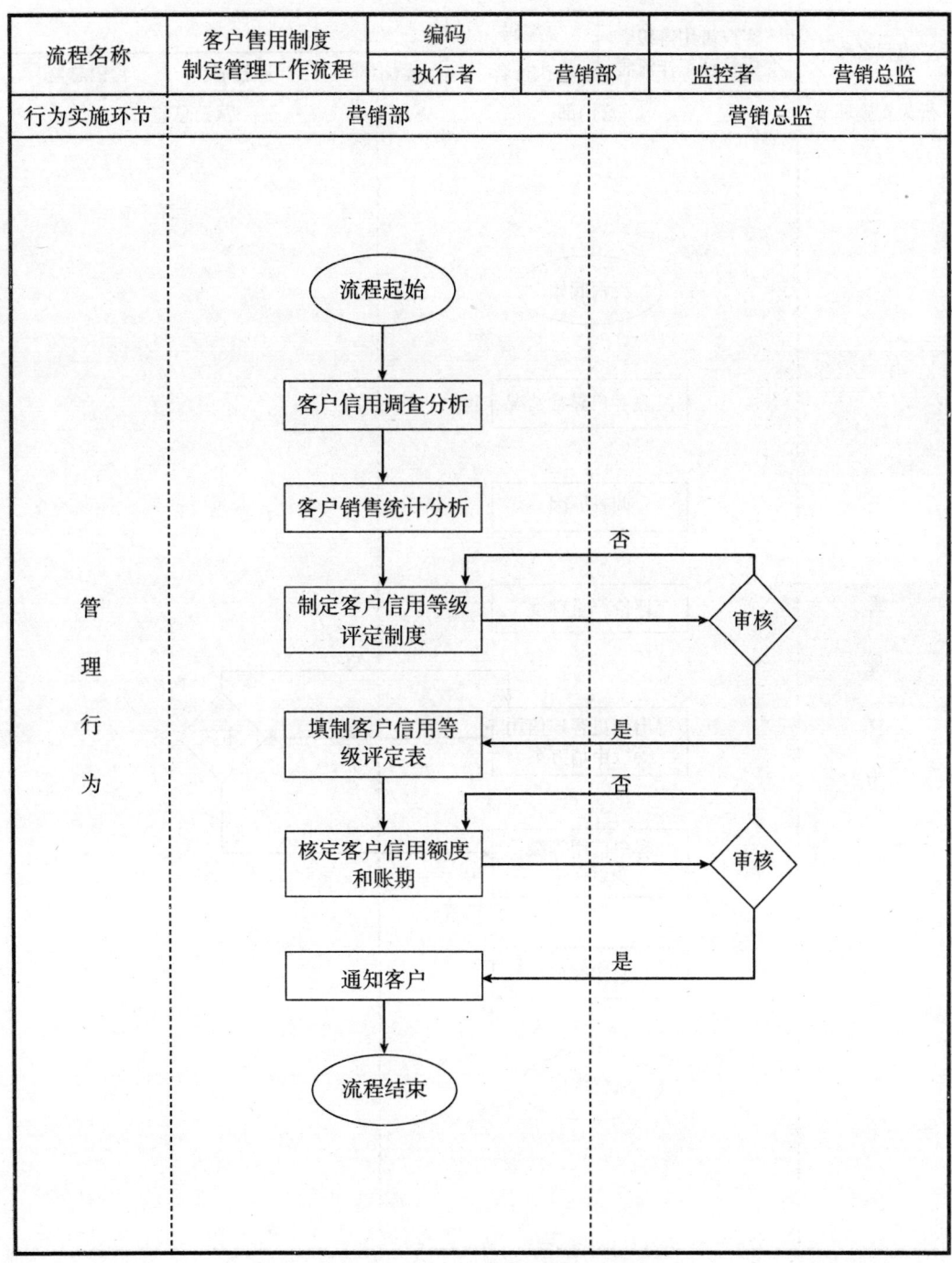

图14-2　客户信用制订管理工作流程设计

三、客户信用等级变更管理工作流程设计

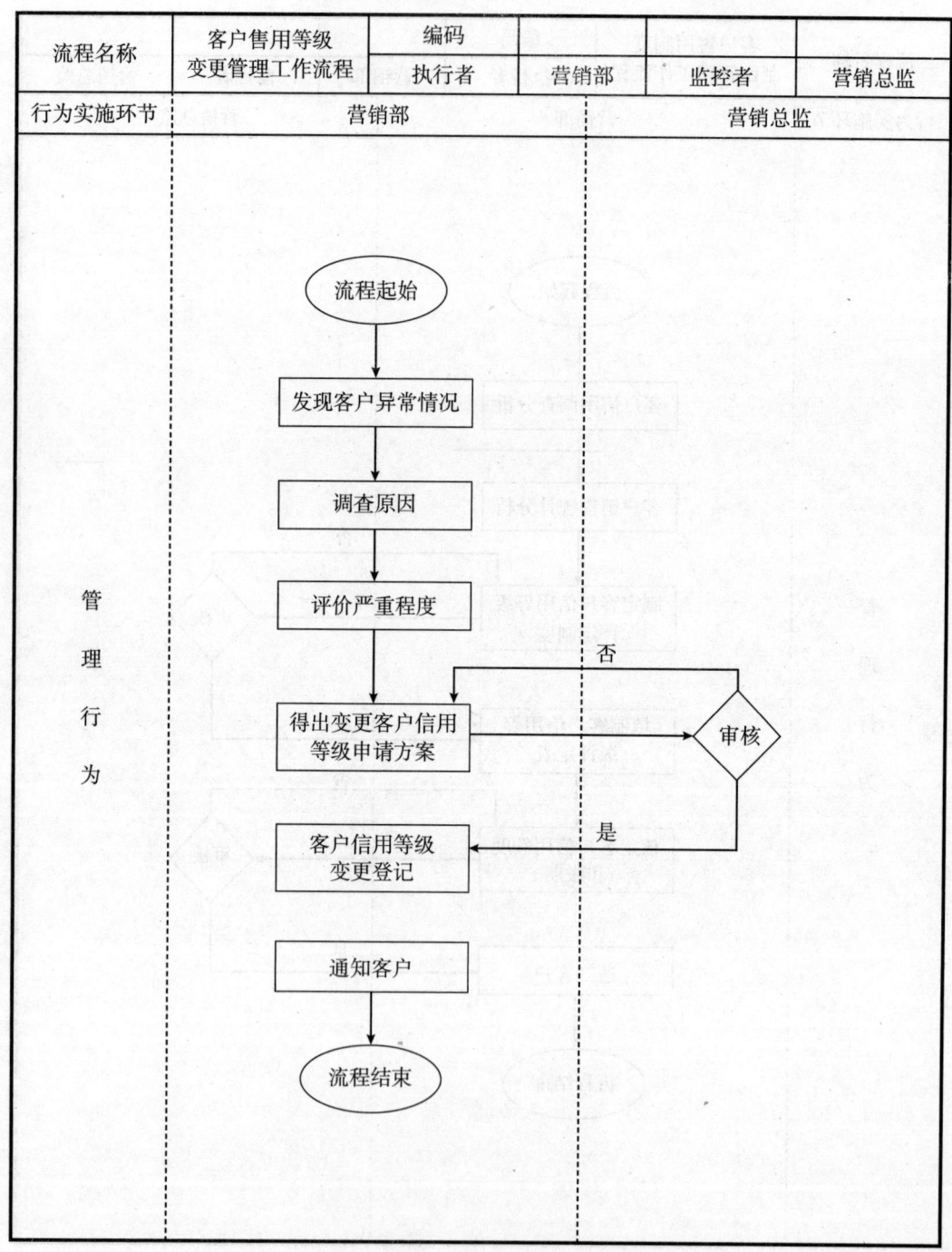

流程名称	客户售用等级变更管理工作流程	编码			
		执行者	营销部	监控者	营销总监
行为实施环节	营销部			营销总监	

图14-3　客户信用等级变更管理工作流程设计

四、客户访问管理工作流程设计

流程名称	客户访问等级工作流程	编码			
		执行者	营销部	监控者	营销总监
行为实施环节	营销部			营销总监	

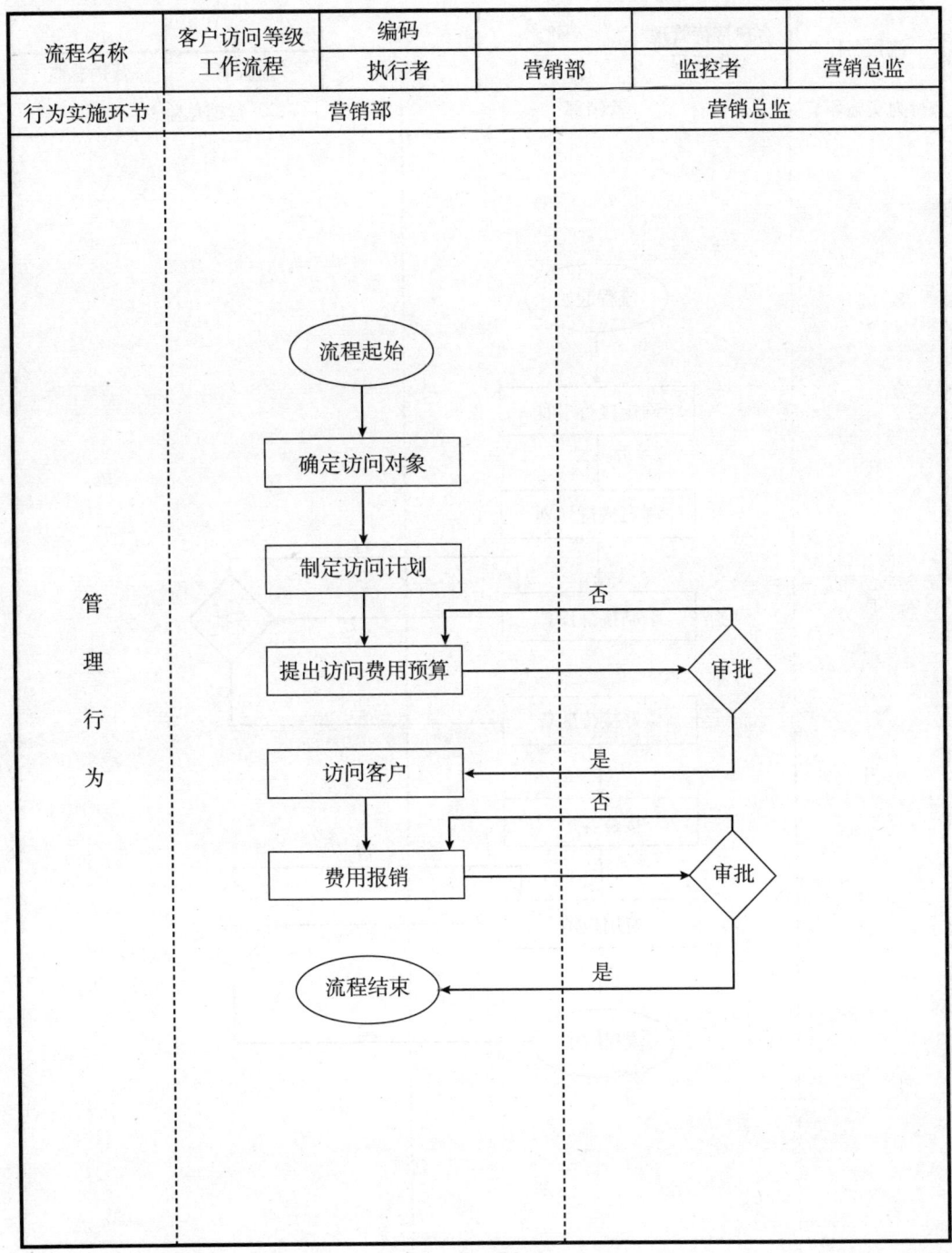

图14-4　客户访问管理工作流程设计

五、客户接待管理工作流程设计

流程名称	客户接待管理工作流程	编码			
		执行者	营销部	监控者	营销总监
行为实施环节	营销部			营销总监	

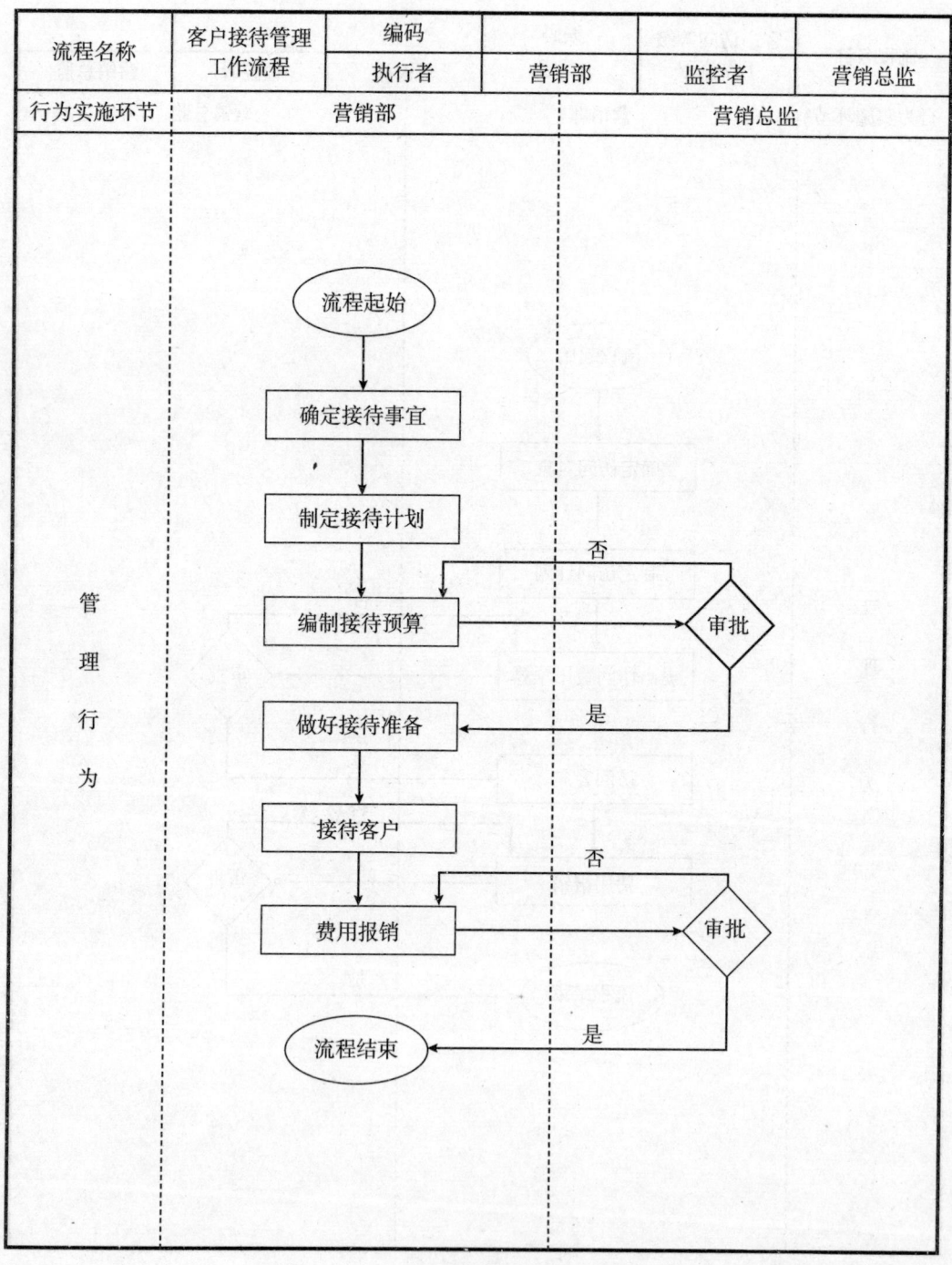

图14-5　客户接待管理工作流程设计

六、售后服务管理工作流程设计

流程名称	产品研发管理工作流程	编码			
		执行者	营销部、研发	监控者	生产、营销总监
行为实施环节	研发部	营销部	生产、营销总监		总经理

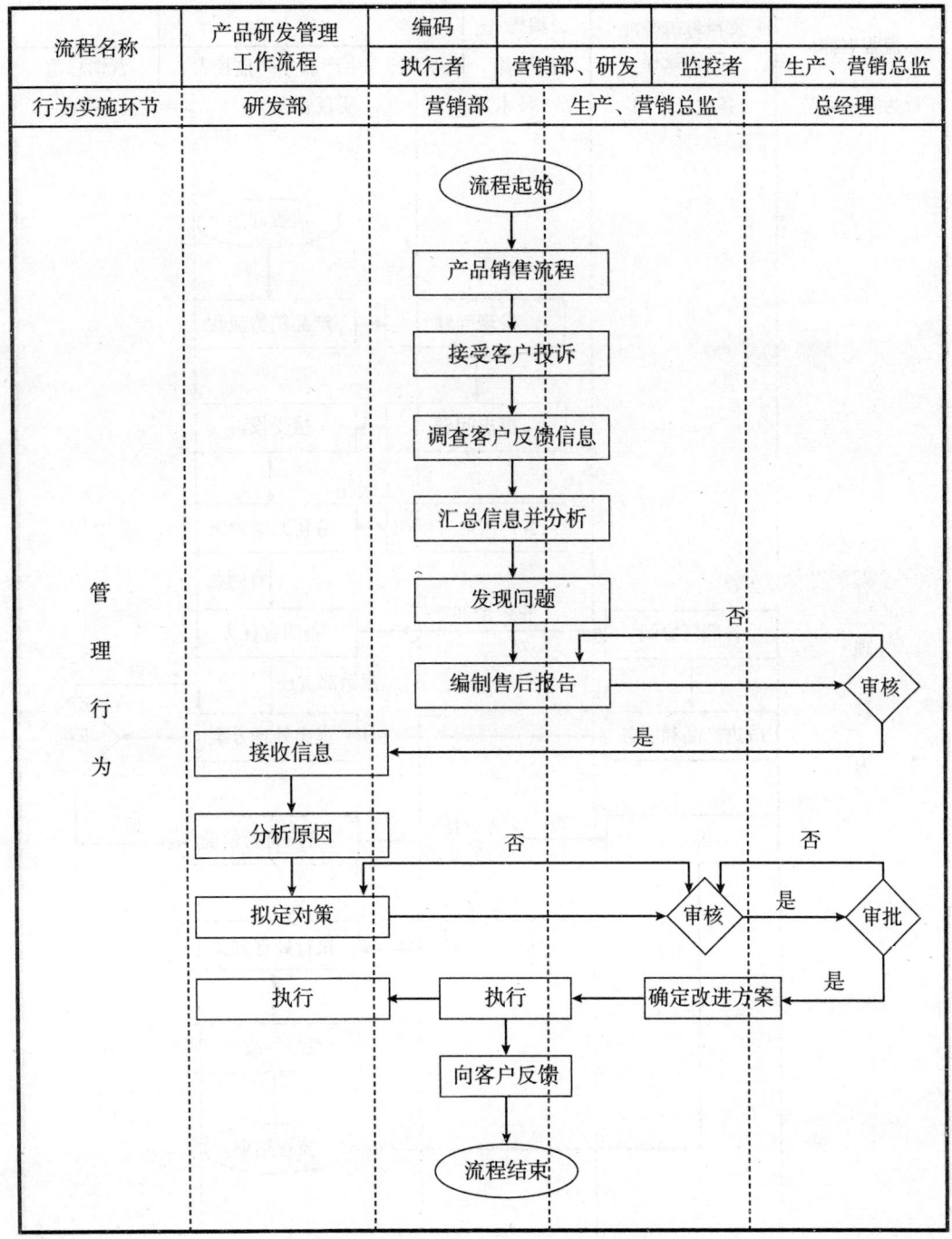

图14-6　售后服务管理工作流程设计

七、客户投诉管理工作流程设计（二）

流程名称	客户投诉管理 工作流程	编码		监控者	营销总监
		执行者	营销部、生产部		
行为实施环节	各生产车间	技术部	质量管理部		生产总监

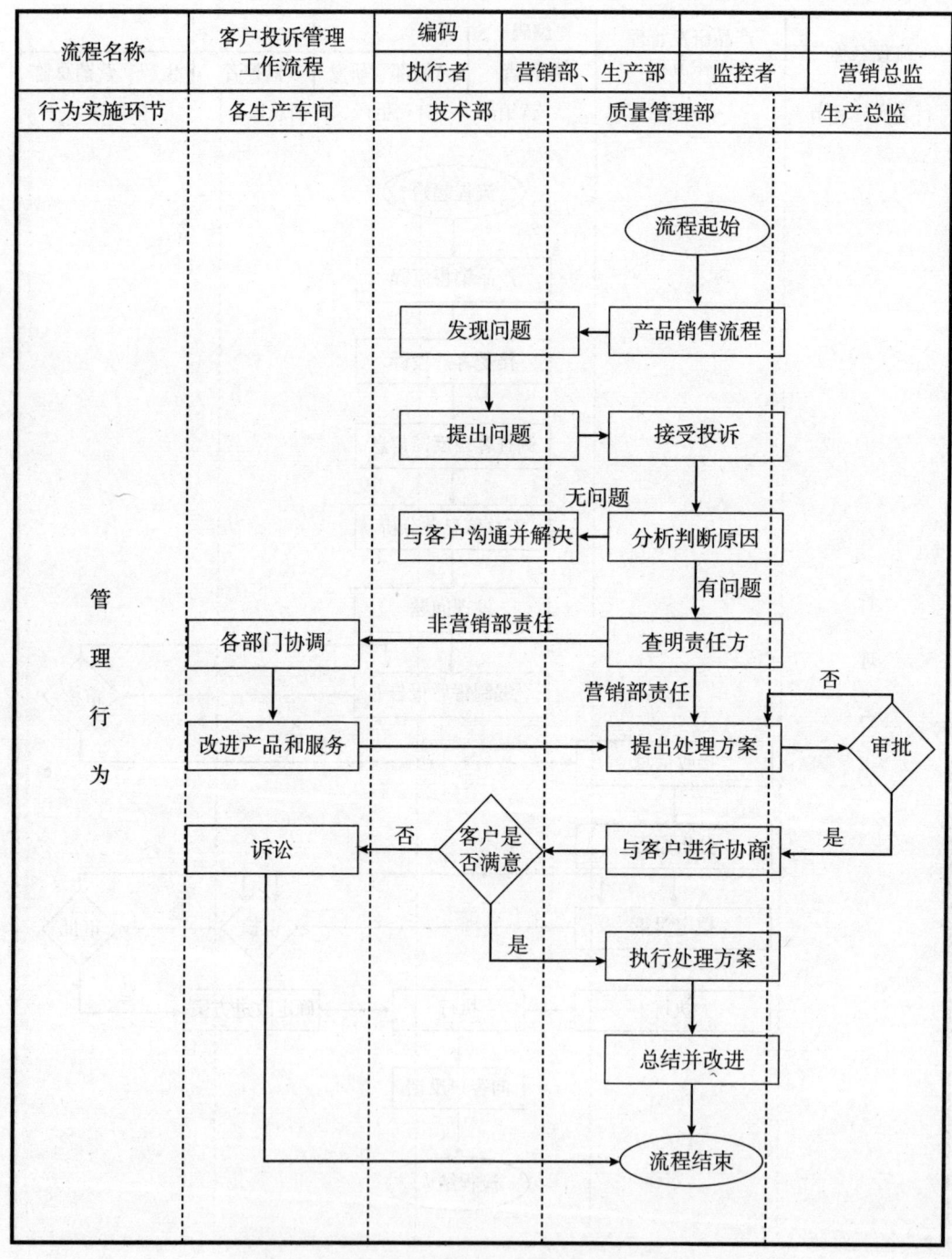

图14-7　客户投诉管理工作流程设计（二）

八、账封款回收管理工作流程设计

流程名称	账款回收管理 工作流程	编码			
		执行者	营销部	监控者	营销总监
行为实施环节	营销部	营销总监		总经理	

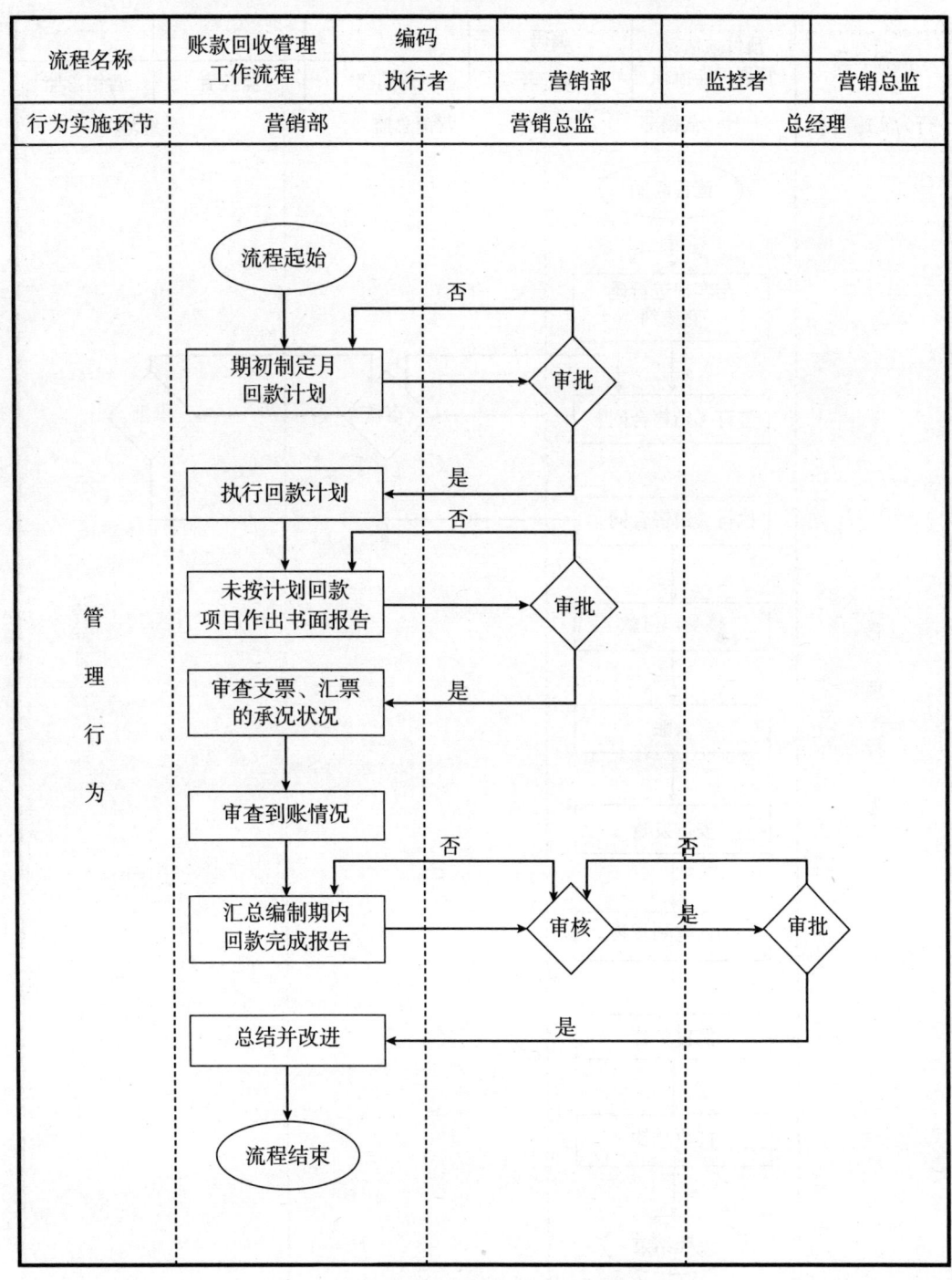

图14-8 账封款回收管理工作流程设计

九、预付款结算管理工作流程设计

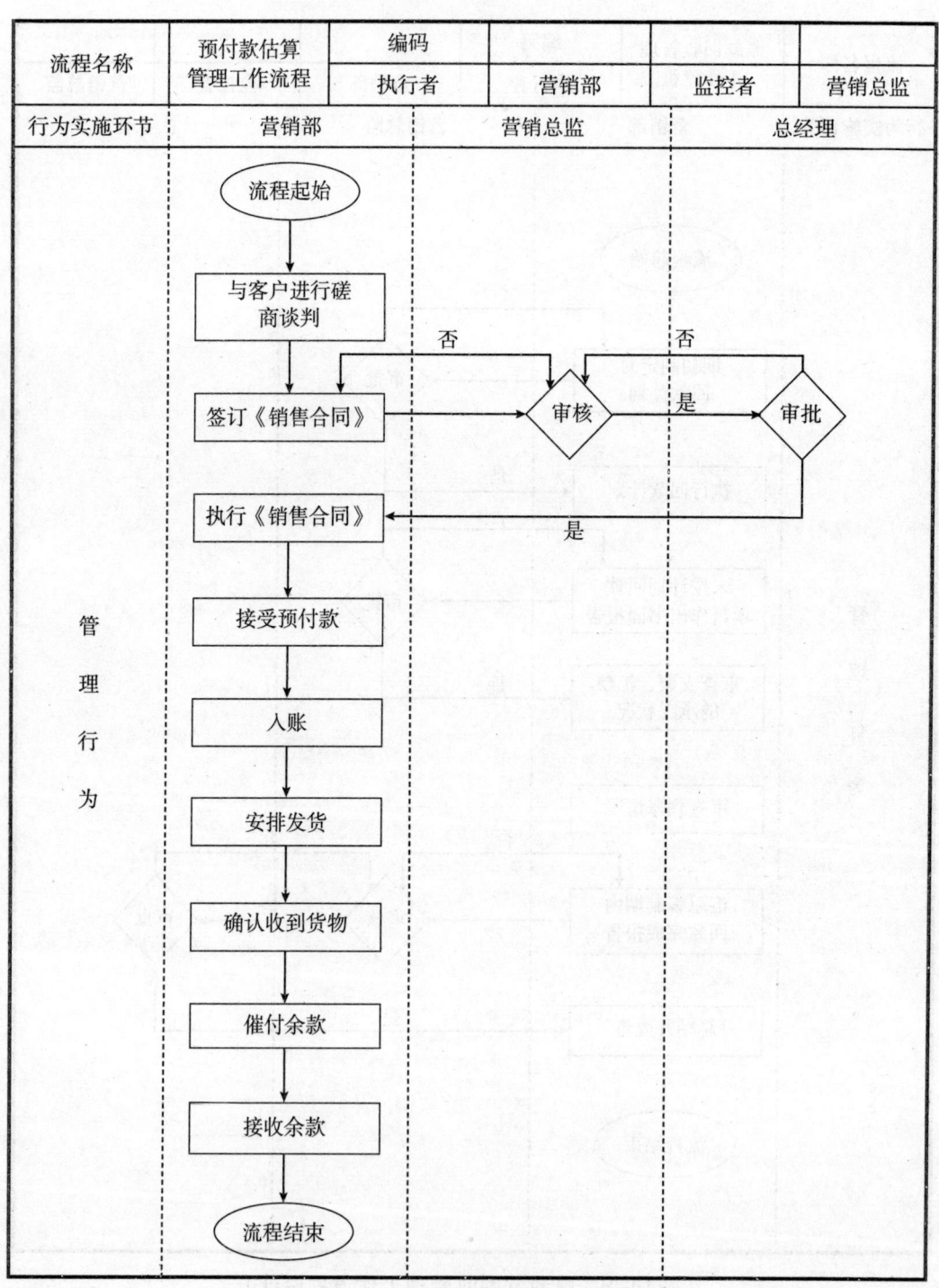

流程名称	预付款估算 管理工作流程	编码			
		执行者	营销部	监控者	营销总监
行为实施环节	营销部	营销总监		总经理	

图14-9　预付款结算管理工作流程设计

十、逾期账款管理工作流程设计

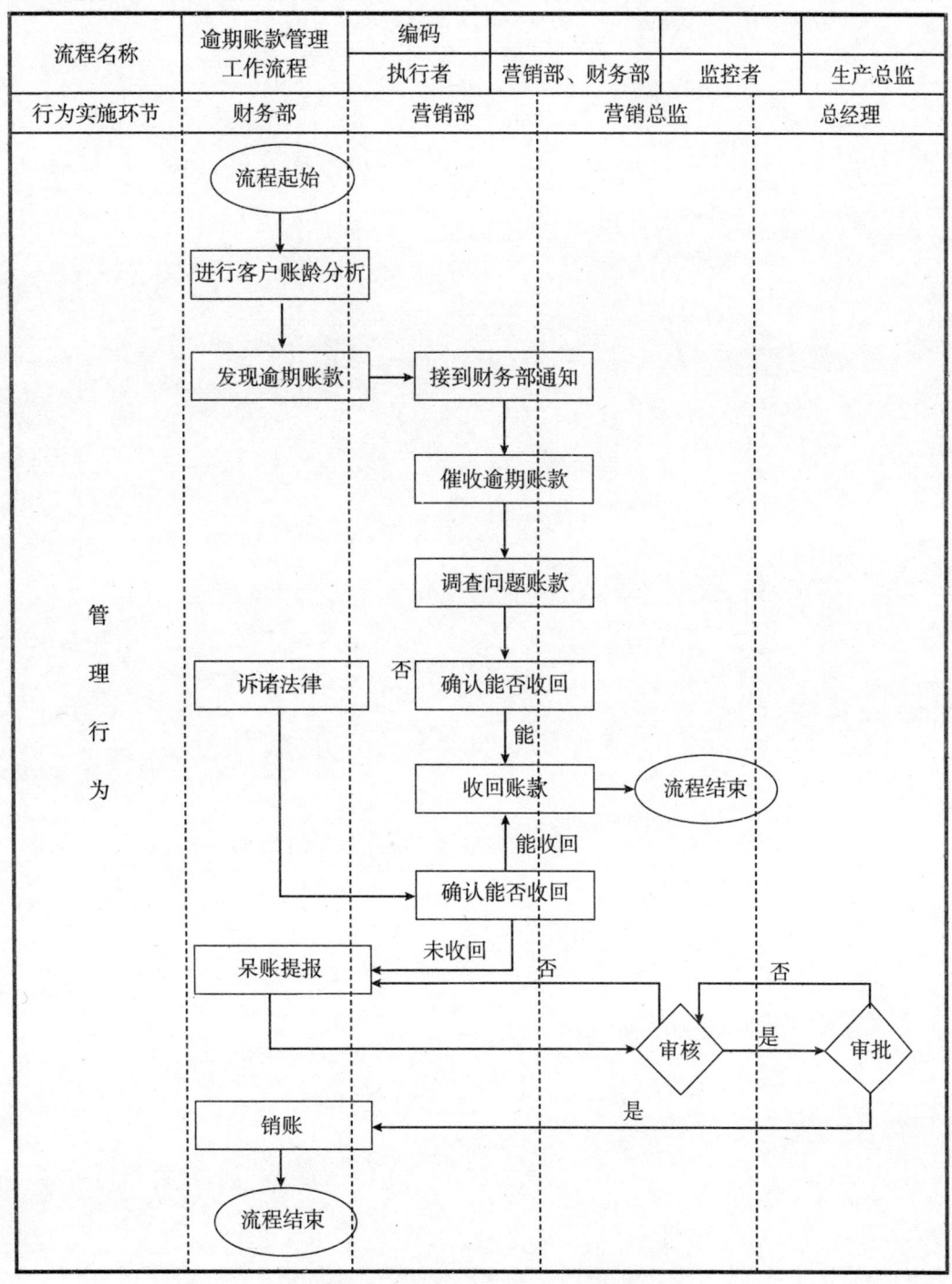

流程名称	逾期账款管理工作流程	编码			
		执行者	营销部、财务部	监控者	生产总监
行为实施环节	财务部	营销部		营销总监	总经理

图14-10 逾期账款管理工作流程设计